天
Borderless
下

天下，在乎正义和你

史际春　著

经世济民
法治心声

史际春教授讲演录

法律出版社 LAW PRESS·CHINA
北京

作 者 简 介

史际春

1952年3月生，法学博士，中国人民大学教授。出版《经济法总论》等专著十余部，发表《政府与市场关系的法治思考》《论商法》等论文百余篇，主持“关于‘错法’及其纠正机制问题研究”等国家级、省部级项目十余项。获国务院政府特殊津贴、北京市优秀教师称号、国家教委首届“全国高等学校人文社会科学研究优秀成果奖”一等奖。曾任中共中央法制讲座课题组组长(1998)、中央政治局学习讲座主讲人(2005)。

自　序

此生一入高校门，就不可自拔，对“下海”、出国、行政等都不为所动，职业工具就是“说话”，除例行授课外，还在高校和党政机关做各类讲座，在各种研讨会上发表心得和观点，等等。课堂教学须由科研支撑，写文章也属履职任务，而每每对某个问题的研究，几乎都是从受邀演讲或参加研讨会开始的，针对当时的理论或实践热点进行思考，与听众和同行分享、交流。事实上，多年前就有出版社邀约出演讲集，但当时没有准备，也抽不出空来，就未能实现。此次好不容易静下心来，整理出五十篇左右的讲座稿，选出二十九篇结集，奉献给读者，也是了结自己的一个心愿。遗憾的是，有不少自认为精彩的讲座没有录音或者录像，心存惋惜，特别是20世纪八九十年代，无论本人还是讲座邀请者，都没有录音录像的概念和条件，无奈已不可补救，而演讲的魅力也正在于即刻的激情、思想火花和语言表达的不可重复性。与书面文章相比，演讲要口语化，不得不深入浅出、有感而发，因而更“接地气”。

自从在中国人民大学任教，我一直从事经济法专业，出于职业习惯，时刻关注相关政策和法治实践大小事，这是演讲主题的来源。

对中国来说，20世纪中后期的最大事，莫过于改革开放。改革开放始于在经济中引进商品货币关系、资本和外资，这与统一、唯一于国家的大一统国家所有权形成矛盾，需要在国家所有权内部模拟财产权及市场主体，这是一个大的话题，延伸出财产权神圣的观念暨法治原则、私人资本与国有“资本”、资本制度与企业、国有企业改革、国企在市场中是否天然具有不正当竞争优势、公司法及其修改等思考，做了“修宪与财产权变革”“投资者权益与物权”“也谈‘竞争中立’”“‘节制资本’与反垄断”“公司资本制度和国企混合所有制改革”等讲座或演讲。

经济改革实际上是政府改革。改革取决于政府积极而正确的作为,市场关系的发展是“放”的结果,市场及经济的平衡协调需要政府的调控监管,以及用好管好国有资本和国有资产;开放则须打开国门,涉及外商准入,处理好与外国和外资的关系。政府主观武断的不适当行为,也需通过相应的体制机制及时纠正。十分荣幸的是,因为有这方面的思考,2005 年我被司法部选中,担任中国共产党第十六届中央委员会第二十七次“中央政治局学习讲座”主讲人,同年 12 月 20 日在中南海怀仁堂,就行政管理体制改革和完善经济法律制度与中央领导面对面交流。按照当时的惯例,各地方也会相继邀请主讲人前往讲解,本书收录的《关于行政和经济法治的完善》就是之后不久在浙江省委理论学习中心组暨“浙江论坛”上做的报告。相关演讲,还有在一个学术研讨会上关于“负面清单:市场准入与进入前、进入后控制”的主题演讲。

实践中种种法的现象和政策,促使我进一步思考法治的基本道理,由此形成一系列讲座。中国特色社会主义法律体系建成,法律法规规章及各种规范性文件汗牛充栋,法治却不尽如人意,为此,以“法治究竟是什么?”为题,在高校和党政机关讲了十几场。围绕这个主题,还参加了中宣部、中央政法委、司法部、中国法学会(后陆续增加了中央组织部、中央和国家机关工委、教育部)组织的“百名法学家百场报告会”,在蚌埠市、四川省直机关、塔城市、如皋市、北京市国资委系统、平凉市做了六场报告,其中《法治建设与完善社会主义市场经济体制》《转变经济发展方式的法治保障》这两篇记录稿被收录。所做报告得到广大听众和报告会组委会的肯定,荣幸获颁了“百名法学家百场报告会优秀宣讲奖”。有关法治的思考,还有《数据规制和数据关系法律调整:勿忘法治初心》《经济法治的地方性证成》等在研讨会上的主旨发言。

近年以民法典编纂为契机，重拾法典、法治、规制、政策等原理，以及法律、法条不可机械适用的常识，诠释规制时代法治的精神、特点、框架和实现机制，做了很多讲座。其中，《规制时代的法治解读》在高校和法学会系统讲了十几场，此外还讲了《政策的法治分析》《理念之于法律适用》等。

理论从实践中来，到实践中去，才是其生命力所在，将悟出的法治原理用于观察实际生活，形成许多应时的演讲。2008 年金融危机突如其来，全国上下急寻应对之策，在此背景下，应邀就《应对国际金融危机的法治思考》《拉动内需与法治建设》做了多场讲座。2018 年，美国对华挑起经贸摩擦、科技打压，处心积虑搞“脱钩”，以“长臂管辖”为威慑和保障，不断加码单边的管制和制裁，必须想方设法反制乃至化解其“长臂管辖”，我国受制裁的企业和个人才可能“解套”，气愤之下我做了《怎样才能阻断外国“长臂管辖”?》的讲座。

我攻读硕士和博士学位的专业都是民法学，因此一直以来仍然关注民商法相关立法、实践和学说的前沿，自《民法总则》颁布到《民法典》出台，受邀做了不少相关讲座，其中比较得意的是《〈民法总则〉理解与适用》。当然，对于本职工作内的经济法，更会跟踪、留意。自 1991 年起，就经济法基本概念和原理，以“什么是经济法?”“经济法：WHAT，WHY & HOW”“经济法第一课”等为题讲过数十次，本集收录了其中一次记录稿；与此相关的一场讲座是《担当和问责：超越违法责任的经济法》。2015 年《立法法》修订前后，法学界就“税收法定”展开大讨论，事实上，“税收法定”的本意——政府严格按照全国人大及其常委会的立法征税、法律不得就税收对政府授权，并不符合规制时代的要求和特点，财税法也是规制法而不是控权法，为此我做了《税收授权立法辨正——兼论财税法的性质和地位》讲座；另外，《个人所得税法》修改一味提高起征点，削弱了税法的公民培养功能，复杂且刚性不足的税法，也不利于打造优良的法治营商环境，这是《税法的多重目标和非税制约因素》讲座的由来。

由一些重要商品的突发性价格波动和某种提法造成实践混乱引发思考,有感于现实生活和法律制度都受到各种因素的交互影响,一种现象或事物可能包含错综复杂的多重社会关系和法律关系,很难由一个或一种法予以有效调整,为此我讲了《价格法与政府价格规制中的统筹协调问题》。反垄断法、竞争政策及其与产业政策的关系是多年来的热门话题,消费者保护也持续受到各方关注,因此本书收录了相关的五篇讲稿。

演讲围绕主题抒发感想,范围不若课堂授课般严格,所以目录的分类只是大概,内容会有交叉重复,当然言辞表达不可能也不该相同。对于不同的时间、场合所讲同样的事或观点,也可相互参照,以更全面地了解该事或该观点。无论如何,这本讲演录既是个人的心得体会,也是国家、社会进入21世纪后短短20年左右的一个侧映,谨供读者参考,并请不吝指正。

史际春

2022年12月12日

于明德法学楼

目 录

CONTENT

税法和价格法

竞争政策和消费者法

域 外 管 辖

法治一般

规制时代的法治解读*

当代高度的社会化衍生出“规制国家”“经济国家”“行政国家”等，决定了国家、政府必须是“不管政府”。严格执法、恪守法条不再合时宜，社会进入了政府在尊重市场和社会的基础上事前、事中、事后全方位规制的动态法治时代。

各位同学、老师：

大家下午好！

在座的可能听说过，一些国家有所谓的“不管部”或“不管部长”。“不管”就是啥都不管，没有具体的职责；但又啥都管，其他部委管不了、管不好的，就由它来管。所以“不管部长”比其他部委的长官都要大，按照我们中国人的说法，高半级吧。之所以说这个，是想跟你们讲，现在世界上的国家都不得不成为“不管国家”，或者说“不管政府”了。正如王岐山同志说的，中国政府是“广义政府”，必须承担“无限责任”。他讲得很有道理啊。什么意思呢？就是在老百姓眼里，在他们的心里，所有的党政机关和公共团体，各级党委、政府及其部门、人大、政协、法院、检察院、监察机关、人民团体乃至承担公共职能的事业单位等，都是“政府”，都是国家。国家、政府就是要服务老百姓，老百姓有啥问题，都应该给他解决。这跟西方政治理论中的“有限政府”格格不入，但能说它错吗？肯定不错，但是其中的道理，大家不一定明白，未必说得清楚。中国是这样，其实美国和其他外国也不得不这样，只是中国更需要这样，更有这样做的

---

* 2021年6月21日兰州大学“萃英法律大讲堂”第35讲，刘光华教授主持。

条件。因为中国没有利益集团,中国共产党代表全体人民,不允许存在利益集团。不像美国那样,无论立法、政策还是选举,利益集团都可以通过政治献金、游说和代理人,让国家、政府服务于该集团的利益。中国没有这种现象,谁都可以通过正式渠道或私下发表意见,谁的意见或诉求合理,党和国家都应该支持。站在这样的立场或角度,我们的政府干了很多其他国家的政府不想干、不干或干不了的事情。比如每到春节,农民工讨薪往往成为社会问题,各级党政机关就提前部署,化解矛盾,防止出现不良后果;又如“3Q”大战,工信部并没有竞争执法权,但如果等竞争执法机构、法院来处理,缓不济急,幸好工信部有担当,第一时间约谈两家当事公司,及时解决了问题。不只是中国,世界各国也大抵如此,为什么啊?外国政府主观上可能不想干一些事,但是老百姓逼着它干。老百姓要求解决问题,群情激愤,政府能无动于衷吗?所以,我今天主要是跟大家讲讲“不管政府”“广义政府、无限责任”的道理。

一、规制时代的原因:社会化导致公共管理对社会空前广泛深入的渗透

美国学者桑斯坦 1990 年出版了一本书,名为“权利革命之后 重塑规制国”,书中提出了“regulatory state”的概念,书的中文版是 2008 年出的。那么我在他这个基础上说,现在各国整体上进入了规制时代,规制国家、规制时代的主要原因,就是政府成了经济国家、社会国家、行政国家,财税法上还讲财税国家、税收国家,不再是过去的那个“守夜人”了。“守夜人”就是维护治安,管好外交、国防,其他的事你政府都不要管,所谓“小政府”,不是我们讲的“不管政府”,不是什么都可以管的“无限责任”政府。

什么叫规制呢?简言之,规制就是宪法法律概括授权,政府在概括授权的范围内自由裁量、相机抉择,对经济社会的某领域或某事物乃至整体经济社会进行管理监督。比方说,证券监管,法律概

括授权，证监会爱怎么管就怎么管，只受宪法、民主法治、上级和民意的一般约束，法律不去具体地管它。中国人民银行、银保监会[①]、发改委、工信部、交通运输部等扮演的都是这样的角色；宪法还概括授权国务院对全国、地方人民政府对其所辖行政区域的经济社会进行调控监管。

之所以产生经济国家、规制国家、社会国家、行政国家，归根结底是因为社会化。人与人之间的关系不再是简单的线性关系，而是极为复杂的网状关系，人与人密切相连，高度依赖，经济、社会、政治、文化、国内国际高度依存，牵一发动全身。我经常拿电脑和耐克鞋举例，还有大飞机和市政、航天的例子，讲多了太啰唆，这里就不重复了。你们可以想象得到，我刚才讲的人与人，政治、经济、文化等，还有国内国际，是如何高度相关的。中国的珠三角因为一些意外的情况叠加，多地不约而同修路、台风等，造成大堵车，全世界的电子元器件供应就受影响；东京一地发生水灾，各国汽车配件的供应就乱套了。任何一个产品，都不仅仅涉及生产该产品的员工和老板的关系，从原材料的开采、加工、采购、生产或制造、运输到成品在世界各地销售，牵扯到众多国家的政府资源环境管理部门、产业主管部门、市场监督管理机关、海关、进出口检疫检验等，私人企业也不光是私人的事情，政府不可避免地卷入其中。有的政府腐败，有的政府廉洁。一国的腐败程度、政府能力的强或弱，也是一个产品的生产销售消费过程中涉及的各种法律关系的一部分。可能某个国家、政府特腐败，这个产品就供应不上了，或者成本就突然提高了很多，等等。凡此种种，各国政府不得已承担起了经济社会的 CEO 职能。什么叫 CEO？好多中国人搞不清楚。有总经理，有董事长，

① 2023 年 3 月，中共中央、国务院印发了《党和国家机构改革方案》，在中国银行保险监督管理委员会（简称银保监会）基础上组建国家金融监督管理总局，不再保留中国银行保险监督管理委员会。本书以下除特别需要外，不再重复说明。——编者注

为什么还要设一个 CEO？总经理是纯粹打工的，董事长可能不到公司上班，公司里面可能还有其他的董事在上班，公司的日常运转需要一个说一不二的“一把手”，CEO 就是这样的一个概念。在政府承担起经济社会 CEO 职能的同时，产生了三种要求和现象。

第一，公法私法化。公法普遍渗入原先私人的领域、私人的事务、私人的关系当中去，一个合同、一个交易，你说人家垄断了，就去反垄断。证券也好，银行也好，保险也好，都是这个道理。我国还有一个制度的优越性，就是我们的经济社会发展运行是有规划的，不像西方国家走一步算一步，西方某领导人上台青睐某事，干一阵子可能就不干了。中国之所以不像他们那样缺乏长期性、稳定性，正是因为公法不再局限于国家、政府及其权力，而通过规划和其他方式对经济社会进行全面的安排和组织，这也是一种“regulation”，一种宏观的规制。

第二，私法公法化。对此我印象特别深的是，像你们这么大读研的时候看我国台湾地区的商法教科书，书中说，商法分商公法、商私法。商私法是企业的经营和交易之法，商公法就是对证券、保险、银行等监管之法。除此之外，政府自己也成为市场主体，大规模参与市场交易和投资经营活动。其中的一个表现，各国（或地区）都差不多，就是政府公共开支占到了社会总开支的一半，社会花了 100 块钱，私人花了 50 块钱，政府花了 50 块钱，大概是这样的比例。政府花钱参与市场，投资经营、政府采购、PPP（Private-Public Partnership，公私伙伴关系或公私合作）等，是不是就把私法公法化了？政府花钱是要提要求的，从而把交易关系公法化了；政府自己办企业、开公司，则把公共的因素、权力的因素渗透到企业和公司关系里去了。

第三，政府代表国家、民族参与国际竞争。20 世纪末就有日本学者说了，21 世纪不再是企业和个人单打独斗的世纪，而是民族国家竞争的世纪。该学者很有预见性，一开始很多人不相信，现在实践越来越证明他是正确的。其实，只要本国国民有能力开展国际竞争，或者外国国民到本国市场从事活动，都需要其各自的政府充当后台“老板”，如果任由自己的国民遭人打压、企业衰亡，那这个政府显然是不尽责、不称职的。经济脱不开政治，战争也是政治，还有意识形态的竞争。所以呢，“广义政府、无限责任”背后的原因是很深刻的，不是随便讲的。这是第一个大问题。

二、“规制”辨析——经济法的本质和核心是规制

规制时代，也就是社会法暨经济法时代，因为经济法的本质和核心是规制。经济法、社会法出现以前是没有规制的，至多说有点萌芽，规制出现以前是没有经济法、社会法的，为什么？那时只要人们照着法律去做，有意见、有纠纷、有问题诉到法院去，没有政府的事，政府管好治安、国防和对外关系就行了。所以呢，规制的产生和发展是跟经济法、社会法相伴而行的。有一本规制手册，牛津大学编的，里面就按照我刚才讲的，政府在法律概括授权之下自由裁量对某领域或某事物进行管理监督，（该书中）按照这个概念梳理了规制的由来，其初步成型正是在 19 世纪初。当时出现了工厂法，即劳动法，也是广义社会法的产生，政府开始设立相关部门，对劳动关系进行规制。不是法律直接调整，而是规制。然后是 19 世纪末 20 世纪初，在公用事业和垄断普遍出现的过程中，规制开始确立，并得到大发展。比如在座的对谢尔曼法耳熟能详，1890 年开始反垄断了，垄断都是私人的交易和经营行为，你去反它干啥？谢尔曼法是以谢尔曼这个参议员的名字命名的，谢尔曼说了，垄断必然导致政治上的独裁专制，所以要反。他就是这样巧妙地把公和私连接起来，产生相应的规制。在这前后有了邮政的规制、州际贸易的规则、垄断和不正当竞争的规制，等等。你们也都知道 1896 年德国出台了世界上第一部反不正当竞争法。到了 20 世纪六七十年代，工业社会爆发式的发展，导致了规制的普遍确立，几乎每个经济社会领域和各个方面都有了规制，使得规制无所不在。

桑斯坦 1990 年提出“规制国”，要重塑规制国。1990 年是什么背

景？Privatization，表面上是私有化，其实不是私有化，实际上是国有企业、政府和其他公共机构的市场化运行，比如政府提供公共服务也要使用者付费。过去那一套国有企业不作为商事主体或民事主体的规制不行了，要在市场化的基础上重塑规制。Re-regulation，优化、重构政府对经济社会的规制。"规制"这个词是日本传来的，日本人把"regulation"翻译成"规制"。1992 年，日本经济学家植草益的《微观规制经济学》一书出了中文版，我当时还买了一本。日语里有很多汉字，正规、严肃的表达都要用汉字，译为"规制"挺好的，我们拿来就可用。但是经济法学者将其误读了。《微观规制经济学》这本书里讲，规制分为公的规制和私的规制，公的规制又分为宏观政策和微观规制，本书研究微观规制，所以不涉及宏观政策或宏观规制，经济法学者居然将此误解为宏观政策不是规制。植草益明确讲宏观政策是规制，中国经济法学者却将其演绎成宏观调控法跟市场规制法的对立、宏观调控法不是规制这样一种错误认识。何况宏观调控法这个概念是可以成立的，但是宏观调控制度是无法从法律制度中分出来的。现在有很多学者在讲竞争法、破产法都有宏观调控的功能，从这个意义上讲，它们也是宏观调控法。教科书的"宏观调控法"里，大多数是微观规制的内容，比如规划和产业政策、财税、金融等制度的内容往往是微观的规则，不是宏观调控法。换言之，宏观调控法作为一个概念是可以成立的，但以此为标准来对法律制度进行划分是不可能的。

规制的概念引进中国以后，使相关概念有所混乱。比方说，我们原本一直都是讲法律调整，什么叫法律调整？就是法律对社会关系加以规定，上升为权利（力）义务，通过行政执法、司法等加以保障。规制概念出现以后，出现了法律规制的说法，但是按照规制的概念，"法律规制"是不能成立的。现在大家都这样用，就算了，但是实际上（"法律规制"）没有"法律调整"准确，你就把它理解为法律调整吧。法律调整不一定是管理监督，比如合同法，而且现在越来越多的法律调整，是通过规制下相关主体的协同行动来保障法律关系的实现,经济法、行政法中很多都是这样的。

规制概念进来以后,又跟我们原有的一个概念——管制——产生了交集。管制这个概念,中国一直以来都有。可是很多学者翻译英文"regulation"的时候,把它翻译成"管制"。这有什么办法呢?这样一来,"管制"这个词就多出了一个概念。管制概念本来是"control",硬生生又多了一个"regulation"。规制是中性的,而管制的感情色彩、价值色彩很重。规制可以有柔性的、平等的一面。

另外就是规制与宏观调控的关系。我刚才讲了,宏观调控也是"regulation",货币、利率、税收、税率、财政政策等的宏观调控也是规制,符合规制的概念和要求。硬要把宏观调控与规制分开,逻辑上和实践中都是讲不通的。

然后就是规制与经济法的调整。经济法领域的法律调整,现在也常常讲经济法规制,跟刚才讲的"规制"引入之后出现了法律规制的概念是一样的,经济法规制属于法律规制,这个说法不准确,最好不要这样用。规制是经济法的核心、本质,但是规制不仅仅在经济法领域,其他法律部门也涉及规制,最典型的就是社会法。社会法分广义、狭义、中义:广义就是第三法域;狭义就是劳动法和社会保障法;中义是指与经济法并列的社会法,即劳动法和社会保障法加上其他社会法,比如教科文卫体法。经济法以外的其他社会法领域也属于规制的范围,为什么?因为现在经济、社会、文化等,政府规制无所不在了。规制的主体是政府,是具体的行政机关,所以规制也是行政法的重要组成部分。行政法学者现在也广泛地研究规制。这就涉及行政法和经济法的关系。行政法和经济法的关系不能在范围上划分,反垄断行政执法,你说它是行政法还是经济法?从范围上划分不了。市场监督管理总局作为反垄断执法机构,它去反一个垄断,形成一个反垄断的法律关系。从行政执法这个角度,它就是行政法;从反垄断的角度,它就是经济法。所以解释行政法与经济法的关系、对其作一个区分,简而言之就是形式和内容的关系。

以反垄断行政执法为例,经济法关注的是该经济关系有没有构成垄断?如果构成垄断,是什么样的垄断?应该怎样来反?从行政法的角度,则是这个执法的主体适当不适当?执法的程序和行为适当不适当?不适当的话,被执法的主体可以提起行政复议、行政诉讼等。所有的规制领域都是这种形式和内容的关系,所以行政法学者广泛研究规制,你不要奇怪,也不用担心行政法抢你的饭碗,为什么?因为行政法没有分则,只有总则,这是我读硕士的时候被当时的法学大佬们牢牢灌输的一个观念。现在好多人都不懂:为什么行政法没有分则?因为现在是行政国家、规制国家,经济、社会、文化、政治所有的领域,行政和规制无所不在,如果行政法有分则,任何一个人都研究不了行政法。太复杂了,经济、社会、文化、政治包罗万象,一个人掌握不了,而且这样一来,法律部门划分也没有必要、没有意义了。所以行政法的分则就成了其他法律部门,行政法本身事实上就没有分则了。经济的规制就是经济法,教育和体育的规制就成了教育法、体育法,疫苗的规制则属于医疗卫生法,等等。那有行政法学者非要研究某个分则,可不可以?当然可以!从一个人来讲,他(她)可以既研究行政法总则,又研究某一个或几个行政法分则,比如刚才举例的教育法、体育法、医疗卫生法等,这完全不矛盾,这与法律部门、法律关系等的划分没有关系。当然,此时的行政法分则已不属于行政法了。总之,如果把行政法的分则放到行政法里,任何一个人都研究不了,行政法也没法学、没法教了。在规制时代,行政国家的时代,行政法分则成为其他法律部门的组成部分,仅剩行政的外衣还是行政法,也即行政法总则。

规制进入中国以后,形成了中国特色的规制,我想有以下几点特色。

第一是没有利益集团。正因为没有利益集团,所以政府可以内嵌于市场,不拘一格地全方位规制。现在网上把合肥市政府夸成一朵花,该市引进京东方、现在又引进了蔚来汽车,不仅提升了产业档次,创造了就业,还增加了财政收入,可以说合肥市政府比一个精明的商人还厉害,你说它该不该干这个事?有利益冲突就不能干,没有利益冲突就可以干。它是为了全体合肥人民的福祉,为什么不可以干?说不可以干是没有道理的。

第二是积极、长远的宏观调控。主要的具体表现就是规划,这已成为中国共产党治国理政的一种重要方式。规划和产业政策是不可分的。规划的规范性文件可能就叫(产业)政策,产业政策的规范性文件也可能叫作规划。2008 年金融危机时,我们搞了十大产业政策,也是十大规划,两个名称是混用、不分的,当然规划的范围更宽,不限于产业和经济。我一直说,中国的产业政策与竞争政策只有协同的问题,不存在矛盾冲突。为什么?因为没有利益冲突,可作长远打算、长远规划,超出一时一地一部分人的利益和要求。(美国)特朗普政府发起贸易争端的时候,意图打掉“中国制造 2025”,我就特意找来“中国制造 2025”看了下,你们可以在网上搜了看,看得我心潮澎湃,中国就是应该这么干,所以美国要打啊。不是说美国打我们就不干了。为了中国人民好,为什么不干?他是为了中国人民不好过,为什么要听他的?我们就是要按照“中国制造 2025”一步一步前进,稳扎稳打。宏观调控或宏观政策其他国家也有,但是没有中国这么有特色,效果没有中国这样好。

第三是政府对经济社会的自觉、及时、有效的回应。从中西部开发、振兴老工业基地,到扶持“三农”、脱贫攻坚取得全面胜利,以及新冠疫情中防疫物资生产、疫苗开发,中国在共产党领导下完美诠释和实践了“广义政府”“无限责任”的内在要求。

三、从“私人自治 + 司法”到政府尊重市场和社会基础上的事前、事中、事后全方位监管

“不管政府”“无限政府”是怎么运作的呢?具体来说就是政府在尊重市场和社会基础上的事前、事中、事后全方位监管,自由与规制并行不悖。我们常常讲,在私的领域、私法的领域,法无禁止即可

为;在公的领域、公法的领域,法无明文不可为。这个说法对不对?前面半句对了三分之一,后面半句全错。为什么说只对了三分之一呢?首先是法无禁止即可为,没错,可是他在那儿为得不妥当怎么办?我又要讲储值消费老板“跑路”的事情,某人开一个小按摩店,这是法无禁止即可为的,但是他把消费者储值的钱卷走跑路了,政府要不要管?必须管。这个是三分之一要管的。其次是市场准入,负面清单外的法无禁止即可为,清单内有的禁止进入,有的须经过审批进入,那么,被禁止的主体或者项目,或者需要审批、备案的项目没有经过审批或备案,他就在那干了,怎么办?政府当然也要管,必须管。这是我们现在的一个弱项。有人擅自制造 POS 机,商店用这个 POS 机收款后,收的款进了不法分子的腰包,此事由中国人民银行某分行监管,该行工作人员说,我们核准了三家提供合法 POS 机的企业,这个 POS 机不是合法企业做的,我们不管。可这在该行的责任范围内,怎么能不管呢?即使是合法准入了的,相关主体做违法乱纪、损害消费者和公共利益的事,也是不可避免的,对此政府也要管。所以说三分之一对了,还有三分之二没说到。各种市场操纵、欺诈、行为和主体应当变更而没有办理变更手续,等等,合法进入以后,需要政府管的情形太多了。以上是事前、事中的监管。事后监管就是一旦出了问题,比如老板“跑路”,政府要积极承担,第一时间进行处理,给老百姓一个说法,不能推三阻四,对老百姓的诉求和损失置若罔闻。

在公的领域,法无明文不可为这个说法之所以全错,是因为普遍的规制,宪法法律的概括授权对政府来说就是“帝王条款”,政府职责范围内的任何问题、任何事它都有权管,也应该管,否则就是失职。这也是“广义政府”“无限责任”的应有之义。

四、规制时代的法治模式表达

规制时代使整个法治模式都发生了变化。过去将法治表述为有法可依、有法必依、执法必严、违法必究，现在的说法是科学立法、严格执法、公正司法、全民守法。规制的本质是法律概括授权之下政府自由裁量履行职责这样一种法治现象，无法套用我们曾经对法治的理解和表达。规制时代的法治模式可以有以下三个表达。

第一个表达是社会和市场充分自治，加政府指导监管，加司法审查。现代的法治要以自治为基础。社会关系、法律关系太复杂了，不以自治为基础，直接的法律调整行不通、做不到。自治，最典型的就是淘宝和天猫平台的自治、大学的自治、住宅小区的自治，等等。电商平台每天处理成千上万的交易，“双 11”更是海量天文数字，溢出来需要行政调解、行政处理、法院审理的矛盾纠纷，我相信万分之一都不到吧。那么，大量的矛盾纠纷就通过自治解决了。国家工商总局①曾委托我做过一个项目，就是电商平台的规则和平台自治，我去调查了淘宝、天猫、京东、唯品会等，一个平台的规则打印出来都有几尺厚，很复杂的。平台规则不是法律，但是通过这些规则把社会关系调整得很好。我们学校内部，班级的管理、课程的管理、教职员工和学生的管理，如果都是由法律直接来调整，那是不切实际的，不啻为大炮打蚊子。所以首先要自治，基础是自治，再加上政府指导监督，比如甘肃省教育厅对兰州大学进行指导监督，浙江省市场监督管理局、国家市场监督管理总局对淘宝、天猫进行指导监督。实在不行的，司法审查，就是诉讼，民事诉讼或者行政诉讼，当然也不排除刑事诉讼。

第二个表达是法律概括授权，加公私主体自由的裁量和行为，加问责制。法律对政府是概括授权，其实对我们每一个自然人也是概括的授权。怎么概括授权？权利。你的权利边界在哪？法律没有明确规定，也无法明确规定。根据你的言论自由权，你可以说哪些话、不可以说哪些话，法律没有讲，也不可能清楚地讲。在行使权利的过程中，你的行为跟其他主体发生交集，不愉快、愤怒、吵嘴打

① 现为国家市场监督管理总局。以下不再重复说明。——编者注

架、沟通协商、互谅互让、投诉、举报、诉讼等,有问题了,于是博弈,也不妨通过调解、仲裁、行政处理、司法审理等解决。权力、权利、公私主体自由裁量都要纳入问责制的框架,才是法治,不然社会就乱套了。问责制,可能在座的听我讲过无数遍了,总的来说就是首先概括授权,确定你的 right(权利)和 responsibility(责任)。其次是博弈,你在自由行使自己的"right"和"responsibility"的过程中,与相关主体之间发生博弈。有人抱怨、骂你、提意见、检举控告,等等,那么"right"和"responsibility"的主体就须积极地应对、回应,认为自己对的就坚持干,认为错了那就改吧,或大张旗鼓地改,或悄悄地改,或者一边跟人家吵一边改,等等。最后加上"liability",即法律责任,履行职责或行使权利不当,或经不起博弈,那就承担法律上的不利后果,停止行为、赔偿、行政处罚、拘役、有期徒刑,等等。

第三个表达是法的政策化和政策法治化。规制时代,法的政策化,出现了大量的行政立法、行政执法,规制的方法就是行政立法、行政执法,也即政策。按照传统的观念,行政立法和行政执法并不是法,而是行政。而在规制的过程中,法通过行政立法和行政执法的灵活性、应变性,随时随地适应经济社会的要求,行政立法随之融入法之中,成为法的组成部分,比如行政法规、规章都是《立法法》所规定的立法或法。法的政策性也表现为传统上由议会或权力机关制定的法律趋于灵活性和变动性,法律立改废的速度和程度越来越大,法律中的宣示性条款、宗旨性条款、兜底性条款、授权性条款等越来越多。这是法的政策化。政策的法治化主要表现为政策的规范性和具体化。规范性就是表现为规范性文件,党的十八大、十九大要求所有的规范性文件都纳入法的备案审查机制,不仅仅是规章、地方性法规,还包括其他规范性文件,全部视为法,都要备案审查。同时,政策越来越具体。比如关税税则每年或者每一两年、两三年调整一次,属于政策范畴,也即规制范围内的行政立法,但它非常具体,不是我们原来所说的政策弹性大、变动大、抽象、不具体。国家市场监督管理总局刚发布的《经营者集中申报审查暂行规定》也非常具体,包括其他的反垄断指南在内都属于政策,作为规制暨日常执法的依据。也就是说,法和政策(law and policy)融为一体了。

结　语

今天讲的结论就是,当代的经济社会条件进入了以上我描述的动态法治时代。归根结底这是社会化及规制国家、经济国家、行政国家所决定的,是一种不以任何人的意志为转移的客观规律、客观要求。我就讲到这,谢谢大家,下面照例跟大家交流互动。

互动环节

问:史老师好,关于企业内部的规制,还有社会性规制、自我规制,这方面国外有没有一些成功的经验值得中国学习,淘宝等互联网巨头的做法是不是汲取了国外的经验?

答:好的。“Self-regulation”实际上就是自治,错误地使用了规制的概念,准确地说是“self-governance”,“regulation”的主体是政府,属于行政范畴。从全世界范围来看,自治做得比较好的,在我们改革开放以前,这个榜样是西班牙的蒙特拉贡合作集团。它是全世界合作制的典范,合作制的最大特点就是自治,如果不是自治,即便名称是合作,实际上也不是合作制了。那么改革开放以来,我觉得中国做得比他们好了。比如华为也是员工控股、自治的一个公司。还有我印象深刻的是横店影视基地,它是在一个村里成立的,建成现在这个样子,你说多令人感动。(村委)老书记临终前千叮咛万嘱咐,要把这个横店模式维持下去,不要搞私有制,就是集体自治最好。还有网络平台的自治,我觉得天猫、京东等比亚马逊做得好。中国的自治存在的最大弱点、难点是农村。另外小区物业、住宅小区的自治也有待完善。

问:刚才您提到“3Q大战”,关于这个问题现在有一种观点,就是恶意不兼容行为要考虑经营者是否具有市场支配地位,有些因为技术原因不兼容,或者是小企业,就不能适用《反不正当竞争法》的“恶意不兼容”条款。所以请问一下史老师,您对这个问题怎么看?

答:你说得对,恶意不兼容主要是一种滥用,没有市场支配地位就不存在滥用问题。腾讯的“二选一”涉及使用QQ的广大网民,有多少呢,6个亿,这么海量的人群依赖QQ,腾讯突然宣布网民如果用360(软件)就不能用QQ,不能在装了360的电脑上同时安装QQ,这个危害性特别大,显然属于恶意不兼容,必须制止,幸好工信部有担当,事发后立即约谈“3Q”两家公司,及时解决了问题。本来是可以兼容的,却恶意不兼容,强行不让你用,是地道的滥用市场支配地位。如果是小众的App,没几万人用,甚至只有几千或几百人用,那就随它去,想跟谁兼容就兼容,不想跟谁兼容就不兼容,反正它没有市场支配地位,损害不了什么人的利益。但如果一个小公司恶意用软件不兼容的方法去损害另一个公司的利益,侵权了,当然也构成恶意不兼容,此时的恶意不兼容就是单纯的不正当竞争行为,不属于“3Q大战”中腾讯强制“二选一”那种垄断暨滥用市场支配地位的问题。

法治究竟是什么？[*]

良法可遇不可求，有良法也未必能善治。法治有赖于普遍、强势而正义的价值观，是新形势下民主集中制的体现。法治在问责制框架下动态地运行，正义、共识、执行力缺一不可，以此实现一种公平正义、民主集中、良序善治的状态。

各位同学、各位老师：

大家下午好！

现在法治是一个热门话题，我是研究经济法的，但是如果讲经济法话题的话，听众感兴趣的面可能太小了。方教授告诉我这是一个公众讲座，我想还是把范围定得宽一点比较好，所以就选了这个题目。

2013 年，党的十八届三中全会提出要推进国家治理体系和治理能力现代化，刚刚过去的四中全会就全面部署法治建设。这两者之间是什么关系呢？就是要从推进法治入手，来提高我们国家的治理能力。四中全会讲，我们要建设法治国家、法治政府、法治社会。这就涉及一个基本的问题：到底什么是法治？不明白法治，怎么搞法治建设？这似乎很简单，刚学了法理的本科同学最胸有成竹，老师昨天才讲了法治的定义，他记得很熟，立即就可背出来。但是我要和大家讲，入法学门的时间越长，就越不知道法治是什么。2000 年，有一次我和一位前辈教授一起开会，他私下里耳语说："小史啊，法

* 2014 年 11 月 27 日南京大学人文社会科学高级研究院"名家讲坛"第 166 期、"人文基金讲座"第 78 讲，方小敏教授主持。

治到底是什么?”他和我聊天,提出了一个让我和他一同深思的问题,所以这个题目我考虑至少有14年了。最近,四中全会开完以后,看到这位前辈又在电视上讲法治,我发现他还没太明白法治是什么,所以我不揣冒昧,借此机会在这儿和大家谈谈什么是法治。我今天要跟各位讲四句话,来说明法治是什么。因为路上堵车,耽误了一些时间,我就尽量把原计划的内容讲精练一点,还是希望最后有时间和大家交流互动。

我们一直以来以为,法治就是有法可依、有法必依、执法必严、违法必究,有一个法在那,从上到下严格地照着做就好了。但是实践告诉我们,法治不是这样的。比方说,我在北京市做人大代表,在视察中了解到,北京有一些违章违法建设、建筑,相信南京也不会比北京少。那为什么不拆啊?你去拆吧,围观看热闹的老百姓就在那风言风语,他(她)家里好穷啊,住房面积那么小,接出这么点儿小厨房或储物室,就别跟他(她)较真吧;拆房子的人也是人,一听到这个话,手就下不去了。还有更厉害的,要拆没门,以命相搏,城管哪里还敢拆。大家朴素地希望,立一个科学、合理、正当的法,全国上下各界严格照办,就是法治了。非常遗憾,有良法也可能难依。

法还不可避免有错漏,也可能超前。那么法不合适怎么办?比如劳动合同法就受过批评,订过两个固定期限的合同,就要订无固定期限的劳动合同,可谓“终身雇佣”,雇主不喜欢某个雇员,很难以合法的理由解雇他(她),而雇员可以随时炒雇主的鱿鱼。有人认为,如果严格执行的话,中高端白领自有一技之长与老板谈判博弈,损害的只是低端劳动者的利益。这与千方百计鼓励创业、灵活就业,促进中小企业发展和创新的社会客观要求也不契合。科学立法往往求之不得。

法还有空白、滞后,根据一位美国教授的研究,制定法平均滞后于实践15年。怎么讲呢?当社会出现一种现象,人们认识到该对它进行立法或修法了,平均10年;然后大家坐下来讨论,这个法怎么立，吵来吵去，最后由立法机关通过，平均 5 年；加起来 15 年。所以再科学的立法也差不多要滞后实践 15 年，这 15 年怎么办，就不要法治了吗？如果没有立法、没有法条也要法治，怎么法治呢，能不能让那些没有法条规定的社会现象脱法？显然不能，出了事，有问题，行政该查处仍要查处；司法更不能以法律没有规定为由拒绝受理案件，按照《法国民法典》著名的第 4 条，法官如果这样做，可追究其拒绝审判罪。说了这么多，我们对法治认识的偏差到底在哪里呢？

一、法与道德：法治有赖普遍、强势而正义的价值观

偏差就在于将法与道德相对立，认为它们是两种不同的东西，没有把法跟道德的密切关系当一回事，从骨子里把道德和法割裂开来了。当然这是一个宏大的话题，我在这里只指出三点：

首先，有很多社会行为规范，既是法律规范也是道德规范，比如不得盗窃、不得杀人，这是人类社会生活几千年形成的行为规范，既规定在法律里，又深深地印在人们的心中，如果大家都认为杀人不算什么，那么惩治杀人的法律就不管用了。

其次，法要以道德为基础，没有道德作为基础，什么法律规范都没有用。比如信用属于道德范畴，市场经济要求契约法治，而契约法治要以普遍的信用为基础，就是经济学家经常举的例子：这个小贩在卖可乐，五块钱一听，凭什么我就敢先把五块钱给他，不怕他不给我可乐呢？因为人们在千百万次的交易当中，形成了一种信用，如果没有这种基本的信用，契约法治失其依托，法院就忙不过来了，工商局执法也执不过来。

最后，更重要的是，法治要有强势而正义的主流价值支撑，作为其灵魂，一个社会要邪不压正，正气当道，才能法治。如果正不压邪，如纳粹德国那样，则法再周到细密，再严格执行，都不是法治。正和邪势均力敌也很可怕，那样的话，整个社会就撕裂了，一些人坚决要这样，另一些人坚决要那样。如果社会处于撕裂状态，就会没

有对错,是非不明。所以我要讲的第一句话是:法治必须依托于一种强势而正义的主流价值,否则就没有法治。

在这里,我给法治下一个定义:法治是不以任何个别人、个别机构的意志为转移,不同的主体和规则相互博弈,遵循强势而正义的主流社会价值并受其评判和约束的一种善治。法治必须是一种善治。希特勒也是以法治理的,但是却把国家打造成了“杀人机器”。而且,法治不能受任何个人、任何个别机构的意志任意左右,如果一个人、一个机构可以不受体现正义主流价值的体制和人民意见的约束随意拍脑袋,那就是专制了。在法治条件下,个人的个性和人品也不至于影响这个国家的根本体制以及公平正义的法治精神。

那么,大家要问了,有没有一种强势而正义的主流价值?价值属于道德,蕴含于人的内心,是不用说的,作为一种情绪倾向、行为惯性,也不一定能够说得出来。

主流的价值是人们内心的真实想法,不只写在墙上,光靠嘴巴说,也无法通过直接灌输,大多数人的坚定意识或想法才是主流价值。人的内心想法是他自觉自愿的想法,这是一个很大的难题,怎么让他自觉自愿呢?我在这里讲一个基本的观点,就是要靠社会成员相互之间,及其与国家或政府、执政党之间良性互动。怎么良性互动?以交通规则作为一个典型的例子:如果大众不太遵守交通规则,特别是行人,那么警察执法在老百姓普遍的行为方式之上稍微严一点点,老百姓遵守交通规则的意识就会高一点点,高了一点点以后,同样的执法力度可以达到稍微好一点点的效果,那么反过来又使大家遵守交通规则的意识再强那么一点点,在此基础上执法力度再强一点点,如此良性互动。互动也包括社会成员相互之间的。谁干不地道的事情,就批评谁,大家都来批评,他就不敢赤裸裸甚至理直气壮地做了。按照现在的说法就是正能量。正能量要在社会互动之中,社会成员互动之中,社会成员与国家政府等的互动当中,一点点地培育、提高。

所以我讲的第二句话是——法治三要素：正义、共识、执行力。首先必须有足够的正能量，治理才可能是善治。其次，对于正能量、对于善、对于好的规则（包括法律规则、道德规则），要有普遍的认同，普遍的认同不是人人都认同，而是人群中有相当的比例强势认同，有51%的人认同更好，没有的话，因为强势，余下的部分也会逐渐缩小，否则这一边会守不住。有了正义的共识，好的规则才有执行力，不好的规则才能被搁置或摒弃，没有规则也能造出新的规则来，否则，再好的制度和规则，都是空文，纸上谈兵，没用。

二、法治是新形势下的民主集中制

这个问题具体一点即：法治如何操作？从操作层面来讲，法治是新形势下的民主集中制，这是我讲的第三句话。怎样的民主集中制呢？就是任何立法、政策的制定、执行、变更，行政、司法、社会生活中的自治，大到顶层设计，小到个案，都要由利害关系人充分表达意见、诉求，以及必要的公众参与——一定范围的公众感兴趣的话，也有权来参与。在这个基础上，形成基本的共识，就相关立法、政策、行政、社会自治作出决断，以及司法个案的判决。这不是可有可无的。在这个基础上，负有职责的机构及其长官或者负有职责的个人，当断则断，该拍板就拍板，该如何拍板就如何拍板，该肯定肯定，该否定否定，并且对拍板者终身追责，你50岁的时候、30岁的时候做的决策，到60岁退休了，甚至到80岁了，发现有大问题还要追究你的责任。不是说你从A市调到B市去当市长了，或者说你退休了就算了。当然在究责时要用"business judgment rule"，就是按照你决策当时的法律、形势和情况，而不是现时的规定、认识和标准，来判断你有没有过错、是否追究你的责任。那么谁来负责民主，又怎样追究责任呢？国际上现在出现了一个新的法治概念和机制，就是问责制（accountability）。问责制可以适应经济社会的动态运行，瞬息万变、复杂多变的形势，确保决策的效力和监督的有效性。我写了一篇文章就叫《论问责制》,将问责制概括为三段式。其中第一段是科学地设定角色及其职责。大家可能知道前一阵子比较热的大部制改革,就是要科学地设置国家机关的职责和权力义务,权限尽量划分合理,实在还有交叉重叠或者难以预料的情形,则设置统筹协调机构及机制加以解决。否则职责不清、权限不明,出了问题无人负责,也追不到责。现代的公共管理是涵盖整个社会、整个市场的,那么要把公共管理的职责无缝隙地全覆盖,并在各部门、机构间合理划分,以及科学地设置统筹协调机制,在这个基础上,让它们发挥主观能动性积极履行好职责,在职责范围内自由裁量。党的十八届三中全会说,要处理好政府与市场的关系。于是就有法学家提出来,那就来立法,用法条把这个边界具体划清楚,市场和政府井水不犯河水,这是错误的。哪怕是不需要政府直接规制的市场领域,也需要政府做好监护人,这一点因时间关系不能展开讲,就是说,整个市场包括企业和个人可以自由进入的领域,都要由政府充当监护人,出了问题它都要负责。外国人变着法子规避外商投资产业指导目录的禁止,进入我国稀土勘探开采领域;白银不再是贵金属,放开自由交易了,有人就开设平台集聚买家卖家进行交易,坑蒙拐骗;还有 P2P、O2O 等各种电商,法律上不设准入控制,在促进了创新和经济发展的同时,也出现了损害消费者权益、老板“跑路”等现象。所有这些,不一而足,能不能说市场主体依法可以自由进入、自由作为的领域,政府就能以市场主体自由为由袖手旁观、做甩手掌柜,而不承担责任呢?答案当然是否定的,老百姓也不答应。对于这些问题,各级政府及其相关部门都不得以任何理由推脱卸责。

为了不让自由裁量变成胡乱拍脑袋,出了问题追不到责,问责制里还有一个重要的概念,就是“answerability”,即可问责、可质疑,被质疑的行为人应当说明回应,如此动态地问责,民主问责。任何人,包括利害关系人和非利害关系人都有权对承担着一定职责的主体提出疑问,或者要求其作出说明、解释。此时相关政府、部门、机构或其首长必须回应。然后，履行职责越位、错位、不到位，或者在利益冲突中牟取不当利益、贪腐，或者履行职责经不起动态民主问责的，就依法承担法学院的老师跟同学们在课堂上讲的不利法律后果（liability），引咎辞职、责令辞职、赔礼道歉、行政处分、承担刑事责任，等等。这两天有一消息，可能是全国第一例，湖南省一县委书记自动辞职，这是好事情，说明动态问责、民主问责起作用了。

第四句话，我对上面三句话做一个总结，就是：法治是在动态的运行中实现的一种状态。用 12 个字概括：公平正义、民主集中、良序善治。

我的硕士生导师曾经给我灌输过一个强有力的理念，就是一个新的法律、政策出台的时候，不要立即去否定它，这是法学家的操守、底线，法治的一个前提。古代法制最发达的是罗马，罗马帝国时法学家就形成一个共识，皇帝的一个新的敕令刚刚颁布、元老院的一个法令刚刚出台，不要去批评它，要适当地为它唱唱赞歌。我导师当时为什么说这些呢？因为 1986 年《民法通则》[①]颁布，没过几天，就有学者对它一条条地猛批。大家想想，如果这样的话，就根本不可能有法治，你对法律没有一个最基本的敬畏之心，你对新出台的法律没有基本的尊重，哪里来的法治？所以他讲的这个，我是记住了，这辈子都记住了。就算有不同意见，也要含蓄地讲，不能狠批。"Rule by law"，这不是法治；法治是"rule of law"，就是循着法的精神、经济社会的客观法则、法所要求的公平正义的治理，任何人都要遵循，这才是法治。举一个最简单的例子，法官判案，特别是民

① 已废止。现行《民法典》第 1260 条规定："本法自 2021 年 1 月 1 日起施行。《中华人民共和国婚姻法》、《中华人民共和国继承法》、《中华人民共和国民法通则》、《中华人民共和国收养法》、《中华人民共和国担保法》、《中华人民共和国合同法》、《中华人民共和国物权法》、《中华人民共和国侵权责任法》、《中华人民共和国民法总则》同时废止。"本书以下除特别需要外，不再重复说明。——编者注

商法、经济法案件,通常一个案件有 3 个、5 个法条都是可以用的,如果是“rule by law”而不是“rule of law”的话,法官想用哪条就用哪条,都不错,到底用哪条呢?如果谁送得多就用一条有利于他的,或者哪个领导官大就按他所期望的那一条来判,这 3 个、5 个条文用哪个都是对的,哪怕我贪污腐败了,权钱交易了,官商勾结了,我都不错。这是法治吗?所以,从若干年前开始就要求法官判案要讲理,充分地讲道理,这也是值得欣慰的。我们看英美法系的判决,往往觉得很奇怪:这不讲法律呀,都在讲感情和道德。也就是说,把道理讲透了,这 3 个或者 5 个可以用的法条中只有一个能用,用其他都是错的。所以对此我是十分高兴的,这才是法治呢。

三、中国特色社会主义与法治

由上所讲,中国建成法治的关键,在于要对中国特色社会主义达成共识,作为强势而正义的主流价值的一个支柱。首先要维护、遵守《中华人民共和国宪法》,在宪法确定的框架下,中国共产党领导,人民代表大会、一府两院①、政治协商制度,加上各种形式的公众参与,媒体、网络和自发舆论在内的评议和监督,由此构成我们国家的宪治。中国特色社会主义法治的一个前提,是要对现行宪法的正当性或合法性形成普遍共识,否则就乱套了。

民主就是少数服从多数,全面一点的话再加上多数尊重少数,民主不等于多党竞选、一人一票选总统,事实上,西方的那一套“民主”已经不民主了。一人一票源于原始社会末期的部落制度,一个部落少则几千人多则几万人,大家在空旷的场地上,酋长或德高望重的人登高发表演讲,我们要去打哪儿、抢哪儿或者往哪儿迁徙,简要理由如何。众人一片欢呼,该决定就通过了;一片嘘声或骂声,就

① 现为“一府一委两院”。2018 年《宪法修正案》规定了监察委员会。本书以下除特别需要外,不再重复说明。——编者注

泡汤了。延续到农牧社会的日耳曼小镇，人口不多，大家低头不见抬头见，闲时或遇重大问题时人们聚到一起，讨论某个议案，最后付诸一人一票表决，尚且少数服从多数。如果把它搬到现代社会，那就违反民主的要求了。为什么？因为现代国家哪怕是小国，其幅员和人口也与原始部落和日耳曼小镇不可同日而语，社会高度分工，专业和行当、岗位越来越细，何止三百六十行，人们不可能再普遍地参与政治。13 亿人大家都很忙，我忙着备课写文章写书，同学们要忙着上课看书考试，老板们忙着赚钱，还有人忙着过他的小日子，不一定都对政治感兴趣，而且国家这么大，比如广东冒出来一个候选人，他说如何如何，我怎么了解他？无法判断他是否忽悠或胡说。中国有的留学生毕业后入了美国籍，据他们的经验，正常情况下从基层到全国，一个人要是参加各种选举的话，一年有二三十次，光是把要讨论表决的事情或问题搞明白就很难。久而久之，人们没有兴趣去参加讨论，投票都懒得去，西方国家的普遍情况是，百分之四十几的投票率就是中上水平，低的时候百分之十几、百分之二十几，就算投票率能达到百分之五十，那就意味着百分之二十六的同意就可以统治其他百分之七十四，多数服从少数，不是少数服从多数，因而不民主了。所以，中央党校原副校长李君如提出，中国要搞协商式民主，决策之前相关各方充分沟通，利害关系人充分表达，公众自发自觉地参与，必要的话辅以票选，在这个基础上来决策，决策之后大家意见很大的话，还可以再改，这样可能是比较好的。在这样一种共识下，探索中国特色社会主义的政治民主、社会主义市场经济，不但有利于经济社会发展，也使法治有了希望，不然大小事都吵得不可开交，又谈何法治。

我想到的就是这些，先讲到这儿，下面和大家交流、讨论。

互动环节

问：在法治建设中，地域文化所包含的价值观有没有影响？比如韩国深受儒家文化影响,新加坡在华人儒家传统之上也深受英美法影响,我们对这种地域文化应该持什么态度?

答:民族国家也是一个由领土所框定的地域,在一个地域范围内构建法治,不是想要不想要,而是不可能避免要受地域文化及其所包含价值的影响。对东亚儒家文化辐射范围内的民众而言,儒家的思维方式和价值理念不是说你喜欢就要,不喜欢就可以不要的。对于固有文化或传统文化及其价值,要去芜存菁,兴利抑弊。法治所要求的主流价值也应当是包容性的,可包容各种优良传统和优秀文化。即使在一个国家的范围内,地域文化也与法治建设密切相关。我多次讲过,长三角地区可以在全国率先实现法治,因为长三角的文化及其价值中,人们普遍讲道理、守规矩,做事认真、较真且严谨细致,这也正是法治的一个要素。

问:如何处理好强拆的问题?

答:征收是强制性的,各国都一样,对违建更是强拆没得话说。为什么不易执行,就是民主集中问题。所谓民主,就是要把强拆的道理讲清楚,公共利益在哪里,与个人的关系如何,引领民意,当然更要充分听取各种诉求和意见,允许不同意见畅所欲言;所谓集中,就是听取了意见以后权衡利弊,发现共识及公共利益,认为是对的、符合整体利益的,就要及时作出决定,坚决执行,不能让它非正常反弹,相信能够经得起时间和历史考验,同时敢做敢当,该承担责任也不逃避。我想这样的话,还是可以拆得下去的。

问:今天是一个变法的时代、重建伦理的时代,所以存在一个矛盾:要构建新的规则,但是同时,新的道德共识还没有建立起来;关于新形势下的民主集中制,重点是最后要有一个集中、一个决断,那么这个决断背后有一个问责制,而立法者并不是一个人,对立法者应该如何问责呢?考虑问责制,对法官又应该如何问责?对立法者和司法者二者的问责是否应当有所差异?

答:我们处于变法时代,对于很多大事小事,共识还没达成,那么在这种条件下要健全社会主义民主政治、社会主义市场经济,还要法治,怎么做呢?我想,最重要的就是执政党、国家、政府,要积极、有效地来引领社会成员的互动,不断提出适应先进生产力、促进社会进步的方针政策,与民众的认识和行为碰撞,在碰撞中磨合,引领形成正义的共识。不能消极懈怠,任由一些邪恶的东西在那里生长,正能量一点一滴地消失,不闻不问。中央八项规定正风气、反腐、坚守社会主义意识形态、治理网络“大V”、净化网络等,你看现在社会风气和网络舆论清新多了,氛围好多了。

我刚才讲，问责制是一种法治的概念、思维，在此之下各种制度、机制合力发挥作用，没有具体到立法应该如何、司法应该如何、行政应该如何。举例子来说，立法，在起草过程中和草案出来以后，要真心听取老百姓的意见；通过以后要勤力把握实施的情况、效果，发现确有错误或不宜的，能改立马改，暂时修改不了的，把该法或其中某法条束之高阁，就是最大的问责，未必要像行政首长或法官那样，责令辞职、给予处分等。如果有人出于权钱交易等，硬要强推错法，当然也应该照此办理，甚至依法追究刑事责任也不无可能。

再举例说司法，法官都是可能犯错的，不能说一审有犯错的权利，二审没有犯错的权利。二审也会犯错。法院的审理和裁判是主观见之于客观，是人的大脑理解事实和法律来作用于客观现实，如果犯错，怎么办呢？一般的小错就算了，如果是重大的错误，则要看看：第一，有没有贪污腐败，有没有官商勾结、权钱勾结、领导批条子；第二，用“business judgement rule”（业务判断规则），判断当事人和法官在当时的法律、政策和社会氛围中，其认识和行为有没有错。我觉得有这两个标准就够了，以此对他（她）终身追责。

问：美国有民主集中吗？如果有，它与我们的民主集中有什么区别？

答：美国有没有民主集中呢，当然有。选举是民主，总统命令和行政是集中；议会里吵架是民主，多数决是集中。其司法中的陪审团制度，陪审员都是老百姓，这是民主，陪审团的多数决、法官的指导和判决是集中。那么这里头有没有不公正、不正义的情形呢？肯定是有的，洛杉矶暴乱那一次，几名警察把一个黑人往死里打，最后到一个白人居多的小镇，设一个以白人为主的陪审团，于是被激怒的黑人暴乱了。这一次也是，弗格森这个镇上，黑人居民占三分之二，但是它搞了一个陪审团白人占三分之二，在程序上做手脚，这都是不正义的，主流社会强势的价值观却认同这样一些做法。所以，美国固然是法治的，但也充满了瑕疵，其民主、集中以统治者的利益为依归，强势的主流价值中包含着不正义的东西。

问：目前许多国家提出了社会法治国的概念，就是强调国家要适当地作为，为公民提供更多的福利，来达到实质的正义。那么，中国作为一个社会主义国家，其社会性体现在哪里？有何优越性，下一步应该怎么做？

答：我国这样一种现状，在现行体制、制度，法治建设进程中，也有很多进步的地方，不要妄自菲薄。中国自有“民本主义”，我们政府对人民的回应程度很高，实际上超过西方国家。西方国家是精英治理，精英达成共识，形成强势的主流价值，往往不论是否公平就推行下去了。在我们这儿，阶层之间的流动超过西方,出身草根的人当官的比例远超西方,政府对百姓的在意程度超过西方。比如政府到年底往往宣称明年要做十件实事(也可能是二十件、三十件),征求老百姓的意见,然后真的把这些事给做了,这在西方国家是绝对没有的。所以,有这样好的基础,加上中国共产党固有的宗旨和优良传统,以人民为本、为人民服务,以民生、民众福祉为出发点和归宿,中国的法治是有希望的。

政策的法治分析*

政策也是国家政权保障实现的行为规范，在法治条件下具有普遍性，不再与非公开的“红头文件”画等号，而与法趋同、融合，既具有概括性、引领性，作为规制手段又十分具体。政策在问责制框架内运行，与法治高度契合。

各位同学、各位老师：

大家下午好！

很高兴应承堂院长之邀来到扬大与各位交流，借此机会我讲讲这个题目，然后跟在座的互动、交流。

为什么讲这个题目呢？因为刚通过的《民法总则》①取消了民事活动应当遵守国家政策的规定，使我产生冲动。在《民法总则》制定过程中，我参加过一次讨论会，写过两个书面意见，对此提了异议。原来《民法通则》第 6 条规定：“民事活动必须遵守法律，法律没有规定的，应当遵守国家政策。”现在《民法总则》第 10 条改为：“处理民事纠纷，应当依照法律；法律没有规定的，可以适用习惯……”习惯是什么？在全国统一大市场业已建立、交通高度发达、信息流通便捷无阻的情况下，可供司法和行政适用的习惯虚无缥缈。这仿效的是 1929 年民国时期的民法，该法典开宗明义：“民事，法律所未规定者，依习惯；无习惯者，依法理”。可见那会儿还有个法理兜底，什么是法理呢？这是继受《瑞士民法典》的，依《瑞士民法典》第 1 条，所

---

* 2017 年 3 月 28 日扬州大学法学院讲座，王承堂教授主持。

① 现已废止。——编者注

谓法理,就是法官参考公认的学理和实务做法,仿佛自己是立法者所应采之规则,实际上就是政策。这是必需的,因为发达国家虽自20世纪60年代才在法的适用中普遍依赖政府规制暨政策,但19世纪末20世纪初西方因社会化导致深刻变革,政策的客观要求已经显现了。英美法是判例法,天然具有政策性,能够自然、平缓地适应社会变迁,而面对社会化之“大变局”,大陆法也不得不顺势而为,所以《瑞士民法典》第1条可谓大陆法国家民事关系适用政策之滥觞。只遵守法律,然后就是说不清道不明的习惯,怎么可能呢?什么是法律?在《民法总则》制定者心目中当然只是全国人大及其常委会立的法。国务院行政法规、地方性法规和自治条例、规章算不算法律?最高人民法院的司法解释和指导意见呢?他们可能认为不算,但要不要遵守?答案是肯定的。比如,房屋的限购限贷、北京等城市的汽车限行、“一行三会”(央行、原银监会、证监会、原保监会)的规章和监管规则、最高人民法院的司法解释,等等,如果不遵守就乱套了。进一步问,立法者为什么这么“害怕”政策?我2009年写的一篇文章,就说了个中原因,顺带研究了法与政策的关系,说明学者写东西没啥用,没人看,或者看了也不屑一顾,多年过去了,大家对法与政策的关系还是不明就里。

在那之前很多年,我就在思考法与政策的关系,最直接促使我真正去想这个问题的诱因,是1996年欧盟从我们中国人民大学选10个在校硕士生到欧盟去实习,幸运的是,经济法专业被选上了3个,他们去欧盟后跟我保持联系,当时是邮件往来,我问“你们都在干什么呢?”“我们在某某政策部门”(欧盟有农业政策部门、竞争政策部门等)。我再问:“你们在政策部门,这个政策是什么呢?”“政策就是法律法规呀,就是欧盟的各种指令、规章、决定、建议和意见,以及各成员国的立法和规制文件。”这实际上就是我国《立法法》规定的广义的立法或法规,加上其他规范性文件,范围还更宽些。之后又有一次,中国人民大学经济法学研究中心跟美国贸易代表办公室开一个反垄断法研讨会,我们写了议程,发给他们看,他们什么都没改,只有一个改动:所有的"antitrust law"后面,一律加上了"and policy"。也就是说,光是"law"不行,一定要"law and policy",两者联系在一起,密不可分。这就引发我深思政策和法的关系,然后回想起来,改革开放后我国翻译引进的第一本资本主义国家的经济法书,是1985年金泽良雄的《经济法概论》(此前翻译出版了两本苏联的经济法书,这是第三本外国的经济法书)。在这本书里,常把经济法称为经济政策法,竞争法就是竞争政策法、消费者法就是消费者政策法,诸如此类。也就是说,在金泽良雄心目中,经济法和经济政策法是不分的。什么叫"经济政策法"?当时稀里糊涂的,反正知道他有这么个说法,正好在2009年前后,我认识了日本关东学院大学法学院的一位经济法教授——中川正直,他把多年的研究成果写成很厚的一本书——《竞争法政策研究》,我一看这个题目就觉得好奇,由此才知道,日本还有一个法政策的概念,跟政策法正好反过来。什么叫"法政策",是关于法的政策,还是包括法在内的政策?"政策法"又是什么,是像政策一样的法,还是要用政策来落实的法?

法治国家严格依法办事不就好了吗,为什么政策越来越兴旺发达呢?"law and policy"怎么就不可分了,两者发生冲突怎么办,以哪个为准?可能中国的立法者并未深究其原因,而是把政策简单地等同于"人治",天然地害怕、恐惧人治。在他们心中,政策是跟"人治"联系在一起的,这种想法还停留在过去。中国人民大学80岁以上的老教授,(20世纪)五六十年代在人民大学当老师或者上学的,他们跟我说,那时的中国法只有两门课,一是民事政策,二是刑事政策,其他都是苏维埃法。民事中有一部《婚姻法》,但是远远不够,就用民事政策吧;还有一部《宪法》……今天立法者视政策为洪水猛兽,就是这个原因,但这是过时的观念了。现代的法治,实实在在地把政策融入法的范畴了,否则就没有法治。这也是我今天的一个基本判断或命题。那么,政策与法到底是一种什么关系?它们的融合是怎样的状况？为什么？

一、政策、法与道德

讲政策和法,先要从道德谈起。法学本科生一年级就上法理课,还是高中生的头脑,稀里糊涂就上完了。老师告诉同学,人类社会的行为规范就是两种——道德和法。道德是靠内心的信仰、信念,以及舆论的褒贬、激励、约束来实现的行为规范。比如,从小爸妈告诫我不能偷东西,这个 iPhone(苹果手机)我特喜欢,但那是别人的,我坚决克制不去拿;或者我刚刚伸出手去,旁边的人惊呼"小偷",我又缩回去,赶紧借口拿错了、赔不是。通过这个方式来实现的规范,就是道德。由国家政权保障实现的行为规范则是法。这个"国家政权"不一定是法院,我们经济法学多年前讲了,通过包括行政机关在内的各种国家机关围绕某种目标共同努力,对某种规范的落实、实现所起到的推动、保障作用及其可靠性,不亚于法院的审理和裁判。发改委、财政部等履行法律赋予的职责,三大执法机构执行《反垄断法》,老百姓之间发生纠纷起诉到法院,等等,相应适用的规范就是法。道德和法两分对不对呢？没错,是对的！但是简单化、不全面。在道德和法之间,至少还有:宗教;团体规章(比如扬州大学的章程、规章,淘宝和天猫的规则);传统家法(你去曲阜孔府参观下就知道什么叫家法了,孔家的规章靠家族力量保障,基本上不要县官大老爷操心;可能有百分之零点零几的问题、纠纷,如孔家人杀了李家人、孔家和李家为了田地和水械斗等,才会闹到县官大老爷那儿。中国传统社会几千年就这么过来的);还有就是政策。我梳理了一下,在道德和法之间,也可谓模糊地带,存在这四种行为规范,以下就对它们分别作些分析。

1.宗教。宗教本身与法没有什么瓜葛,当然国家、政府可以也应当以法管理宗教。对宗教,你信就信,不信就不信,信与不信都是你自己的事,不能强迫别人,更不能牵涉公共秩序和公共利益。从这个角度说，中国宗教之间的相互尊重与和谐，是世界上最模范的。政教分离后的宗教就是道德，中国已经这样，实际上也应该这样。

2. 团体规章。团体规章已然成为法的一部分基础，其本身虽然不是法，但被纳入了法的范畴，这是现代法治模式的一个重大变化。传统法治模式是寄望于英明的、明察秋毫的立法者把法立出来，民众和行政、司法都照着去做，有法可依、执法必严、违法必究。现在不行了，社会太复杂了，法律调整要以社会自治为基础。如果没有扬州大学的自治，我们大学里的任何行为规范、矛盾纠纷都交给国家政权来处理，那很不现实。阿里巴巴也是这样，“双 11”的网购金额超过了美国“黑色星期五”线上线下购物金额的总和，可是你们有没有听说“双 11”发生的纠纷都被诉诸法院，法院忙不过来的事儿？没有。矛盾纠纷很少外溢。就像过去的孔府一样，几千年来曲阜孔氏的矛盾纠纷基本上在孔家内部解决，现在阿里的网购纠纷也绝大多数由阿里的规章解决了。阿里有一套包括纠纷处理在内的规章制度和机制。这是社会自治、市场调节，主要就是团体规章以及契约在起作用。万一有团体规章解决不了的呢？比如扬州大学给你一个处分，不给你毕业证书，或者开除你，你不服怎么办？可以起诉到法院。这种纠纷起诉到法院，法院怎么审？首先审查团体自治规章合不合法。如果不合法，扬州大学就败诉了，法院不往下审了；如果合法，再审扬州大学有没有恰当地遵守自己制定的规章对学生进行处分。如果没有，你胜诉，扬州大学败诉；如果扬州大学恰当地遵守了它自己制定的规则，则扬州大学胜诉，你败诉。我把这种模式概括为“社会自治 + 政府指导监督 + 司法审查”。这种模式传统上是没有的，而在现代社会越来越明显。比方说 19 世纪的欧洲没有，我国改革开放初期也没有。通过这种法治模式的变化，就把团体规章纳入了法的范畴和轨道。团体规章作为一种行为规范，本身并不是法，但在新的法治模式下就变成法的基础和组成部分了。而且这是必需的！如果没有这一套，社会怎么运转呢？法院应该按照我刚才讲的方式来处理,顺理成章地,先审查自治规章合不合法,再审查团体有没有遵守自己的规章,在这个基础上判决谁胜诉、谁败诉,但这样也就不是行政法了。从实体上说,这属于社会法。广义的社会法,是宪法行政法和民商法中间的一大块;狭义的社会法是劳动法和社会保障法;中义的社会法则是经济法以外的社会法。经济法以外的社会法不就是劳动法、社会保障法吗?不,大家想想还有什么?还有不断从行政中脱颖而出、行政的比重越来越小的教科文卫体法等。什么时候学生诉学校的诉讼变成社会法的诉讼,法治就更进步了。现在是勉为其难将它作为行政诉讼,是不对的,怎么都说不清楚。

3. 家法。家法(在现代社会)彻底消失了。中华文化、中华法系过去几千年都是靠家法,礼和法,礼的主体是家法,法就是刑,以礼入法,礼主刑辅。这样一种法制不行了。为什么不行了呢?很重要的原因就是家法即宗法制度不行了,没有用了,和国家政权没有关系了,国法直接渗透到家庭内进行调整,如夫妻关系、亲子关系等,以至于家法失去了存在的余地。

4. 政策。什么叫政策(policy),它和法(law)有什么区别?过去通常认为,政策是国家、政府或者政党在一定时期内的行动准则。从传统上对政策下的定义来看:首先,政策也是国家的行为规范,或者是政党的行为规范。其次,政策的阶段性、原则性、灵活性比较强,它是一定时期内的行动准则,不像法律可能多年甚至长期不变。政策是应对当下形势提出来的,所以变动比较大,比较灵活。然而正是在现代法治条件下,需要有政策这样一种国家的规范进入法的体系中。什么原因呢?因为法律太多,修改不便,形势随时变化,比如金融危机一来,法律缓不济急。法太多,连法学家、律师都不知其有多少。这不是我随便讲的,德国教授到我们学校做讲座时说,德国也是同样,法律太多了,有多少法,律师都不清楚。所以必须由政策对法进行梳理,作为法的指南。政策既然具有阶段性、灵活性,那么它的制订和执行必然具有随意性吗?这就涉及对法治到底是什么的理解问题。

二、政策法治化和法的政策化

所谓法治，是不以单个人、单个机构的意志为转移，要受社会强势而正义的主流价值约束和评判，在此状况下通过利害关系人和公众广泛的参与、表达，各种主体和规则相互博弈，就大大小小的问题形成基本共识，从而使正确的法条获得执行力，法的矛盾冲突得以调和，法的漏洞或滞后、超前得以弥合，错误的法条得以纠正或被搁置，在这种动态的过程中达成一种善治。非常幸运的是，根据我的观察，应该是从(20 世纪)90 年代开始，西方国家出现了一个新概念，对法治从形式上、操作上作了很好的概括，简明扼要地告诉你法治是怎么回事、怎么操作，也就是"accountability"(问责制)。有了问责制，就可以一目了然地，用老百姓都能懂、看得明白、想得清楚的一种方式将政策纳入法治轨道。现代社会是角色(role)社会、职责(responsibility)社会，需要每一个人在自己的角色和职责之下，充分发挥主观能动性，积极参与社会生活或公共管理。今天的社会就是在这个基础上博弈和运转的。梅因讲过，社会的进步是从身份到契约。如果人格不独立，人被束缚在身份的枷锁当中，社会就难以进步。现代社会要建立在个体、个人自立、自主和自强的基础上，通过契约来形成社会关系，乃至"社会契约"，这张契约的网从社会底层一直到金字塔的顶端。这是一种进步，相对于封建社会来说是一大进步，但是其中的个体、个人是虚构、抽象的无差别的个体、个人，对现代社会来说就不够了。现代社会需要学生、老师、院长、校长、操作工、修理工、工程师、经理、会计、出纳、董事、律师、检察官、法官、科长、处长、局长、市长、省长、总理这样一个个角色，每个人都应当恪守自己的角色和职责，把角色和职责担当好、履行好。无差别的个体是 19 世纪的产物，该时期产生的民法典就是适用于无差别个体的，相应的法治模式就是英明万全的立法者设定法律关系的框架，个体以自己的意志设定并参与法律关系,行政和司法有法必依、执法必严。这种模式早已被社会发展冲得七零八落,新的法治模式除了“市场和社会自治 + 政府指导监督 + 司法审查”外,还可表述为“法律概括赋权 + 权利或权力主体自由裁量、行为 + 司法审查”,从而使政策大有用武之地,因为政策与问责制是天然契合、融为一体的。

问责制适用于整个社会的公私领域,无论对企业还是诸如扬州大学这样的事业单位或社会团体来说都是适用的。但就政策而言,问责制是针对国家机关的,政策法治化的前提,就是给每个国家机关及其工作人员尤其是首长科学合理地确定职责(“accountability”和“responsibility”),否则就会出现互相推诿,出了事情无人负责、无法追责的结果。同时建立良好的统筹协调机制,万一发生职责重叠和疏漏等情形,能在第一时间及时协调处理。

“Accountability”有两个意思,一个意思就是我国香港地区翻译的“问责制”,翻得非常好,之前内地有将其翻译成会计责任之类的,都不准确;还有一个意思是领导责任,与“responsibility”并列,构成问责制三段式的第一段。领导责任是概括的职责,比如省委书记、省长,要对本省经济社会政治各方面的运行和发展概括地负责。“Responsibility”则是比较具体的职责。概括的责任不一定要对具体的事件负责,比方说产煤大省一年发生若干矿难、有人员伤亡,属于偶发事故,只要企业自己或煤炭安监部门担责就行了;但是如果经常有事故、经常有人员伤亡,省委书记和省长就该承担领导责任。

角色科学地划分、职责合理地确定之后,就让担当这个角色的主体自由裁量、充分发挥主观能动性去干,不能时时处处以法、以程序去限制他,这是现代法治的一个重要特征。政权体系内必须有一个个敢为敢当的角色,自由裁量勇于担责,才可能把这个社会治理好。当下社会太复杂了,而且处于随时变动之中,一定要用这样一种模式,才可能实现法治。

但是如果放任各色各等公共管理角色自由裁量，也不行，他们可能会乱作为，随心所欲，变成不受约束的“人治”。所以对其约束和监督是必需的，这个机制就是“answerability”，即动态的、不拘一格的问责。体制内外的主体可以对承担着一定的“accountability”或“responsibility”角色的主体质疑、批评，相关主体必须及时回应，不能暗箱操作或者拒不回应。“Answerability”分成两大块：一块是体制内的，包括上下级的、审计的、纪检监察的、检察的、人大及其常委会的、政协等的问责。另一块是体制外的，就是媒体、舆论的问责。美籍日裔学者福山说，良好的治理，端赖两个方面：一是强势的政府；二是法治，法治里面最重要的就是民主的问责。

问责制三段式，第一段是前提，第二段是关键，第三段是落实。任何机关及其首长，承担职责如果发生利益冲突、越位、缺位、错位、不作为，或者胆大妄为、贪污腐败，经不起问责（包括民主问责在内的任何形式的问责），那么就应承担法律上的不利后果，这就是老师在课堂上讲的法律责任。当然你们听我讲了之后，就知道“liability”并不全面，在当今社会一定要将其与职责和问责联系起来理解。总之，问责制是法治实现的必要保障，不必恐惧政策，政策不等于“人治”。

我们欣慰地发现，中国的问责制做得不错，民主问责在世界上首屈一指，因而不担心政策执掌者会胡作非为。政策本来就是国家保障实现的行为规范，如今用问责制把它纳入法治的轨道，当然也就是法了。所以应当是“law and policy”，光有“law”是不行的，必须加上“policy”才完整。现代法治已经发展到了可以动态运行、可以用问责制来概括的时代了，不是19世纪的法典时代了。政策纳入法的轨道，可以概括为政策法治化和法的政策化。

法也政策化了，过去讲法越细越好，实际上是越粗越好。为什么？因为世界上没有两片相同的树叶，法越细越容易产生个案不公平。在现代的角色社会、职责社会里，法应当粗一些，让官民、民民的思想和行为在一定范围内碰撞，在这种博弈的基础上，让法治动态地运行。法也要与时俱进,当改则改,像曾经的法典那样几十年或一百年不改是不可能的了,以至法的变动性不亚于政策,稳定性也不比政策更高了。反过来说,政策也具体化了。我举个例子,就是外商投资产业指导目录,负面清单还没有全面实施,指导目录两三年修订一次,它是实实在在的商务部门和其他部门日常审批、管理的依据。关税税则也是如此。它们是政策不是法,然而按照《立法法》和我今天讲的,说它们是法也完全没错。

政策法治化和法的政策化集中表现在经济法领域,换言之,经济法是现代法治的典型和集中体现,整个经济法就是以上描述的法治动态运行的一种过程和状态。我顺便讲一下,“rule by law”是人治不是法治;法治是“rule of law”,循法而治,所循之法不仅仅是立法机关制定的法,还包括“自然法”即经济社会客观规律及其要求,循着公平正义去实现善治。现在中国的公共经济管理水平越来越高,李克强总理多次讲宏观调控要预调、微调、定向调、局部调等,这正是宏观调控及公共管理能力越来越强的表现。如果产能过剩,就淘汰其中的落后产能;市场僵局了,政府就去帮助市场甄别,把落后产能淘汰掉。靠市场淘汰不行,市场一旦形成僵局,就会劣币驱逐良币。房价调控,不得不采取行政手段,如今调控越来越细致,越来越有针对性,很多城市的限购限贷政策已经细致到区了。经济法中的政策要以规划和产业政策、财政政策、金融政策和国家安全政策主导,竞争政策为基础,实现政府与市场、社会良性互动。竞争政策也是国家的政策,不是社会自发的交易和竞争秩序本身。现在有公平竞争审查,国家机关自己审查自己推出的各种政策规章是不是违反公平竞争的要求,这正是法治的要求及应有之义,也即问责制的第一段和第二段。我写过一篇文章,把经济法这种动态的、以政策为中心的调整方式概括为分权、法治。分权包括纵向分权和横向分权,纵向就是中央和地方分权,横向就是每一级政权里不同部门之间的分权。在分权的基础上,落实职责,驱动角色的主观能动性,让它们在互动以及与市场、社会的博弈当中追求国家的最高目标。问责制就是分权、法治，就是现代法治的一种框架和操作方式。

三、政策与法日益融合、趋同

现在我要讲讲，政策与法融合是怎样一种情形。二者的融合首先表现为渊源的融合。刚才我讲到《立法法》规定我国法的渊源有五种形式，再加其他规范性文件；政策也是一样。比如中华人民共和国实行社会主义市场经济，这一规定是政策还是法律？是国策，一种高阶的政策，同时又是宪法的条文。在法律和国务院行政法规中，更能找到无数根据传统观念可以理解为政策的条文，而到底端的地方性法规、规章，就很具体了。比方说反垄断指南，你要问欧盟官员反垄断指南是法还是政策，会在第一时间把他问倒，他可能想了半天回答你，这是政策吧？没错，就是规制爆发式增长后，作为政府规制手段的政策。而按照我国《立法法》的规定，它们同时也属于立法范畴的规章或者行政法规。有种说法是，指南是行政机关执法的依据，对社会没有普遍效力，所以不是法；但是企业法务和律师遇到问题哪个不先去看指南，怎么能说指南没有普遍的效力呢？之所以会有这样的困惑，头脑里会有这样的问题，正是因为不理解现代法治条件下政策和法的关系。你理解了其相互关系，它们就是一回事儿，政策与法正是糅合在一起、纳入同一渊源体系的。

其次，政策往往是抽象行为，不针对具体主体，而是一并适用于同样情形的主体，现在这种情况尚缺乏救济。我国香港特区有司法复核，对抽象行政行为也可以复核。对抽象的政策行为应当可以诉讼，如果怕老百姓滥诉的话可以增加一些条件，比方说直接利害关系人才可诉，或者须由一定的组织提起救济。

最后，合宪性审查要制度化。现在也有合宪性审查，但是没有制度化。应该像民事诉讼、刑事诉讼、行政诉讼一样，有一个程序，一套机制，制度化地保障合宪性审查的落实。成功案例也有，河北有一个农民,说省里的土地管理条例违反了土地管理法和宪法,全国人大常委会证实后让河北省取消。但这种情况较少。所以我赞成很多学者的意见,合宪性审查不一定成立宪法法院,但是必须制度化,这样政策纳入法的轨道才有可靠保障。

互动环节

问:政策是由谁制定的?政策位阶如何确定?

答:我今天讲的政策是国家政策,包括中央和各级地方政府的政策。各级政府都可制定政策,包括县、乡镇、街道,甚至县和乡镇都可能有产业政策,街道也可能有人口和房屋管理方面的政策。法院、检察院的司法解释也是政策。关于位阶,因为政策跟法纳入同一规范体系,所以法律效力位阶的一般规则,比如新法优于旧法、特别法优于普通法、法不溯及既往等,都可以将政策与法糅在一起使用。如果一定要把法跟政策分开,那么现实中很多事情处理不了,事实上也无法分开。

问:您描述的现代法治是政策和法的融合,但法律带来的是稳定性和可预期性,政策的灵活性恰恰带来不稳定性、不安全性。您认为法治在于政府行为要受主流价值决定的民意约束和评判,那么谁来决定社会的主流价值和民意?

答:政策必须是可预期的,它的制定和实施不能是随心所欲的、忽然的。现代社会高度复杂多变,在形势发展变动过程中,民意都会形成某种预期,这种预期不同于貌似稳定实则僵化的法律规定。当法律规定跟不上新的民意预期时,要么修改法律,要么用新的政策指导旧的法律的实施,从实质上改变它。《法国民法典》第1382条是非常典型的,该条从1804年至今没变,但内涵已经变化扩张了很多次。随着社会的进步,人民预期的变化,政府、法官和学者必须按照新的民意预期来解释法律,条文即使不变,实质上也要以与其初衷不一样的内容或方式来实现了。除了受形势的左右和影响,决定民意的更深层次的因素是社会主流价值,这比形势更稳定。

问:体育协会和广告协会制定的规则会产生社团罚,社团罚、社会罚有无上升为法律规则的必要?

答:不可能也不必要。为什么不可能?因为社会成员众多,利益差别太大,14亿人有成千上万种利益及其诉求,让有同样兴趣、同样利益的人自订规则自我管理更好,人们自己最了解自己的情况和要求。只要不违法,比如不侵犯他人合法权益和公共利益、不违反人权等法律基本要求，则让社会成员任意制订规则就好。

团体规章纳入法治即成为法治的社会基础，其本身不一定被纳入法的渊源体系。它要接受行政的指导监督和司法审查，这是其纳入法治轨道的基本方式，一般情况下行政和司法不必去管它。这方面最典型的案例就是阿里巴巴(平台规范)。另外扬州大学的规章制度不是法，也不是政策，而是自治规章，它受政府教育部门引而不发的指导监督，调整我们师生的行为，更像古代的家法，基本上把一切都搞定了，只有出现溢出去的矛盾和纠纷，才需要纳入司法审查，把它变成法的基础。具体怎么审查，参照我以上讲的两个步骤。

问：您刚才提到了强势和弱势的政府，怎么样才算是强势的政府？

答：我理解福山讲的强势政府是个褒义词，是正面的评价，就是政府在自己的职责范围内敢为敢当。就是现在中央讲的“有担当”，认准了的就做。人民有意见，而且意见是正确的，(政府)认识到了就及时改正，敢于担当、敢于认错、敢于改正，就是强势的政府。反之，“前怕狼后怕虎”，该干的不干，有错不承认、不改正，就是弱势的政府。

问：市场规制里包含产业政策和竞争政策，产业政策和竞争政策可能会存在互补性局面，但更多情况下可能会互相矛盾、冲突，如何看待两者关系？

答：产业政策与竞争政策的冲突和矛盾是从日本传过来的一个话题，从根本上说是伪命题。因为我国产业政策和竞争政策的执掌机关往往是同一机关，比如发改委、商务部，上面还有国务院、党中央，这样，是不是尊重竞争政策的基础及重要地位则在很大程度上取决于政策执掌机关的理念，取决于它的认识，它对国家社会发展方向、方法的认识，对市场经济的认识。所谓公平竞争审查实际上是自我审查、自我革命，不能认为自我革命没有用，自我革命很管用。能不能让不同机关相互审查或者设立专门的机关作统一审查？按照行政的规律和国际经验，这是不可行的。在我国，任何政策规章都要相关部门一致同意后才能出台，这是中国的特色和优点。设一个机关统一审查更不可行，也根本忙不过来。像中国这样党和政府对产业政策和竞争政策统一领导，政府自我的公平竞争审查等，是其他国家所没有的，所以说竞争政策和产业政策的矛盾冲突是虚构、杜撰出来的。竞争政策审查也不是说产业政策、国家安全利益完全不得限制竞争，而是同反垄断一样要作方方面面的权衡。权衡对整体利益的贡献和对竞争的损害，只要对整体利益的好处大于对竞争的损害就可放行，这也是现在常说的比例原则的应有之义。

问：您刚才提到市场和社会自治，比如扬州大学如果没有自己的章程和规章制度,单靠法律调整扬大内部的各种关系一定会出问题。现在家法不存在了,通过法律来调整家庭关系,但是农村中仍然存在像宗族一样的家庭关系,却不像古代那样有“礼”来规范和约束家庭,您认为国家法律和家庭自治的分界在哪儿呢?现在仍存在的这种宗族关系是否存在自治的空间?

答:须把宗族与法的关系彻底割断。中国现在的农村,没有纯粹的一村一个宗族了,即使某个村很小,也是有很多宗姓的;而且古代那种大家庭不存在了,即使村里的大姓,也是由法律上各自独立的众多家庭组成的。即便宗族关系起自治作用,也要在以地域划分的村的基础上自治,只能起辅助作用,宪法规定是以地域、社区为单位的村民自治。宗族自治必须服从村民自治,不能凌驾于村民自治之上。生活在以行政区划划分的地域和社区里面的人,不受任何血缘宗法关系的束缚、羁绊,自立、自主、自强,在此基础上协商、参与、决定和遵守,这样一种自治,可谓梅因说的“从身份到契约”之后的那种自治。

问:刚才史教授您讲政策与法的融合,融合要有一个过程,不可能一蹴而就。那么,在融合过程中,政策与法适用的顺序如何?出现冲突谁优先呢?顺序和效力位阶能不能联系起来呢?

答:国家的政策和法如今已同处一个渊源体系,所以可以适用几千年来法律适用的一般规则,也即自罗马法就有的新法优于旧法、特别法优于普通法等。换言之,政策与法的顺位和效力位阶适用同样的法律原则。

问:刚才您讲到,社会的主流价值观对法律的影响是巨大的。但是正如您所说,有些主流价值观是正确的,有些是不正确的。在这样的情形下,如何处理民意与法律的关系?如果一味顺从民意,是否意味着我们的法律被民意裹挟着走了呢?

答:法律必然被民意左右,法不是高高在上的。怎么样形成一个正义的主流价值和主流民意,而且十分强势,这才是关键。希特勒时期就是邪恶的民意成了主流,对犹太人打砸抢,一夜之间犹太人无处可去,非常可怕。那就不是法治了,我给法治下的定义,结果必须是善治的状态。所以要有一批有抱负、有担当的人,在五花八门的诉求、表达、言论、意见中找出符合中华民族长远利益和中国人民整体福祉的民意及其背后的价值,通过党的优势地位,通过不同党政机关与社会之间的互动,将其一点一滴向全社会扩展,使之越来越强势。民意的形成和改变是不能强制的,这是一个过程,急不得,当然精英或先进分子的担当和坚持是必需的。

理念之于法律适用*

法条、法律的具体规定不可能机械地适用，因为主观之于客观只能无限接近而不可能完全吻合，从法条到法治，有赖恰当的理念，同样的事实适用同一法律、法条，可因理念不同而致截然相反的结果。法治要在博弈中动态地实现，基于一定理念的说理是法律适用暨法治博弈的集中体现。

各位深蓝所的同仁：

大家下午好！

很高兴有这个机会来跟大家做一个交流。2019 年 9 月合肥市律协办律师培训，请我给他们做个报告，我讲了“理念之于法律适用”，当时在座的律师们很感兴趣，气氛热烈，所以我想今天再跟各位讲讲。

最近有一个比较大的案子，阿里巴巴集团控股有限公司被国家市场监督管理总局处罚，开出迄今我国反垄断最高罚单——182.28 亿元人民币。为什么罚？因为它对电商要求“二选一”，店家要在淘宝、天猫上开店，就不能到别的平台上去开，否则，淘宝、天猫就在商品搜索中把该店家放到最后，还要施加资源上的限制，比如不给它促销等，这个行为前后持续 6 年，违反了《反垄断法》第 17 条①，属于滥用市场支配地位行为，市监总局遂根据它 2019 年在中国境内销售额的 4% 予以罚款，舆论称之为“天价处罚”。

但是相比之下，2010 年腾讯的“二选一”比阿里更严重。此话怎讲？阿里这个行为，店家在我这儿开店，就不要到别处去卖，到

---

* 2021 年 11 月 12 日安徽深蓝律师事务所的讲座，方向律师主持。

① 2022 年《反垄断法》修正后，见第 22 条。

别的地方卖,就不要在我这卖,但店家仍能卖东西,不在阿里还可以去京东嘛,其实对店家和消费者没有太大的伤害。腾讯2010年的“二选一”行为呢,即电脑上如果装QQ即时通信软件就别装360安全软件,反之装360就别装QQ。当时正是互联网及其应用发展的关键时期,如果腾讯真这么干了,那么我们的互联网经济和消费者权益必定会受到极大的损害,今天的“互联网+”就不可能这么繁荣了。针对该行为,法院认为QQ没有市场支配地位,所以腾讯的“二选一”行为是合法的。那么QQ到底有没有市场支配地位呢?在我看来,它的市场支配地位强得很,当时全国有6亿多人安装了QQ,在2G网络和短信通信时代,流量和话费非常贵,而QQ可以7天24小时在线,通信费极低,性价比极高,消费者都高度依赖QQ,所以它存在市场支配地位。那为什么它俩的遭遇不同呢?就是因为理念!如今的理念是对大平台要加强监管,强化反垄断。而2014年最高人民法院针对腾讯和360公司的“3Q大战”作出终审判决的时候,社会对互联网有一种莫名的崇尚,觉得互联网有些限制竞争行为很正常,所以最高法就把即时通信软件的相关市场解释得很大,把短信等也包括进去,这样QQ没了市场支配地位,它“二选一”就是完全合法的了。都是“二选一”,腾讯更严重但是合法,阿里没有明显危害反而受到严厉处罚,问题出在哪?就在于理念变了。

2011年,吴邦国委员长在两会上宣布,中国特色社会主义法律体系已经形成。法律体系形成了,法治对法律适用提出了更高的要求,关键在于法条、法律的具体规定是不可能机械地适用的,把法条落实为法治,有赖恰当的理念和观念,主要是法律适用者的理念和观念,当然也包括全国人民的理念和观念,全国人民的理念和观念变了,必然也会影响到法律适用者,也即法律界、法学界人士。

一、法律适用何以不能直接遵照法条或法律的具体规定:主观之于客观,可以无限接近但不可能完全吻合

法律适用为什么不能直接遵照法条和法律的具体规定呢? 第一点原因是法律在适用的时候都是需要解释的,没有不需要解释就能适用的法律或其法条。

我给大家讲一个比较普遍的现象,就是房主把房屋租给客户,房主要对租客用的电加收电价,比方说原本电价五毛钱一度,我把房屋租给你,你在我的房屋里用电,我就要收你一块钱一度甚至一块五毛钱一度,好多租户因此把房主告上法院,那么房主对电费加价的行为是否合法,加价的合同条款是无效还是有效? 各个法院的判决不一,有的说有效,有的说无效,这是为什么? 因为理念不同。说有效的理由,是房主对租户用电做了管理,房主要去交电费,电线和其他设备坏了也由房主负责修理,所以加价有对价,即房主的管理付出或成本。说无效,则是因为《电力法》第 44 条第 1 款明文规定,禁止任何单位和个人在电费中加收其他费用,当然更不得直接对电费加价。那么,这一条到底是效力性强制性规定,还是管理性强制性规定呢? 需要解释。如果你来代理这个案子,你怎么解释? 什么叫管理性强制性规定,什么叫效力性强制性规定?《民法典》第 153 条规定,违反法律、行政法规的强制性规定的民事法律行为无效,但是,该强制性规定不导致该民事法律行为无效的除外。这条规定等于什么都没说,需要律师朋友们以及法官、仲裁员等在适用这一条时进行解释。一直以来,从 1999 年《合同法》颁布,契约自由、当事人意思自治就深入人心了,不随意认定合同无效或者合同某条款无效了,这当然是一件非常好的事情。但是法律的强制性规定也自有它的道理,不然为什么还要强制性规定,而且《电力法》的口气很严厉——“禁止”,这算不算效力性强制性规定? 光从文字上解释没用,如果有法官就要说它是管理性强制性规定,非得判决电

费加价的合同条款有效,你有什么办法呢?但是今年美国得克萨斯州雪灾给了我们一个很大的启发,该州的电价完全市场化,电力公司的设备、输电线等遭暴风雪破坏,供电能力锐减,电价就跟农贸市场的青菜萝卜一样随行就市,立马涨价,有人收到账单,一晚上就用了一万多美元的电,电价涨了几百倍,这样穷人就用不起电了,有钱人才用得起。所以在我国,居民用电是政府定价,政府定价的目的就是维护、保护民生,老百姓哪怕很穷,也可以跟富人享受同样的电价,按照阶梯电价,穷人实际上还享受着比富人更低的电价,所以《电力法》禁止任何单位和个人在电费中附加其他费用。那么,从这一理念出发,该法条应否就是效力性强制性规定呢?我相信,今后法院会越来越多地判定《电力法》第44条第1款是效力性强制性规定,为什么?就是得克萨斯州雪灾的启发,让我们认识到居民终端电价要由政府定价,既然是政府定价,就不能由个人或企业等乱加价。你把房屋租出去,就对租户的用电加价,不就等于倒卖电力、对政府定价的用电转手加价吗?按此理念,那电费加价的合同条款是否应该无效?可见法律的解释多么重要,法律的适用多么依赖于理念。但你代理的可能是房主,你会按上述法院的判决理由讲;代理租户的话,你就可以按我说的理念和理由讲。你作为律师反正要为客户服务,这没错,但是你要知道为什么可以这样讲,也可以那样讲,原因正是理念不同,这是第一点。

第二点就是法条、法律的具体规定并不总是能够顺利适用的,简单地讲就是有法难依。2014年前后京津冀地区的空气污染非常严重,《北京市大气污染防治条例》在那个背景下出台,里面有一条是禁止街头烧烤,但条例生效后,人行道上还是到处热火朝天地烧烤,城管在旁看着也没辙。为啥?因为广大人民群众认为烧烤有理,法律适用者也没办法。但如今2021年,你到北京街头去看,(露天)烧烤找不到了,店里烧烤还要用一套复杂的设施把那个烟收集起来,不能放到外面去,简直太好了。原因很简单,人民群众的理念变了,广大商家的理念变了,从 2014 年到 2021 年的 7 年,大家的理念变了,变了之后,《大气污染防治条例》禁止街头烧烤的条文就管用了,就能适用了。

第三点就是法是人制定的,是主观对客观的反映,主观对客观的反映不可能完全吻合,所以法条、法律的具体规定总是有错误的,那怎么办?法律、法条有错误的时候,是不是就没有法治、没法搞法治了?不是。法律、法条有错误是常态,有错误就没法治,那就永远没有法治了。你们不禁要问,法律、法条有错误的时候,法治靠什么?就靠理念啊!靠正确的理念去纠正错误的法条和法律规定。一个典型事例就是《劳动合同法》。市场经济不是计划经济,市场经济下,企业的运行靠订单,劳动就业不可能按部就班,必须是灵活的,而且 8 小时工作制源起于重体力劳动的时代,当时是针对劳工的,现在普遍的轻体力劳动、脑力劳动再限定 8 小时工作制就太机械了,你让他工作 8 小时,他下了班没事干,本来就是从农村到城里来打工赚钱,你非要让我 8 小时下班,我再去打一份工,干 16 个小时,法律禁止得了吗?出租车司机、网约车司机、卡车司机、小店铺、小工厂等,都是这种情况。再者,两个固定期限的劳动合同结束,就要签订无固定期限的合同,针对这种法律规定,大企业可能无奈先把员工统统解雇,发给补偿金,再一一重新签订合同,因为企业在复杂的市场环境中打拼,需要有危机感和进取心的员工,不允许任何员工“躺平”捧“铁饭碗”。所以《劳动合同法》中的不合理规定就在市场经济所要求的理念下被规避或搁置起来了。

第四点呢,就是立法往往是滞后的。我们的本科生、硕士生毕业后到美国去留学,一开始难免哭鼻子,为什么?因为他们不像国内这样学法律、法条,不是演绎、解释法条,而是学法律的原则和规则的由来,搞清、搞懂其来龙去脉。某个原则或规则是怎么产生的?从几百年以前的某个案例最初产生,后来过了 80 年,这个案子发生了什么变化,法官作出判决,使这个原则或规则发生少许变化;又过了100年,又发生了某些变化,每个判决里面多数法官是怎么讲的,少数法官是怎么讲的;又过了30年,把既定的这个原则或规则规定为某个法的某一条;然后又过了30年,这个法条又被某个法官有所改变……英美法就是这样一个套路,法条只是你在梳理某个原则、规则过程中的一个节点,而不是法律依据。每一个个案都这样全面梳理,只要梳理好了,哪怕没有法律依据或没有可依据的法条,那么事实是那样的,道理是这样的,法官即可兹判决如下,一个新的法律原则或规则就产生了,或者对原来的原则或规则作出了修改,法官有权这么干,律师也有权这么解释,不需要严格适用法条,没人敢说这是法盲。大陆法系就不行,法条经常滞后,又不能像英美法那样梳理以后按道理来判决,怎么办?就要靠理念。

我这几年写文章、做讲座,也在课堂上跟学生讲,一定要更多更好地运用法律的宗旨条款、原则条款、兜底条款和概括性条款等进行说理。比方说什么叫不正当竞争行为,违反诚实信用的商业道德的竞争行为就是不正当竞争行为,要善于用这样的条款,这样,你就可以对实践中出现的法律还没有规定的行为或现象适用法律了,运用这样的概括条款或原则性条款进行说理,就可对《反不正当竞争法》没有具体规定的某种行为是否构成不正当竞争作出判断,以及对如果构成不正当竞争行为应该如何处理,提出靠谱的法律意见或观点。如果不善于运用宗旨条款、原则条款、兜底条款、概括性条款等,则有立法也没什么用,为什么?因为世界上没有两片相同的树叶,规定得越具体越不管用,比如《反不正当竞争法》的所谓互联网专条一出台就过时了,因为出现的某种具体行为如果与该条的具体规定对不上号,又不善于用该法第1条、第2条的宗旨条款、原则条款、概括性条款,那对不起,对该行为就只好放任自流,而不能法治了。

总的来讲,我们不能寄希望于一个大公无私、明镜高悬、明察秋毫的万能立法者,把世上所有的事、所有的行为、所有的现象都立出具体的法来,让社会上下左右一体遵循,并对极少数违法者严格执法、公正司法。这个前提就是错的,是不可能的,它忽视了法与理念、观念、道德的关系。理念、观念属于道德范畴,但法与道德不是截然分开的。我上本科的时候,老师就讲不得杀人、不得偷盗既是法律规范也是道德规范。道德是靠人的内心信仰和外部舆论加以实现的行为规范。我认为不得杀人,我就不杀人,我认为不得偷窃,我就不偷窃;另外就是舆论的监督,我想杀人或者偷盗的时候,有人骂我,我就歇手不干了。这就是道德。大家想一想,如果没有普遍的这样的道德,法律有用吗?如果大家都认为杀个把人不算啥,刑法的杀人罪还管用吗?所以法是以道德为基础的。再比如说,市场经济就是契约经济,自由交易、自由竞争的经济,普遍缺乏契约精神和诚实信用的道德,市场经济就无法运行。所以法律的适用要靠道德范畴的理念、观念的支撑及解释,而且这个理念、观念和解释必须是正确的,如果普遍不正确,法治也还是没有。普遍的正确的解释,依据正确的理念和观念进行解释,法治才能够实现、维持。

二、说理:法律适用暨法治博弈的集中体现

在法律适用中运用理念,说白了就是说理,所以法治一定要说理,只讲法律不讲理、不讲道德,肯定不是法治,所以我们可以看到,英美法系包括我国香港特别行政区的判决书,往往通篇都在讲与法律规定没啥关系的话,法律初学者和不懂法治的人就觉得很奇怪。其实法治就应该是这样的,法不外情理嘛,不通情理怎么可能法治?进一步讲,说理还是一个博弈的过程。利害关系人、不同的当事人、一定范围的人群乃至公众,基于一定的规则进行博弈。这个规则,可能是具体的法条、具体的法律规定,也可能是我上面讲的法律的宗旨条款、原则条款、兜底条款、概括性条款,甚至是道德规则、潜规则,总之,法律规则和道德规则、明规则和潜规则、立法机关的规则和行政立法的规则、好规则和坏规则,这些进行博弈,最后产生一个

结果,或者主流的、主导的结果。结果普遍正确,那我们就是法治国家、法治政府、法治社会了。

博弈的关键是各方充分说理,有理走遍天下,讲歪理行不行?可以讲,歪理也可能在个案中得逞,但如果一个社会歪理盛行、当道的话,那就没有法治了。

第一,不能"死抠"法条。最近有人问我,某平台筹集到大量资金搞补贴,还找一些假的客户买奔驰、宝马车,问我这违法不违法,我说当然违法,通过补贴搞垄断和不正当竞争,还弄虚作假,这种非正常的、扭曲的市场行为怎么能"合法"呢。对此确实没有具体的法律规定,市场监督管理总局也没有查处,可能没人举报,也可能被举报了,但市场监督管理总局还没有想明白。竞争就必须靠质量和价格,不能通过补贴来竞争,通过补贴开展竞争就是不正当竞争,而且是垄断。为什么?因为没有市场支配地位的话根本补贴不起,企业能补贴就说明它有市场支配地位,而用补贴的方法进行竞争,就是不正当竞争。听我这么一说,你们就知道这是比较严重的问题,可是法律上并没有规定补贴是不是滥用市场支配地位,以补贴方式开展竞争是不是不正当竞争,所以就网开一面了。前些年"滴滴""快滴"也是这样,它们兴起的时候,前后总共补贴了 17 亿美元,当时的二三十个打车平台几乎全被其补贴给打垮了。这样的话,还要竞争法做什么,反垄断和反不正当竞争的宗旨条款、原则条款、兜底条款岂不成了摆设?弄虚作假的商业行为更是违法,对其他商家和消费者不公平,还需要法律具体规定吗?

还有一个案例是"苹果税"。在苹果手机的 App 里面打赏或者支付,苹果要提成 30%,这是赤裸裸的滥用市场支配地位。为什么?我买了你的苹果手机而已,你要对我手机上安装的 App 内的金额转移收 30%,就相当于房主把房子租给租户开餐馆,房主收了租金后,还要对餐馆的营业收入收取 30%,又好比高速公路收了过路费,还要对运输公司的运输收入再提成,这是完全错误的,是赤裸裸的剥削行为。

第二,在说理的过程中,往往需要采取结果主义、后果主义。什么意思呢?就是有损害的话,再按照一定的理念和立场去找方法,没有损害、没有不良的后果就算了,有了再去找理由、找规则。

比如“3Q 大战”案例中,讲腾讯没有市场支配地位,什么理由?说是跟 QQ 类似功能的,还有短信,还有 MSN,还有雅虎的即时通信等,把这些都计入相关市场,QQ 自然就没有市场支配地位了。QQ 跟短信是不是属于相关产品市场呢?不是。短信当时要 6 毛钱一条,QQ 挂在 2G 网络上就没有什么费用,两者根本不是一个相关市场,而且 MSN、雅虎等即时通信只是北上广深的少数人在用,广大民众是用 QQ。相关市场是一个典型的要用后果来定方法的领域。鞋的市场,可以分男鞋、女鞋、童鞋,专业运动鞋和非专业运动鞋;饮料市场,你把矿泉水都包括进去的话,谁都没有市场支配地位,饮料里有软饮料、酒精饮料,软饮料里面有矿泉水、果汁,果汁里有非常小众的果汁和橙汁这样的大众果汁,怎么界定相关市场?是不是没有标准和依据了?当然是有的,那就是理念和说理。实践是检验真理的标准,这个理,必须符合经济社会的客观规律,有利于经济社会的运行、发展、进步,以及消费者福祉之提升,最终为大多数人所认可。讲歪理不长久,为什么?因为它经不起实践检验,长远而言不可能为大多数人所认可。

第三,安全理念也非常重要。基于安全的理念,比如某省工商行政管理局就干了一个我认为是错案的大案子。2017 年时还没改为市场监督管理局,它处罚了三家商业银行密码器制造商,说这三家企业之间有分割市场、瓜分市场的协同一致行为。这个案情是怎样的?根据中国人民银行下发的文件,中国人民银行某支行组织招标商业银行密码器,三家企业中标了,该支行就给它们划分市场,A 公司供应这几个市的商业银行,B 公司供应那几个市,C 公司在另外几个市销售,就是这样一个行为,省工商局处罚这三家企业,你们看有道理吗?完全没有道理啊。这三家企业事先根本没有任何意思联络。垄断协议就算没有书面合同,也要有意思联络,(这三家企业)反而有证据证明,它们是参加中国人民银行的招投标,“红头文件”搁在那儿呢,凭什么推定它们是协同行为呢。其中一家企业实力比较差一点,被罚1700万元就倒闭了,一家很好的企业,合规守法经营却被工商局罚垮,这不是破坏市场经济吗?

为什么说省工商局缺乏金融安全的理念?因为商业银行用的密码器必须有统一的规格和安全标准,这是一种标准化卡塔尔,《反垄断法》里明确说是可以豁免的,省工商局对《反垄断法》的这一基本原理和规定都不明白,缺乏起码的反垄断理念。

三、法治不是什么?是什么?

那么最后上升到理论,法治到底是什么?法治不是什么?法治不是人治,不是“rule by man”。法治也不是“rule by law”,为什么?因为“rule by law”是把法作为工具来使用,合则用不合则弃,合则用不合则随意解释,合则用不合则随意立改废,这表面上是法治,实际上不是法治。法治是遵循客观规律的,遵循公平正义的治理或统治,“rule of law”,这里英文的“law”有客观规律的意思,也有公平正义的意思,不是法条或法律规定的意思,法条是“statute”“regulation”等。遵循客观规律、追求公平正义,就要按照正确的理念和立场,充分地博弈,得出正确的结论。律师也是博弈的主体,现在法官也越来越不能随心所欲,而要受律师的制约了。我刚刚在微信上看到一条消息,说如果法官向审判委员会汇报案件的时候遗漏律师的重要意见,就要追究法官的责任,为什么会这样?因为我们是法治的参与者,在座的是法律适用的主体,是实现法治的博弈主体。那么通过利害关系人乃至公众充分表达后,民主集中,在每个案件中我们参与博弈,发表意见,法官来拍板,拍板时必须参考我们的意见,不得无视、遗漏,因为法官负有拍板的职责,应当对其拍板和拍板的过程负责,如果不考虑律师的重要意见就拍板,当然应该追究其责任。这是非常好的做法,符合法治的规律和精神。

法治的运行就是问责制的运行,问责制是法治运行的框架和机制。首先是明确职责和权(力)利义务。其次是负有职责或承受权(力)利义务的主体,履行职责、行使权(力)利、承担义务,通过其行为,不同的主体开展博弈,任何人都可以对行为人质疑或与之商榷,通过博弈得出共识。最后是职责行使如果错位、越位、不到位,或者滥用权力或权利、怠于行使职责或义务,或者行为人经不起多方博弈的质疑,那么行为人就应承担法律上的不利后果,就是"liability"。法治就是这样运行的。所以法律体系再完善,不等于有了法治,法治的实现,还要靠包括在座每个人在内的努力,确立正确的理念,积极参与个案和社会整体的立法、政策等的博弈,博出公平正义的结果,达成社会的良序善治。

结　语

所以,各位通常所理解的法治,并不一定正确,可能似是而非。法治要由理念支撑,通过说理明辨是非,各种主体和规则充分博弈,在动态中形成良序善治。这也就是法治精神。法治精神并不是简单地依法办事,更不能分毫不差地严格"依法条"。所谓法治思维、法治方式,也不是动辄要立法或者修法,而是在公平正义、诚实信用、公序良俗、国家安全、交易安全等基本原则之上,由利害关系人乃至公众真实、充分地表达,通过交流、谈判、妥协,在达成基本共识的基础上,权利主体或职责承担者采取行动或承担责任的一种思维和治理方式。在法治的运作和过程中,如果缺乏利害关系人和公众的表达,公与私、公与公、私与私的互动和博弈无从开展,法律的解释空间无以正确填充,其缺陷和不足无以纠正,则越"严格"依法越不公,也就不成其为法治了。

我就讲到这,下面乐意跟大家讨论任何问题。

互动环节

问:史老师,我请教个问题,关于劳动法的。我们代理的单位有一个员工,单位在他来了以后,第二个月就给他交了保险,工资是按月发放。他是12月份来的,然后到4月份单位跟他签合同。单位的试用期是3个月,3个月期满签劳动合同,可是4月份才签合同,所以前4个月没签合同,扣掉第一个月,按规定要补偿3个月的双倍工资。但省高院有一个指导意见,里面的一个条文说,补签合同可以不付双倍工资;倒签不行,倒签还是要付双倍工资。在本案中,双方签合同时写的就是4月份,这是补签不是倒签。律所讨论时对此有两种观点:一种是完全是按条文,只要4个月没签订劳动合同,就应付3个月的双倍工资;另一种观点就是省高院有这样的指导意见,还涉及理念问题,没签订劳动合同支付双倍工资的法理是什么?无非是促使企业规范管理,不要损害员工的利益。在本案中,该员工一来单位就给他交了社保费,现在交社保费不需要提供劳动合同,直接上报就交了,这反映单位已认可与该员工的劳动关系。我代理的是单位,倾向于第二个理解,请史老师指导。

答:从公平合理的角度来讲,我也赞成你的意见,因为单位没有恶意,对吧,第二个月就给他交了社保,试用期完了就跟他签订劳动合同,何况还有省高院的指导意见,补签合同不需要付双倍工资。这就是说理,双方都说理,最后看哪方面的理被法官采纳。一审完了还可二审,相信通过充分博弈说理,最终能够得到公正的结果。

问:怎么更好地运用宗旨条款、原则条款、兜底条款和概括性条款?

答:就是说理吧。假定有一个竞争行为,你认为它是不公平的,比如补贴,刚才我讲了,它既是不法垄断又是不正当竞争,就要先讲应该怎么竞争——通过更好的质量、更优的价格来竞争。通过补贴来竞争对其他竞争者就是不公平的,其他人没有财力跟你竞争补贴怎么办,或者其他人有财力但没有通过补贴来竞争,只是通过优质优价进行竞争,结果都被你通过补贴竞争打垮了,这就滥用了优势、违反了诚实信用的商业道德,从而违反《反垄断法》和《反不正当竞争法》。这就是讲理,通过讲理来适用宗旨条款、原则条款和兜底条款。

问：还是要先通过立法确立一些原则性的东西？

答：对，其实所谓的宗旨条款、原则条款、兜底条款和概括性条款都是有法律规定的，关键是要运用。现在的问题是，整个社会包括律师和法官都不善于运用这些条款，使它们成了摆设。美国的执法机构和法院都是以讲理的方式适用宗旨条款、原则条款和概括性条款，很难看到它们适用具体条款，因为实际情况丰富多彩，千变万化、复杂多样，适用具体条款限制说理空间，难以把公平正义贯彻到每一个个案中去。

问：我举个例子，比如说啤酒，商家要吸引消费者，竞争很激烈，也非常关键。雪花啤酒生产的黄色装潢啤酒 8 元钱一瓶，厂家为了在某市的市场提高价格，就一律不供应黄色装潢的，只供应蓝色装潢的，一瓶贵一块钱。有个小店铺到邻近的市去进了黄色装潢的啤酒，但厂家不让其在该市卖，说对本市只供应蓝色装潢的啤酒。

答：这就是垄断，厂家为自己不同的产品划分不同的市场，就像苹果公司对美国市场、中国市场供应不同型号的手机一样，但其是否构成滥用或不法垄断须作合理性分析，因为每个地方的消费偏好和消费水平并不一样，不能断然下结论。而你说的这个情况，厂家不准小店铺卖从别的城市进黄色装潢的啤酒，显然欺行霸市了，尽管没有《反垄断法》的具体条款可适用，但恰恰可以适用我们今天说的宗旨条款、原则条款、兜底条款，认定其滥用市场支配地位，侵犯了其他经营者的交易自由和经营自由，而且损害了《反垄断法》第 4 条所称的“统一、开放、竞争、有序”的市场，也属于市场监督管理部门管辖范围内的破坏市场秩序的行为。

问：前几年我关注过一个这方面的案件，涉及分区域的经销。由于各个地方市场的需求不一样，定价也不一样，那么定价不一样的时候，比如在安庆地区销售不太好，芜湖的经销商就从安庆进货了，因为它的价格比较低；但是在芜湖销售的话，产品要交给厂家去认定，厂家说是假货，侵犯了厂家的商标专用权，工商局就对芜湖的经销商进行处罚。不知史教授怎么看待这个问题？很多大品牌存在这个问题。

答：侵犯商标权另当别论，如果侵犯了商标权，那就没什么好说的。撇开商标权问题不论，你说的情况构成纵向垄断协议，比横向垄断协议要复杂一些。纵向垄断协议可能涉及品牌之间的竞争，比如奔驰、宝马、大众、丰田之间的竞争。一般而言，如果品牌之间有激烈的竞争，限制经销区域就不是问题；如果品牌之间的竞争几乎没有，那就限制了竞争，构成不法纵向垄断协议。

问:按我的理解,从商标权利用尽的原则来说,商品已经投入市场,在市场上流通了,作为这个商标的专用权人或持有人,就没有权利再去控制该商品的流通。

答:对,这跟商标权没关系,刚才提问的律师是说涉及假货和厂家对经销商限制销售区域的问题。但还有利益冲突的问题,厂家自己认定跟自己有竞争的产品是不是假货,不可能客观中立,应当由市场监督管理部门或独立的第三方来认定。利益冲突是一个重要的法治原则,比方说在香港特别行政区,只要有利益冲突,并通过利益冲突获取任何好处,就可直接认定违法,可见这是一个很厉害的原则,内地这方面的理念还不够牢固。

问:有个问题我再请教一下:这个理念要怎么去提高?原来我初学法律的时候,梁慧星教授说,第一要建立一个概念体系,第二要养成一种法律思维方式,第三就是树立公平正义的理念。怎么样能够提升我们的公平正义理念呢?

答:就是我刚才讲的 PPT 的最后一页,实际上也是回答你的这个问题。法治不能像我们现在这样,动不动就要立法或改法律,似乎没有具体法条就无法执法、司法似的,出了啥问题就想到要严格"依法",殊不知,如果没有恰当的理念和法治所要求的博弈,则越严格"依法"就离法治越远。你再看看刚才的笔记或回看一下录像。每个人内心都有朴素的正义感,如果按照我今天说的,在法律适用中能够普遍依循正确的理念,通过充分说理力求把公平正义贯彻到每一个个案中去,长此以往,公平正义理念就可在社会上不断提升,得以普遍显现。

法治建设与完善社会主义市场经济体制*

市场经济是法治经济，社会主义市场经济需要整个法律体系保障，包括七大法律部门加国际法。我国社会主义市场经济体制和法治进一步完善的关键，不在于更多的立法，而须为法注入法治的灵魂，包括最高层次的公平正义理念，以及角色不得错位、利益不得冲突、人人可(被)问责、守规矩、讲诚信、公序良俗等具体法治理念。

各位领导、同志们：

市场经济是法治经济，这是大家耳熟能详的一个重要命题，社会主义市场经济需要法治。改革开放以来立了不少法，今年3月国务院要求各级政府清理行政法规和政府规章1.3万部，加上地方性法规和全国人大常委会制定的法律，我们国家的法至少有十几万部。可是，立了这么多的法，法治却不尽如人意。

更重要的是，中国社会的法治理念、法治精神还有待提升。如果法治理念在社会上深入人心，很多问题就能迎刃而解。

因此，法治发展到了一个关键时刻，面临着从量变到质变的重大转折。如果能够尽快完成这个转折，它就能在短时间内跃上一个新台阶，更好地为社会主义市场经济提供保障；不然的话，就还要在较长时间内继续徘徊、摸索。种种问题归结为：法究竟是什么？社会主义市场经济到底需要什么样的法和法治？

* 2007年6月12日在蚌埠市委中心组扩大学习会上的报告，中宣部、中央政法委、司法部、中国法学会组织的“百名法学家百场报告会”之一。

一、社会主义市场经济需要哪些法律制度?

社会主义市场经济需要的法律制度不是某一方面、某一层次的,而是整个法律体系。按照全国人大常委会的解释,我国的法律体系包括七种法,即宪法、民商法、行政法、经济法、社会法、刑法、诉讼及程序法;加上我国缔结或参加的国际条约、国际协定及承认的国际惯例,也即国际法,这八种法都是我国社会主义市场经济所需要的。

其一,所谓市场经济,是通过社会成员自由地追求利益最大化来实现资源优化配置的经济。在这个过程中,个别社会成员在财产权神圣的基础上自由地交易、结社(如设立企业)、竞争(如讨价还价,提高质量,降低价格,不断推出新技术新产品、新的花色和型号等),展开博弈。

对于各别主体包括公有主体在市场中开展活动,主要由民商法调整。这种调整对法条的依赖较小,更多地依赖社会成员在博弈中形成的信用、惯例以及司法裁判和仲裁。《宪法》已经加进了合法的私有财产不受侵犯的条款,《公司法》《物权法》[①]也都有了,人们尽管自由地交易、投资,发生矛盾或纠纷就自行协商、较量解决,或者诉至法院,也可提交仲裁。大家注意到,我们有了《合同法》[②],但是社会的信用怎么样?不怎么样。那为什么经济还能发展得这么快?因为当事人可以搞君子协定,实在不行就背着满提包的现金到处跑,一手交钱一手交货地做生意。如果警察、法院对财产权的保护不够,那我自己保护自己。你要抢我的东西,不公平地买卖,我就骂你、揍你,自力救济,伊拉克打成那个样子,它的集市还照常运转,说明民商法不太依赖于法条。

其二,社会主义市场经济,是有调控、监管,需由公有制主导并

① 现参见《民法典》物权编。——编者注
② 现参见《民法典》合同编。——编者注

实行积极的规划和产业政策、财政政策等的经济。同时,政府也要从事投资经营、公开市场操作等活动。这主要是由经济法调整的,包括国有财产投资、管理,规划和产业政策,财税,金融监管和中央银行,土地和自然资源的开发利用,政府采购和其他公私交易暨合作,各种市场监管,反不正当竞争和反垄断,消费者保护等法律制度。

其三,社会主义市场经济,既要充分发挥市场机制及其无可替代的优越性,也要发挥政府和社会成员的能动作用以弥补市场经济的不足和不能。其中最主要的是,由政府提供公共产品、准公共产品,如举办教科文卫等事业。当然,在市场经济条件下,举办教科文卫等社会事业也可依托市场,利用市场机制,不必也不应完全靠行政化手段,比如学校、医院可以民办,科研、出版、文艺机构、体育运动队等可以企业化运营。对这些社会关系的调整,是劳动和社会保障法、教科文卫体法、环境法等经济法以外的其他社会法的任务。当然,以市场化手段提供相关产品的话,民商法、经济法也要参与调整,所以社会法也和经济、民商有关,不能脱离经济和市场,否则社会事业是办不好的。

其四,与经济法、社会法相联系的公共行政是由政府承担的,国家政权运行也依赖行政的主导和驱动,需由行政法对权力加以控制,使政府既能在其职权范围内充分自由裁量、发挥积极的主观能动性,为官一任、造福一方,又使它具有可问责性,包括“民告官”,让政府接受必要的监督审查。值得注意的是,行政诉讼比行政复议的威慑和效力更大,原因是它由行政体系外的第三者——法院对行政行为进行审查;而行政复议是同一系统内的监督,导致公正性和权威性不足。

其五,宪法对我国实行社会主义市场经济、以公有制为主导的所有制和各项经济、社会基本制度和原则作了规定,是整个国家及经济、社会的基本法。法治的一个趋势,是在具体的民商事、行政、经济、刑事案件审判中,越来越多地超越民商法、行政法、经济法、刑法等具体的法律法规,直接适用宪法的原则或条款,以免对具体案情套用法条可能造成不公。我国构建和谐社会,将公平正义作为最高追求,也需要通过宪法来弥补法条庞杂、阙漏、矛盾冲突、“只见树木不见森林”等弊端或不足。如宪法上的言论自由、财产权保护、实行市场经济所要求的交易自由和公平竞争等原则,都应可直接在个案中适用。

其六,任何经济、社会领域的实体法律关系,都可能因其危害性达到一定程度而形成刑事责任关系,从而适用有关犯罪和刑罚的刑法。在《刑法》中,直接涉及经济的罪名就有约 180 个。

其七,我国缔结或参加的国际条约、协定及认可的国际惯例,也是法律体系的重要渊源之一。国际法高于国内法,最典型的就是中国参加世界贸易组织(WTO)的一系列承诺,都要一一体现到国内法中去,国内法凡与之不合的都应加以修正。

二、国外的经验和借鉴

20 世纪 70 年代末以来,英美等西方国家进行了大规模的公共管理改革,或者称为政府再造、重塑的改革,对其经济体制和法治都产生了较大的影响,值得我国了解、借鉴。其改革的要义有两个方面:一是把社会能够自治、市场本身能够调节的事,从政府职能中分出去;二是保留下来的政府职能本身,也尽可能服从社会需求和市场机制,立足于市场和经济来办,着重于服务,提高效率。

在此过程中,发达国家的经济体制和法治出现了两个相向不悖的趋势:一是地方权力不断扩张;二是中央、联邦集中管理的事务越来越多,权力同时也在加强。具体而言,联邦制国家越来越集权,单一制国家的地方权力越来越大。

其改革主要表现为以下六个方面:

第一,最主要的是民营化和放松规制。有学者或媒体把民营化叫作“私有化”,这是翻译问题,在英文里它们是同一个词。所谓“民营化”或“私有化”,并不是简单地搞私有制,准确地说是股份制和市场化,就是对原来作为政府机关附属物的国有企业进行公司制改造,评估资产,划分股份,尽可能在市场上出售股份,政府或国家增加财政收入;同时把企业推向市场从事活动,政府在多数情况下还是控股股东或者第一大股东。放松规制则是取消或放松政府对社会经济事务的各种控制,通俗一点说,就是政府能不管的就撒手不管。我们国家也有这个趋势,纺织业、钢铁业等,市场能够自由调节的,政府就不直接管了;而不能完全由市场调节的,如电信、电力、铁路等,政府还是要管。

第二,政府保留下来的职责也尽量利用市场机制,在遵循市场机制的基础上履行,采取承包、租赁、公私合作、使用者付费、凭证制度等做法。承包、租赁就是在政府承担责任的基础上,将相关事业交给私人去做,美国在这方面走得最远,它的航天发射、监狱、军队后勤等都有外包给私人经营的。公私合作在我国也办得不错,如建设—经营—转让(BOT)——高速公路、水电站等由企业按照政府的要求建设、运营,确保其盈利,然后企业把设施交还给政府。使用者付费就是哪怕是公共产品,使用者也要付费,不用不付费,多用多付费,少用少付费,如道路通行费、燃油税、公共博物馆有偿参观、打官司交诉讼费等,这样很公平,可以使公共产品的提供更有效率,从而提供更多更好的公共产品让老百姓受益。凭证制度就是给有需要的弱势人士发放食品券、交通券等,改变以往动辄给企业财政补贴,导致市场机制扭曲、企业间不公平竞争,从而降低企业及经济效率的做法。

第三,反垄断法的作用和地位提升。市场经济好是好,但是市场中的主体天然地都不情愿竞争,在座的你去办企业、做生意也一样,因为竞争太辛苦,到头来还未必能赚到钱,所以总想联合起来不竞争或者用种种手段把竞争者挤走,然后舒舒服服赚大钱。这样,市场经济的优越性也就泯灭了。反垄断就是反不竞争、破坏竞争的行为,让社会通过竞争使产品和服务极大地丰富。认识了这个简单而重要的道理,发达国家便越来越多地通过反垄断法来促进自由竞争、维护公平竞争,对市场经济扬利抑弊,而不再主要依赖规制解决问题。规制可能压抑市场机制和社会活力,效果或许适得其反。在一些发达国家,除美国外,反垄断法原先不适用于政府和国有企业,而自(20世纪)80年代中后期以来,对国有企业、公司自不必说,即使是政府,除非是国防、外交等主权行为,否则也要与公民、法人和其他社会组织一样平等地适用反垄断法,该承担什么责任就承担什么责任,乃至停止侵害、损害赔偿。这是反垄断法地位提升的一个典型写照。

第四,一些发达国家原先在经济调控中使用比较多的计划和产业政策,现在基本不用了。如日本的经济法原来包括经济政策法和反垄断法,现在说经济法实际仅指反垄断法,基本不提经济政策法和产业政策法了。

第五,强化、优化市场监管。直接的行政规制取消或者放松了,但该管的还是要管,如药品、食品、矿山安全、证券、银行等的监管,仍是政府义不容辞的责任。这种监管要达到既不影响市场主体的积极性,又能保持有效监管这样一种境界。

第六,在政府与市场、企业的关系越来越密切的情况下,反腐败尤其是反商业腐败和强化官员问责制(accountability)受到了发达国家和国际组织的普遍重视。如美国强化适用《反海外腐败法》、经济合作与发展组织(OECD)订立《反国际商业活动中贿赂境外官员公约》;在对官员问责中引入专业判断规则,即官员的行为如果未尽到其专业和职务所要求的注意、超出了行为当时的政经形势所允许的合理范围,就应当承担相应的法律责任,反之则不承担责任,以既鼓励其积极进取、大胆作为,又约束其不至于为所欲为,等等。

三、我国现行经济法律制度的主要不足及完善

1.《宪法》中尚缺乏社会主义市场经济所需要的合法、正当的经

营活动不受侵犯,维护公平竞争等条款。对于在具体案件中越过部门法直接适用《宪法》条款,以及依《宪法》条款提起诉讼,也需及早达成共识。

2. 在市场经济法治条件下,不能让抽象行政行为继续处于脱法状态了;对于各类经济法律法规、规章的合宪性审查和宪法解释也亟待制度化、常态化。

3. 需要按照中央财政和地方财政适当分权并有机联系的财政收支划分模式,进一步明确中央与地方的事权划分,确定财政收支划分的基本框架,并将中央对地方的财政转移支付纳入法治轨道,从而把各级财政的收入和支出变为其法律上的权(利)力义务。这是法治国家和社会主义市场经济法治的基本标志之一。

4. 即将出台的《反垄断法》,将弘扬公平竞争的理念,并弥补现行分散的反垄断法条之不足。它也将成为我国把政府对经济的管理,从直接的管理、控制,转到以维护公平竞争秩序为重要手段的间接调控上来的一个标志,对国家维护市场秩序提出了两个新的更高的要求:一是要求政府以及企业、法律界等整个社会树立恰当的市场经济理念,把握市场经济的方法论,以此调整自己的行为。二是反垄断执法和司法与市场经济的价值判断或道德紧密相连,某种竞争行为是否违反商业道德或是否合理,成为判断其合法或不法的主要标准,从而要求执法人员和法官具有高度的正义感、公平心和专业素养。

5. 在市场主体方面,需进一步改革、理顺政府与国有或国有控制企业、公司的关系。对于政企分开和政资分开,不能简单地在机构分设上做文章,国家作为所有权人投资经营,企业和国资必须在某一个环节上与行政体系相衔接。关键是政府要学会在市场经济下当好“老板”,既不直接介入企业的生产经营,又要作为出资人控制好企业的大政方针和监督事宜。按照发达国家的经验,对企业和有权以国有财产投资的机构可以放手让其投资经营,同时由承担国有资产“总老板”职能的机关依法对企业的出资人或具体股东实行有效的监管。

社会主义市场经济的前提,是承认国有制内部存在众多的不同利益主体,在此基础上开展交易和其他市场活动。这种不同利益主体应当与财政主体即中央和各级、各地方相对应,由其作为国有财产投资经营的所有者权益承担者。政府在行使所有权人或出资人职能时,要将不同财政主体管辖的财产真正作为法律上的财产权、他物权来对待。

国有企业、国有控股企业的“老板”是政府,政府怎么样学会跟私人一样当好“老板”,既不缺位,又不任意地干扰、损害企业的经营呢?这里最主要的是区分政府的三个不同角色。第一个角色是经济社会公共管理者的角色,承担这种角色的政府机关应当对其管辖范围内的公私主体一视同仁,不能有所厚爱或者偏颇。比方说,工商管理、药品和食品监管、矿山安全监督、劳动监察等机关,不得以“老板”自居,去关心某些受其监管的企业的经营状况或盈利与否等,当然也不得刁难、打压一些企业。第二个角色是国有财产“总老板”的角色,承担这个角色的机关就要依照政策、法律法规,监督好任何掌管着一定国有财产的主体管好、用好国有财产,在投资经营的情况下则当好股东。按照发达国家的惯例,财政部门是承担国有财产“总老板”职能的机关。第三个角色是具体“老板”的角色,就是在工商局登记的作为企业股东或者出资人的具体主体,既可能是企事业单位,也可能是国家机关。区分这三个角色是解决好国有和国有控股企业与政府关系的关键。

6. 在作为公共管理的经济调控、监管方面要坚持“三公”原则,公开、公平、公正,并将决策和执行建立在相对分权和法治的基础之上,以此来处理国家机关特别是政府机关之间的关系。

在社会主义市场经济条件下,对政府的财税、金融、土地和资源等调控、监管的要求越来越高,必须引入更多的民主、法治机制。引入民主、法治机制的前提是公开、公平，目的和归宿则是社会的公正和效率。在调控和监管中，应当在信息公开、广泛召开听证会、专家论证、沟通协商的基础上决策和执行，调控、监管者必须接受各级人民代表大会、行政体系内部和司法等体制内监督，也要接受公众和利害关系人的自发监督。承担相关管理职能的机构不能既做裁判员、又当自己管辖下的运动员，行使管理职能时不能越位、错位、缺位、懈怠或刁难被管理者，否则就应依法承担责任。

宏观调控机关和职能监管机关相对于其他政府机关应当具有相对独立性，管理目标相对集中、明确，以免受到其他政策目标的干扰，妨碍其职能的承担。像货币政策、规划和产业政策、金融监管、土地和资源管理、竞争执法、劳动和社会保障政策、环境政策等的决策和执行，都要求相对分权，决策或监管者相对独立并具有可问责性。如果调控或监管机关的独立性不足，追求的目标多元化，就会造成决策偏差，或者多头决策、无人负责、久拖不决，且淡化了决策责任。某些利国利民的政策迟迟不能出台就是这样，决策中考虑的目标因素太多，以致给经济造成了损害。

7. 在政府参与经济活动和维护公平竞争方面，着重防止以商业贿赂和利益冲突为主要表现形式的腐败。

政府与市场、经济打交道，容易产生贿赂、舞弊、利益输送等弊端，但在社会主义市场经济条件下，政府参与投资、采购、融资等的规模日增，政府的公共管理也要尽可能利用特许经营、有偿服务或转让等市场手段，不能“因噎废食”，因此在这方面，反腐败将是一项长期的任务。商业腐败成为制约社会经济发展的一个瓶颈，要认识到这种现象的危害性和问题的严重性。我国《招标投标法》《政府采购法》《反不正当竞争法》等已经施行多年，但在反商业贿赂方面尚未取得实质性进展，公有财产投资、政府采购、资源开发利用审批中的腐败会制约经济、社会的健康发展。因此，要完善相关法律、制度，更重要的是全社会反腐败的决心和行动，标本兼治，从根本上解决问题。如果腐败比较严重,是无法建立现代社会、现代企业、现代国家、法治政府的。反腐败的基础,是引进、强化利益不得冲突的观念或理念,下大力气消除利益冲突,惩治利益冲突的腐败。什么是利益冲突呢?现代社会是角色社会,每个人都在其中扮演着不同的角色,利益不得冲突的法治理念要求:一是扮演角色的人不能与其所扮演的角色有利害关系;二是其扮演的角色与该角色管辖的主体之间不能有利害关系。正是这样的冲突,形成腐败的温床,时时诱使着身处其中的人败坏角色、谋取私利。因此,反腐败首先要普查公共管理和公有财产管理经营中的各种利益冲突,有就要尽快进行调整,这也是珍惜人才、保护干部的需要;其次,任何人只要利用利益冲突哪怕只牟利一分钱,也要以腐败论处不怠。利益冲突及其可能性是广泛存在的,对于各位国家机关工作人员来说,应当尽快认识到位,"瓜田李下",消除自己所涉及的利益冲突,更不得以利益冲突谋取任何私利。

四、从法条崇拜到法治精神:从量变到质变的飞跃

由上所述,我国社会主义市场经济体制和法治进一步完善的关键,不在于更多的立法,而在于为法注入法治的灵魂。法不等于法条,立法、法条是可以随时因人立改废,也可任人解释、执行的。法等于法治,是一种基于规则,遵循主流社会民意和主流价值标准的善治状态。

法治要求公平正义,并把它贯彻到每一个个案中去。公平正义的法治一般,在任何时候都是高于部门法的。在实践中,我们应跳出具体立法、法条、个案的束缚,当然更不能有腐败,而以公平正义的法治最高理念来统领我们的世界观和日常工作,眼中既见"树木",也不忽视"森林"。所谓公平正义,就是合乎客观规律要求、有利于经济社会进步的行为或结果,一般而言是通过社会成员内心的朴素正义感、公平正义的价值观所表达出来的,也即反映正义主流价值的主流民意,大多数老百姓所认同和赞成的就是法治所追求的。那么,民意如何把握?要通过体制内外的各种制度和机制来保障民意不被扭曲,在民主的基础上集中民意,体制内有党的领导、人民代表大会制度、政府的日常工作、日常的监管、司法等,体制外有媒体和群众的监督。

社会主义法治理念、法治的精神是法的灵魂,非此不能实现正当性与合法性、实质正义与形式正义、事实公正与法律公正的统一。如果没有法治的精神、法治的理念,法条并不能保证法治和公正的实现。这在法院审理民商事案件中表现得很典型,往往同一个案子有几个法条都可以用,如果没有公平正义的理念,那究竟用哪一条呢?如果只看法条,缺乏公平正义要求,那就按谁的后台硬、谁给的好处多、看谁顺眼来确定适用的法条,反正适用哪一条都不“违法”。这样判案的结果是不公正的,甚至是荒谬可笑的。法治的精神或理念属于道德范畴,但它又是法的要素,属于法的范畴;由此法治与社会主义和社会主义市场经济的主流意识形态、与“三个代表”就衔接起来了。2001 年中共中央印发《公民道德建设实施纲要》,提出要将依法治国与以德治国紧密结合,有学者反对这种提法,认为这不又回到人治去了嘛。有这种想法的人,其实并不理解法治究为何物。

法律、法条可以从外国移植,但是法治的精神及其理念是不可能移植的,只能在实践中慢慢地培育、生长和弘扬。社会主义市场经济体制及其法治的充分必要条件,是法治理念的弘扬和普及。法治理念有不同的层次,最高层次是公平正义,其次是角色不得错位、利益不得冲突、人人可(被)问责、守规矩、讲诚信、公序良俗等具体法治理念。还有其他层次,如经济法治的理念是社会化条件下经济的实质公平正义。公平正义比较抽象,我想,我们就从第二个层次具体一些的法治理念做起,比方说,承担公共管理职能的机关别错位去管本来应该由“总老板”角色管的事。还有就是人人可被问责需要强调。2004 年纪念拿破仑法典 200 周年,中国也举办了许多活动,这部法典确立了三大原则,即财产权神圣、契约自由、过失责任,我们对前两个原则已经有了比较深刻的认识,而对过失责任却没有给予充分重视,需要大力弘扬。过失责任就是只要有过失就要承担责任,没有过失就不承担责任。这个原则在中国社会实现得怎么样?应该说还差得很远,在座的各位请扪心自问:我"好汉做事好汉当"了吗?因此说,弘扬社会主义法治理念、推进市场经济体制和法治建设,并不是一个玄而又玄的问题,从我做起,从今天做起,就大有希望。

谢谢大家!

应对国际金融危机的法治思考*

突如其来的国际金融危机，凸显出规制的重要性，以及财政法是“经济宪法”和经济法的“龙头法”。既需由政府不拘一格采取措施灵活应对情势和具体问题，也为我们针对暴露出来的法治“短板”尽快补齐补牢，加快法治国家建设，提供了契机。

各位同学、各位老师：

大家上午好！

很高兴有机会来到华师，与大家就“应对国际金融危机的法治思考”这样一个话题进行交流。

胡锦涛同志去年年底(2008 年 12 月)在纪念党的十一届三中全会召开 30 周年大会上，告诫我们“不折腾”。但是“树欲静而风不止”，别人要来“折腾”我们啊。正当中国一心一意搞建设、谋发展的时候，大家还记得，去年 9 月雷曼兄弟破产、美国联邦政府接管“两房”——房地美和房利美这两家美国政府资助的企业，金融危机突然爆发。其实在这之前，2007 年时，次贷已经出问题了，只是没有波及美国以外的地方。金融危机一爆发，立即导致国内经济一片惨状，企业的订单锐减，从加工业一直波及上游的钢铁、煤炭等。经过几个月的努力，恐慌和低谷应该说已经过去，经济开始反弹了。

有一个通常的说法“危中有机”，危机对于国家和在座的同学、老师来说，就是一个反思、修整和进一步提高的机会。对于这次国际金融危机，我大体有五个方面的法治思考。

---

* 2009 年 5 月 31 日华中师范大学博雅大讲堂第 62 期。

一、徒“法”不足以实现公平、正义、自由和秩序

金融危机爆发后,我突然感到非常地庆幸。如果不爆发,会怎么样?真是感到后怕。大家知道,人民币还没实现自由兑换,资本项下的人民币是不能自由兑换的。但是在金融危机爆发之前,国际游资进入中国,炒房炒股,赚了钱就拿走,如入无人之境。既然资本项下的人民币不能自由兑换,国际游资进来怎么买股买房?我请教了国家外汇管理局的一位官员。他说,史教授,我们的执法能力有限啊,行政和法律怎能与市场对抗呢。游资通过三个渠道进出:一是地下钱庄;二是更要命的,在海关虚报和假报交易,外汇得以轻易进出;三是打到国内的个人账户上,比方说在座的你,然后你通过各种关系和方式帮其运作。国际游资兴风作浪,把石油弄到一百多美元一桶,由于成品油价不是随行就市,炼油企业炼得越多越亏,造成国内柴油短缺。如果金融危机再不爆发,我们有什么能力让石油制品维持正常的供求平衡?CPI(消费物价指数)节节高涨,加之媒体炒作,搞得人心惶惶,危机再不暴出来,岂止石油,可能谷物和大豆等也会被炒到天价,国内粮油供应也要出问题了。所以从这个意义上来讲,危机真的是好事,让我们沉下心来练内功,提高能力和水平。

徒“法”不足以实现公平、正义、自由和秩序,那么“法”到底是什么?法律没有具体规定,该做我也不去做,这是不是法治?如果某些人仰仗自己的地位和权力操纵法律的立改废,这是法治还是人治?法律不合时宜,我强制推行,这是法治吗?

什么叫法治?法治是服从社会的主流价值观、主流民意并受其制约,各种主体基于好规则、坏规则、明规则、潜规则等进行博弈,在动态中实现的一种善治。法不等于法条,法条可能是错的,虽然不一定是恶法,但可能是错法,还有不合时宜的法。所以,法律没有具体规定的,人民要求的,政府也要做。法律有规定而且该做的,当然

更应该去做,还必须做好。这才是法,才是法治。

二、市场经济下的“经济宪法”是什么

长期以来,我国法学界特别是经济法学界接受了外国传来的一个说法,甚至成为通说,即反垄断法是市场经济条件下的“经济宪法”,是经济法的“龙头法”。我自己原来也不认为这有什么不妥,只是觉得中国还没有达到这样一个境界,1998 年出版的《经济法总论》中就是这么讲的。就是说,在我国,国家在改革开放和发展中起着主导作用,财政法起着“牵一发,动全身”的作用,整个社会、政府,包括律师、法官、领导,也包括在座的师生,都还做不到在深刻、准确地把握和运用《反垄断法》的基础上,在反垄断的架构内来规制经济、主导经济发展,将来或许可以,现在做不到。

现在看来,在西方发达国家,反垄断法也不是市场经济的“经济宪法”和经济法的“龙头法”,跟中国一样,他们的“经济宪法”和经济法“龙头法”也是财政法。什么原因呢?道理也不复杂。因为反垄断法的目的和作用是修补市场机制,维护自由竞争、公平竞争,从这个意义上讲反垄断法虽然是经济法,但是它的作用和民商法是一样的。民商法的作用是保障当事人的意思自治,维护自发的交易和秩序。可是自发的交易和秩序存在破坏交易自发性的天然倾向。竞争太辛苦了,到头来不一定挣得到钱。在座的各位如果去办企业的话,也肯定不想竞争,我们大家联合起来,卖一个价得了,谁竞争卖低价就对谁不客气!或者,用种种合法的、不法的手段做大做强,把别人挤垮,然后想卖什么价就卖什么价,没有人能够挑战我的定价权。这样就破坏了市场机制。反垄断法的作用就是修补市场机制,恢复市场的正常秩序,让大家自发地交易、自由地竞争。但是,市场经济、市场机制的优越性就是优胜劣汰。一些地方、一些人群、一些个人挣不到钱,被市场淘汰;另一些地方、人群、个人则脱颖而出,赚的钱越来越多,越来越富。这是市场经济的必然结果。我们

之所以要实行市场经济,不搞计划经济,就是想利用市场经济的这种积极作用,鼓励大家拼命去赚钱,最终提升整个社会的效率和消费者福祉。实行市场经济后,我们每个人走路都快多了,因为市场经济对个人利益起到了驱动作用。但是,一些人、一些地方在竞争中被淘汰后,人都还得活着,最好是让他们自己谋生,不要让别人劳动来养活他们,这就要靠财政法了,通过财政法来落实产业政策、规划,使地方之间平衡发展,产业合理布局,人群之间缩小鸿沟,个人之间减小差异,要将这种差异减少到处于最底层的人也能体面而有尊严地生活。既然反垄断法做不到这一点,财政法可以做到这一点;既然在这个意义上,反垄断法和民商法是一样的,只能维护市场机制本身,而不能消除市场机制的必然、天然的不良后果,那当然财政法就是"经济宪法"、经济法的"龙头法",况且财政法还通过预决算与宪法直接相衔接。

这两天的报道说,通用汽车要破产,势在必行。它的子公司欧宝怎么办?默克尔亲自给奥巴马打电话商量这件事。欧宝打报告给德国政府,要求帮助。像我刚才提到的美国联邦接管"两房",后来又拯救 AIG(美国国际集团),奥巴马政府通过 7870 亿美元的经济刺激计划,都是政府出钱主导,也就是财政的作用。而且,重要的一点是,几十年来,西方发达国家的财政支出大致占到了社会总支出的一半,所以需要财政法来调整和控制政府的庞大收支,这些开支不仅用于公共产品,而且大量进入市场交易。这对经济的主导作用,反垄断法与之不可同日而语,有天壤之别。

那么,为什么具有引领作用的规划法、产业政策法不是"经济宪法"和经济法的"龙头法"呢?有以下两个原因:其一,规划和产业政策是蓝图性、导向性、软性的,财政的作用则是直接的、当下的、刚性的,力度非常大。其二,财政也不乏计划性,财政首先要预算,预算是一种现实的可能性,就是市场经济法治国家的"计划法"。因此,规划和产业政策法跟财政法相比,还达不到"经济宪法"和经济法的

“龙头法”的境界。当然,财政、规划和计划、产业政策以及政府的各种调控监管都要建立在市场的基础上,不能够破坏市场机制。比如,优胜劣汰的结果是中西部越来越落后,沿海越来越发达,我们通过财政手段来支持中西部发展,促进全国的均衡发展,但这也要建立在市场的基础之上,不能不顾经济规律以行政手段当道,更不能因此就在中西部实行计划经济。

三、对政府调控、监管法治的规律和模式的再认识

金融危机一爆发,各国政府纷纷想方设法,采取各种各样的措施应对。这些措施是不是都有法律的具体规定呢?绝大多数没有。因此,金融危机使我们更加清楚地看到,在法治条件下,政府规制,也即调控监管的规律和模式就是:法律概括授权、政府自由裁量和问责制。我说这个话是有针对性的,是针对法学界、法律界一直以来坚守的公私对立思维——对私来说,法律没有规定的就是允许的;对公来说,法律没有规定的就是不允许的。我一直以来不赞成这个说法,这次金融危机更加坚定了我的立场,有如下原因:

现代的公共管理已渗透到经济社会的各个方面、各个层面,政府对经济、对市场已经不是一种外在的力量。如果是外在力量,怎么会一发生危机,政府就要讨论经济刺激计划?怎么一发生危机,政府就要资助、入股、接管或参与重组私人企业?如果是外在力量,怎么理解公共开支已经占到社会总开支的半壁江山,怎么理解政府的投资和交易啊?公私对立、外在论的典型表现就是国家干预论,也即政府从事经济活动、调控监管经济是公权力对私权的一种外在干预。但要强调的是,在现代市场经济条件下,政府的调控监管和市场操作作为劳动协作的社会层面,已经成为经济的内在要素。政府,就是国家经济这个大公司的CEO,面对复杂多变、瞬息万变的经济和市场,政府必须能够像公司的CEO一样地相机抉择及时应对。

法律不是万能的,没有一个先知先觉的立法者,有本事把世界

上极其复杂的各种各样的情况,经济和市场当中可能出现的需要政府来做的事情,事无巨细用条文规定下来,让政府照着去做,没有规定的就不做,这种思维就是对法的一种曲解。但是,政府的自由裁量,即在宪法、法律概括授权下的自由裁量,又不能脱法,不是任意的。那是人治,不是法治。概括授权、自由裁量又不脱法,集中体现为"accountability"这个国际上最近一二十年流行起来的概念,翻译成中文叫"问责制",是国际上法治的最新发展。

问责制三段式,第一段是"accountability"和"responsibility"。"Accountability"是概括的角色定位、权义设置,是领导责任。比方说,湖北省省长、武汉市市长、国务院总理,他们的角色定位就是对省、市和全国负领导责任,对其辖下的人、事全面负责。如果山西一个村里的小煤窑发生事故致人员死亡,就让省长下台,这是不对的。但是如果某省长期不发展,脏乱差,省长就应该下台,对此负责,因为这是他的概括的领导责任。小煤窑人员伤亡,是具体一些的角色责任,比如县煤炭安全监管部门的责任。那么具体的角色定位和权义设置呢,就是"responsibility"。我国内地(大陆)对"responsibility"没有一个确切的翻译,只是翻译成"责任",不是很准确。我国港台地区将其翻译成"担当"或"承担",非常好。曾荫权在竞选特首的时候,他的口号之一就是"I am responsible for Hong Kong people"(我对香港人民有担当、有承担)。也就是说,在公共管理中,包括企业和学校的班级里,每一个角色都要恰当地定位,包括你们在座的每一个人,是学生的角色、儿女的角色、老师的角色、爸妈的角色、班长的角色、学习委员的角色、社团领袖的角色、学生会主席的角色等。科学合理地设置权利义务,定位角色,扮演角色的人要有担当,做一个负责任的人。在这个基础上由他自由裁量,来履行角色的要求。第二段是"answerability",就是"可问责"。"Answer"是回答的意思,就是说任何担当角色的人,在扮演角色、履行角色要求的时候,都是可被问责的。怎么问责?在公共管理里头就是体制内外的各种问责。从各级人大及其常委会的问责，到选民的直接问责，检察院的问责，上级的问责，行政监察的问责，同事的问责，党的纪检问责，媒体的问责，普通老百姓通过检举控告、网络等途径的问责，所有这些，可以随时随地对扮演角色的和履行角色要求的人提出质询和疑问，扮演角色的人必须不时谦恭地、谨慎地、有求必应地、有担当负责任地作出回应，在有承担的基础上“好汉做事好汉当”。我在上课的时候经常给同学们举这样的例子：日本央行在2001年花150亿美元买了很多股票，引起全国的一片骂声，央行怎么能买股票呢？这个央行行长，表示我就要买，这也是央行独立性的表现，最后他经受住了问责。到2005年，日本全国上下对此一片赞扬，称央行当年此举，彻底解决了日本商业银行的呆账问题。第三段，角色扮演不好的，角色利益冲突、角色错位、角色不到位、越位，以及第二段经不起问责的，则要引入问责制的第三段——liability，就是法学教科书上讲的法律责任，行为人应当对自己的行为承担相应的不利后果，从责令辞职、引咎辞职、赔礼道歉，到行政处分、赔偿、坐牢，乃至被剥夺生命，等等。总之，问责的方式、手段、途径不拘一格。

四、善待企业和老板

企业是社会财富最重要、最主要的创造主体。一个社会如果是有出息、有前途、有希望的，就要能够鼓励每个人有了钱就积极地去投资做老板，而不是用来无度消费挥霍，或者仅仅存到银行里，或者去炒楼炒股获得其他所谓财产性收益。因为实行市场经济，要由每一个投资者来承担生产组织职能，这太重要了，计划经济行不通。曾经走过的过度规制之路，使人类得出一个经验教训，即找不到任何一种比市场经济更好的生产组织方式。市场和资本关系对社会成员的激励和约束，是任何力量、任何组织都无法取代的。有一个说法叫“打工皇帝”，就是收入不低过着体面的生活，但决不做老板，一到周末和节假日就尽情地玩耍，要是做老板的话，就没有礼拜天、没有节假日，春节也不得休息了。为什么？因为你就得整天琢磨公司那点营生，你雇用的几个人有没有好好干活,是不是在私下里竞业等。这种投资者为赚钱去把企业做好的驱动力,以及投资赚了亏了都是自己的这么一种激励和约束,你们想一想,有没有其他任何一种力量和组织可以取代?没有,肯定没有,国家也没有这个能耐,所以我们要改革开放。对市场经济的弊端,只能够用反垄断法、反不正当竞争法、消费者法来修补,用财政法、规划和产业政策法等来弥补,而不能用消灭市场关系、消灭资本关系、消灭市场机制的方式来解决。这个道理大家一辈子都要记住,如果不记住,等你身居要位的时候,就会坑害老百姓了。

所以金融危机让我们冷静下来思考,要理直气壮地说:企业追求盈利、老板千方百计增加利润是正当的,否则谁有动力去投资从事生产经营啊;劳动力就是商品,包括我和在座的各位老师,大家在学校里教书也是出卖自己的劳动力:觉得学校给的报酬凑合,就给他干;觉得不行,就辞职不干了。这就是一种买卖、一个交易。一个社会、一个有出息有前途的社会,要能够鼓励每一个人有了钱以后尽可能去投资经营办企业、做老板,否则这个社会是没有前途的。

五、以应对国际金融危机为契机,从善如流,加快社会主义法治国家建设

要有效地应对突如其来的国际金融危机,任何国家都不可能拘泥于现有的法条或者法律法规,而只能按照法治的原则、精神和正当程序,灵活地应对。这也体现了当代法的一个发展趋势,就是公共管理无所不在,国家成为规制国家,社会进入了规制时代;也就是我在《经济法总论》中写到的,法的政策化,政策的法治化。市场、经济和社会时刻处于波动和变化之中,法要不断、随时顺应形势变动,法条的原则性、灵活性、弹性越来越大,概括授权也越来越多,这是法的政策化。政策法治化,就是任何政策的制定和执行都不能脱法,要纳入"accountability"的框架体系。欧盟的农业政策就是农业法,竞争政策就是竞争法,日本的经济法就叫经济政策法,就是这个

道理。而且政策也可能非常细,你们去看看汽车产业发展政策、指导外商投资方向规定和外商投资产业指导目录,非常非常细,它们既是政策,又是承担公共管理角色的机关和工作人员日常必须遵循的具体规则。证监会、上交所、深交所成天应对市场的形势和要求制定各种各样的规章规则,也都是政策性的,但它们并不能随心所欲,要有担当,要对自己的行为承担法律责任。所以这种概括授权、政府自由裁量加问责制的模式,是法治的新发展,而不是走回头路。那么,怎样让政府好好地承担?该做的都做,不该做的都不做,又让他有自由有积极性,怎么把握好个中的辩证法?

需要强调的是,法不等于法条,法等于法治。法不等于法条意味着,法条作为法治规则体系的组成部分或者要素可能是不完备、有欠缺、有矛盾、有错误的,有过分超前的、有完全不具有可操作性的,等等。我以前就有这方面的体会,这次金融危机爆发,促使我进一步查找了国内国际的实证材料,现在确认、确信错法是一个普遍现象。不妥、不对的法条是常见的,什么原因呢?包括立法者意气用事,立法者认识有错误,笼络人心不当许诺,仓促草率立法,在时过境迁的情况下不及时去修改废除,法条过分超前或者过分理想化,等等。最近有一则新闻,西班牙某地方议会立了一个法,禁止在公共场所接吻,这下可惹恼了当地民众,所有的年轻人蜂拥到市中心广场上去接吻,其他人在旁边热烈鼓掌,就这么把这个法给废了。美国还有好多18世纪、19世纪立的法,并未被明文废除,但它搁在那,没有什么危害性。比如阿肯色州立法,州名发音必须是“阿肯色”,不得发“堪萨斯”,否则要判刑6个月;还有汽车刚刚发明时的法规,“汽车过十字路口的时候,司机必须停车对天鸣枪三声”,以及“不得对狗做鬼脸”“不得虐待老鼠”“不得在家里浴缸里养驴”等,都是现行有效的。为什么这些法搁在那没什么副作用?原因就是执政者不敢对它强行执行。为什么不敢呀?因为社会主流民意认为不该推行,若他胆敢推行,轻则丢乌纱帽,重则坐牢。

所以,在民主法治的框架下,立法者、行政执法者、司法者应当受主流民意和既有的司法、行政、道德、科学等机制的约束,硬性推行错法或者法律没有规定的就不去做,都是有悖法治所要求的正当性即合法性要求的。主流民意怎么形成?主流民意的形成要有主流价值观,这是我到美国访问以后的一个想法,也做了一个讲座——《美国的法治与主流价值观》,放在中国人民大学的民商法网上,这里不具体谈这个问题。没有主流价值观就没有主流民意,社会就是分裂的,就没有法治了。主流价值观怎么形成?我们讲的核心价值观是一个引领,最终我们的主流价值观怎么形成、是怎样的,现在还不知道,希望它尽快形成;而且这个主流价值观不是没落的,是蓬勃向上,包含了公平正义、守规矩、讲诚信、角色不得错位、利益不得冲突、财产权神圣、契约及营业自由、人人可被问责等现代法治理念的。

错法的纠正除了制度化、体制化的机制,更需要社会主流价值观随时随地形成强有力的主流民意,推动立法者、政府、法官按照法治的精神、人民的要求和正当程序行事,使国家政权在法治状态下运作。制度化的机制缓不济急,立法者或当权者知错不改怎么办?那就只能靠问责制的第二段——answerability,大家普遍质疑,要求当权者回应。现在正义的主流价值、主流民意还不够强势,对立法者、政府、法官等的激励和约束不够,要通过问责制的第二段,促使当权者从善如流,知错改错。

互动环节

问:在市场经济环境下,宪法的原则如何驾驭和控制人性的贪婪?

答:一部宪法控制不了人性,人性包括动物性和社会性,须由道德、宗教、习惯,以及自治规则和法律等共同加以控制。在我们今天讲座的语境下,这个问题涉及现代社会是角色社会这样一个命题,问责制可从中发挥重要的作用。在这个高度社会化的社会中,每个人都在不同的具体社会关系中扮演着各种各样的角色,我们在座每个人扮演的角色恐怕都不下于七八个、十几个。为什么这几年问责制在西方国家发展起来？我在最近发表的文章《“问责制”研究——兼论问责制在中国经济法中的地位》中提到，问责制不仅在公共管理、公共服务中需要，它对于企业、机构甚至个人也是适用的。比方说董事长、CEO 承担的是“accountability”，部门经理、技术总监、财务总监等承担的则是“responsibility”，同时他们都是可问责的，要对自己的行为承担责任；个人则在承担“responsibility”的基础上行使权利，权利本身可以说也是一种“responsibility”，行使权利的同时不得侵犯他人的权利，不得滥用权利。你说的“贪婪”是负面的形容，正面地说就是“利益驱动”，个人、团体、群体、地方、国家和社会等，在利益驱动下，通过博弈形成信用、规则，这个过程从五六千年以前一直进行到今天，还没有完结，而且它初步完结以后还要不断在新的基础上博弈，不断发展。因为经济关系是最活跃的，永不停止的，所以这样一个过程永远不会完结。博弈的过程和通过博弈形成的规则、信用都需要通过法律来保护。宪法是规定国家和人民关系的一个基本法，那么人民如何来集中自己的意志，形成国家政权，使国家政权按照人民的意志来运行呢？这就是宪法。宪法与经济关系没有直接的关系，也就是说，诸如民商法、企业和公司法、反不正当竞争法、反垄断法、刑法等要比宪法离经济基础更近，经济关系要优先适用这些法，相较于宪法从国家层面掌控、平衡不同群体的利益，它们直接调整个别社会成员参与的经济关系，规范其博弈和信用。所以，考虑用宪法去控制人性贪婪的想法有点玄，我要说，不必那么玄，也不要把利益驱动看得那么负面，不妨更多地考虑法治运行的具体框架（问责制）和具体制度，从正面强调不同利益的协调、博弈和责任，以此弘扬法治，不亦乐乎？

问：我想就政策法治化提几个问题。政策制定者是政府，法律制定者在多数情况下是专门的立法机构，这样的话政策的法治化在理论上会否造成行政权对立法权的干涉？若会，在实践中，我们怎么避免行政权干涉立法权？

答：这个问题是不存在的。什么叫立法？就是正式的规则，社会成员在博弈中也形成规则，如商业惯例、国际惯例等，你将争议提交给仲裁委员会、法院，惯例它也要认的。法的渊源是分层次的，从宪法、法律到规章、惯例；政策也不只由政府制定，立法、司法、政党、团体甚至个案处理都可能有政策。行政权与人大及其常委会的狭义立法之间有博弈，行政机关可以提出立法的建议、法案，这是完全必要的，因为政府在专业性和把握社会实际情况方面有其优势，但政府实际上无法控制立法过程中的讨论和表决，就此而言，行政权无从干涉狭义的立法权。关键在于，在法治条件下，所有这些都要纳入法治包括

“accountability”的轨道。狭义的立法者制定的规则具有普遍性,政府也要服从,但是立法者也要受社会主流价值、民意乃至纪检、监察等的约束监督。政府也制定规则,它们也属于《立法法》规定的法或立法,比如中国证监会和美国联邦贸易委员会制定规则,当然政府制定规则也要受民意的约束。进一步讲,立法和政府的行为还要受司法约束,包括制度化的合宪性审查。立法、司法和行政是一个矛盾互动的整体,在当代法治条件下,这个体系又直接与人民发生整体的互动。就是我刚才说的,法律只能概括授权,形势发生变化,人民要求政府去做,它就必须去做,立法、行政和司法都要直接受人民的评判。如果只是狭义、孤立地理解行政对立法的“干预”,那就倒退了。

问:主流价值观形成中的最大阻碍是什么?它的形成过程分为几个阶段?

答:它的形成是一个国家政权和人民之间互动、人民内部互动以及执政党与政权和人民互动,它们之间充分地沟通、商谈和博弈的过程。这种沟通、商谈和博弈是不拘一格的,比如网络给这个过程提供了一个很好的技术手段、技术环境,如果没有网络,这个过程会停留在非常初级的阶段。那么我们现在符合中国特色社会主义、社会主义法治理念的主流价值观的形成到了一个什么阶段?我的判断是已经超出了起步阶段、已经是初级阶段了。值得一提的是,有很多人骂大学扩招,我也曾经不以为然,以为这会降低大学和科学、学术的水平,但是大学扩招的一个意想不到的好处是提升了全民族的素质,使得社会主义主流价值观的形成向前迈进了一大步。

问:很多学者从三元结构(国家、政府和社会)来考虑,认可“小政府大社会”的说法。对此如何评价?我们如何实现这个定位?

答:我反对“小政府大社会”的说法,这本身就是一个误区。中国政府大不大?大家可能不知道,无论从公务员和政府雇员、财政供养人员的数量,还是“吃饭”财政占财政总支出的比例看,我们的政府都比美国的小,美国光是国税局就有一万多人,你想不到吧。如果说,我们的政府比美国的大,那是因为中国政府在经济社会发展中扮演的积极主导作用比美国政府来得大,这岂不是一件好事情?最近英国《经济学人》杂志有一个政府效率排名,中国政府排在第74位,美国政府则排在第83位,效率高有什么不好,这不正是中国的改革和发展取得巨大成就的一个重要原因么!另外,我反复讲,在现代社会,公与私、政权与社会融为一体,不能也不应该将其截然分割,否则我们就会处于混乱、冲突、停滞,落后挨打和分裂的状态,好日子也就没得过了。所以你刚才说的学者的观点,我是不赞成的。

拉动内需与法治建设*

拉动内需，财政和公共支出须发挥主导作用，同时要提高就业水平、增加居民收入，为此需营造宽松、优良的投资暨商业环境，平衡劳资关系，还要做好社会保障以解除消费的后顾之忧。这些都需要法治保障。

各位领导、同志们：

大家上午好！

贵阳市给我出了“扩大内需与法治建设”这样一个命题作文，我试着做了下，现在向大家做一个汇报。我分五个问题来讲。

一、金融危机冲击下的“危”和“机”

一场国际金融危机来袭，中国本身的金融虽然未出问题，但是由美国蔓延到全世界的危机，导致我们的很多企业突然间订单一落千丈，只好停工停产，减员关厂，这场危机给整个国家造成的损失不计其数。

拉动内需就是在这个背景下提出来的。我们拯救经济、刺激经济的关键点在哪儿？中央提出要拉动内需、刺激国内需求。这当然还必须与法治建设相结合。在国际金融危机之前，我国的经济已出现一些隐患，都与法治有关。例如外汇管制，又如公共管理。所以金融危机爆发也未尝不是好事，否则如果各项管理措施、水平和能力、政府的敬业、专业精神跟不上，单以食用油和柴油为例后果就不

* 2009年6月20日“贵阳市领导干部建设生态文明城市系列讲座”之二。

堪设想。当时媒体频频惊呼CPI(全国居民消费价格指数)高涨,更危险的是企业的经营环境恶化,很多老板退出实业,炒作股市房市。一个社会如果不能鼓励富人做实业,而只是刺激其投机,那还有什么希望?

所以这反映出一个基本道理:徒法不足以自行。法律有规定而不能实行不是法治;法律没有具体规定,但宪法、法律有概括授权,人民有需要,当做不做,是不是法治呢?也不是!"权大"者操控法律、行政法规、部门规章、地方性法规的立改废,是不是法治?法律、法条有问题,哪怕社会一片怨声载道也要强制推行,是不是法治?那么什么是法治?任何人不得操控法的立改废,具体法条没有规定但社会有需要的政府就应该有所作为,标准在哪里?民主、法治。当然民主不是指西方国家的竞选和投票,以任何方式真正集中民意并以民意来判断是非的,就是、也才是法治。这种民意的集中需要监督,要同现代法治的最新发展——问责制结合起来。首先,不是将行政机关的各项活动事无巨细地规定,而是事先科学合理地设定角色和责任。现在搞大部制改革,就是希望这样做。这种角色责任有领导和一般岗位之分。前者是概括责任,如省长对全省的社会经济运作、发展负责;煤矿安全是具体的角色责任,由具体官员负责。有煤窑出事,省长下台,这不合问责制的要求。但如果这个省一片混乱、长期不发展,这个省长就应该下台;当然如果省内煤矿安全事故频发,省长也应下台,这就是概括的领导责任。其次是问责,不仅包括上级对下级、行政监察、检察、党的纪检,也包括民众即媒体、网络和舆论的监督。最后是责任追究,在角色和责任明确的前提下,经得起问责的就是好官,否则必须承担法律上的不利后果,包括引咎辞职、责令辞职、行政处分,甚至赔偿、坐牢等,这才是法治。

金融危机可以使我们头脑冷静、反思休整,在新的高度上重新崛起。当然,发达国家也存在法治问题,金融危机就是从号称最发达的美国爆发的。他们也是没有针对性,头痛医头脚痛医脚,不得不由政府来拯救企业。三个办法：一是财政借钱给企业，纳税人通过政府向企业输血，一开始美国政府就借850亿美元给AIG这个美国最大的保险公司来拯救它，因为众多人投保而不能让它破产，里面有广大退休人员的养老钱和医保的“养命钱”；二是直接对企业出资，政府成为“老板”，即所谓国有化，最经典的是奥巴马亲自主持重组通用汽车，美国联邦最终对它持股达60%；三是接管，比如美国联邦接管危机的肇事者“房利美”和“房地美”，这两个美国房地产市场的“龙头”“大到不能倒”，它们持有美国全国44%以上的住房抵押贷款，突然曝出大量坏账，政府只好先接下来设法稳住，进行整顿，再谋求出路。这些办法都可供我们借鉴，我们也都会，关键是如何在法治的框架内娴熟地操作。

所以，国际金融危机是“天要下雨、娘要改嫁”的事，我们无从避免它发生，但它却可以促使我们认真反思，趁势提高我国行政和法治的水平。其中非常重要的一点就是拉动内需，不要把经济发展全放在依靠出口拉动上，以此为契机，调整优化我们的经济结构、产业结构，进一步平衡协调城乡、沿海和中西部的发展，以人为本，将坏事变成好事。

二、财政与公共支出在拉动内需中的主导作用

现代市场经济是高度社会化的，政府和市场已经不是“两张皮”，穷乡僻壤的农民也与国际市场、与外国的政策密切相关。劳动协作上升到了社会层面，由过去在一个家庭、一乡一镇、某一地区的市场范围内，发展到整个民族国家范围内的协调。所以现代市场经济的真谛就是官民合作打拼、不要腐败：“官民合作”是日本学者提出来的，很有道理；“不要腐败”是我加上去的。要以民族国家为主体开展竞争，而不仅是个人、企业单打独斗的竞争。

在政府作为劳动协作社会层面的条件下，公共管理作为市场经济的内在要素要做三件事：一是调控监管，制定和落实财政政策、货

币政策、产业政策等来调控经济,同时监管好市场。如食品和药品,交易双方信息不对称,通过政府监管可以节约交易成本。在社会化条件下,政府不承担这个职能的话,许多交易就无法进行。二是提供公共产品和准公共产品,公共产品包括法律、司法制度,良好的投资环境、人居环境,准公共产品包括供水供电供气等公用事业、教育医疗通信交通等,在准公共产品领域政府也应当起主导作用,对私人和整个社会起到引领及榜样的作用。三是公开市场操作,如政府采购、BOT、央行在金融市场上买卖外汇债券股票等,以此起到实现政府职能和调节市场的功能。

在政府的三大经济职能中,财政起着主导作用,是“龙头”,通过它来弥补市场经济的不足。市场经济的作用和效果是优胜劣汰,这是其优越性,同时也是弊端。我们要利用市场经济优胜劣汰的驱动和约束作用,将此作为资源配置和经济的基本动力。但竞争使一些个人、人群、阶层、地方在竞争中淘汰,形成“马太效应”,如果不发挥财税的积极作用,我们的中西部和沿海地区、城市和乡村、贫与富的差距将日渐扩大。财政是国家主导的二次分配,通过政府有所作为追求经济、社会平衡发展。某些经济学家在危机发生后主张将国有资产、外汇储备通通均分给人民,这当然是胡言乱语,那还要政府、国家做什么,又如何发挥财政的作用?从世界范围内来看,现在发达国家的财政在社会总支出中的比重约占一半,公私各占半壁江山。政府开支要服从三大政府职能的要求,遵循国家的规划和产业政策、社会政策等,比如扶持弱势群体、购买国货、刺激经济、协调地区发展、做好社会保障等。

财政花的是人民的钱、纳税人的钱,所以西方国家有一个说法,民主法治的财政是现代国家的开端。为此英国人沾沾自喜,因为其1215年大宪章首开国王收钱花钱要由平民代表同意的先河。这一点我们要学习,推而广之,政府的任何收入开支,人民都有知情权。最近中央强调清理小金库,有人问我,这样会不会把国家机器搞瘫痪了。我的回答是不会,只有坚持清理整顿,任何国家机关、国有企事业单位花钱都是透明的、经人民同意的(当然不一定是具体的同意),我们才能成为法治国家、发达国家。我很欣慰,这方面的进步很快,譬如北京的警察罚款不直接收钱装腰包了。但有时学法律的人并没有遵守法律,有一次我和一位律师在北京南三环迷路导致逆行,被警察拦下,这位律师二话不说就向警察兜里塞200元希望不要处罚及扣分,结果被警察拒绝了,我在一旁都无地自容。所以学法、执法的人一定要更有法治意识。

大家还记得(20世纪)90年代末为拉动内需,让银行借款给政府搞建设吧。据我个人的观察、判断,那段时间的建设从整体上改变了“脏乱差”的旧貌,也改变了我国西南、西北偏远地区的状况,使21世纪初特别是2001、2002年经济发生腾飞。我国经济发生质的飞跃正是在那个时候,一个标志是日本人惊呼2002年中国进入汽车社会元年,其根源就是那次政府拉动内需的大建设。现在应对危机拉动内需又一次大建设,如果做得好的话,应该也能产生一个新的飞跃。拉动内需最终体现为个人消费,同时不要忘了投资是主要的,而且投资100元至少40元要进入民众的口袋。我国还是发展中国家,中国人民大学的黄卫平教授,著名经济学家,他说美国相比中国无非是把钢铁和水泥往地下多埋了一百多年。对中国而言,这个过程刚刚开始,只要保证两个五亿吨,即五亿吨粮和五亿吨钢,再建设个几十年,在这个过程中,老百姓的生活水平提高,生活方式自然向现代文明发展,只要牢牢把握住财政公共支出的导向不动摇即可。

三、以法营造宽松、优良的投资暨商业环境

拉动内需归根结底要提高就业水平、增加消费者的收入,也就是就业和增收。就业和增收的主体、主导方面是企业,企业是最重要的财富创造主体,一个社会要有出息就要让有了钱的人首先想到自己是否去投资做老板,这是市场经济的好处;而不是单纯把钱存

到银行吃利息或投到股市、买理财产品等,这也是市场力量的驱动,但实践表明要尽量避免。为什么要发展市场经济?因为我们走了一圈,发现人类社会迄今找不到比市场经济更好的生产组织方式,市场关系和资本关系对社会成员的利益驱动和约束是其他任何力量和组织所不能取代的。市场经济是有弊端的,不正当竞争、垄断都是市场经济的弊端,单纯食利和炒作在某种程度上也是。要消除市场经济的弊端,不能通过否定市场机制的办法来解决,而只能通过修补市场机制,以政府的主观能动性来弥补市场的不足。怎么修补?就是通过反不正当竞争法和反垄断法。所有投资经商的人都想轻轻松松赚大钱,不想残酷地竞争,因为竞争的结果可能使自己成为劣的一族被汰掉。我们在座的如果去经商,可能想弄一点假冒伪劣、缺斤短两产品,这是不正当竞争;也想排斥竞争或联合起来不竞争,这是垄断,对此要靠反不正当竞争法和反垄断法发挥作用,来加以遏止。在反垄断法和反不正当竞争法的作用下,正常地开展优胜劣汰的竞争,然后由政府、财政来平衡优和劣的关系,让“劣”的被淘汰了的人,也能过上大体体面的生活,能在新的条件下重整旗鼓、振作起来再投入市场经营或受雇劳动。

但是非常遗憾,近年经济起飞、市场经济的作用真正显现以后,社会上出现了平均主义、质疑市场经济、用民粹的想法盲目地同情劳动者、厌恶企业和老板这样一种思潮。你这么有钱,为什么不能每个月多给他几百块啊?政府收入那么多,为什么不能把农民工都变成城市居民?社会上的思潮也难免给政府的导向、政策、行为产生一定的影响。典型的例子是劳动合同法。在市场经济条件下,劳动力、劳动关系已经充分市场化,我愿意给谁打工、愿意接受多少钱,这是雇佣双方讨价还价决定的。劳动合同法实际上以法律的形式对已经充分市场化的劳动关系做了不恰当的干预,它的出发点可能是好的,想保障低端劳动者,高端劳动者有足够的能力跟企业讨价还价,而低端劳动者就没有这个能力。劳动力是商品,每个人自由地在市场关系下出让自己的劳动力,这是我们社会、国家的立足之本,千万不要去破坏它。农民工进城的本质是农民增收,而不能把农民工进城打工理解为城市化,借此剥夺他们的土地、人为地搞规模经营。城市化和土地的规模经营是自然的过程,一定要建立在农民自觉自愿的基础上,否则一定是对生产力的破坏。中国的城市化进程跟得上农民离开土地的进程吗?能否人为地把农民工变成城市居民?违背农民意愿的土地规模经营就是对农民的剥夺和生产力的破坏,否则人民公社早就成功了。把企业稳住,让有意投资经营的人能轻松愉快地在宽松的条件下经营企业,劳动力的价格由市场来定,政府尽可能将投资环境、经营环境弄得健康、宽松,就业岗位不断增加,这是稳定经济、拉动内需的最基础性的工作。

另外,从政府的角度来说,要提高服务意识和管理水平,对个体户、中小企业,即使它水平不高,有各种各样劣行,也不要厌恶它。企业办起来后,政府对它实实在在地服务,不要形式主义,更不要腐败。在金融危机中,政法方面提出来,在涉及企业和股东纠纷的情况下,要尽量少采取抓人、查封企业、查封账户的做法。当然,该抓、该封的还是要抓或封,但是一定要公正、适度。劳动保护、劳动安全方面,不能因为有困难就怠于检查和监察,要把重点放在最需要检查和监察的偏远的、危险的、条件差的地方,这就给政府的敬业精神、专业精神提出了更高的要求。总之,把经营环境搞好,就业不成问题了,内需问题就会迎刃而解。

四、如何刺激居民消费?

百姓有活干,就业有收入,还要刺激他们消费。金融危机刚出现的时候,很多人提出要给老百姓普遍分钱,发消费券。但是一些专家学者认为,我也赞同,就是用财政的钱均等地给全体居民发钱是不合适的,主要原因有两个方面:第一,在绝大多数情况下,消费券只是替代消费,并不能增加消费,比方说我要花300元买一双好点的皮鞋,正好政府发钱了,那我就用政府的消费券去买鞋,我自己的钱就省下了,这样就没有增加支出。第二,对于很多人来说,这些钱是不需要的,让他们去拿钱,他们还嫌麻烦,我们这个社会月收入达五千元、一万元的不在少数,这些人你给他发几百块钱他可能没工夫去拿,如果手续繁杂的话,干脆就不要了。最需要这些钱的可能只是社会上5%、2%的人,所以有人说罗斯福新政时采取的办法最好,将那些需要几百块钱的人,安排他今天来挖沟,明天再填上,填好了再挖开,凡是愿意来挖沟、填沟的人都是最需要这几百块钱的人,把这个钱作为工资发给他们就好了。东莞为应对金融危机就给困难市民每人发一千元"红包",这肯定比普遍撒芝麻粒好。所以,我赞成现在的一些做法,就是在投资、就业和增收的基础上,用一些措施来引诱大家消费,家电下乡、电脑下乡、家电以旧换新,最近又有汽车以旧换新,这个补贴的钱虽然不多,但它是一个信号,鼓励大家消费,非常好。当然这需要公开公平公正。最近提出的一个措施我觉得也很好,就是提升农村的基础设施水平,尽可能使基础设施城乡均等化。你把村里的路修好,房屋规划好,整整齐齐、干干净净,用管子把水接到每户村民家,有马路、有水、有电了,农民自然会想到买汽车、洗衣机、电视、冰箱等,还有清洁燃料、沼气什么的,这方面政府是大有可为的。如果靠农民农村自然地慢慢发展,那可是一个很长的过程。这里有两个问题:其一,政府对农民是送还是帮?你把路建好,自来水装好,什么都办好,送给他,他会不会珍惜?这个政府管不了,需要村民自治、自爱、自律。所以不要办免费的午餐,要让村里和个人都拿一点:完全不拿他们不在乎,产生不了"这是我的财产"的认同和物权的观念;你让他拿一点,他才会认为这个路灯也是他的。政府帮他弄好了,也不要一甩手了事,要帮助他学会管理现代的基础设施、公用设施和公共生活。其二,示范还是强制?马克思主义告诉我们,对于农民不能强制,搞规模经营也好,让他过现代文明的生活也好,不能强制,一强制反而好事变坏事,怎么办？要用示范的力量、榜样的作用，来让他发自内心趋之若鹜地要过这样的生活，自愿响应政府的号召，配合政府的帮助，自己也心甘情愿地掏一点钱，把农村的公共建设办好。这里面也涉及政府的公共管理理念和水平问题。

五、法治的社会保障：解除消费的后顾之忧

拉动内需最终体现在居民的消费上，居民的消费有眼前消费和一生长远消费的区别，一个对自己和对家人负责的人，不会只顾眼前消费，还要顾及没有收入之后怎么消费，家庭需要供养的成员怎么消费，有一种后顾之忧，这是非常好的。社会不能鼓励坐吃山空。中国传统的勤俭节约消费观念并不坏，关键是在现代市场经济条件下，要通过政府主导建立社会保障制度，尽可能打消个人当前消费的后顾之忧。保障做好了，就是很大的消费刺激措施。所谓社会保障，是在一个人因各种原因丧失劳动能力、没有收入时，给他一个基本保障，让他仍能正常生活，包括失业保险、工伤保险、养老保险、基本医疗保险、最低生活保障、社会救济救助制度等。从中外实践来看，要做好社会保障，要由政府主导，但不能由政府包办，政府包办不了，也包办不好。但是如果政府不主导，就无法建立一个优良的社会保障制度。大家都说新加坡的社会保障制度好，它就是政府主导的，政府、雇主、个人三方共同支撑社会保障。社会保障也不能脱离市场的驱动和约束，比如医疗保障，如果脱离市场的驱动和约束，完全靠政府的行政机制，能不能滴水不漏地运转和圆满地实现呢？完全不可能！所以，社会保障的基本理念就是政府、企业、个人三方努力，政府主导。社会保障与全国和每个地方的发展水平息息相关，现在社会保险法不容易制定，制定出来也无法做到全国范围内统筹，全国统筹的话反而会造成很多不公平现象。我的基本看法就是从法制的角度，因地制宜，地方政府积极探索适合本地区的社会保障模式。我前几年到杭州，很感动，萧山区给每个年满 70 岁的农

民每个月发 500 元钱。在全省统筹、全国统筹一时还做不到的情况下,每个地方可以也应该根据实际情况,实实在在、可多可少、公平地建立适合本地区经济发展水平的社会保障,在这方面有很多工作可以做,空间很大。

今天是周末,各位都很辛苦,我就讲到这儿,谢谢大家!

转变经济发展方式的法治保障*

应对国际金融危机及今后的改革发展，提出了转变经济发展方式的命题。为此，需要政府主导，把握好政府与市场关系的辩证法，实现法治的宏观调控，依托规划和产业政策法、财税金融法等法律制度加以实现。

尊敬的两位徐老师，各位同学：

大家晚上好！

我前几天到如皋参加"双百报告会"，讲的就是"转变经济发展方式的法治保障"这个题目，第一时间再跟大家讲讲。

首先特别想和大家分享改革开放以来我经历的几次感动。第一次是(20世纪)90年代，1992年到珠江三角洲，看到了高速公路和集装箱运输是怎么回事，当年虎门大桥开工，比南京长江大桥宏伟得多，几年后不声不响就建好了，桥上车水马龙，一派现代化景象。广东人有魄力，默默地做着实事、大事，引领全国的改革开放，着实让我感动。第二次是2002年到苏州来，当时工业园区和高新区都在建设，那些基层官员，连科级都不是吧，腰里别着几个手机和BB机，哪怕深更半夜，台商港商或外商有什么困难反映过来，诸如海关、土地、工商、建设等各种问题，他们马上就睡眼惺忪地和着衣服去帮助解决。感动啊，中国有这样的好官还愁发展不起来、实现不了现代化吗。第三次就是这次去了如皋这个县级市，到了那里惊讶地发

---

* 2010年11月21日中国人民大学苏州研究院"独墅湖畔人大法学论坛"第41期，徐孟洲教授、徐阳光副教授主持。

现,上至市委书记,下到基层的普通干部,忙得不可开交,市级干部的手机号向群众公开,任何人都可以直接打电话向他们反映问题。都在忙什么呢?就是转变经济发展方式——搞城市化、城乡一体化,农民居住社区化、公共服务均等化,社保全覆盖,整理土地打造万顷良田、大力发展现代农业,建立立体化的纠纷调解体系,从市到村,从医疗、劳动到消费,不留空隙。我做讲座的时候,全场1300多人,黑压压的,个个充满着渴望和干劲,这是又一次深深的感动。

转变经济发展方式看来要成为举国上下今后一段时间的中心任务。为什么?这要从这次金融危机讲起。2007年美国次贷危机爆发时,大家都没怎么在意;2008年9月美国联邦接管"房地美""房利美","雷曼兄弟"破产,金融危机迅速蔓延到全世界。中国的金融并没有危机,但是金融和整个经济也被其折腾得够呛。一时间,政治局常委们分头下基层调研,看看如何才能保增长。金融危机导致我国的出口受阻,层层影响到上游产业,比如河北的钢铁、山西的煤炭;企业倒闭或开工不足,全国有几千万农民工回乡。由此暴露出我国经济存在的两个问题:一是经济过分依赖出口,内需不足。二是"两低""两高","两低"是指低产品附加值、企业和职工包括农民在内低收益,"两高"是指高消耗、高污染。金融危机后我说过几次,坏事也可变好事。早在七八年前,中央就提出了转变发展方式这个问题,但是粗放式的发展却愈演愈烈,一场金融危机,让大家真正冷静下来思考,将转变经济发展方式落实为行动,岂不是很好。从如皋的情况可见,金融危机已使从最高领导到最基层把转变经济发展方式当作一项重要任务来抓,这不是两三年、三五年能一蹴而就的,就像改革开放初期把工作中心从政治转到经济上,现在面临又一次转变。转变经济发展方式对中国来说是还意味着新一轮的大建设、大发展,为什么?因为要上档次,产业要现代化、服务业要大发展、城乡公共服务要均等化。在这个过程中,各种利益及其诉求之间的矛盾冲突绝不亚于前三十年粗放式发展中呈现出来的问题,所以转变经济发展方式一定要有法治保障。经过几十年发展,我们的法治有了显著进步,在座很多同学的家长是当官的,你们可能知道现在当官越来越难了,各方面受到的约束越来越大,包括上级的约束、人大的约束、审计和监察的约束、党纪的约束、媒体的约束、民众和舆论的自发约束,等等。法治不等于立法和法条,而是遵循社会主流价值观并受相应民意评判和约束的善治。中国的法治和经济发展一样,也处于一种从量变到质变的关键期。

我十分关注并相信,法治能够在转变经济发展方式中进一步提高水平,为其提供保障,这就要求我们立足国情,把握好改革与发展,市场经济、政府主导与法治之间的辩证法。例如,现在有一个热门话题,还要不要强制拆迁,是不是拆迁都要由政府与每个被拆迁者达成协议?答曰:当然要,违章建筑怎能不强拆呢,北京城区里拆的大多数就是违章建筑,而且还要被拆者负担费用。为了公共利益的征收要不要强拆?能不能一两个“钉子户”就阻碍社会修高铁、高速公路、机场?当然不行,只不过执法要更文明、更人性化些,论证要更充分些。公共利益不是法条列举的,它是一个正当程序问题。商业开发是否都不是公共利益啊?棚户区的拆迁改造是住在里面的人朝思暮想的,当然是公共利益。又如,奔驰公司要在中国设厂造车,许多省市都在争,最后北京争到了,北京市和奔驰公司各出资200亿元花了好几年建成投产,奔驰车也推向了市场,原来卖七八十万元的车现在价格降到30多万元,提升了中国老百姓的福利。在奔驰设厂的过程中要拆迁,它既是商业活动,也是公共利益。不信你在北京市弄个民意测验,99%的人会赞成工厂的建设和拆迁。反之,你在不恰当的时间、不恰当的地点,用不适当的方式造桥修路,则不是公共利益。正当程序不等于法定程序。比如《价格法》有规定,事关民生的价格调整要听证,可是如果主管、主持听证的人压根儿就不想听老百姓的意见,听证会只是走过场,这是不是正当程序?肯定不是。相反,如果法律没有规定要开什么会,有官员主动召开各种专家论证会、利害方听证会等,诚恳听取民意,在充分听取民意的基础上科学地集中民意,是不是正当程序?当然是。以正当程序确定为公共利益的,该拆就要拆,该强拆就要强拆,该追究谁就追究谁。

这些算是开场白,下面我讲三个大问题。

一、市场经济、政府主导与法治的关系

金融危机发生的原因大家都知道了,就是新自由主义泛滥,监管松弛、不到位,任由市场的缺陷放大,突然累积起一个系统性事件,导致了系统的崩溃。不知怎么回事,金融危机的余波犹在,国内就有一种论调指责"国进民退",说经济恢复得差不多了,政府赶紧"退市"吧。这种说法似是而非,不能成立,中国特色的社会主义和市场经济要求我们牢牢把握住政府主导不动摇。

中国近代以来的现代化过程,就是关系国计民生的重要事业先由政府来做,做到一定程度,私人再跟进。这是中国社会运行的一个规律。改革开放能够取得这么大的成就,主要也是这个原因。我国台湾地区一个老板发自内心地跟我讲,中国政府是世界上最好的政府。他不是奉承,没有这个必要,因为是私底下说的,而我也不代表政府。为什么"最好"呢?他只说了一点,就是一个很大的企业或一条高速公路在短时间内就能建成功,这在世界上任何其他国家是不可能的。我补充说,确实,中国共产党没有私利,人民的利益就是它的利益。我还给他说了一个事例:2006 年温州市委组织部请我去做报告,我答应了,可是报告的时间不停地被调整。怎么回事?去了以后才知道,浙江省委、省政府下了一个指示,要求在规定时间内对全省每个村、每个小区、每家每户进行排查,看看有没有困难户,然后对零就业和就业不足的家庭给予帮助、救助。事实是,作为全国最富裕的地方之一,温州仍有家庭有生活困难,需要解决。我们这样的政府确是世界上最好的,世界其他地方没有这样的政府。

从理论上讲,社会化导致劳动协作上升到社会层面。两个人的劳动就要协作,社会发展就是劳动协作的范围不断扩大的过程,从个人之间扩大到公司、企业集团、社区、地方乃至全国。而政府是社会、公共利益的天然代表者,社会层面的劳动协作当然须由政府来统筹协调。给大家举个例子:有一次我坐火车,邻座是一个农民,他向我诉苦说,他家种的大蒜堆积如山,因为日本政府突然决定暂停进口中国的大蒜。中国一个穷乡僻壤的农民,他的生计居然和外国政府联系起来了。日本政府不让进口,那他如何能在收获的大蒜腐烂之前将它们卖出去?这事儿,村里帮不了他,镇里帮不了他,县里帮不了他,省里也帮不了他,因为做不到临时开辟销售渠道,唯有中华人民共和国政府有可能帮到他,比如让商务部去和日本紧急协商。你想想,除了政府还有没有其他任何机构、团体、企业、组织、个人能够天然地代表社会及公共利益?没有。那么它天然地代表,是不是就一定能代表好呢?那就未必了,这是民有民治民享的问题。政府是人民的政府,要由人民去治理它,让它代表好人民,从而涉及宪法和民主法治一般,这不是我今天要讲的内容。所以,只要经济本身发展到了要在社会层面进行协作的程度,经济就内在地将公共管理包含进去了,公共管理也就成为经济的有机组成部分。顺便说一句,正因为如此,经济法不是国家干预,国家是内在于经济的,社会协作客观上要求政府主导。

市场经济的优越性是优胜劣汰,要鼓励每一个社会成员在市场中追求自身利益最大化,社会整体福利也因此得以提高。但是优胜劣汰的结果,必然是有些人被淘汰,一些地方、一些阶层、一些群体、一些个人被淘汰,低技术、低素质的人要被淘汰。怎么办?温家宝总理讲,要让每个人有尊严地活着。这些被淘汰的人也要能够大体上体面地生活,不失基本的尊严。这就要求政府有所作为,比如统筹协调经济社会发展、开发中西部、振兴老工业基地、解决好“三农”问题等,提供公共产品和准公共产品,做好社会保障、教育、医疗、基础设施建设和各项公用事业等,以确保社会的稳定和公正。

市场经济还存在它所不能或不及的领域。市场靠的是人们的营利冲动,对于不能或难于盈利、无法由市场提供而又为人民所需要的产品,就须由政府来提供或负责提供。什么产品呢?比如高铁。奥巴马去年(2009 年)11 月到中国访问,《时代周刊》发表了一篇重要文章,说美国要学中国五件事,其中第一件就是中国发展有规划有目标,政府带领整个社会努力实现目标,所以中国有高铁,美国没有。保障房也是这样,商品房的价格再低也有人买不起、租不起,所以政府有义务提供保障房。

在市场中追求各自利益最大化的无数个体的贪婪也是任何法律、道德所难以约束的。道德危机无时无处不存在,一旦问题集中爆发出来,丢下的烂摊子也要由政府代表人民去收拾。

然而,中国走上了市场经济道路,就要坚持市场在资源配置中的基础性作用不动摇。因为除了市场经济,人类社会迄今找不到一种比它更好的生产组织方式,找不到能够取代市场机制、财产关系及其对社会成员的利益驱动和约束的东西。消除市场经济的弊端,弥补其不足,确须政府主导,但是千万不能因此否定市场经济,不能用损害、消灭市场机制的方式来解决市场经济的问题,这是不可取的。实行市场经济,就要恪守当事人的协议即法律的信条,鼓励竞争,反对不竞争和乱竞争,从法治角度讲,也就是要充分发挥民商法和竞争法在经济关系法律调整中的基础性作用。遗憾的是,现在社会上出现了一股对企业和老板无端施加道德谴责,用平均主义来质疑市场经济、市场机制的思潮。这很危险,任其发展的话,我们又要走回头路,回到那贫穷的年代。如果不是市场经济,你们能坐在硬件这么好的教室里学习、穿着没有补丁的衣服听课?你们在"蜜糖"里长大,但也要了解过去,忘记历史就意味着背叛。

政府内化到经济里去了,那么就对法治提出了新的要求,法治模式相应地发生了变化。我们一直以来有个说法,可能有老师跟大家讲过:在民商法等私法领域,法律没有规定的就是允许的;在宪法行政法等公法领域,法律没有规定的就是禁止的。这话前半句虽然不全面,但是没错;后半句就不对了。因为立法者是人不是神,法条多如牛毛,公共管理内化于经济,经济又是异常复杂且瞬息万变的,在这种情况下,要求政府像企业的 CEO 一样能够即时应对情势,第一时间作出合理的判断和科学的决策,法律上不可能将政府可以做、应当做的都规定下来,规定了也不一定对。如果按那后半句话,政府就当不成 CEO 了,而且即使当不成它也不必担责,这样,劳动协作在社会层面上做不好,整个国民经济就没法正常运行了。

政府必须应对千变万化的形势随时做出判断、决策,怎么约束它?仅靠法条不行,但是又不能让它脱法,怎么办?我的结论是,要将法律没有规定或者没有具体授权就是禁止的,改成“法律概括授权+政府自由裁量+问责制”,也即规制的概念和内涵。其关键是问责制。它不是我们通常理解的出了问题后追究责任,而是国际上最近发展起来的一种法治概念和做法。就是要让政府的每个部门、机构的角色定位明确,权力义务的设置科学合理。在此前提下,放手让担当角色的机构和个人自由裁量,同时给它施加动态的、日常的约束,担当角色的人要接受各方面的问责,对问责要及时回应,不能暗箱操作、我行我素。西方国家之所以出现问责制,也与社会化有关,在社会化条件下,事物和项目越来越复杂,一件事的全过程可能要三五年,十年、二十年也很正常,这期间董事长、CEO 不知换了多少回,企业可能都倒闭了,市长、省长等也可能换了,如果什么事情都像以前那样事后究责,就时过境迁、来不及了,所以要动态地问责。这是体制内外各种途径与方式的问责,就是前面讲的上下级、人大及其常委会、监察纪检、媒体及舆论等的问责,所以我们的官越来越不好当了,这是非常好的事情。目前问责制还不到位。问责到位,经得起问责的就是好官;如果经不起问责,或者角色担当出现利益冲突,错位、越位、不到位等,就要承担法律上的不利后果,包括引咎辞职、责令辞职、赔礼道歉、行政处分、徒刑乃至死刑等各种形式。如此这般,把握好政府与市场关系的辩证法,将其纳入法治的框架和机制中运行。

二、如何实现法治的宏观调控

宏观调控是中国特色,也是老百姓讲得最多的一个专业术语,多年来它从根本上改变了中国的面貌。记得影响较大的宏观调控有那么几次。一是(20世纪)80年代中后期的价格闯关,取消价格双轨制,粮食和日用品的价格让市场去决定。大家可能不知道什么叫双轨制,就是一种东西有政府(或计划)和市场定的两个价格。二是90年代末为拉动内需,在中央政策指引下,各级政府向银行借款搞建设,北京的四环就是这样建起来的,还有地方大力整顿市容。这一波宏观调控影响甚远。三是本世纪以来高速公路网一下子建了起来,和美国差不多了,甚至超过了美国。

宏观调控是一个艰深的学术概念,它是指货币、财税等宏观措施作用于宏观经济变量如国民生产总值、国内生产总值、国民收入等。按吴敬琏老先生的讲法,产业政策、标准等都不属于宏观调控,行政审批更不属于宏调。而民众甚至政府则把宏观调控庸俗化为行政干预,有时把执法也当作宏观调控,以宏调为由搞选择性执法。须知,宏观调控是社会化市场经济条件下无时无地不可或缺的一种常态化公共管理,只是因条件、时间、地点的不同而有调控方式和力度的不同而已。

那什么叫宏观调控?我想折中一下,既不像吴敬琏老先生那样作学理式的定义,也不像老百姓和某些官员那样对它作庸俗化理解。宏观调控的关键是"宏观"两个字,也即不是针对具体市场主体的间接调控,所以宏观调控应该是指不直接作用于微观主体但足以影响、引导微观主体行为的各种政策和制度、措施等。我举个例子:北京市在全国率先实行汽车尾气排放的国二、国三、国四标准,目的是改善北京的空气质量，却对全国的汽车产业起到了非常好的宏观调控作用，为什么？因为所有（品种）的汽车都要卖到北京去，而且北京是全国最大的区域汽车市场，对一种车，汽车制造商不可能专为北京造一些高标准的，再另造一些低标准的卖给其他地方，所以北京一个城市的政策就对全国起到了很好的引导作用，无形中让汽车产业上了档次。

宏观调控怎样法治？我的观点是分权加法治，也可以说是加问责制。宏观调控之所以要分权，是因为宏观调控的目标是多元的，而且是矛盾的，温总理多次讲宏观调控有许多两难。例如，转变经济发展方式与保就业是不是两难？我们的低端劳动者很多，他们要就业，但经济要转型，就会减少乃至消灭大量采用低端劳动力的低端产业，这是个矛盾。又如，发展与环境保护也是一对宏观调控的矛盾。各种目标不一样，一定要把不同的目标尤其是相互冲突的目标由不同的主体去相对独立地执掌、追求，担当不同宏调目标和职责的部门可能对形势作出不同的判断，从而作出不同的决策。对此，不应当在一个更高层次上统一行使宏观调控权，或者把矛盾上交处理，从表面上抹煞分歧，而应当让各个宏观调控主体在各自的职责范围内依法去追求宏观调控目标、实施宏观经济政策，在博弈中无限接近宏观调控的目标，只有这样，执掌相关宏观调控政策的部门才能在客观、专业的基础上作出决定，并对其决定和行为承担责任。否则，决策者缺乏独立判断，决策中考虑的目标因素太多，怠于、疏于决策或决策失误也不可能被追究责任，宏观调控就不可能有效实施，法治也无从谈起。你让他追求的目标多样且相互矛盾，如果他不作为或不适当决断，你又能根据什么来追究他的责任呢，是不是这个道理？

三、转变经济发展方式所需依托的主要法律制度

第一，规划和产业政策法。经济社会发展有规划，仍是社会主

义的优越性之一。我国的规划是以国民经济和社会发展规划为主干,规划目标及其实现呈现政策性特征,并与土地规划和城乡规划相融合,形成规划和产业政策体系。规划用产业政策去实现,产业政策也可能表现为规划,如2009年初的十大产业振兴规划。规划与宪法、法治相衔接,集思广益,凝聚社会共识,最近"十二五"规划的制订提上日程,其主旨就是转变经济发展方式、经济社会全面协调发展,大家有什么好的想法、建议,可以通过各种方式包括上政府网提出来。规划经人民代表大会充分讨论形成决议后,就具有严肃性,各国家机关及整个国家政权和社会围绕着规划目标合力去达成,在问责制的法治框架内最大限度地实现,成为一种巨大的、卓有成效的社会推动力。

第二,财税法。财税法在经济发展中起主导作用,因为规划和产业政策需要财税配合,有财税配合的规划和产业政策才是实实在在的。此外,现代财税的调节功能远远超过了其维持国家机器运转的作用,哪怕维持国家机器运转也要发挥调节作用,也要从调控监管的角度出发,比方说满足国家自身需要的政府采购也要按照政府采购法的规定,有助于实现国家经济社会发展的政策目标,保护环境,扶持不发达地区和民族地区,促进中小企业发展等。从财政收入看,主要是租税费。土地使用权出让、采矿权授予等,属于租的范畴,所以"土地财政"很正常,没什么不好,是从我国香港地区学来的经验。原来政府很穷,"土地财政"发展后,政府大力进行基础设施建设,城乡面貌发生了根本改观,开发程度高了,房地价格就上涨了,这是好事情。孙中山说,土地涨价要归公,什么意思呢,比如土地开发前一亩500元、开发后一亩5万元,一栋同样的小楼坐落在穷乡僻壤值8万元,坐落在北京四环内就要值800万元,二环内则要值8000万元,这主要是开发与繁荣的结果,不是因为所有者、开发者自身原因涨价的部分就不应归他们,而应该归社会。如果不遵循这个规律,政府低价向开发商出让土地使用权,或者低价向消费者出售商品房,他们转手获取高额差价,应当归公的涨价就归了私,就不公平了。从支的方面看,相较发达国家,中国也不逊色,财政及财政主导的公共开支都占到了社会总支出的"半壁江山",经济财政、民生财政的比重越来越大,主要是通过投资来调结构、促内需。美国、欧盟、日本、中国为应对此次金融危机,都在第一时间出台刺激经济的巨额财政计划,就是财政法作用和特性的规律使然。我国"四万亿"内需刺激计划的重点是"调结构、扩内需、惠民生",大力促进经济社会协调发展。财政的主体固然是政府,但也可以而且应该将其建立在市场机制的基础上。比如财政补贴要尽可能不直补企业,而补贴消费者,消费者拿着自己的钱和政府补贴的钱到市场上去"投票",就强化了市场机制,有利于促使企业优胜劣汰;若补贴给企业,它亏了不知是补贴少了还是经营不善造成的,赚了也不清楚是补贴还是经营的原因,那就不妥当了。

第三,金融法。金融分间接金融和直接金融。我国有待发展的是覆盖各层次、各方面的间接金融,比如中小企业和农民很难获得信贷,这方面和日本、美国相比差距很大。所以要大力发展地方金融、合作金融和相应的政策性金融等,并对有利于拉动内需和转换经济发展方式的活动给予贷款和担保等支持。对直接金融,要确保优秀的企业上市,也为高新技术、新能源和可再生能源、清洁生产企业等提供股票债券等发行和交易的支持。同时,不能让它太火,这是改革开放的经验教训。政府的资本市场管理监督、货币和外汇政策等不应为投机"炒作"提供刺激,而应致力于资本和货币市场包括房地产市场的健康稳定运行、发展。否则股市、汇市、房市太火,撩拨人心,有钱人不愿做实业,劳动者不安心劳动,这是非常危险的。

第四,资源和环境法。我国有号称世界上最严格的土地管理制度,要将其真正落到实处,矿产资源和环境保护法制也不例外。"有水快流"、不顾子孙后代滥采乱挖的现象应当一去不复返了。需有良好的国土资源规划,以资源的重要性和稀缺程度分级管理,严格实行;并深谋远虑作全球布局,比如以外汇储备为依托,政府支持企业走出去并为其保驾护航,在全球范围内布局我国的能源和资源供应。原则上,越是稀缺、其利用对环境的损害越大的资源,开采和使用的代价就应该越高。譬如我国的汽油价格与有限的资源相比、与其他许多国家和地区相比是偏低的,应当提高石油从开采到成品销售各环节的税费,以促进节约,增加国民的资源危机感,国家也可借此获得资金投入或支持新能源开发。也只有这样,新能源和清洁能源才可能市场化开发、推广,尽快取代矿物能源。以不脱离实际为前提实施较高的资源利用标准和环境标准,对于提升产业水平、转变增长方式的作用也不容低估。

第五,质量技术监督和市场等各种监管。假冒伪劣产品和食品、土法炼油炼焦、拼装电动车、“黑店”、“黑车”、“黑作坊”,形成庞大的地下产业链,众多低端劳动者和低端的消费者以此为生,影响了产业结构调整和经济社会的发展。要解决这个问题,需要建立合理、有力的监管体系,特别要转变行政的机制和作风。政府应是服务型、干实事的,以专业、敬业的精神,转变工作方式和作风,履行好法律赋予的职责。

第六,对外经济贸易法。外资还是要大力引进,没有外资的竞争、引领和示范,民族产业仍难以在高水平上与发达国家的企业一争高下。关键是限制“两高一资”的外资进入,就是限制外资办高消耗、高污染、资源型的企业。大家注意到媒体的报道了,马上要对外商投资企业开征城市维护建设税和教育费附加,终结外企的超国民待遇,就是要使民族企业和外商投资企业平等地竞争与发展。在对外贸易和经济合作中,政府也应依法“两反一保”①、优先采购本国的产品和技术来维护本国产业的利益,为企业走出去保驾护航,完善相应的制度,维护国家安全和经济安全,等等。

---

① 反倾销、反补贴和保障措施。

第七，劳动和社会保障法。转变经济增长方式，要调整结构、产业升级，提高劳动者的素质和工薪收入，但是在市场经济条件下，劳动力也是商品，愿意将劳动力卖给谁应由每个人自己决定，工资收入则由市场和岗位决定，政府不能想当然地随便拉高最低工资，不然就恶化了投资和创业环境，企业尤其是中小企业难以为继，失业人口增加，也不符合劳动者的利益。就此政府和法律可以做的是加强指导、完善检查监督等。最近有一件非常好的事，就是刑法修正案八拟将恶意欠薪入罪，不过刑罚也别太重，以减少误伤。社会保障本身不拉动内需，但社会保障做好了，人们消费就没有后顾之忧，也有助于转变发展方式。社会保险应该全国统筹，但它与每个地方的经济社会发展水平密切相关，目前只能在县市省范围内统筹。在这方面，如皋在江苏全省率先实现了五个保障，将社保覆盖到每一个人，令人印象深刻。一是城镇居民基本医疗保险；二是农村新型合作医疗；三是城乡居民最低生活保障；四是新型农村社会养老保险；五是被征地农民基本生活保障。从全世界的经验来看，社会保障要由政府主导，政府不主导就无法建立优良的保障体制、体系，同时，政府不能包办也包办不了。比方说医疗保险，完全靠行政机制是不可能缜密地运转和圆满地实现的，也需引入市场机制的驱动和约束，政府、企业、个人三方努力，政府主导。

第八，完善职业教育和培训制度。要认识到完善职业教育对转变经济发展方式乃至古老的中华民族现代化的重要意义。在德国和瑞士，企业里的蓝领很牛，根本不羡慕教授。如果看不起体力劳动，那这样的社会无疑是畸形的。那天晚上，我在如皋街上散步，看到有一个大学生创业园，我觉得这个理念非常好，要是各县市能广泛设立大学生就业、创业园就更好了，把人才吸引到基层、三四线城市去，别都挤在北京、上海、杭州等，那我们的经济社会发展就是无可限量的。

第九，发挥非讼机制在化解社会矛盾、构建和谐社会方面的作用,提高司法政策水平。打官司不是万能的,司法不能在第一时间发现并解决大多数矛盾,一个判决下来,还可能派生出几个新的矛盾。正因为如此,西方国家近年大力研究发展多元化纠纷解决机制,以及时化解矛盾,将潜在的冲突消灭在萌芽之中。西方很崇尚中国的调解制度。如皋发展出了一种号称大调解的制度,要在全国推广,我说这是国际领先的,他们听了很高兴。就是从市到村建立多层次、分专业的,有人财物保障的实体性调解机构,包括专门的医疗纠纷调解、劳动纠纷调解、消费纠纷调解等,是一个立体、纵横交错的体系。另外也要强调司法政策水平的提高,因为繁多杂芜的法条需由政策加以梳理,作为纲领、指南和解释说理的依据,否则就无法判案或不能公正断案。法律适用都要解释,解释靠什么,无非是法的理念和政策,只有提高政策水平才能让当事人信服。主要的政策依据之一在当前就是转变经济发展方式,从大的方面讲则是中国特色社会主义和社会主义市场经济,将各种社会矛盾、纠纷的解决统一在这样的主流价值观之下,我们建成法治社会、法治国家也就指日可待了。

我就讲到这里,谢谢大家!

数据规制和数据关系法律调整:勿忘法治初心*

数据要素配置也需由市场决定,同时更好发挥政府作用。市场决定就是当事人意思自治基础上的民商法和竞争法调整;规制重在事中事后监管,也需政府积极引领和参与。数据规制不外法治一般,应当是简单质朴的、民众可以感受和理解的,而不是玄乎的、既不公平也没有效率的。

各位同仁:

大家上午好!

也谢谢刘俊院长主持。一段时间以来,我对数据领域的一些现象有些观察和想法,借此机会一吐为快。

我国经济体制的基本论述就是很简单的两句话:市场决定资源配置,更好发挥政府作用。数据是一种可竞争的资源,也是一种竞争的手段,所以数据要素的配置原则上应当由市场决定。什么叫市场决定?无非就是市场主体自主行为、自由竞争,法无禁止即可为,由当事人意思自治基础上的民商法和竞争法调整,没有问题的话政府就不要管了。当然有问题政府就要管,但是管也要立足于市场,建立在市场的基础之上,比如公平竞争审查。为啥?因为在社会主义市场经济条件下,政府要更好发挥作用,就要尊重市场机制,不能违背市场的客观规律,他取得数据合法、运用数据没有侵犯他人合法权益、没有利用数据为不公平的竞争和垄断行为,等等,你就没必要管,否则适得其反。所以更好发挥政府作用,原则上应该是事中、

---

* 2021年10月16日在深圳大学召开的中国法学会经济法学研究会第30期“经济法30人论坛”“数据要素配置的经济法调整”研讨会上的主旨发言,刘俊教授主持。

事后监管,采取结果主义。

反过来讲,政府应当发挥作用的时候,就应该很好地发挥作用。

一、何为法治初心

当代社会里的规制无所不在,进入了规制时代,所以美国学者桑斯坦提出了规制国的概念。规制的本质和核心就是政府规制,即政府在宪法法律的概括授权下相机抉择、自由裁量地调控监管,而不是法无明文或者法无具体授权不可为。数据规制是数字经济和经济社会政治文化等全方位数字化的产物,不可能由法对可为、不可为及其后果作事无巨细的具体规定,而须由规制主体——政府秉持法治初心,兢兢业业地履行其职责,把主要精力放在事中、事后监管上。什么是法治初心?简单罗列下:契约自由、生命健康安全、财产权保护、诚实信用、自我责任、过失责任,等等。盗窃他人的数据,或者数据弄虚作假、舞弊,那还要啥具体法律规定,直接查处、裁判就是了。

所以说,不忘初心也就是回归常识。法律的调整、政府规制,都是简单质朴的。数据是信息的载体,信息本质上就是要流通和使用的,不流通使用的话要信息干什么?你姓甚名谁,这信息就是让人知道才有意义;企业在经营中获取各种信息,就要按照企业的宗旨和目的来处理、使用嘛。政府规制只要紧盯它有没有问题就可以了,有没有问题也难以用法条具体规定,无法绝对划界,有问题或没有问题之间不存在一条清晰的法律界线。比如,公共场所乃至餐厅包间可不可以安装摄像头?我觉得公共场所当然可以安摄像头,餐厅包间也是可供不特定人使用的公共场所,但是摄像头获得的信息或者数据不能随意散布,不得侵犯他人的合法权益,也不能侵犯公共利益,就这么简单。有这样一条原则就可以了。政府收集的信息就可以无条件流通使用吗?不。交警理所当然要收集交通信息,但是你们前一阵子在微信里看到一个抓拍违章的摄像头拍的一小段视频，一辆行驶在四川境内的轿车，男驾驶员与副驾驶座上的一位女性有暧昧行为，高速行驶中的这种行为肯定违反交规了，你监视到，那么对这个人、这辆车进行处罚就行了，但你把视频传播出去，就肯定侵犯了这对男女的隐私，即他们在车内所为而不想被他人知晓的私密活动。有两种可能，或者是交警的监控系统受到黑客攻击，或者是某个交警擅自放出这段视频，如果是后一种情况，则无论为了好玩还是泄愤，该交警就是公器私用，应当被追究行政责任和民事责任，情节严重的话还可追究其刑事责任。

因此，公共数据也不是可以无条件使用的，对于个人、企业等私人数据和公共数据，其规制或者说法律调整要更多地使用宗旨条款、概括条款、原则条款、兜底条款，这是我这些年反复讲的，你不会用这些条款的话，具体的条款越多越不公平。

这也是为什么一谈到数据规制，我第一时间就想到勿忘法治初心的缘由。

二、公共利益优于、高于私人及个体利益

数据的一头是贡献者，另一头是所归集数据的掌握、利用者，数据的价值在于利用，从而涉及贡献者与利用者、个别利用者同其利用的正面或负面效果之间的关系问题。在数据规制中，应当遵循公共利益优于、高于私人及个体利益的原则，这也是法治的初心。那么，关键就是怎么样来认定公共利益，否则公私孰优孰劣的问题也就无从谈起。我在很多年前谈征收和拆迁的时候，讲过公共利益不是以法条就可界定或认定的，它是一个正当程序问题，列举性的规定无益，因为你在不合适的时间地点进行公共建设并不符合公共利益，私人的开发建设也可能符合公共利益。公共数据和私人数据同理，也就是说，公共数据不等于公共利益，私人数据的利用也可能是公共利益，不能以主体为标准来认定数据利用和规制中的公共利益。因为政府和其他公共主体掌握的数据也可能不涉及公共利益，

在流通和使用中，可能对私人构成侵权，比如交警流出那段视频；私人主体收集利用数据也可能涉及公共利益，比如特斯拉和其他企业收集个人身份信息和地理信息。所以要通过利害关系方和公众的表达、讨论、博弈来认定数据利用和规制中的公共利益，这样的话，在数据利用和规制中，个人同意就是一个伪命题，因为在海量的数据里面，一个人的信息包括你这个人单拎出来啥都不是，若对你构成侵权，查处或起诉就是了。比如刚才那个交警侵权的例子，平台与消费者的关系也是一样，凡事都要征求意见和同意是形式化且没有意义的。现在数据领域已经逐渐发展到数据的中性化、去识别化、去特定化、可用不可见这样一个阶段，就是在信息和数据中性化的情况下，平台与个人的交易只需要个人最基本的、最少的信息，不涉及身份辨认，这样的信息就够用了。

数据规制就是要鼓励创新和发展，不能以个人信息权对信息的收集、利用和流通构成阻碍。个人对集合数据、大数据是一种贡献，而不是什么信息权，刚才我讲了，不然你姓甚名谁有什么意义？鼓励创新和发展的数据规制模式就是：个人贡献＋数据采集使用者的整体产权＋政府规制或最终监管权。采集使用者的产权也就是物权法上讲的物权，不一定是所有权，但它是一种排他性的管辖权或使用权。

政府规制中可能还涉及比例原则和后果原则。

比如平台播放广告，就涉及比例问题，你一天看三五个广告行吗？十个、二十个可不可以？比例原则也不是可由法条具体规定的，广告是可以看的，爱奇艺、小米机顶盒等的广告我都觉得很正常，没有超过看广告的人应当忍受的度。还有后果原则，有损害后果再说，你既可以提起民事诉讼，也可以向有关部门投诉举报，当然有关部门也可出于有任何不良后果之虞主动调查处理，等等。没有损害后果、不良后果就放任市场调节，这是市场决定数据资源配置的应有之义；发生了损害或不良后果，或者有这种现实可能性，就应当以相应的手段予以有效规制,这是更好发挥政府作用的客观要求。

三、政府引领、调节经济社会发展的职责

然而,数据法律调整中的政府规制不是消极被动的,规制就是调控、监管,包括高占位的引领,此外政府还要参与。你看公安部门在数据利用方面的参与程度,以及作为国有独资公司的国铁集团做的 12306 网站,其水平都不亚于任何一个私人主体,这是政府义不容辞的责任。我国如今在数据和数据规制的领域,第一次站到了世界前列,这也是国家经济政治体制优越性的又一次体现。

不能消极被动,就要积极能动,时刻全面掌握数据领域的大小状况,当管则管,该出手时就出手。

最后,我的结论是,数据要素配置的法律调整和政府规制是简单、质朴的,民众可以感受和理解的,不可能无为而治,更不是玄而又玄华而不实、既不公平也没有效率的。

谢谢大家!

民商和经济相关部门法治

《民法总则》理解与适用*

《民法总则》①出台，预示我国将循古罗马“学说汇编”的模式编纂民法典，为此，须注重中国特色社会主义实践的要求和法典语言通俗易懂，谨防立法和司法落入《德国民法典》式的教条主义、形式主义窠臼。

各位同仁：

大家好，幸会幸会！

《民法总则》颁布了，这是当前的一件大事，也是法律界、法学界的一个热点。今天有缘来跟大家谈谈《民法总则》，想必有个原因就是，在《民法总则》制定过程中，我参加过一次全国人大常委会法工委的讨论，发表了两次书面意见，其中后一次意见我请他们打印发给与会者，结果在微信上流传甚广。

《民法总则》是民法典的开篇之作，两者都是博大精深的。《民法总则》的具体条文、具体规则及其适用，我觉得在座的律师及法律实务工作者比我更在行，更专业，所以我今天就侧重于务虚，把《民法总则》背后的学理尽可能讲到位。在这个基础上，再把我觉得有意思的《民法总则》若干规定或制度简单地梳理下。这就是我今天的任务。

---

* 2017 年 4 月 1 日佛山仲裁委员会和佛山市律师协会讲座，佛山仲裁委员会办公室主任胡宗仁博士主持。

① 《民法典》自 2021 年 1 月 1 日起施行，《民法总则》同时废止。相关规定可参见《民法典》总则编。——编者注

一、什么是民法总则?

这个问题,看上去奇怪,在座的却不见得能答上来。说一句比较绕的话:“民法总则”不等于“民法总则”。今天是愚人节,但这话可不是开玩笑。大家知道,《法国民法典》是没有“总则”的,没有我们今天理解意义上的“民法总则”,但是你们看商务印书馆出版的《法国民法典》中译本,它确有 6 条“总则”——一些至今仍令人刻骨铭心、思绪澎湃的规定。我说其中的三条,看看你心里会不会激动。一是第 6 条,当事人意思自治不得违反公序良俗。大家觉得很了不起的一条法律规定,人家 200 多年前就有了。二是第 4 条,大家也许关注过,也许不知道,就是法官不得拒绝受理任何民事案件,不得以法律没有规定或者规定得不明确、有漏洞、冲突、矛盾等理由拒绝受理民事案件,否则得追究法官的拒绝审判罪。三是第 1 条和第 2 条,法律只有在公布后并为公众所知悉时起方得生效。换言之,法律仅适用于将来,不具有溯及力,怎么能让人们遵守其行为时并不存在的法律呢?妥妥的法治精神,在今日中国仍不乏现实意义。

那么,《法国民法典》明明有“总则”,的确也翻译成“总则”,又为什么不是“民法总则”呢?所有的民法专家和大学民法老师都会告诉你,《法国民法典》没有“总则”。其原因,就是他们心中的“民法总则”和全国人大刚通过的《民法总则》,特指民法典编纂的一种立法技术,也即民法典的一种体例。《法国民法典》的“总则”作为民法的总则性规定,当然也是“民法总则”,可以翻译成“民法总则”,不能禁止这样翻译。但这是一般意义上的总则,不是我们今天理解的立法技术意义上的民法总则,与我国《民法总则》意义上的“民法总则”不是同一概念。

各位也知道,英美法系是没有“民法”的,没有调整平等主体之间关系意义上的民法。在座的如果想到美国去学民法,对不起,那是没有的,无论硕士、博士都没有这个专业。本科更不用说了,美国的法学本科是不分科的。中国人把“民法”翻译成英文“civil law”，可是在美国，“civil law”是包括行政法的，当然就不是“民法”了，所以我们的翻译是比较勉强的，但是没有办法，只能这样翻译，这是大陆法系和英美法系的一大区别。如果要跟英美法系的人解释，你一定要说，我们这个“civil law”是调整平等主体之间关系的“civil law”，不是你们那个“civil law”，不是以色列向巴勒斯坦移交“civil power”的那个“civil law”，它移交的是与军政相对的行政权力，所涵摄的“civil law”是一个外延更大的概念。

大陆法系是有民法典的，当然也可能没有民法典。大陆法系的民法典有两种编纂体例，其中一种是全世界第一部民法典——《法国民法典》，1804 年施行的，它的体例是罗马法的“法学阶梯”模式，分为人、物、债三编，加上我刚才讲的 6 条不是“民法总则”的“总则”。你们也许不清楚，世界上流传至今最早的一部民法教科书叫《法学阶梯》，罗马皇帝钦定的五大法学家之一盖尤斯写的，我建议在座的都去买一本。商务印书馆出了一套汉译世界名著丛书，《法学阶梯》和《法国民法典》都在其中，你们可以买了放在书房里备案。《法国民法典》的第一编是“人”，主要是亲属；第二编是“物”，不叫物权，称作“财产及对财产所有权的限制”；第三编是“债”，也不叫债法，不叫债权，而叫“财产取得的各种方法”，包括继承、合同、侵权、担保等。你们是不是觉得挺乱的，民事主体里面包括亲属、婚姻家庭，债里面包括继承、侵权，很费解。没错，德国人就是觉得这很乱，他们最讲逻辑、擅长抽象思维，所以要把民法体系设计得精密再精密，这就是 1900 年的《德国民法典》，不是第二部，中间还有好多部，但它是《法国民法典》之外另一部有代表性的民法典。这部民法典采取的是“学说汇编”模式，不是“法学阶梯”模式。古罗马私法空前发达，罗马帝国灭亡后，东罗马皇帝优士丁尼组织编撰西罗马的民法，于公元 533 年完成，名为《学说汇编》，也叫《民法大全》。文艺复兴后，西方人在故纸堆里发现了写在羊皮纸上的罗马法，如获至宝拿来研究，研究了几百年，集大成者为注释法学派的研究，到德国民法典制定的时候，就用该学派的研究成果制定出一部民法典。这部民法典的最大特色呢，就是有“总则”，不再是简单的总则性规定，跟我们今天的《民法总则》一样，里面有民法基本原则、民事主体、民事法律行为、代理、时效这样一些规定。所以你一看我们的《民法总则》，就知道它跟《德国民法典》模式相同。“学说汇编”模式的民法典，在民法总则之外，还有物权、债权、亲属、继承等四编。当然德国别出心裁，认为现代社会的物以利用为主导，所以把债编放在物权编之前。其实怎么理解都可以，可不可以理解物是债的起点和归宿？这样，物放在债之前就很正常，所以这不重要，怎么着都可以，只是德国人认为他们这么做很了不起。再把亲属从民事主体里拿出来专做一编；然后是继承编，从债里分出来。但是你也不能说《法国民法典》错了，由自然人延伸出亲属，属于民事主体范畴；继承当然也是一种债，你有权继承，就有这个请求权，请求权就是债嘛。所以，两种模式无所谓哪个更好，模式只是形式而已，并不影响实质，英美法系还没有法典呢，人家法治也很发达。可以说，中国当下就是要按照“学说汇编”的模式编纂一部民法典，所以首先出台的就是《民法总则》。

二、民法典与市场经济

实行市场经济就需要民法，不实行市场经济可以不要民法，生产、分配、交换等经济活动需要的是经济法，“民法”就退化为调整公民消费关系和保护个体权利的法，前捷克斯洛伐克和民主德国即据此制定了民法典。我国实行社会主义市场经济，民法不可或缺。1986 年的《民法通则》不是民法总则，而是一部迷你版的民法典，除了仿照民法总则的体例外，还规定了很多不是民法总则的内容，例如比较详细地规定了财产权、债权和其他的一些权利。

民法，乃至大陆法系的民法典，是市场经济高度发达的产物。

市场经济高度发达以后,就产生了一个市场经济不发达时所没有的现象,什么现象呢,就是平等的要求普遍显现,平等、平等、平等!让每个人成为自立、自主、自强的人格体,在社会交往中以契约取代血缘、宗法、贵贱、主仆、君臣等身份关系。所以现在好多学者说中国古代就有民法,但从这个意义上说是没有的,中国古代没有完全建立在平等主体关系之上的民事法律关系,人民之间的关系普遍受到宗法和权力的超经济压迫,宫市使强买卖炭翁"半匹红纱一丈绫,系向牛头充炭直",民间纠纷闹到县太爷那里去,他也要通过打板子等上刑的方式来查明事实,这些都不是民法的方法。所以,不是说有了"平等"的交易就有民法,而须社会上普遍的平等要求上升为法律上的平等精神、平等原则,才可能有民法。直到1910年《大清现行刑律》颁布,区分刑民,对户婚、田土、钱债等纠纷"但分理之曲直者",作为民事不再科刑,中国才大体有了民法。

在世界上,整个古代和中世纪,只有罗马的市场经济高度发达,在这个基础上出现了辉煌的罗马法。我们今天讲罗马法,就是指罗马的民法或私法,其奴隶制的公法已经被世人遗忘,就算记得也没啥意义了。《法国民法典》《德国民法典》都源于罗马法。恩格斯讲"罗马法是商品生产者社会的第一个世界性法律",以致一切后来的法律都不能对它做任何实质性的修改。什么是它的实质?为什么不能修改?实质就是抽象平等的人格(即平等主体)、意思自治、平等协商、当事人的协议就是法律、对价、非人身救济方式,等等。那么,罗马法的民法为什么那么发达?是因为罗马的市场经济发达。你有没有想过,市场经济发达不发达的标准是什么?标志在哪里?应该就是两个标准吧:一个标准就是可以交易的客体是不是广泛,交易是不是充分自由。罗马法上有限制流通物的实践,但限制和禁止的种类极少,奴隶交易也是合法的。奴隶贩子跟着罗马大军,军队每打下一个地方,奴隶贩子就把那个地方的壮丁拉到意大利来卖。所以从交易客体、交易的自由度来看,罗马的市场经济很发达。

另一个标准就是是否存在交易壁垒，程度如何。罗马军事扩张最厉害的时候，北到英伦三岛，西到葡萄牙、西班牙、突尼斯，南到埃及，东临小亚细亚，这么大的地方都是罗马帝国。凡在罗马大军打下来纳入罗马帝国版图的区域内，各民族和部落自由平等地交易，没有关税和其他人为的壁垒，比如没有今天的海关、检疫检验等。马克思主义有一个著名的论断，就是不同民族之间的交往最平等，除非打仗拼个你死我活，他们之间的交易一定是在充分讨价还价、你情我愿的基础上进行的。前面讲了，在中国古代，封建政权的压迫、强制和血缘宗法关系的束缚，平等自由的交易不普遍，因此也没有在社会上形成普遍的平等观和法律上的平等原则。

在市场经济高度发达的基础上，罗马法发展起来了。这在历史上是什么时候呢？就是公元前 3 世纪罗马共和国晚期到公元 465 年西罗马帝国灭亡，七百年左右。罗马法的发展轨迹，正印证了罗马市场经济发达的历史。罗马法的发展在历史上有三个标志。第一个标志是公元前 242 年，罗马设立了外事大法官，专门处理罗马人跟外国人，以及外国人跟外国人之间的交易关系。你想想看，不同民族之间的交往最平等，平等的交易越来越多，促使罗马设立专门法庭处理相关纠纷，法院的活动和作用又会向社会反向输送平等精神，有助于平等意识在社会上蔓延。第二个标志是公元 212 年，著名的卡拉卡拉皇帝颁布敕令，宣布罗马帝国境内所有的自由人都享有罗马公民待遇。在这样的平等基础上，罗马法得以迅速发展起来。第三个标志，公元 465 年，蛮族入侵，罗马帝国被灭，非常遗憾，罗马法戛然终止。七百年的罗马法主要是判例，浩如烟海，还有皇帝钦定的五大法学家的言论和学说。法官有时候功底不够，遇到案子整不明白，怎么判呢？罗马私法不是成文法，无法可依，皇帝就钦定五个法学家，说你们法官不懂的时候就看他们的教科书，或者是咨询他们，他们说怎么办就怎么办，比较乱。所以呢，到了东罗马帝国的时候，居然有一个优士丁尼大帝对西罗马的这份遗产非常感兴趣，下令汇编罗马私法，形成《学说汇编》，使之成为罗马法集大成者。我们今天了解、研究罗马法，不可能去看那七百年间的判例了，想看也找不到了。所以我们今天看一手的罗马法就是看《学说汇编》，罗马的私法全都在里面了。

三、民商分立与民商合一

中国即将出台的是一部民商合一的民法典。民法和商法都是私法，私法编纂法典有两种体例，法国首开民商分立的体例，民商各立一个法典。德国也是民商分立，在主要国家里头，民商分立的还有日本。那么，我们采取“学说汇编”模式制定的《民法总则》，怎么会是民商合一呢？民商合一是1881年瑞士债务法首开先例，后来变成1912年的《瑞士民法典》，所以瑞士是世界上大陆法系民商合一的始创者。说起来很简单，瑞士的民商合一从债务法做起，你想一下，我国《合同法》①是民法还是商法？它实际上主要调整商事关系，但同时又是中国民法的一个主要组成部分。你非要把合同分成民事合同、商事合同，再来一个经济合同、行政合同、劳动合同，外国还有宪法上的合同，而各种合同的共性大于个性，平等协商、相互承诺的共性还高于个性。别的合同不说，光是民事合同和商事合同，你们想一想，能不能分开？答曰：根本分不开，不可能分开，立一个民事合同法，再立一个商事合同法，硬要将它们分开也是没有意义的。所以，瑞士从债务法开始民商合一，再延展到民法典，不是没有道理的。后来呢，先后有1942年的《意大利民法典》、1975年的《荷兰民法典》以及2002年的《巴西民法典》，都是民商合一的，泰国干脆在名称上就称为“民商法典”。也就是说，民商只做一个法典，民法典以外不搞商法典。

还要告诉你们一个事实，《法国商法典》《德国商法典》《日本商

① 现已废止。——编者注

法典》衰落了,到了名存实亡的程度。为什么呢?就是两个原因:一是商脱不开民;二是经济法对它的侵蚀,证券监管、银行业监管、保险监管、食品药品监管、国有企业、政府采购等覆盖了商,使"商法"变性了。所以有一种说法:《法国商法典》是人类法制史上的最大败笔之一,社会的发展把它冲得七零八落。为了使它看起来还像一部现行有效的法典,法国人就把替代了法典内容的法律法规直接汇编到法典里,所以《法国商法典》现在变成法规汇编了,已徒有其表,事实上不是法典了。

1929年,中华民国制定《民法》——就是民法典,决定采取民商合一的形式。但是,考虑立法技术问题和立法的紧迫性,将公司、票据、海商、保险、破产这五种法作为单行法,不编入民法典。它们是民法典以外的民事特别法,不是商法。这一做法和理念深刻地影响中国今日之民法典编纂,当然并无不妥,是正确的。

既然民商合一比较好,比较合乎逻辑,比较正确,那么民商分立又是从何而来呢?我要跟大家讲,民商分立是历史的产物,早就过时了,也行不通了,简单地说就是这样。为什么说是历史的产物?这就要上溯到欧洲的地理大发现和文艺复兴。地理大发现开拓出广阔的市场,使得地中海沿岸的手工业生产和贸易高度发达,逃亡奴隶成立了很多自治城市,专门从事商品生产和贸易,而封建法和教会法不支持这种商业活动,于是商人们想方设法要摆脱封建法和教会法。封建法是不讲道理的,不遵循所有权、债权债务的理,而相信决斗、神明裁判等;教会法根本是禁止借贷生息的,按教义就没法经商获利。这帮商人要搞商品生产和交易,必须按照商品关系的规律来处理其相互关系及相应的纷争,可是只有封建法和教会法,怎么办?天无绝人之路,恰逢文艺复兴,那就借其东风,用教堂里面发现的写在羊皮纸上的罗马法来调整其相互关系。这就是商法的由来。从中我们可以看出两点:第一点,商法就是民法,就是罗马法;第二点,它是专门适用于商人的法,不适用于普通百姓,当然也不适用于封建统治者和教会。商法随着商品经济的发展，起到了反封建的作用，促进了资本主义生产关系的形成，终究酿成法国大革命这样的资产阶级革命。所以拿破仑组织编纂法典时，将民商两个法典分立，以维护革命成果，为商人服务、专门适用于商人的商法正是资产阶级革命的胜利成果之一。

但是，随着社会的进步，区分民商的标准愈益模糊，民法和商法实际上分不开了。区分民法和商法有三大标准：主体、营利性和专门适用于商人的法。我们不妨挨个看一下。

首先，商法适用于商主体，也即商人，不适用于工人、农民，我这样的大学老师也不能适用商法，在座的是法律工作者，在19世纪的欧洲肯定也不属于商人。可是今天，商人和非商人分得开吗？各位如果愿意的话，马上就可以去工商局注册开一家公司；工人、农民当然也可以经商，比如开一家商店或网店；学生、老师亦然。所以，经商不再是商人的特权，无法确定商人这个阶层了，人皆可商，商人获得了流动性，从而铲除了商法存在的基础。

其次，在泛商化、公共性、公益性、公用性并行不悖的条件下，营利性标准越来越淡薄。过去，报纸、广播电视、俱乐部、律师等都不是商，今天都可以在商的基础上运作，甚至直接成为商。另外，非营利的商越来越多。营利就是股东从所举办的事业中取利，不是说企业或者组织赚不赚钱，我们的中央电视台赚很多钱，但它是非营利的，为什么？你们到美国国税局网站上去看，营利有两个判断标准：一是股东可以取利或分配财产；二是取的利不是私用，不是用于私人的消费和投资，我举办企业将获取的利益用于公益事业，那就不是营利企业，是社会企业。社会企业越来越多，就是用办企业赚来的钱做公益，我国香港、珠三角现在都有社会企业。国有企业按照美国国税局的这个标准，也不是营利性企业，股东虽然要拿利润，但要按国有资本预算上缴利润，利润不用作私人的消费和投资，而用于扩大再生产，以及纳入公共财政，修桥铺路、社会保障等，所以我在一篇文章里讲，国有企业可谓准营利性企业。从我描述的当代社会的这种发展来看，营利性还真无法作为区分民法和商法的标准，社会企业、国有企业、中央电视台、律师等从事交易和投资，应该适用商法还是民法呢？立法者、政府、法院、专家学者等谁都说不清楚，也就不必说清楚，无需去区分了。

最后，适用法律法规的标准：商事关系适用商法，商人适用商法，民事关系适用民法，老百姓适用民法，这哪里还行得通。我刚才举例了，人们公认《合同法》是民法，但主要适用于企业和商事关系。《民法通则》颁布以来也是这样，《民法总则》和将来的民法典都是这样。所以，从所适用的法律来说也分不开，那就民商合一吧，民商分立是没有意义、违背客观规律和实际要求的。

四、《民法总则》之后应当编纂一部怎样的民法典？

第一，这是一部 21 世纪的民法典，不是 19 世纪的民法典，应该具有现代性。民法典不是“权利宣言”，好多学者还在说它是一部“权利宣言”，这是陈腐的意识、陈旧的观点。从《魏玛宪法》开始，所有权就必须有负担了，也即民法社会化了。刚才我讲过，世界上第一部民法典就强调公序良俗，不是什么“权利宣言”。公序就是公共秩序，私权要服从公共政策和公共利益，表现在现实生活中就是个体、私人要服从国家的调控监管。《法国民法典》第二编的名称就是“财产及所有权的各种限制”。因此，具有现代性的民法典应当体现权利义务对等、统一，权利和自由不得滥用。民法典应当将《民法总则》第 131、132 条上升为民法的基本原则。第 131 条是权利义务一致，可以并入第 6 条；第 132 条是权利不得滥用；再把过失责任作为民法的基本原则就更好了。

对于民事主体，老生常谈的是“法无禁止即自由”，但是这话只对了三分之一。有人干法不禁止的坏事怎么办？最典型的是现在白银和其他非贵金属的交易完全自由了，但是，有人开网络交易平台忽悠老百姓开户,你交易赚到钱后,却取不出来了,老板还随时随地可能“跑路”。只要私人的行为和利益外部化,产生很大的外部负效应,就必须要管,即基于公共利益的调控监督管理。法有禁止不可为,但是该禁的要禁得住,法律虽有禁止,有人还是偷偷摸摸甚至堂而皇之地在那干,这当然更应该管。这就需要树立现代民法理念,通过民法典的制度和规定整体配合,以及相应的行政和司法,协同一致加以实现。

第二,要制定一部中国社会主义民法典,对宪法中规定的社会主义市场经济、公有制和相应的调控监管、社会治理要有反映。这需要对我国的体制追求和现实有深刻的理解。比如《民法总则》第3章“法人”就值得商榷。希望在民法典制定中能够予以完善。民法的法人概念或者说民法之所以规定法人,是要为自然人以外的组织、机构参加民事法律关系设置一种与自然人同等的抽象人格,避免组织成员以组织的宗旨和意思参加民事法律关系之不便,仅此而已。至于法人之间的组织关系和法人内部关系、法人的性质和职能、是否以法人自身财产承担有限责任等,法人制度不必过问也无从置喙。《民法总则》第96条把依照宪法行政法成立的机关法人比如国务院和地方政府、各级人民检察院、人民法院,以及宪法规定的基层群众性自治组织即居民委员会和村民委员会,规定为特别法人,也不合理。因为,这些组织各自承担宪法法律赋予的公共职能或社会职能,只是偶尔为民事行为如购买文具、请人装修办公室等,它们参加民事法律关系时与自然人和其他私法人完全平等,怎么就是特别法人呢?还把农村集体经济组织法人、城镇农村的合作经济组织法人也规定为特别法人,而自人民公社和生产大队、生产队解体,村集体及其成员与集体经济组织就不可能也不应该再吻合,集体经济组织早都是一般的公司或合作制企业了,城镇和农村的合作经济组织更是如此。

法人制度要解决的问题就是两个:一是某组织或机构的人格独

立不独立;二是谁承担责任,有限责任还是无限责任。而这与民法基本上无关,私法上只有企业、公司法人制度,其他法人制度都不属于民法,比如各级政府、各级人大及其常委会、各级人民检察院、各级人民法院、事业单位、社会团体等,民法只要关心凡法人就具有法律上的人格即可。比如我所在的中国人民大学法学院,学院有没有独立的人格参加民事法律关系?订合同可不可以?还是必须以中国人民大学的名义参加法律关系。然后就是谁承担责任,是学校还是学院,有限责任还是无限责任?而法人究竟是学校还是学院,民法管不着,这是教育部和学校定的,无论怎么定,对于民法来说都是既定的。我刚才说了,民法是无从过问法人的性质和职能的。如果民法规定国家机关承担有限责任,拿经费承担有限责任,可是国家机关都是无限责任,而且不能破产,民法说"有限责任"就不算数啊,国家机关能承担有限责任的话,也就不需要国家赔偿制度了。所以,民法上规定法人,只是认可组织参加民事法律关系时具有独立的人格,而企业或公司以外的某个组织是不是法人、能不能承担有限责任,都不是民法所能规定的,规定了也没有用。

《民法总则》对法人作营利、非营利的划分,也跟民法不相关,这是税法上的分类,营利和非营利的标准及认定也是税法规定的。总则还把事业单位划归非营利法人,须知,事业单位是履行政府职责的非政府机构,政府设立学校、医院、新华社、中央电视台等,就是履行自己应当承担的公共职能。把事业单位列入非营利法人,不了解营利和非营利划分的意义,对事业单位的性质和国际上通行的做法也不甚了了。那《民法总则》为啥作这样的划分呢?我查了一下,这是立法者受了某些译者将《德国民法典》第21、22条错误地译为"非营利社团"和"营利社团"的影响。正确的译法是"经营"(business)、"非经营"(non-business),或译"商事""非商事"也行。经营法人和非经营法人与它们营不营利完全是两码事,经营可以是营利性的经营,也不妨公益性经营、政策性经营。比如国家开发银行、农业发展银行、中国进出口银行是政策性经营,都不是营利性经营。

第三,这一点最重要,应当制定一部让没有受过专门法学教育的成年人读得懂的民法典。世界上有两部风格迥异的民法典:一部是《法国民法典》,拿破仑说,民法典要让农民收工后在油灯下也读得懂,太好了。另一部是《德国民法典》,我告诉你们,德国的大部分律师、大部分大学老师都读不懂这部民法典,对老百姓来说就更是天书了。应当改变法典、法律就要用法言法语的学究意识,成文法的初衷就是打破贵族和祭司垄断、让百姓能够知晓法律,确立法典语言通俗化的理念,也是让法律回归服务人民的初衷。

五、两条具体规定评析

1. 关于未成年人限制民事行为能力的年龄。这条规定被炒作得厉害,原来是 10 岁,《民法总则》制定过程中一直是 6 岁,最后出台时改成了 8 岁。我觉得,6 岁也好、8 岁也好、10 岁也好,争论的意义不大。为什么?因为实践中没有这方面的问题,都是人为想象出来的,比方说一个孩子 10 岁了,花了 5000 元钱,算不算多呢?现在降到 8 岁,更容易引起纠纷。他爸是超级富豪的话,可能花个 100,000 元不算多,如果是穷人家的孩子,花 500 元就太多了。这么小的孩子,他总是在大人的掌控之下,不会有太大的问题。4 岁的孩子也可以拿钱去买东西,有家长监督,没啥问题;如果说要保护未成年人利益、有利于交易安全,10 岁更好。总之规定多少岁都不重要。

2. 要不要允许个体工商户起字号?《民法通则》规定个体工商户可以起字号,《民法总则》第 54 条延续了该规定。也就是说,自然人经工商登记后,可以不用自己的人格和身份来从业。我是个体户,起个名字叫“东方商店”“伟业工坊”可不可以呢?完全可以,没有人管。我想跟大家说的是,按照国际惯例,自然人经营、合伙或无限公司是不能取字号的,或者只能以合伙人或股东的姓或名作为字号。不允许的理由是啥?很简单,就是尽量不要把民事行为的实际行为人给掩盖起来,出了问题能够比较容易追究责任,个体工商户的责任人就是自然人,一目了然多好。日本把无限公司称作“合名公司”,就是要用合伙人的名字作为公司名称。我去我国台湾地区,印象非常深刻的一件事,就是个体出租车都要在车厢上喷涂司机的姓名,这样显然有利于诚实信用和交易安全。由此可见一斑,我们的一些法律规定往往缺乏基本的法治理念支撑,各位身在其中而不自知。

互动环节

问:您提到“公序良俗”,其中包括公共利益,在实践中,公共利益的判定决定着一个行为合法或不法。那么,公共利益到底应该怎么来认定?

答:公共利益的认定是一个正当程序问题,不可能由法律具体规定,规定了也不解决问题。正当程序不等于法定的程序,法定的程序可能不正当,比如《价格法》规定涉及公用事业的价格调整要经过听证,但是假如有地方政府搞听证是走形式,只是为了满足法律要求,无论请来什么人、说什么样的话,它铁定都要按既定的决策办,它还可能多请持赞成意见的人参会,或者为每个参会者规定发言的观点和内容,那这样就不是正当程序了。正当程序也可能是法律上没有明确要求的程序,比方说一个市委书记或市长非常善于沟通,不但向民众灌输拟采取某项政策的道理,而且真心诚意地邀请民众和专家开各种会议发表意见,集思广益,然后在他的职责范围内当断则断,敢为敢当,这当然就是正当程序,也就是一个获得大多数人认同、取得基本共识的过程。北京大兴新机场建设做得很好,没有发生农民乱栽名贵作物、胡搭建筑物构筑物讹公家钱的情况,就是因为反复宣传,让每个人想这样做都不好意思,同时呢,开着电瓶车24小时巡逻。这就是得到大多数人认可的公共利益,认同的过程不拘一格,不一定是法律规定的,法定的程序很容易规避。当然更不可能通过法律来具体规定哪些事项是公共利益,因为在不合适的时间地点以不合适的方式搞公共建设也不是公共利益,而受老百姓欢迎、有利于提升本地档次、可以优化本地人居和营商环境的商业开发,也毫无疑问是公共利益。

问:我还是不明白,就是那个管理性强制性规定和效力性的强制性规定，它们的区分标准是什么？能不能直接立一个条文，如果违反就是无效，也就是对效力性强制性规定能否有一个直接、明确的表述？谢谢。

答：我的回答是否定的。做了法律明文禁止的行为，却说该行为有效，理由是管理性强制性规定，管理性当然是指公共管理，属于“公序”范畴，《电力法》规定“禁止任何单位和个人在电费中加收其他费用”，有的法官非要解释说这是管理性强制性规定，当然也有法官认定约定加收电费的合同条款无效，所以没有办法，法律不可能对它禁止的行为穷尽列举例外的情形，可网开一面的话也只能由法官自由裁量了。再仔细想想，管理性和效力性其实无法区分，连定义都没法下，更不可能分别列举。《民法总则》规定，违反强制性规定的民事法律行为无效，“但是该强制性规定不导致该民事法律行为无效的除外”，现在没有一个专家能讲清楚这个问题。总之，对可以不遵守“强制性规定”的例外，只能通过法官自由裁量，通过充分说理和分析来认定。

什么是经济法？*

> 经济法是高度社会化导致公私融合的产物，在大陆法系公私分野的条件下，没有经济法就没有合乎社会化要求的经济法治和法学专业。经济法的内容按照主体在公共管理下从事经济活动的逻辑展开，学好经济法需要把握公私矛盾统一基础上的若干辩证法。

各位同学、各位老师：

大家下午好！

昨天讲法治是什么①，今天讲“什么是经济法”。现在交通、信息高度发达，世界成了地球村，所以外国的事情我们都非常了解，昨天有同学对我说“我做判断的信息是不是不够啊”，我回应说“你想要就足够多”，比如美国的什么事儿我们都清清楚楚的，可能比美国普通老百姓还清楚。美国有一件事儿就是，你们去美国留学，想学“经济法”是没有的，美国没有经济法，当然，美国也没有“民法”，没有调整平等主体之间财产关系和人身关系的民法，如果你要去美国学中国法律上定义的民法，对不起，没有这门学科。他们的“civil law”是包括行政法的，新闻里说以色列向巴勒斯坦移交民事权力，是指移交警察、民政等政府权力，与军事、军政平行的一类权力。不仅美国没有经济法，用英语的地方都没有经济法，澳大利亚没有、南非没有、新加坡没有，我国香港特别行政区也没有，到这些地方都没有经济法可学。为什么呢？是它们的经济法治不行吗？昨天我们讨论

---

* 2016年4月24日安徽师范大学法治中国建设研究院特聘教授讲座。

① 参见本书第一部分第二篇《法治究竟是什么？》。

了法治和经济法治，肯定不是这样的。它们的经济法治非常发达，但是不需要“经济法”，简单地讲，就是因为英美法系没有公法和私法的划分。大陆法系的法学界、立法者、政府、法官、律师、老百姓，公法和私法的划分根深蒂固，这就需要经济法；不那么根深蒂固，甚至内心完全没有公私法分野的观念，就不需要经济法。此话怎讲呢？

世界上最早划分公法和私法是在公元初，从公元开始到公元一百多年的时候。昨天我跟大家讲，罗马是古代和中世纪法制最发达的社会，公元初古罗马法学家就提出应当划分公法、私法：公法是调整政府与人民之间关系的法，主要采取强制性手段；私法是调整人民相互之间关系的法，调整手段主要是柔性的、非公权力强制的，也即平等协商、等价有偿，法不禁止即自由、当事人的协议就是法律，等等。这是人类历史上第一次划分法律部门，了不得，你看中国直到明朝、清朝，所有的法律都在一个法典里面，《大明律》《大清律》，没有法律部门划分。再讲一个题外话，当时罗马皇帝确认了五位法学家，他们的言论、著述具有法律效力，法官可以引用他们说的话判案，正是其中之一的乌尔比安努斯，提出要划分公法和私法。

为什么世界各民族在古代和中世纪都没有法律部门划分，罗马却有呢？这个时候你要牢牢记住马克思的一句话，社会决定法而不是法决定社会。这不是因为乌尔比安努斯特别聪明，而是因为古罗马的商品经济也就是市场经济是特别发达的。什么叫发达，发达的标准是什么？就是交易充分自由化，我想卖什么就能卖，你想买什么你就买，想去哪儿卖、去哪儿买都行，充分自由，越自由、越发达。

罗马大军所向无敌，把巨大的一块土地给打下来了，有多大呢？最大时600多万平方公里，地中海成为其内海，北到英伦三岛，南到埃及、突尼斯，西到葡萄牙、西班牙，东到中东。这和市场经济发达不发达有什么关系？关系太大了，这么大的范围内，消灭了民族、部族等不同人群之间交往的壁垒，老师课堂上给你们讲的贸易壁垒和非贸易壁垒,在这么大的范围内都消失了,想交易就交易了。不同民族之间的交往最平等,同一个民族成员之间的交往可能不平等,为什么?有的人地位高,有的人地位低,有的人权大,有的人权小,有的是大户人家,有的是穷苦人家;一个大宗族家庭内的交往就更不平等了,兄弟之间交往,“你是小弟就该让着大哥”,怎么可能平等。所以,民族之间的交往,只要不打仗就最平等,交易不受权力、宗法、血缘等任何束缚,不存在任何“超经济压迫”。所以,古罗马商品经济高度发达,一是这么大范围内的交易没有任何壁垒,二是什么都可以交易。

于是,商品交易所要求的平等在社会上充分地显现出来,当然也体现在法律上,公元前3世纪,罗马设立了一个专门处理罗马人和外国人、外国人和外国人之间关系的大法官职位,相当于专门法庭吧,实际上专审商品交易纠纷,审了二三百年,就把我们今天民法和民法学的内容都创造出来了,老师课堂上给大家讲的民法,还有民法典,其基本原则和主要内容在古罗马都有了。正如恩格斯说的,罗马法是“商品生产者社会的第一个世界性法律”,只要存在商品交易、实行市场经济,任何后来的法律都不可能对它做任何实质性的修改,非常了不得,它是人类法律文化的最重要积淀之一。在大法官的判决中,贯彻平等要求的法律规则、制度一一展现出来,给法学家提供了思考、研究的素材,这些规则、制度的特点就是平等,也就是你们在民法课堂上听到的自愿、等价有偿,讨价还价,谁也不该压迫谁,诸如此类。好,这就叫私法;皇帝的敕令,政府的管理,那叫公法。公法和私法的划分就这么出来了,非常好,非常地先进。

当然在整个古代和中世纪,唯罗马有真正的公私法划分。然后呢,从文艺复兴开始,近代的法律、法学开始萌芽。怎么萌芽的?就是哥伦布发现新大陆,地中海沿岸的意大利、西班牙、葡萄牙人开始世界性贸易,商品生产、交易重新发达起来,客观上需要以平等方法调整平等主体之间关系的法。可是没有,中世纪内生的法只有两个：一是教会法，教会法禁止借贷生息，不借贷还做什么生意呀，所以教会法不管用。二是封建法，也不管用，封建法不讲市场和商品关系之理，张三说李四欠了他一百钱，李四到底欠没欠呢，裁判者就让抬口大锅来，把油搁进去烧，再让张三李四把手放进去，谁的手经得起烫谁就胜诉；或者你俩吵得一塌糊涂，各扔给你们一把剑，决斗，谁赢了谁胜诉，打死就算了。太落后啊，这样的法律制度支撑不了日渐发达的商品经济。可是恰逢文艺复兴，在教堂里发现了封存几百年、写在羊皮纸上的罗马法，太棒了。商人们如获至宝，就用故纸堆里找到的罗马法来调整他们相互之间的贸易关系，也包括投资关系，无限公司、两合公司也在那个时候出现了。自此，西方开始了五百年左右的罗马法研究，罗马法随着文艺一起复兴了，直到 1896 年《德国民法典》颁布，先后形成注释法学派、后注释法学派、历史法学派等。这些研究也为我们今天的民法典编纂打下了基础。因为从公元前 3 世纪到公元 465 年西罗马帝国灭亡，七百年左右的罗马法都是判例，如果没有法学家们的研究、总结，我们今天不可能编纂民法典，所有大陆法系国家的民法典，《法国民法典》《德国民法典》等，都是这五百年左右罗马法研究的结果。大家想想，五百年左右，从封建社会到资本主义，对人的观念能产生多么深刻的影响。其中最重要的一项遗产，就是公法和私法的划分。

英美法系不同于大陆法系，这个我不展开，老师会给你们讲的。英美法本来也是这五百年左右研究的继承者，照理说也会形成公法和私法严格划分、水火不容的观念。在资本主义形成、发展的过程中，在启蒙运动中，公法和私法的观念又强化了，商业和经济就是私人的事，政府不能管。可是，英美法系歪打正着，稀里糊涂就产生了。简单地说，就是在英国，每个封建领地上的老百姓发生纠纷，都由领主管辖，张三李四发生争讼，领主审理裁判，张三胜或李四胜，农奴没有完全的人身自由，没有独立人格、不是独立主体，对领主存在人身依附，这样案子哪能公平呢？于是国王就到各地去巡视，每到一个地方就有人喊冤，相当于中国古代老百姓拦路向皇帝诉苦叫冤。一开始，凡是喊冤的人，国王就逐一审查，给他改判或者怎么着，案子太多了怎么办，就派大臣、法官到处去巡查，怎么“再审”呢，只能是结合实际作个案分析，并不断总结经验，渐渐地将国王的敕令、习惯法、教会法和罗马法熔于一炉，形成了全国统一的普通法。由此，一方面形成了判例法传统，另一方面就没有公私法划分了。所以，英美法系虽然也吸收注释法学派、后注释法学派等罗马法研究成果，但没有全盘继承，更要紧的是实践当中没有采纳公法和私法的划分，因为每个封建诸侯管辖范围内的法律纠纷，不可能纯粹是民事的或者领主与老百姓之间的，什么样的都有，混在一起，国王和巡回法官只能在此基础上审判，不能人为地把公私分开，这也造成了英美法系比大陆法系更为实事求是的特点，在今天的社会化条件下就歪打正着了。

不过，尽管观念和法律上恪守公私划分，直至 19 世纪末 20 世纪初，大陆法系国家及其社会大体尚可正常地运作。

一、经济法是高度社会化导致公私融合的产物

而到了 19 世纪末 20 世纪初，人类社会发生了重大变革，什么变革呢？社会化。邮政、电报、电话、电力、包括铁路和城市公交在内的公共交通等的出现，今天还有网络、信息技术，使政府或国家不得不作为经济和社会的总代表来统筹、安排、管理经济和社会。邮政谁来做啊，送信嘛，谁做都行吧？不是。那个时候私人的信用差，最好由政府做，因为政府的信用最高，你们学历史可能没学到的，从 19 世纪中期开始，清朝有很多如同今天快递公司的送信公司，它们之间恶性竞争，越来越不讲诚信，动不动丢信，私人邮运还常常遭受打劫，于是全国上下强烈呼吁邮政由政府统一经营，到清朝覆亡前夕，才出现了国家垄断的邮政。你们知道，欧洲国家的公共交通、铁路、电报等都是政府办的，德国 20 世纪初还把重要的矿山国有化，什么

原因啊？因为事关国民经济命脉，让私人干靠不住。还有调控监管，比如经济危机了，政府当甩手掌柜、不采取措施应对行吗？以及股票发行和交易中的欺诈，超出了特定当事人交易的范畴，涉及不特定多数人，面太宽，需要政府管。凡此种种，再拘泥于公私分野，必然捉襟见肘了。

以上是一些具体的描述，我想把它稍微理论化一点，什么叫社会化？就是两句话、十六个字。第一句话：高度分工、高度合作；第二句话：高度分化、高度整合。高度分工、高度合作比较容易理解，我们今天连脚上穿的鞋，身上穿的衣服，都是很多国家的很多人用很多国家的原材料做出来的，这跟一百年前、五十年以前大不一样了。耐克鞋，美国品牌，在中国、越南、泰国、马来西亚、墨西哥等地生产，做出来后按照美国总部的指令调配到世界各地去卖；苹果手机也是这样，为什么在中国生产，在中国卖的比在美国卖的还贵呀？没错，苹果公司决定的呀，人家是美国公司，这又涉及多少国家的海关、工商管理、质监等政府部门，以及包装、零售、物流等其他行业和企业啊。刚才说的是鞋和手机，更不用说汽车、飞机了。波音飞机，中国还给它制造，西安给它制造尾翼，天津还给空客造部件呢。高度分化、高度整合，就是学科、专业越分越细，细是必要的，但是太细了不管用，到实践当中还得整合起来。我跟你们讲，你们在学校里学民法、刑法、刑诉法、民诉法、行政法、宪法等，光一个学科你到社会上混饭吃的话，对不起，你会饿死，你要有能力融会贯通，把所需任何学科整合起来，遇任何具体问题都能见招拆招，你才能如鱼得水，才有饭吃。高度整合，不整合什么事情都干不成。我们的嫦娥三号，神舟十号、神舟十一号，天宫二号空间站，个个都是复杂的系统工程，需要几乎所有专业各个领域的协同配合，甚至包括纺织、体育，你在失重的状态下、在外太空穿什么衣服，才能确保你的健康啊，体育、医学、纺织都要用上，材料、机械、化学、电子更不在话下，几乎所有学科所有工种合在一起才能完成这个事。

在这种情况下,高度社会化的条件下,政府天然地承担起了经济、社会 CEO 的职能,什么叫 CEO? 总经理加董事,首席执行官,企业里的第一把手,权最大、位最高的董事长可能不坐班,在公司的日常运营管理当中、到公司上班的人里头,他(CEO)就是第一把手。政府怎么做 CEO 呢? 我举个例子你们就知道了,有一次坐火车,那时还没有高铁,坐我对面的是一个农民模样的大汉,火车开动后他跟我聊天,说:"大哥,愁死我啦!""什么事情愁死你啦?""我们家种的大蒜堆积如山,日本突然停止进口中国的大蒜,再不卖出去就要烂啦,今年就没收入了。"中国的农民都是商品生产者了,种植作物不是为了自己吃或用,而是要卖钱。他们家种的蒜,多年的渠道是销往日本的,日本突然停止进口,他在非常短的时间内,在大蒜烂掉之前能不能找到新的销售渠道呢? 村里帮不上忙,县里帮不上忙,省里也不太帮得上忙,唯一可能给他帮上忙的是中华人民共和国商务部,赶紧去和日本交涉,这是唯一的可能。社会化条件下,一个情况出现,可能牵一发动全身,经济形势、政治形势、国际形势千变万化,要求政府紧密地跟踪、关注,出现问题第一时间发现并加以解决。劳动协作上升到社会层面了,社会层面的统筹协调职能必须由政府来承担。凡是劳动都要协作。在生产力比较低的时候,劳动协作的范围比较小,层次比较低,家庭协作、村民协作、几个村协作,分别种水稻、黄豆、油菜、棉花,自家吃的菜、肉自家解决,铁匠、木匠、加工面条的、做豆腐的,几个村范围的协作基本就够啦。再往后,生产和经济越来越发达,县域协作,全省或几个省协作,如今是全国范围内、全国层面的劳动协作,以民族国家为单位的全球交往、博弈。社会层面的协作,产生全社会的公共利益,谁来代表社会和公共利益呢? 谁是社会,什么是公共利益啊? 客观现实和社会科学的基本原理是,政府是社会和公共利益的天然代表者,社会出现了自身难以调和的矛盾,不得不产生一个超脱的公共机构来解决矛盾,这个公共机构就是政府或国家,所以社会化之后,政府自然也承担起了劳动协作社会层面的功能，也就是统筹协调、调控监管，甚至直接参与市场操作——投资和交易。你不想让政府代表你行不行呢？不行，无论以什么方式产生的政府，革命产生的、选出来的、政党团体磨合推举的、政变闹的，无论如何它都要代表你。政府是社会和公共利益的天然代表，那能不能当然代表得好呢？肯定不是，要用宪法和民主法治来约束它，让它尽量代表得好。

于是彻底打破了公法和私法的界分，出现了私法公法化、公法私法化的现象。公共交通、邮政、电信，这些本来是私人的商业和经济的事儿，现在政府来做或私人在政府监管下来做了，还有公共财产高度扩张，所有权公法化、社会化。我们今天所在的这个教室归国家所有，天安门广场归国家所有，马路归国家所有，马路两旁摆的花也归国家所有。公共支出与私人支出各占半壁江山，现在世界各国，当然也包括中国，整个社会花一百块钱，政府、国家差不多要花五十块钱，包括在座各位的私人也花五十块钱。债也公法化，债权不是私人的，不是民法吗？现在也公法化了，政府借债修桥铺路，进行市政建设、公共建设。政府支出也要承担调控经济社会的职能，还要扶持弱势群体。再说维护市场公平竞争，咱俩订了个合同，本来是私人的事情，现在政府说我们构成垄断，违法了。这些都是私法公法化。那么公法私法化呢？公共管理、公共财政越来越多地“掺和”经济社会，规划和产业政策、货币政策、产业和金融监管等。典型的是税法私法化，税法就是国家向老百姓收钱嘛，怎么私法化了？如今强化税收的对价和民众的纳税人意识，赋予纳税人与税收机关“讨价还价”的权利，所以学界和实务界现在公认税收法律关系是一种债权债务关系，政府不能说拿就拿，法律只是给了它一个请求权；社会上还出现了一群人，帮人算税、合理避税、缴税，提供税法服务，这是税法私法化，公法私法化可见一斑。

政府做 CEO，不拘一格，预调、微调、定向调，资本运作、对市场的各类管理监督，等等，该出手时就出手，于是公和私融合了，特别是在中国，改革开放就是自上而下的，我们今天这么繁荣，如果不是政府积极有效地谋划建设，能行吗？靠私人自发的冲动是发展不起来的，至少不会有高速公路网和高铁，就像印度。当下我国大力发展混合所有制、（有关部门具体定义的狭义的）PPP，都属于广义的"public-private partnership"，公私合作，取长补短，更是直截了当的公私融合了。

二、没有经济法就没有合乎社会化要求的经济法治和法律科学

所以，大陆法系在社会化的冲击下，不得不产生经济法、社会法的概念，以及相应的法学专业和法律领域。前面讲了，你们应该懂了，为什么英美法系可以自然而然地应对社会化、公私融合，政府充当社会经济 CEO 这样一种客观要求。而大陆法系如果不打破公法和私法的界限，政府怎么能做 CEO？日本有位学者专门研究资本主义和 21 世纪的资本主义，他在 1999 年的时候写了一篇文章，我印象特别深，特别赞同他的说法。他说，21 世纪的资本主义不再是企业和个人单打独斗的资本主义，而是民族国家及其经济政策竞争的资本主义，说得太到位了。日本也是大陆法系国家，所以他的研究实际上论证了公私融合的必要性，公私严格划分的不合理性、不正当性，经济法的合理性、正当性。如果没有经济法，还有一个大问题，就是有相当一部分法律法规、法律规范、法律制度，也许达到 50% 以上，得不到适当的关注和研究，法学就"瘸腿"了。

中国的经济法是 1978 年产生的，我是那个时候的过来人，为什么是 1978 年产生的呢？因为从这一年开始，中国改革开放之初出台的第一批法律，既不是民法，也不是刑法、行政法，而是《广东省经济特区条例》《中外合资经营企业法》《经济合同法》《个人所得税法》《森林法（试行）》等。确需有一些法学家去关注、研究伴随改革开放而生的这些法律法规，解释其部门属性，从而更好地指导立法、行政和司法，这就是经济法的由来，第一批经济法学者也由此出现了。

实际上，法律部门划分本来就不是很严格的，我们头脑里千万不要把它绝对化，包括民法、刑法在内，任何一个法律部门都不是独立法律部门，不可能是独立法律部门。因为任何一个法律部门都不能独立于任何一个其他法律部门，民法能不能独立于物权登记呀，民法能不能独立于企业登记呀，民法能不能独立于婚姻登记呀，不行。刑法能不能独立于刑事责任的实体法律关系呀，不行。我近些年常参加刑法案件的讨论，什么原因呢，就是很多刑事责任是经济法的实体法律关系的违法责任，经济法的实体法律关系搞不清楚，刑事责任就搞不清楚，所以让我去参加刑事案件的讨论，比方说非法集资、抽逃出资，违反金融监管的规定或要求从事金融活动，等等，一定要把相关实体关系搞清楚，你才能正确地认定它的刑事责任。行政法就更不用说了，在政府作为社会的代表广泛参与公共管理的情况下，几乎所有的社会关系都披着行政的外衣，难道那都是行政法吗？主要都不是，行政法只是行政控权法，这些披着行政外衣的法律关系实际上主要属社会法范畴，广义的，既包括劳动法和社会保障法，也包括经济法、环境法、教科文卫体法等。更重要的，任何法律部门都不能独立于法治一般。什么叫法治一般？公平正义、公序良俗、诚实信用、利益不得冲突、角色不得错位、人人都对自己的言行负责、司法最终解决，等等。实践中很多案子判得不公平，很大的一个原因就是各个法律部门都认为它自己有跟别的法律部门不一样的公平正义，结果就不公平正义了。大家要知道，包括宪法在内，所有的法律都要遵从法治一般。

还有一些法律门类，自古罗马就从来没搞清楚它是什么部门，如民事诉讼法是公法还是私法？古罗马认为它是私法，是因为它是保护私权的，一直到今天，你们去看看日本最权威的六法全书，民事诉讼法和民法共同构成民事法，从保护私权的角度它是私法，但从它是国家审判来说它是公法，到底是公法还是私法呢？说不清楚。你们学的行政法包括行政诉讼法，可是全国人大常委会又说，诉讼法是一个法律部门。还有一个著名的民法学家,他说民法也是公法,为什么?因为民法是国家制定的,体现国家意志。我跟大家说这些,就是说,法律部门划分本来就不十分严格、绝对,而且我还要跟大家讲,法律部门不是立法者划分的,立法者立法的时候从来不说它立的是什么法,那法律部门划分是谁划的呢?是专家、学者划的。他为什么要划?因为他掌握不了那么多法,把范围弄小一些他比较容易掌握,好跟学生讲,讲得更清楚一点,有利于教学研究,从而也能更好地指导立法、行政和司法。既然不是那么严格,既然主要是学术的划分,那在公法和私法之外划出一个既是公法又是私法、既不是公法又不是私法的经济法,就实在没什么大不了的。

刚才讲了两点,还有第三点,就是法律部门划分从来就没有统一的标准。民法是什么标准啊,是平等标准。行政法呢,是不平等标准,但是现在也要平等,要在行政管理当中引进公民参与、民主协商、契约等要素。划分出刑法用的是什么标准呢?犯罪和刑罚的标准,凡要刑罚处罚的就是刑法,不管它的实体关系如何。宪法的标准是什么?之所以把它划出来,是因为宪法是根本大法。所以,并不存在划分所有法律部门的一个统一的标准,你设想按照一个统一的标准,根本划不下去,怎么办?传统上是希望以法律关系的性质来划分,可是法律关系的性质不用法律调整的方法就衡量、确定不了,不用平等方法确定不了民事性质,不用犯罪和刑罚的方法确定不了刑事性质,不用政府权力和服从的方法确定不了行政性质,如此类推,陷入循环论证了。既然没有统一标准,我们就不妨按“事”的标准,即按事情或社会活动领域的标准来划分。反垄断就是反垄断,就按反垄断这件事来划分,外国反垄断法还将刑事责任直接规定在里头,这叫专业刑法。公司法里也有刑事责任,叫公司刑法,我按公司这件事来划分,将它的民事责任、刑事责任、行政责任都放在里面,围绕着这个实体关系,可不可以呢?可以,甚至更好,更有利于经济、社会关系的法律调整。美国就是这么干的,我们(中国)人民大学法律系（现在叫法学院）（20 世纪）90 年代初就有一个老师到美国去学体育法，围绕体育这件事儿、这个领域划分一个法律部门，美国的体育法就是一个法律部门，和体育有关的都放到一起来研究。

而且呢，法律部门之间不妨有交叉，刚才我讲了，任何法律部门都不能独立于其他法律部门。换言之，法律部门之间都是有交叉的。召回制度、中国特色的“三包”规定等，既可以认为它们是民法上的法定瑕疵担保，也不妨认为就是经济法上的质量技术监督，可不可以呀？完全可以。归根结底，在公法和私法的界限被打破、公私融合在一起的情形下，为了不使法律的某一大块脱离法学研究的范围，从而不利于立法、司法、行政，于是认定有经济法这个法律部门的存在，是理所当然、天经地义的。

三、经济法的主要内容

那么，经济法包括哪些内容呢？经济法的内容可以按照主体在公共管理下从事经济活动这个逻辑展开，下面我就不完全地列举说一下。

经济法的主要内容首先是经济法的主体制度。什么叫法律主体？法律主体就是法律关系的主体，也即法律关系的参加者。非常遗憾，这句老生常谈的话只说对了一点点。如果法律主体就是法律关系的参加者，那芜湖市政府可以参加民事法律关系，安徽省人民政府也可以参加民事法律关系，政府是不是民事主体、民事法律主体呢？可见这里面有一个逻辑问题，法律关系的参加者可以是任何主体，谁都可以参加法律关系，但是政府不因为它参加了民事法律关系就不是宪法行政法上的主体了，政府是根据宪法行政法产生的主体，产生出来以后它既可以参加民事法律关系，也可以参加行政法律关系，甚至参加刑事法律关系（单位犯罪），是不是这个逻辑？所以，“法律主体就是法律关系的参加者”这一说法，基本上是不对的。要区分法律主体的三个概念:第一个是法律上的主体制度,宪法行政法上有它的主体制度,政府、人民法院、人民检察院、公民等,公民是根据宪法和国籍法产生的,依法享有选举权、被选举权等。第二个是根据某种法律主体制度产生的主体,在座的你们除了是公民,还是自然人。什么叫自然人?自然的人,自然人是民法上的主体制度,爹妈把你生下来,你就成了民法上的自然人。然后,第三个才是法律关系的参加者,所以我在此下一个判断,提出一个命题:根据任何一个法律部门的主体制度产生的主体,当然可以参加其他任何法律部门的法律关系。

主体参加法律关系不受所参加法律关系所在部门法的限制,政府根据宪法行政法的主体制度产生出来,既可以参加民事法律关系,也可以参加经济法的法律关系,它参加民事法律关系不受民法的限制,不等于就是民法上的主体,民法上的主体不包括政府,只不过政府可以参加民法的法律关系而已。

这样说来,经济法上有没有法律主体制度?如果有的话,有哪些?经济法上的法律主体制度,首先是专业监管机构,第四部门。你们听说过第一部门、第二部门、第三部门:第一部门是公法;第二部门是私法;第三部门是(广义的)社会法;第四部门是非政府序列的承担政府职能的机构,或者说承担政府职能的非政府机构。也有人说第四部门是相对于立法、行政和司法而言的。有不同说法不重要,重要的是确实出现了一种过去所没有的主体暨主体制度。美国在1914年创设了世界上第一个专业监管机构——联邦贸易委员会,专门给它立了一部《联邦贸易委员会法》,让它来主管贸易,包括反垄断;1933年美国又成立了证监会,专司证券监管;还有美联储,主管货币和货币政策;以及联邦电信委员会、联邦海事委员会等。它们不属于政府序列的部门,但是承担着政府职能,为什么要搞这么一套东西?政府职能由行政机关承担、放在政府里不就行了吗?可是这样不好。美国人很聪明,他们认识到专业性监管要求高度的专业性，你把它放在政府里，受政治和政党的影响太大，它就不能专心去搞专业，可能老琢磨着怎么升官，不合适，一到选举，忙得热火朝天，它可能心神不定，不好好去做监管，证券监管、电信监管、反垄断监管等。搞了非政府序列的承担政府职能的专业监管机构，让它专心做事，不要受当前政治的影响。我们现在也有银监会、保监会、证监会，是国务院直属事业单位，①还设了唯一的一个国务院特设行政机构，专门让它做国有资本的出资人，哪个？国资委。芜湖市政府也有国资委，安徽省政府也有国资委。当然美国设第四部门的理由在中国并不成立，我们没有他们那样的选举政治，政府直属事业单位和特设行政机构能力与属于政府序列的机构也没啥实质区别。总之这是经济法主体制度中非常重要的一块。

其次是国有企业和特殊企业制度。国有企业由政府做“老板”，政府拿着全体人民的财产去投资，要让从人民到人民代表、从代议机构到政府，从中央到地方不同层级的政府，从各级政府授权的国资委到之下层层持股直至最末端那个企业，其间各个环节，都能够不违背人民的意志和利益，当好“老板”。这就和国家政权体系结合起来了，不像在座的去投资，现在采取认缴制，你俩一人认缴 100 万元，一分钱都不用实缴，公司就成立了，两人自己就是老板，可以一人亲自做经理，或者雇一个经理来打理公司也行，这是民商法上的主体制度。可是我刚才讲了，国家拿着人民的财产去投资经营，国家是谁？国家是千千万万个国家机关及其工作人员组成的一个体系，一个金字塔形的体系。要让这个体系中每一个扮演角色的自然人不违背人民的意志和利益，就不是民法了，所以国有企业法是经济法的主体制度。特殊企业是指承担政策性等特殊职能或由特殊立法调整的企业，在我国都是国有企业，典型的如国开行等三大政

① 银监会、保监会均已撤销，2023 年《党和国家机构改革方案》决定在银保监会基础上组建国家金融监督管理总局；调整后，国家金融监督管理总局、中国证监会均为国务院直属机构。本书以下除特别需要外，不再重复说明。——编者注

策性银行,在国外央行也是特殊企业,在我国则属于政府部门。

经济法的主体制度还包括合作社法。合作社(cooperative),是公有制不是私有制,国际合作社联盟确定了十几项合作制原则,承认合作制原则的组织就是合作社。中国是由中华供销合作总社代表全国的合作社和集体所有制组织参加国际合作社联盟。这么多原则,讲起来太繁杂,我简单讲五个,你们就知道它为什么是公有制了。

第一,是一人一票的民主。资本企业不是一人一票的民主,而是一股一票的民主,一个企业 100 股,我占 51 股,你们所有人占 49 股,我就可以说了算。合作社是一人一票,每个社员都是一票表决权,你出 1 万元钱也是一票,出 5 万元钱也是一票,一人一票的民主。第二,非营利。这一点你们最不理解,不营利的话合作社和合作社成员怎么生存呢?营利是指股东取利,非营利是指股东不取利,不是企业不赚钱,这句话很简单,但是可能需要你去理解二十年,我就说到此为止。再给你们讲一个事实,美国国税局的网站是把合作社列为非营利性企业的。第三,入社自愿,退社自由,一定要自觉自愿,不能强迫命令。自觉自愿的合作社,它的效率比私有制、国有制都要高,华为、海尔现在都引入合作制机制,华西村也是合作制,他们的效率都很高。自觉自愿,大家心甘情愿,不是受压迫、被强制地做事。第四,按贡献分配,不是按资分配。资本主义的一个重要特征是按资分配,合作社是按贡献分配。以供销合作社为例,谁对合作社的贡献大?从合作社买得越多、卖给合作社越多的人对合作社贡献越大,所以在供销合作社,按贡献分配就表现为按交易量分配,不是按资分配,你出资多也不能按出资比例给你回报。第五,股东或者社员或者出资者,与管理者、劳动者合为一体,自己给自己打工,自己做自己的老板,不是去给别人打工,也不是去做别人的老板,比方在座的每个人都出 5 万元设一合作社,每个人也都在合作社里工作,做工或做管理。因为是公有制,民众、社会的自治能力弱,没有政府的倡导、组织、扶持，合作制开展不起来，政府来推动合作制，政府倡导、扶持不等于政府做“老板”，而是政府倡导、组织老百姓开展。所以，合作制也即集体所有制是经济法上的主体制度。

这三类是经济法上的主体制度。主体在公共管理下从事活动，刚才我讲了，并不限于根据经济法的主体制度设立的主体，根据任何法律部门的主体制度成立的主体都可以参加经济法的法律关系，在公共管理下从事经济活动。

公共管理首先是财税，现在很多专家学者说，财政税收是独立的法律部门，跟经济法没有关系，仅仅涉及如何约束政府收钱花钱的问题。错！政府收钱花钱只是政权存续的基础，当代社会化条件下的财税，义不容辞地承担着经济调控的功能，所以主要或更多地属于经济法范畴。控制政府收支属宪法范畴，在此意义上，财税法暨经济法与宪法交叉，在国家和政府越来越多地承担经济职能、成为“经济国家”的时代，财税法的经济法特性无疑是更强的。

其次，规划制度是由计划经济延续而来的一项法律制度。西方国家从 19 世纪中期开始，每隔七八年、十几年来一次经济危机、金融危机，中国实行市场经济 30 多年了，没有出现系统性整体性的经济危机、金融危机，什么原因啊，最主要就是规划和产业政策发挥了应有的作用。规划可以弥补市场的不足，引领市场方向乃至创造市场，比方说开发中西部、振兴老工业基地、扶持“三农”等，高铁、高速公路市场也是由规划和产业政策创造出来的，市场自发运行形成不了这一块市场。如果任由市场经济发挥作用，那中西部越来越穷，老工业基地彻底衰败，农村、农业荒废掉，当然更没有高铁、高速公路。我们没有如此不堪，就是因为规划及相应产业政策的配合，所以产业政策法也是中国经济法的组成部分。日本曾经有产业政策，经济飞黄腾达，现在它主动抛弃产业政策，于是失去了二十年、三十年，经济停滞、萧条。日本曾说要全面导入美国的制度，现在每次去日本访问，都看到日本的教授、学者们非常痛心，日本就是日本，日本的民族性决定了日本社会全面导入美国的制度注定要失败,是根本不可能的。可是日本没有规划,废了产业政策,没人管这个事,就按照惯性一直走下去,以致学者们痛心疾首。所以,中国好的做法要保持下去。眼下是"十三五"了,2009 年奥巴马到中国访问时,《时代周刊》就发了一个社评:奥巴马到中国去,我们美国要学中国五件事。第一件就是规划。中国有规划,一个接一个的规划,整个社会包括政府和老百姓在内围绕规划去追求目标,取得越来越大的成就,所以中国有高铁,美国没高铁,赶紧学中国吧。好东西,为什么要否定呢?中国反而有学者在偏执地否定规划和产业政策。美国的法学院其实也有一门选修课"regulated industries",就是规制产业,依什么规制?当然是产业政策。哪些产业是受规制的产业呢?电信、邮政、石油、金融、铁路等。为什么要受规制,不能自由开放呢?在美国,以农业为例,克林顿时曾经想将它彻底市场化,不管它,果然如此的话,美国的农业产业政策和农业法就消灭了,结果不行,彻底失败,不了了之,现在美国农业继续受强力规制。什么原因呢?需要规制的原因,一是国计民生,二是垄断,主要是这两点。凡涉及国计民生,你不管,国计民生可能就受损害,农业就是这样。凡垄断,就要规制。你们要记住这句话!不然就会发生三岁孩子都想干的事:舒舒服服定高价、赚大钱。为什么?因为垄断,缺乏竞争。所以对垄断行业首先就要管它的价格,比如油价。规划和产业政策,以及相关的法制、法治,肯定是经济法的内容。

再次,中央银行和金融监管,中央银行是发行的银行、银行的银行、政府的银行,国际国内都是。金融监管包括银行业监管、证券业监管、保险业监管、期货监管、黄金监管等,黄金天然是货币。我们最近采取了两个措施:一个是人民币不跟美元挂钩;另一个是抛售美债、增加黄金储备,又在上海黄金交易所设了"上海金",形成上海金价,跟伦敦金、纽约金抗衡,增加中国黄金和货币的定价自主权。中央银行和金融监管是属于经济法中的金融的一块。

复次，土地和自然资源法，土地和自然资源关系不是环境资源法调整的吗？经济法和环境资源法高度交叉，土地和资源的开发管理就是经济法，土地和资源的保护管理就是环境法。而且就全国人大划分的七个法律部门而言，环境资源法仍然在经济法里面。

又次，竞争法，维护市场的自由公平竞争，防止竞争机制受到扭曲、市场机制的作用受到损害。实行市场经济就需要竞争法，所以我们现在的竞争法越来越发达，你看发改委罚了高通60.88亿元，法院罚了葛兰素史克30亿元，后者是刑法，葛兰素史克搞商业贿赂，商业贿赂是不正当竞争行为，也有刑事责任，刚才我讲了，刑事责任的很多实体关系都是属于经济法范畴的。市场经济的精髓就在于主场主体独立自主判断，在此基础上追求自身利益最大化，它们串通起来，或者把自己的意志强加他人，或者非以创新、性价比等竞争方式获取过高的市场支配力，就不是市场经济了，优胜劣汰就没有了，所以反垄断就是反不竞争、反限制竞争。竞争太辛苦，我干脆做一锤子买卖，假冒伪劣、坑蒙拐骗、掺杂使假、缺斤短两，不正当竞争，所以反不正当竞争就是反违反商业道德的胡乱竞争。

最后，还说下消费者法，日本1967年制定了全世界第一部消费者保护基本法，主要是明确国家责任。如果仅凭市场的自由交易，消费者是弱者，经营者是强者，消费者必然易受到损害，因而需要国家实行良好的经济制度，确保物质和商品的丰富，实施良好的法律制度，在消费者和经营者的关系问题上向消费者倾斜，对经营者片面地施加更多的义务，用法律上的不平等来实现实质上的平等，这就是消费者法。我国《消费者权益保护法》修改后，加上了社会共治，因为市场主体千千万万，产品和服务更是琳琅满目，谁的行为、谁对产品质量和损害负有责任，出了问题往往很难弄清楚并圆满解决，比如养殖、种粮，亿万农户，肉蛋奶粮，出了问题光靠行政机关、法院，缓不济急、杯水车薪，你不发动社会力量，解决不了，所以要社会共治，发挥方方面面的主观能动性来做好质量监督、责任认定和追究，维护公平交易，保护消费者利益。当然，消费者法不止于这部立法的规定和范围，质量技术监督，包括食品安全、农产品安全、食品药品监管、市场管理监督、电梯等特种设备监管、召回制度，以及标准、计量、商标、广告等，都属于消费者法或具有消费者保护的意义。

四、学好经济法需要把握的辩证法

经济法公私融合，动态且复杂，要学好经济法，靠习惯上的单向、线性思维是不行的，而须把握好个中的辩证法。

第一，要把握好公和私的辩证法。公私融合、公私平衡，不能凡事先问是公是私，非公即私，也不能片面偏向于公或者片面偏向于私。否则，用民法、行政法的理念和方法去处理经济法的事，就必然是落伍的、无益无效的，甚至不公不义的。

第二，要把握好实质正义和形式正义的辩证法。英美法系之所以没有经济法，也不需要经济法，就是因为普通法一开始就是基于实质正义的，当实质正义跟形式正义发生冲突时，以实质正义为优先，千万不要相信有些学者说的要以形式正义为优先、兼顾实质正义与形式正义。能兼顾当然更好，兼顾不了怎么办？无法兼顾实质正义，只有以实质正义为优先，去认真侦查查证，不放纵违法犯罪，才可能真正实现公平正义。

第三，要把握好局部利益和整体利益的辩证法。经济法强调社会整体利益，有一个说法很形象，可以帮助大家理解：反垄断法不是为了维护个别主体的利益，而是为了维护整体的竞争秩序。当然在大多数情况下，维护整体利益的同时也维护了个别主体的利益，但是它追求的是整体利益，在两者不能兼顾的情况下，以维护整体利益为优先。

第四，要把握好自由和秩序的辩证法。市场经济要自由，但这个自由是服从整体秩序的自由。正如我们有言论自由，但这是在不对他人构成诽谤、侮辱，不造谣、不传谣基础上的自由，你没有造谣传谣,污蔑、中伤他人的自由。这个道理是一样的。

第五,要把握好社会自治、政府主导和司法审查的辩证法。昨天我和大家讲,当代法治模式发生了一个重要变化,就是更多地依赖社会自治,政府的能力是非常有限的,没有充分的社会暨市场自治,就实现不了经济的法治。我昨天还举了滴滴平台的例子,政府管“黑车”,很难管好,滴滴平台易如反掌就把它管起来了,政府监督滴滴平台就好了,监督滴滴平台比监督挂在滴滴平台上的每一辆车、每一个司机要容易千万倍。其中的理论或原理,就是充分的社会暨市场自治,加以政府的指导和监督处罚,万一还有问题和纠纷没解决的,再加上最终的必要的司法审查。这样,法治成本会低很多,也只有这样,法治在高度复杂的社会化条件下才成为可能。

好了,我就讲这么多,谢谢,下面和大家进行讨论。

互动环节

问:老师您好,我是2014级法学的。刚才您谈到实质正义和形式正义,要以实质正义优先。我的问题是实质正义大多是由政府来认定,让政府来掌控,如果实质正义优先的话,是否会导致行政权力滥用从而损害市场自由竞争?

答:实质正义和形式正义不一定都是冲突的,不冲突很好,能够兼顾更好。问题是有些情况下不能兼顾,就要以实质正义优先,实质正义优先是否就是政府说了算? 不是。我昨天讲了法治是新形势下的民主集中制,实质上正义不正义首先要听老百姓的,民众议论纷纷,集思广益,最后由承担某种“responsibility”的主体作出决断,不是政府一定就能说了算,它也应服从强势而正义的主流价值的评判和约束,你把这与我们昨天讨论的问题结合起来思考。不集思广益不对,集思广益后不决断也不对,不决断就是不作为。关于昨天讲座的问题,大家仍可继续问、继续聊。

问:老师您好,我也是2014级法学的。我有两个问题,第一个是您刚才说在地理大发现、文艺复兴时发现了罗马法,大陆法系是以罗马法研究及其成果为基础形成的,大陆法系民法典都是五百年左右罗马法研究的成果,1804年《法国民法典》的出现标志着大陆法系的形成,《法国民法典》也与罗马法研究有关系吗?第二个问题,您说经济法是公私融合,政府必须充当CEO主导经济社会,亚当斯密在《国富论》中说市场应该由"看不见的手"发挥作用,那么应该如何把握二者之间的度,使经济能够持续稳定发展?

答:好,毫无疑问,《法国民法典》是从注释法学派开始研究罗马法的成果,研究越来越精致,到《德国民法典》就更加精致了,大陆法系是一脉相承下来的。刚才我也说了,英美法系也是继受罗马法的,普通法的形成不是人为、故意的,主观上也想继承罗马法,但是普通法形成后,公私划分这一条它就继承不了。不过要肯定,英美法系整体上也是继受罗马法的。

亚当·斯密的"看不见的手"说法具有一定的真理性,总体上却是似是而非的,如果他是对的,为什么资本主义国家从1850年前后就开始发生经济危机,七八年、十余年来一次,造成巨大的经济社会浪费?充分竞争的农业为何政府还要扶持?为什么社会需要、人民希望有高铁,市场却提供不了?经济危机是怎么回事,马克思说得很清楚,就是过剩,市场导向把大家导到某一个领域去赚钱,一旦需求生变,资本沉淀在里面,拿不出来了,就像我们今天钢铁、水泥、玻璃等行业的过剩一样。刚才我讲了,我们国家没有出现整体性、系统性的过剩危机,什么原因啊?就是因为我们没有全听亚当·斯密的,要是百分百听他的,改革开放三十多年,市场经济实行这么多年,整体性的经济危机肯定就发生好多次,高铁、这么多高速公路也不会有了。这些成就都不是"看不见的手"做出来的。所以,对亚当·斯密的一套,你不能不信,更不能全信,要是盲从了,受了害还觉得很好。

问:老师,我想问您一个问题,就是从您刚才讲的感觉到,您对罗马法中关于公法和私法的划分是非常欣赏的,但您也提到现在公法私法化和私法公法化成为一种趋势。公私法划分和混同,它们各有什么优缺点呢?

答:对任何事物的判断都不能脱离一定的历史条件,这是社会科学的一个基本原理。公元初划分公法和私法是一个巨大的进步,是法律和法学对市场经济所表现出来的平等要求的一个真理性回应,极大地促进了市场经济和罗马经济社会法治的进步、发展。公元212年,罗马取消罗马人和外国人的区别,人人平等,非常先进,这是公私法划分促进了市场经济的发达,进而推动平等暨公法进步的结果,反过来又可促进市场经济更进一步地发展。但是到了19世纪末20世纪初,你再划分,那国家就不要发展邮政,不要发展电信,不要发展市政建设和公共交通,不要发展铁路,社会就不要进步了。社会化的事儿,公用事业、公共服务私人往往不愿办也办不了,社会的要求是通过老百姓的呼吁和诉求表达出来的,比如老百姓强烈要求国家接管邮政,你偏不接管,那就不对了。恪守公法和私法的划分,社会化就要被破坏,经济社会就不能顺利发展。美联储为什么会产生,就是因为美国是联邦制国家,它的公司法是州法,市场无法自然而然形成中央银行,欧洲单一制国家的中央银行都是由市场“看不见的手”引领自然而然形成的,美国在1913年美联储成立之前,多次几乎要形成中央银行都失败了,可是到了20世纪初,没有中央银行不行,怎么办,那就国家来办。公私法划分被打破的原因和过程,大体如此。总的来说,你判断一个事物进步还是落后,好还是坏,要把它放置在特定历史条件下才行。

问:老师,我有问题请教您。在经济法中,政府在经济中应该是一个什么样的定位?

答:定位我刚才讲了,第一点,就是国家、政府代表社会承担经济社会CEO的功能,那么,具体怎么充当呢?就是第二点,凡市场不能调节或不能有效调节的,凡社会不能自治或有效自治的,政府就必须积极担当。哪些市场可以调节或有效调节,哪些社会可以自治或有效自治?这不是法律所能规定的,所以,政府如何担当CEO,按照李克强总理最近说的,要“相机抉择”。村是由村民自治的,住宅小区是由业主自治的,但是有的时候自治出现僵局了,政府就要管。黄金还是贵金属,被纳入金融监管;白银已经放开了,可以自由交易,谁都可以去设交易平台,但是你设的那个交易平台老是骗人、忽悠人,甚至老板“跑路”,那政府就要管。所以没有一个绝对的、固定的、用法条规定下来的市场和政府的边界。

问:老师您好,我是2013级法学辅修班的学生。第一个问题,我想接着昨天讲到的温州房屋的土地使用权70年到期的问题,法理学讲法律保留的原理,就是事关公民的基本权利,比如人身权,必须由全国人大讨论决定,为什么温州房屋的土地使用权事关公民的财产权利,也是属于公民的基本权利,是由温州市政府而不是全国人大来讨论决定?第二个问题,70年使用权这个数字是怎么得来的?第三个问题,关于续期费用,如果由政府决定,应从哪些方面来计算这个费用?

答:不是70年,是20年,当时合同约定就是出让20年,到期了,而且温州不是第一个,据媒体报道,深圳、济南、青岛都有20年的土地使用权出让到期,最早的是2004年到期,都已经妥善处理了。土地使用权出让的具体价格要不要由全国人大及其常委会决定?不用。全国人大及其常委会决定的是基本制度,具体这块地多少钱、那块地多少钱,这个全国人大没办法确定,它定了也一定是不公平的。就是我昨天所讲的,世界上永远不存在一个英明的、明察秋毫、明镜高悬的立法者,每一块地的价格应该是多少,应该由市县政府在市场的基础上确定,你让省政府来决定都不公平。地价怎么确定?最好是招拍挂,由出价最高的开发者取得,“涨价归公”,而不是归私,不能让开发商和房屋业主转手倒卖获取暴利,这是社会主义暨公有制的基本要求;取得国有土地使用权必须有期限,原业主继续使用必须续费,否则土地就成私有的了,或者招拍挂由新的主体取得土地使用权,当然仍须有偿取得。国有土地的所有权由各级政府行使,就像国有企业、国有资本的出资人由中央、省、市三级政府代表国家来担当一样。所以,温州它是一个地级市,由它代表国家出让国有土地的使用权,到期由它来决定如何续费,太正常不过了。关键是续费的价格是否过分背离当前市场行情,公众有没有充分参与表达,深圳、济南、青岛等地妥善解决的方法都可以参考,另外中央和省派调查组去了,温州市政府说他们的方案已经拟妥,相信此事可以得到妥善解决。

问:老师您好,我想请问,经济法作为市场失灵和政府失灵的产物,它如何能发挥一个比较好的作用,应该从哪几个方面来思考这个问题?

答:千万不要人云亦云啊,现在人云亦云的一个说法是:经济法是因为市场失灵和政府失灵而产生的。这个判断的后半部分不能成立,前半部分也不全对。就经济法这个法律部门而言,它不管政府失灵,管不了,也没有能力管。政府失灵怎么管、谁来管?政府失灵要通过宪法、民主法治的一般运作来管,比如产业政策实施、反垄断执法中政府机构及其工作人员出现寻租、重大失误等情形,这是经济法本身解决不了的,经济法与宪法行政法的关系之一就是内容和形式的关系。我昨天讲了,经济法也不仅仅是管市场失灵,什么是市场失灵?就是市场机制扭曲,市场起不到调节作用了,那么就要反垄断、反不正当竞争;还有信息不对称,这是市场固有的缺陷,信息不可能总是对称的,要由政府通过食品和药品监管、质量技术监督、包括证券监管在内的金融监管等来弥补。此外,经济法还要管两个方面:第一,市场不能,不是市场失灵,而是市场从来没有能力干这个事,比方说高铁、高速公路、空间站、登月、探火星,美国没有高铁,是因为市场失灵吗?市场没有失灵,恰恰因为市场没有失灵才没有高铁,市场本来就没有这个能力。市场不能,政府要弥补。第二,政府要解决市场优胜劣汰的副作用问题。优胜劣汰是市场经济的优越性,是我们要实行市场经济的原因所在,就是刺激每个人都积极向上,做得好赚钱,做不好就被淘汰下来,淘汰下来还不甘心,想方设法再辟蹊径去赚钱。但其副作用是,总有一些地方、一些产业、一些人群面临淘汰或被淘汰,可是被淘汰的人也要体面尊严地生活。经济社会要均衡发展、要统筹协调，这个市场做不到，要由政府来做，开发中西部、振兴老工业基地、扶持“三农”、社会保障，等等。所以经济法的作用一是纠正市场失灵，二是弥补市场不能，三是消除市场经济优胜劣汰的副作用。政府失灵和经济法基本无关。

问：老师，我的问题是，网络技术快速发展，电子商务也发展迅猛，但是由于成文法和制定法的滞后性，我国没有关于电子商务的专门立法，有学者讨论说，我国电子商务的发展方向是P2C模式，又有学者说是转向P2P模式，您怎么看待我国经济社会环境下电子商务的发展方向？

答：电子商务本身朝什么方向发展，人为主观控制不了，只能由市场调节。他能赚钱他就去了，他就干了，不赚钱他就不干，哪儿赚钱哪儿不赚钱呢，这个法律控制不了，政府也控制不了，所以说资源配置要由市场决定。那么，法律对电子商务就无所作为吗，它能起什么作用呢？有作用！一句话，就是虚拟世界相较实体世界没有任何特殊性，我在这个教室里不能诽谤你，我在网络上也不能诽谤你；我在实体世界和你做生意订合同不能欺诈你，在网上交易也是一样，不能有任何特殊性。电子商务的发展，良性、健康的发展，不依赖于专门的电子商务法，依赖什么呢？依赖市场和政府、法治，政府不能遇到网络就懵了，不管实体工厂的老板还是网络平台、网店的老板，只要他敢跑路，公安都应在第一时间把他抓回来。

问：老师您好，我是法学2011班的学生。我有一个问题，今天您强调政府主导，承担经济社会CEO的功能，如今北上广的房价居高不下，市场失灵，政府能解决这个问题吗？

答：我告诉你，北上广房价高，恰恰说明市场没有失灵。因为要买的人多，人口净流入，供求关系中，供的少，求的多，价格就要涨，并因此吸引众多投资者跟进。政府不该直接给住宅定价，这不公平，有些人便宜买到好房子，之后的人买不到，因为市场价格疯涨，买到的人则必然要倒卖，那就成计划配给了。市场调节灵敏、市场活跃，政府不用直接去管房价，好在也没人这么想，但政府可以间接地去管房价，法律、法治大有可为。房地产是金融，房地产不是建筑。所以调控房价的方法之一，是控制房地产金融杠杆，不要让他借钱买一套房、抵押出去再买一套房，如此循环。我昨天讲了，黄奇帆说，金融就是“信用、信用、信用，杠杆、杠杆、杠杆，风险、风险、风险”，那么，除了控制杠杆，还要控制土地（使用权）转让和开发中的腐败，这不是经济法问题，但这是基础的法治。如果开发商在拿地开发的过程中，每个环节都要巨额贿赂，构成房屋的成本，最终都变成房价的组成部分，那这个必须要管。

还有税收手段，比如可以用房屋交易税约束“炒楼”，房屋买卖，持有房屋的时间越短，税收越高。我国香港是以印花税形式征收，是调控房价的“辣招”，控制房价的功效不错，这是控制方法之三。总之，房价是可以调控的，不直接给房屋定价就成，限购、限贷、反腐、反违法违规、房屋交易税等手段都可用，一二线城市相机抉择，高了就调，把买房者推向三四线城市，还可起到均衡发展、控制某些城市净流入人口过快的作用。当然，更根本的是国家要以规划和产业政策促进一二线城市以外的地方更快、更好地发展。

担当和问责:超越违法责任的经济法*

法律责任不是法律部门划分的标准,经济法没有自己独有的法律责任也不妨成为一个法律部门。经济法的本质是政府经济规制,就此而言,经济法有着超越违法责任、与其本质内在契合的责任机制——问责制。这也是一种高级的法治机制和责任形式。

各位同学、各位老师:

大家晚上好!

今天我们讲一个经济法上的理论问题,也是法理探讨吧。就是经济法虽然得到官方承认,认可它是中国特色社会主义法律体系中的一个部门,大学里也开设了经济法课程,但是经济法作为一个法律部门在理论上未必已站住脚。让我感到惊讶的是,一位比较有名的经济法学者最近还在说,经济法没有自己的法律责任,根本不是什么独立法律部门;法律责任只有三种:民事责任、行政责任、刑事责任,所以真正的法律部门只有民法、行政法和刑法这三个。经济法学内部都有这样的声音,可见经济法理论还相当单薄、脆弱。所以我今天就想给大家讲讲,独有的责任是不是一个法律部门成立的必要条件,经济法有没有符合其性质和内在要求的"责任"概念和制度。

一、经济法责任之困惑

所谓民事责任、行政责任和刑事责任,指的都是违法责任,即违反法律义务依法所应承担的不利后果。违法责任当然很重要,是法

---

* 2019 年 10 月 9 日安徽大学法学院讲座。

律关系实现的救济和保障,法治的必要条件。以拿破仑法典为例,它号称的财产权神圣、契约自由、过失责任三大原则,今天仍没有过时。尤其是过失责任,在中国还不够深入人心,落实得不到位。所谓过失责任,就是过错责任,每个人都要对自己的言行负责,有过错就要承担责任,不能赖别人,不能拉别人来为你承担责任。没有过错就不承担责任,有过错就该承担责任。大家可以观察下中国社会,作些思考,就能发现过失责任原则贯彻得还不行。2004 年私有财产入宪、2007 年《物权法》颁行,在此前后,产权观念得到普遍确立,产权保护毋庸置疑,侵犯财产权或物权的现象越来越少;更早些时,1999 年《合同法》出台及此前的大讨论,使社会普遍认同了“契约自由,当事人的协议就是法律”的信条,并在经济活动和司法实践中得以落实,法院对当事人五花八门的约定或协议不再动辄认定合同无效,就是明证。但在过失责任方面,赖账不还、嫁祸于人、法院对当事人各打“五十大板”或者行为人无钱无力赔偿就把无辜的第三人拉来承担责任等,都是责任不落实的体现,而这并不妨碍民法调整平等主体之间的关系,是一个公认的老牌的法律部门。

违法责任是一种末端的责任,按照现在的说法就是事后的责任,那么,事前、事中有没有责任呢?都有,责任从拿破仑法典至今不经意间有了巨大的发展,可是我们连末端的责任都还没认识到位,落实得不好。认为一个法律部门一定要有自己独特的责任,别的部门不能用这个责任,只有这个部门能用这个责任,这是对责任的一种浅薄的认识,跟我们的社会整体上对责任的认识不到位有密切的关系。

把违法责任与法律部门是否成立挂钩还源于一个误区,就是关于法律部门怎么划分。传统上,按照法律调整对象的性质来划分法律部门,对平等主体之间的关系用平等手段调整就是民法,对政府与人民的关系用命令服从的方法调整就是行政法,对任何社会关系用犯罪和刑罚的方法调整就是刑法。张三打李四一拳,没有构成轻伤,就是平等主体的民事关系;构成轻伤了,就是犯罪——伤害罪,须承担刑事责任,就要用犯罪和刑罚的方法来调整,还是那一拳,变成刑事关系了。也可能伤情变重,或者 A 机构鉴定不构成轻伤、B 机构鉴定构成轻伤,那就同一拳在民法和刑法之间来回转。这样老生常谈了几十年。大家想一想,按法律部门所调整的社会关系的性质来划分法律部门的问题出在哪?问题就在于,性质是看不见摸不着的,要用法律调整的方法来判断,也就是用法律调整的方法划分法律部门:民事就是平等方法,讨价还价、平等自愿、平等补偿等;行政法是用命令服从的方法,是一种强制性或以强制性为后盾的管理方法;刑法就是用犯罪和刑罚的方法。但这还没到头,方法归根结底还要以责任来判断,平等的方法是由平等的责任决定的、命令服从的方法是由行政强制性责任决定的、犯罪和刑罚的方法是由刑事责任决定的。绕了一圈,归根结底要用责任来划分,法律部门划分陷入了迷惘。

经济法学者进一步陷入误区,认为没有责任或没有独特的责任就无法成为一个法律部门,那就论证经济法有独立的责任吧。有没有这个可能性呢?

他们的论证方法有二:一是论证经济法有它独特的救济方式。天津师范大学的一位老师,从(20 世纪)80 年代就致力于研究公益诉讼,说公益诉讼是经济法特有的救济方式,因此经济法是一个独立法律部门。这能不能成立呢?肯定不能啊。所谓公益诉讼,其中可能包含私诉,公益私诉,一个律师起诉电信公司,说其手机套餐有问题,要求赔偿 50 元,法院判决他胜诉的话,就不仅仅是赔偿 50 块钱的事,整个套餐就要改了,私诉从而达到了公益的效果。还有他益私诉,我为了别人的利益起诉,起诉的效果跟刚才说的律师起诉电信公司的效果是一样的,只是我不为自己,而是为别人,为一所小学、为农民的一块地等,我来提起诉讼。还有公益公诉,比如检察院就国有资产流失提起诉讼,代表国家维护国家利益,国家利益当然属于公益或公共利益。按照民事诉讼法,机关、社会团体、企事业单位对损害国家、集体或者个人民事权益的行为,可以支持受损害的单位或者个人提起诉讼,检察院对于公共利益受损害的行为则既可支持诉讼,也可直接向人民法院起诉。通过我的这些列举,大家可以看到,公益诉讼确可能涉及经济法,但大多数并不是经济法,不足以涵盖经济法,更不是经济法所独有的。不过尽管如此,天津师范大学的这位教授很高兴,因为当年为了经济法打拼,论证公益诉讼与经济法的内在联系,如今多数人的共识虽然认为这不正确,公益诉讼并不属于经济法,但她为公益诉讼作出了大贡献,立法者将其写进法律里了,歪打正着,成就感满满。

二是论证经济法有其独特的具体责任,责令企业停产整顿、吊销企业许可证、营业执照、通报批评、返还不应收而收的利润或者税收等,还有的教授说,惩罚性赔偿也是经济法独有的责任形式。这种论证方式有一个理论上的错误,就是没有认识到任何一种法律的实体关系,它的法律责任关系可能并不是本部门的,这方面刑法最典型,刑事责任关系涵盖任何法律部门的实体关系,不信你刻意观察下,从宪法到行政,到金融到企业到交易,到民事到军事,所有的法律实体关系都可能产生刑事法律责任关系。法律实体关系跟法律责任关系是不对应的,而经济法学者致力于要论证的、经济法独有的具体责任,无非就是民事责任、刑事责任、行政责任、社会性责任包括社会自治性责任。惩罚性赔偿就是民事责任,无非是在民事纠纷中,法院判的赔偿超过你的实际损失,是对给你造成损失者的一种惩罚。市场监督管理局责令企业停产整顿、吊销企业营业执照等,难道不是行政责任吗?企业被行业协会通报、除名,消费者或者店家被淘宝“拉黑”,这些是社会自治性责任。经济法肯定没有它自己独有的责任,只要不以责任为最终标准,不用法律调整的社会关系的性质、法律调整的方法、法律责任来划分法律部门,就不会有什么困惑了。

至于应该怎么样来划分法律部门,那是另外一个话题,今天就不展开讲了。就是我在20世纪90年代初提出的,主客观相结合,按照社会活动的领域和法律调整的宗旨划分法律部门。总之,官方已认可经济法是一个法律部门,学界大多数人也这样认为了,既然经济法没有自己独特的法律责任,则经济法部门也不以经济法有独特的责任为前提条件,这个标准是不成立的。经济法的深奥之处不在于责任,而在于它与规制时代的法治模式紧密地结合、契合在一起。

二、角色责任 v. 抽象主体:经济法的起点和归宿

当今社会进入了规制时代。什么叫规制时代?我跟大家不止讲过一次,就是在高度复杂多变的环境下,法律不可能把政府能做什么、该做什么事无巨细地都规定下来,于是要由宪法法律对政府概括授权,政府自由裁量、相机抉择开展公共管理活动,“法无明文不可为”或者说法无具体授权不可为就不适用了;由于社会化导致公共管理渗透到经济社会的各个层面和方方面面,公共管理的主体天然是政府,政府公共管理必须以规制的方式进行,规制的普遍性造就了规制时代。进一步讲,规制时代的一个重要特征,就是从身份到契约后,又从契约回归角色之身份,不再是法典、法律主义的抽象的人、抽象主体的时代。从身份到契约,在法律上的表现之一,就是把所有的主体抽象为人,自然人或法人。如今抽象的人已经没有太大的意义了,在法律调整中需要具体地认定角色,比如学生,是哪个学校哪个院哪个班的,学校里还有老师,那他是教授、副教授、讲师还是助教;法人也是这样,抽象的法人没有任何意义,法人都是具体的,怎么个具体法?它的名称是什么,法定地址在哪,是有限公司还是股份公司、大中企业还是小微企业、国有企业还是民营企业,安徽大学还是北京大学,国务院还是地方政府,政府中的哪个部门还是承担监管职能的某个事业单位或特设机构,等等,这在法律的调整中、在法律关系中开始起着关键性决定性的作用,对于经济法来

说尤其如此。

经济法的起点就是作为具体角色的经济法法律关系的参加者，纳税人、税务机关、股民、上市公司、证监会等。讲到这里，我想给大家提示一点，不提示的话很多同学注意不到，或者不懂，就陷入一个误区里面去。什么是法律主体啊？这不太简单了吗，法理教科书、民法教科书里说，法律主体就是法律关系参加者，民事主体就是民事法律关系的参加者，这话对不对呢？现在大家开动脑筋：国务院也可以参加民事关系暨民事法律关系，那它是民事主体么？《民法总则》制定的时候，草案上原来写民法是“调整平等民事主体”之间关系的法，这是错误的，因为国务院也可以参加民事关系，但是国务院仅在参加民事关系时才是民事主体，这只是它的偶尔、非本质的行为，从主体制度和性质上讲国务院不是民事主体，而是宪法行政法上的主体，是不是这个道理？好在正式通过的法律文本删除了“民事”二字，改为民法“调整平等主体”之间的关系。

所以我要提示的就是，你们一定要知道，法律主体有三个概念。第一个概念是指某个法律部门的主体制度：宪法行政法上的主体制度有人大及其常委会、政协、法院、检察院、国务院、国务院各部门、地方政府及其委办局等；经济法上的主体制度有国有企业、特殊企业，以及作为“第四部门”的独立监管机构，比如我国的证监会、银保监会、各级国有资产监督管理委员会虽然属于事业单位或行政特设机构，但从它们专司专业监管职能看，性质上就是独立监管机构。

经济法上还有一种主体制度——合作制及集体所有制组织制度。大家对此不太明白，老师没有教，你们自己可能也没兴趣去关注和学习，我在这简单讲一下，让在座的有一个基本概念吧。简单地说，贯彻合作制原则的组织就是合作制或集体所有制组织。国际合作社联盟确立了 13 项合作制的原则，其中最主要的是 5 项：一是不以营利为目的，而是以互助合作为目的。二是“一人一票”的民主，不是资本民主，出资 50 万元是一票、出资 5 万元也是一票，这是真正的民主,“一股一票”不是真正的民主,只是借用“民主”这俩字,一个人控制 99% 的股份,哪怕那 1% 有 1 万人、100 万人也是持股 99% 的那个人说了算,所以资本民主本质上不是民主。三是出资者、股东或者社员、管理者、劳动者合为一体,用通俗的话来说,就是自己给自己打工,自己做自己的老板。当然在市场经济条件下,这一条不是绝对的,但是要有一个基本的原则,就是大多数员工入股,并且由员工控股,否则不改变组织或企业的性质。比如国有企业或私人企业的员工入股,但不控股,企业就仍然是国有企业或私人企业,而不是合作制及集体所有制企业。华为是合作制的一个典型,其大多数员工入股,而且由员工控股,所以它的利润大多可以用来发展。海尔也是合作制,它的最新经营模式被写进哈佛商学院的教材了,很了不得,就是海尔企业的员工分成一个个小团体,每个小团体自负盈亏,自己就是老板,挣了钱归自己,挣不到钱当然该走人走人、该解散解散,这样,就可让企业、市场及市场经济充满活力。四是入社自愿、退社自由,不搞强迫命令。五是以按劳分配或按贡献分配为主,以资金分红为辅,这也是公有制的一个重要特征。

第二个概念是根据某个法律部门的主体制度成立的主体。根据民(商)法部门的主体制度成立的主体有自然人、有限公司、股份公司等;根据经济法的主体制度成立的主体有国有企业、合作制的企业或组织、央行、证监会、银保监会、国资委等。公司法是民商法的主体制度吗?是,但又不全是。自然人、私人组织根据公司法设立公司时,公司法属于民商法的主体制度;政府、国有企事业单位、合作制组织或团体等根据公司法设立公司或控股的公司时,公司法就成为经济法的主体制度了。因为在两种不同的情形下,公司法的性质不同,前者是私人意思自治,后者要体现“公”——政府、国有资产主体、遵循合作制原则的主体等的意志。公司法是一个整体,不能切块分割,比如不能说有限公司制度是民商法、股份有限公司制度是经济法,也不能说国有企业制度是经济法、公司制度是民商法,因为国有企业也要采取公司的形式，包括有限公司和股份公司在内的公司制度暨公司法既可以由私人利用，也可以为政府及国有制主体所用，这是社会主义市场经济的要求和必然结果。

第三个概念，才是法律关系的参加者或者主体，即根据任何法律部门的主体制度成立的任何一个主体，都当然可以参加任何其他法律部门的任何法律关系。比如，国务院可以参加民事法律关系，但它是根据宪法行政法成立的主体；自然人也可以参加经济法的法律关系，比如个体户、自由职业者依法纳税时就参加了经济法的法律关系，而他们是根据民商法的主体制度成立的主体。一个主体根据某个法律部门成立，就获得了整个法律体系的一张“通行证”，参加其他法律部门的法律关系时，无需再经其他法律部门的主体“认证”。比如国务院或旗下的发改委、商务部、工信部等能不能到商店买东西从而参加民事法律关系？毋庸置疑，而且不需经民商法暨市监局认定，要认定的话也是宪法行政法内部的问题；个人和法人依法纳税，也不需要税务机关认定其法律主体资格或人格，税务机关要做的只是对其纳税人地位、条件、征纳方式方法等的审查确认。

从抽象的人进一步发展到一个个具体的角色，是经济法暨经济法的法律关系的起点。在经济法的法律关系里没有抽象的人，既没有抽象的个人，也没有抽象的法人。这个起点就是“responsibility”（职责、担当或责任）。

三、问责制——超越且内在于经济法的“责任”制度

问责制是规制时代、当代法治的核心机制，也是经济法运作的基础。问责制不是属于哪一个法律部门的，并不只是经济法，那为什么要单挑它出来讲呢？这里我先强调一点，就是世界上任何一个国家都没有什么独立法律部门，法律部门都不是独立的。两个方面不独立：一是法律部门不能独立于法治一般。什么叫法治一般啊？公平正义、公序良俗、诚实信用等，任何法律部门都要服从，不能说

不同的法律部门各有不同的公平正义,那就没有法治了。问责制是法治一般的机制,属于法治一般,适用于整个法律体系和各个法律部门。二是任何两个法律部门相互之间都有交叉重合,互不独立,一个法律部门不能独立于任何一个其他法律部门。刚才我举例了,民法和刑法都有交叉,相互不能独立于对方。因为对同一个法律关系,法律责任随时可能在民事责任和刑事责任之间转换。民商法和经济法能不能各自独立、互不相干?也不能。比如包括个体户在内的企业、公司与经济法的市场监督管理、证券等金融监管紧密衔接,相关的地方太多了。经济法与社会法呢?我之前给大家讲过,社会法有三个概念:广义的社会法就是第三法域,是包括经济法的;狭义的社会法是指劳动法和社会保障法,与经济法也密不可分,比如工会既是社会法的制度,又在经济法的法人治理中扮演着重要作用;中义的社会法是指除经济法以外的其他社会法,除劳动法和社会保障法外还有教科文卫体法等,教科文卫体领域的经营和监管也多有涉及经济法的内容。经济法与行政法的关系更为密切,两者是内容和形式的关系,比如反垄断执法属于行政法,包括执法机构、执法程序、行政复议和行政诉讼等,而判断某行为是否构成垄断、构成何种垄断及应当如何救济,则属于经济法。经济法的实体关系构成犯罪的更是不胜枚举,经济法是各法律部门中与刑法的关系最为密切的。至于经济法与宪法、与诉讼法、与国际经济法暨国际法的关系,你们自己想吧,这里就不展开了。总之,任何两个法律部门相互之间都不独立。

刚才讲了,具体的角色是经济法的起点,也是法治的起点,具体的角色不清晰,具体角色的权利义务、职责职权不明确,法律关系怎么展开呢?具体角色就是"responsibility",具体角色不清不楚,出了问题去追谁的责任呢?想打板子也不知打谁,不是我的事凭什么要我负责呢。具体角色中还有比较概括的领导角色,就是"accountability"。"Accountability"有两个概念,除领导角色外,也指整个“问责制”。这个英语单词突然盛行的时候,因为其词干是“account”,计算、会计的意思,好多人就望文生义,把它翻译成财务责任,当然并不是那么回事。我国香港特区的官方文件把“accountability”翻译成“问责制”,非常贴切,从此问责制概念及其中文表达就流传开来,非常好。上一次我讲过,大家首先要走出一个误区,就是不要把问责制仅当作“追责”,肯定不是这样的,问责制不是仅指追责。

把问责制理解为追责,那就低看它了,问责制是法治的核心机制,也是经济法及其运行的根本机制。作为角色责任,“responsibility”是较为具体的责任,“accountability”是概括的领导责任,当然也是具体的岗位或角色,比如安徽大学书记、校长对安徽大学整体上承担责任,山西省委书记、省长对山西省的经济社会政治文化整体上负责,等等。山西煤矿特别多,偶尔出一个煤矿事故,省委书记、省长不需要承担责任,为什么?因为他承担的是概括的领导责任,偶尔的这个事故,让造成事故的责任人,让安监局、让分管的副市长、副省长去承担责任就行了,不需要他承担责任;但是如果这个省的煤矿老出严重事故,省委书记、省长就要承担领导责任,因为领导不力才会发生这样的事。每一级政权、每一个组织都应将其中各种角色的权力义务、职责职权给科学地确定、划分好。对于自然人来说,权利的边界就是他人的权利,行使权利不得侵犯或损害他人、集体的权利及公共利益,同时依约依法依纪履行好自己的义务,这就是他(她)的担当或“responsibility”。

设置好了角色及其权利义务、职责职权,角色扮演者也可能不作为,还要有一种机制督促其担当,只靠他(她、它)的觉悟不行,即使有能力有水平也靠不住,需要真干才行。这种机制就是动态的问责(answerability),或者说体制内外的监督。体制内的包括上下级监督、行政监察、审计、检察、纪检,现在又设了个监察委,等等;体制外则是媒体和舆论的监督,民主的问责,就是任何人都有权对担当着一定角色的人提出问题或质疑,担当着一定的“accountability”和“responsibility”的主体或角色不得拒不回应、不得暗箱操作。

另外,“answerability”也是事中监督的最好手段。现在要改善营商环境,大家知道吧,政府要尽量减少事前的审批、控制,加强事中监督。我去参加了山西省制定“承诺制条例”的讨论,什么叫承诺制?我估计你们都说不上来,他们喊我去之前我也不明白,到那儿才知道,就是比如建设工程项目,涉及土地、环保、金融、建筑、消防等,原来是事先审批,现在要求企业承诺,承诺一定符合法律和监管的要求,就让它去干,省时省力,很多问题迎刃而解,但这对政府提出了很高的要求。企业如果没有遵守自己的承诺,政府能不能在第一时间发现呢?要是第一时间发现不了,这承诺制就没用了。有了“answerability”,靠体制内外的各种监督,就可望企业能够信守对政府的承诺,确保政府及其各部门能够有效地动态地进行事中监督。

最后,角色的担当错位、越位、缺位、不到位,利益冲突、贪污腐败,或者经不起问责的,就应依法承担我们法律上、法学教科书里以及课堂上讲的法律责任(liability)。这是一种末端责任,就是拿破仑法典里讲的过失责任,前面讲了,对此我们一直以来不够重视,落实得不到位,社会暨法治已发展到事前、事中的责任,也未能足够地关注末端责任,没能充分地认识。问责不是追责,而是一个体系,是法治的机制。作为法治的机制,问责制当然也是经济法运作的整体机制,对责任和问责制理解不深,就会影响经济法治。你们可以回顾、观察、思考下,经济法及法治存在的种种问题,各种有违法治的现象,是不是都与问责制不落实有关,都可套用问责制加以解决啊!这样的话,中国的法治、我们的经济法又可以百尺竿头、更进一步。

结　语

法律部门划分与法律责任无关,经济法没有自己独有的法律责任也不妨成为一个法律部门。经济法的本质是政府经济规制,就此而言,经济法有着超越违法责任、与其本质内在契合的责任机制,即从角色设置到过程动态问责到责任追究的问责制。这也是一种高级的法治机制和责任形式。

我先讲这么多,下面跟大家讨论吧。

互动环节

问:问责制在我国法治中的位置,以及它在我国将会有怎样的发展?

答:就是需要充分发展,现在还不够,应当让它像财产权神圣和契约自由一样在中国深入人心。问责制充分发展的第一个效果,就是每个人对自己的言行负责。第二个效果是行政执法、法院的司法更有担当,更准确地让行为人承担责任,而不是让非行为人对行为人的行为承担责任。这样,我们这个社会也就更加公正有序吧。中国有后发的特点和优势,既然问责制已经出现,那就让它跟社会和法治齐头并进,不能因为法律责任还没落实到位,就缓一缓,等它到位后再来搞问责制,那是不行的。公共管理和规制最需要问责制,这正是经济法的本质和核心所在。

问:我想问一下,刚才您说,不能够以法律调整的社会关系的性质包括法律调整的方法来划分法律部门,那法律部门划分标准是怎样的?

答:我刚才讲,这是另外一个讲座的话题嘛,简单地说,就是法律调整的宗旨,它对应的社会活动领域、范围,及其所囊括的法律法规,以此划分法律部门。这是一种主观对客观的解释,所以说法律部门划分不是客观的,而是主客观统一,是一种学术研究和学术活动,因为立法者从来不考虑也不解释他立的某个法究竟属于哪个部门,这是法学家所热衷的事儿。而且法律部门的组成单元是法律规范,这一20世纪50年代苏联专家教给我们的理论也是错的,不接地气,不符合实际,因为按此理论,任何一个法律部门都要到所有的法律法规里面去找规范,大家知道,按照《立法法》规定的渊源,加上其他有效的规范性文件,我国现有法律法规不下于40万部。那7个法律部门,加上国际法共8个法律部门,都要到40万部法律法规以及国际法文件中去找规范,这样脱离实际的理论有什么意义,又怎能指导立法、行政和司法呢?所以,无非就是以一个或者几个法律为核心,加上相关的法律法规,再加上外围的法律法规,以法律规范性文件为单位,构成一个法律部门。法律部门划分大致如此。

问:您刚才说,一个好的政府、好的治理就是强势政府加法治,我怎么感觉这两者之间是有冲突的?

答:对,是这样的,但这不是我讲的,是福山讲的。两者没有冲突。其相互关系就是,如何在法治状态下,以法治确保政府能够有所作为,敢当敢为,敢为敢当。什么叫法治,怎样才是一种法治的状态呢?我上次给你们下过一个法治的定义:以正式规则为基础,各种主体各种规则(包括潜规则)博弈,不以任何个别人个别机构的意志为转移,接受并服从正义的主流价值评判,由此形成的一种良序善治。其关键是不以个别人的意志为转移,而是处于动态的博弈中,博弈的结果是社会的正义主流价值占上风,从而达到良序善治。另外,法治也很容易走向恪守形式、机械地走程序,这会导致无法遵从科学,效率低下、扯皮内耗、久拖不决、无人负责,等等,走到这一步的话,就既没有什么强势政府,也没有法治了。政府及其工作人员需以问责制的激励和约束,让他们充满热情和主观能动性,强势地去为人民谋福利,包括跟其他省市、县市竞争,要形成这样一种状态。这些,与法治是不矛盾的,不能说法治就会束缚政府、就会压抑国家机关及其工作人员的主观能动性,那不是法治,不能那样理解。

问:现在的法律部门划分是以社会关系的性质及其法律调整方法为标准的,如果按照您说的方法来划分,会不会和现有的划分及按此划分形成的法律体系相冲突,如果冲突该怎么解决?

答:恰恰相反,这样才不会有冲突,因为原来的划分标准和方法是似是而非的,人们稀里糊涂接受了,不去细究,其实往下走就是矛盾冲突的。比方说只有三种法律责任形式,充其量四种,反推出来的性质和方法也是这三四种,那7个法律部门是怎么划出来的?每个法律部门都恪守了既定的性质和方法标准吗?而且,中华人民共和国缔结或者参加的国际条约、协定,承认的国际惯例,也是中华人民共和国法律的一部分,为什么不能成为一个法律部门呢?日本权威的“六法全书”就是把条约作为“六法”之一的。按照我说的划分标准和方法,这些都可自圆其说,就没有矛盾冲突了。

经济法治的地方性证成*

法治和经济法治具有地方性。全国统一大市场建设主要不是解决地方保护和市场分割的问题，关键在于地方竞争，打造全国统一大市场中独特的差异化市场，构建法治的、优良的地方营商环境和人居环境。区域协调不能仅靠中央或上级的命令指挥，地方法治发展到一定程度，区域协调也就水到渠成了。

各位同仁：

大家上午好！

感谢陈婉玲教授和曹书主任的邀请，很高兴参加这次研讨会。本届论坛的主题是"全国统一大市场与区域经济法治"，"全国"是由许许多多的地方构成的，全国统一大市场是在各个地方竞争、协调、协作中形成的一种动态的局面，所以地方法治在全国统一大市场建设中至关重要。

有个说法是"一切政治都是地方的"，深感法治和政治一样也是地方的。当然"地方"的含义很广，从一个乡、县到市、省，全国相对世界来说也是一个"地方"。所以"地方"是不同层次的。我们这里所说的地方，是央地关系意义上相对于全国和全国统一大市场的、以行政区划为标准的大大小小的地方。若干行政区划组成的"地方"可称为"区域"，以示与作为行政区划的地方相区别，比如长三角、京津冀、大湾区等。

---

* 2022 年 10 月 8 日在中国法学会经济法学研究会第 32 期"经济法 30 人论坛"暨华东政法大学第二届区域经济法治论坛上的主旨发言。

法治的两个最重要的因素——政府的观念和行为、民众的秉性和素养，都具有地方性。下面我从四个方面来说说法治的地方性。

一、全国统一大市场与法治的地方性、区域性

今年3月中共中央、国务院发布《关于加快建设全国统一大市场的意见》，我看其精神和内容主要就是两条：一是建立全国统一制度、高效规范、公平竞争、充分开放的全国统一大市场；二是打破地方保护和市场分割，促进商品要素在更大范围内畅通流动。

大家可以想想，商品流通的地方保护和人为市场分割，现在恐怕打着灯笼都难找了，这方面已经基本上不存在什么问题，靠民商法和竞争法的日常、正常的调整就行了。而其他要素的市场配置，土地和自然资源、劳动力、资本、技术、数据，再加环境等，要么本身就是地方性的，比如土地、自然资源和自然环境、人文传统，要么就是各个地方要竞相吸引或者争抢的，比如各地都希望市场准入负面清单对自己网开一面、降低准入门槛，也没有不想获得更多税收、金融、人事等方面政策优惠的地方，政策"洼地"问题如今已远超曾广为诟病的地方市场保护和分割了。

所以，建设统一大市场，对地方来说，就是要竞争在全国大市场中形成独特而具有优势和吸引力的差异化小市场，构建法治的营商和人居环境，这有赖于政府的廉、能，优良的市政和公共服务，公正高效的行政、司法，以及民众守规矩、勤奋向上、敬业的普遍素质。

二、地方经济法治的内容

地方经济法治，包括经济法的各个方面，以及经济法以外涉及本地经济的法律制度及其实施。就是要在地方禀赋的基础上，发挥地方主观能动性，把全国统一的制度和本地特殊的政策、措施，比方

说自贸(试验)区制度、东北振兴相关政策、改革示范区等,用足用好。

列举来讲:首先,地方也有规划和产业政策,义乌小商品市场世界闻名;现在又冒出一个曹县,说什么"宁要曹县一张床、不要上海一套房",咋回事?它把棺材和汉服做到了全国第一、世界第一,富得流油了;还有莆田的鞋,不断推陈出新。

其次,要通过预算、地方权限内的税费调整等,来配合规划和产业政策的实施。

再次,地方政府要积极参与、培育和引领市场。不是有个说法嘛,合肥市政府是"最牛风投机构",它花几十亿元引进京东方和蔚来,一下子提升了本地产业和经济社会的档次。政府也可以做市场主体,学界对此认识还比较模糊,可是它只要不腐败,能通过投资和交易造福人民,又为何不可以呢。

最后,还可说下劳动和社会保障措施。我记得(20 世纪)90 年代,萧山就给老年农民发养老金了,当时是每月 500 元,现在可能更多了。中国社会迈入老龄化,合理布局、做好城乡养老服务,发挥政府、社会、家庭、个人等各方积极性,解除民众后顾之忧,成为当前地方要务,也是衡量地方能力和法治水平的一个指标吧。

三、地方政府规制是地方法治的集中体现

现代社会进入了规制时代,规制无所不在,规制的本质和核心就是政府在宪法法律的概括授权下,自由裁量、相机抉择调控监管,而不是法无明文或法无具体授权不可为。政府在地方经济社会法治发展中起着主导作用,规制的概括授权对政府而言就是帝王条款,政府要动态地用权、控权,把这个权用好,把地方经济社会的运行和发展引领好、调控好,以问责制为框架来落实政府宏观微观、抽象具体的每一项行为,当为则为,不该做则不做,积极担当,勇于认错,敢于担责,这是地方法治的关键。

四、积极推进地方法治建设，提高地方法治水平

按照刚才第三点讲的，地方法治基本上等同于地方政府法治，要提高地方法治水平，就要靠政府主导的官民互动，政府要主观能动积极地做正确的事，因为民众的良好行为和素质的提高有赖日常、普遍的公正执法和司法，让人民在日常生活中能够处处感受公平正义。以反腐为例，我们过去总以为严刑峻法就能反腐，后来发现不是这么回事，新加坡和我国香港地区的经验都是说反腐的关键在于大概率的查处。对一个腐败行为，如果 99.9% 的概率能查处，哪怕你对行为人不判处刑罚，只给一个行政处分他也受不了，这样大家就都不敢腐败了；如果你对腐败行为只有 1% 的查处概率，那么哪怕只要被查就判死刑，腐败行为还是前仆后继的。

另外政府要发扬民主，真诚地倾听和回应民众。我参加过一个乡的人民代表大会，那个热火朝天令人动容，代表们七嘴八舌，集思广益，为本乡下一年的发展出谋划策，官员们也是认真积极真诚地跟民众讨论，而不是强推某个决定或做法。这样一种民主的局面普遍化，加上民众尊法、公正的行政和司法，地方也就是法治的了。

从我举的乡人民代表大会的例子，可以看出乡也是可以宏观调控的。乡人民代表大会出了一个好的主意，上升为乡下一年的方针和政策，就起到了一种对本乡经济社会的引导和间接调控作用。

结论就是，全国统一大市场和而不同，不是要全国一模一样、抹平各地特色、拉平各地的发展水平。全国统一大市场的建设，主要不是解决地方保护和市场分割的问题，关键在于地方竞争，打造全国统一大市场中独特的差异化市场，构建法治的、优良的地方营商环境和人居环境。世界银行评估各国营商环境，也是采用样本城市的方法，比如通过对北京和上海两个城市的测评为中国的营商环境打分、排名，这也是法治地方性的一种反映。

地方法治发展到一定程度，区域协调也就水到渠成了。为什

么？我们现在所说的地方是指特定的某个行政区划，每个地方它毕竟是一级政权，区域之间协调不是靠上级统一的强制命令，上级即使协调也是抽象而不具体的，要通过地方法治发展到一定程度以后，地方之间根据现实情况和民意的要求相互协调、协作。区域协调是地方法治的结果，没有地方法治就不可能有区域协调。

我就讲到这里，谢谢大家。

关于行政和经济法治的完善*

行政和经济法治要求确立法治精神，形成法治运行和实现的机制。为此，就政府而言，在区分其四种角色的基础上，加上问责制和救济机制，方可形成角色扮演不冲突、不错位，积极担当、能动有为的法治政府。这也是经济法治的必要条件。

尊敬的各位领导、同志们：

非常高兴能够在春节后上班的第一天来到浙江，跟大家作一个交流。“深化行政管理体制改革，完善经济法律制度”，这是党的十六届三中全会通过的《中共中央关于完善社会主义市场经济体制若干问题的决定》中的一个标题（第十一个大标题）。中央为什么提出这个问题呢？个人的体会是，我国的行政和经济体制改革乃至整个法治发展到了一个从量变到质变的转折关头。过了这个关、这道坎，国家和社会就能跃上一个新的台阶，提升一个档次；过不了这个关，则转型期的痛苦还会持续更长的时间。

一个13亿人的大国，不知存在多少大大小小的问题，我们的行政和经济法治有待一个突破——从量变到质变，如此方能从根本上解决当前存在的诸多深层次问题。党的十六届三中全会的决定把行政管理体制改革跟经济法律制度的完善放在一起，为什么这样呢？因为社会主义市场经济是有组织、有调控、有管理的市场经济，经济与行政是密不可分的。现代政府有三大经济职能：提供公共产品和准公共产品、统筹协调和调控监管、参与公开市场操作（政府采

---

* 2006年2月5日在浙江省委理论学习中心组暨“浙江论坛”上所做报告。

购、投融资、参与金融市场交易等);再加公有制,要使国有的资本、企业跟政权体系相衔接,"老板"不能缺位。在如此这般社会主义市场经济下,大家想一想,有没有哪一个经济主体、哪一种经济行为不跟政府及其行政相联系的?答案是几乎没有。所以说经济关系是内容,经济法律制度着重于它的实体权利义务,政府行政则是形式。马克思主义的一个基本原理是:内容决定形式,形式反过来影响内容;形式有问题,内容也搞不好。为什么加入 WTO 对我们的政府有巨大的促进效果呢?这是内容对形式的要求。反过来,形式好、适合内容的需要,那么就可以促进、有益于内容的发展。而且在市场经济条件下,社会建设、文化建设甚至政治发展都跟市场有关,跟商品、货币有关。就算是公益性的医疗,也得有人买单,要有商品、货币关系来作为媒介。教育、医疗、社会保障等,由政府提供或组织提供,属于准公共产品,另外它们本身也是产业或事业,与经济及其运行紧密结合在一起。所以说,行政和经济法治完善的核心和关键,是按照经济规律和法治的要求,处理好政府和市场的关系。这个关系处理好了,可以说一切就都迎刃而解了。下面我分四个大问题来讲。

一、行政和经济法治何以需要完善

经过改革开放以来的五次行政体制改革,我国政府的机构和人员有所减少,党政机关与它所办的企业脱钩,政府职能已界定为宏观调控、社会管理和公共服务,希望通过调整政府机构设置,理顺部门分工,努力形成行为规范、运转协调、公正透明、廉洁高效的行政管理体制,成绩是显著的。比方说政府机构,机械工业就设过八个部门,现在都撤销了,极大地解放了生产力。这是我们的改革成果之一。

但是,还存在不少问题,需要进一步改革、发展:

第一,最关键的问题,是政府职能转变尚没有到位,政府的社会管理和公共服务职能需要进一步加强。

第二,行政机构设置还有待完善。上下级之间、部门之间,职责不清、协调不力的问题仍然存在。举一个简单例子:行政体制改革过分强调机构和人员的精简,没有考虑社会经济管理的实际需要,结果就会是精简以后工作忙不过来。

第三,责权利存在脱节现象,制约和监督不到位。法治政府的一个重要特征就是责任政府,政府的每一项决策、每一个行为都要有人负责,有人监督,最终须有人担责。

第四,政府的决策和统筹水平有待提高。现在决策当中越来越多地听取专家和老百姓的意见了。但是我有这样的体会:有的决策者先找100名专家来听听意见,然后就固执地认为某些专家的意见是正确的,以后开会,那些持反对意见的专家就不请了。听证会走形式、走过场的情况也不少见。这样的决策,科学性就难有保障了。

第五,中央与地方的关系需要进一步理顺。中央的政策如何贯通,地方的自主权、积极性如何提升,这两方面都需要解决、理顺。

第六,行政体制还不能完全适应社会主义市场经济法治的要求。表现在法律手段、经济手段往往不灵,最后还是习惯于用行政手段。

第七,经济法律制度主要停留在立法层面。角色不得错位、利益不得冲突、官员问责等深层次的法治要素还有待培育。

综上,进一步改革行政和经济体制,完善行政和经济法治,是有其必要性和紧迫性的。这也是应对全球化发展趋势的需要。日本有位教授写了一篇文章,他说21世纪的竞争不再是个别企业的竞争,而是民族国家的经济政策、法治环境的竞争,我非常赞成他说的这句话。在全球化条件下,要求政府跟老百姓、跟企业“捆绑”在一起竞争、打拼,中华民族才不至于在国际竞争中被淘汰,才能够在世界民族之林里谋得一席之地;既要官民合作、一致,又不能搞腐败。

这意味着什么?无疑是对政府、对法治提出了更高的要求。

二、国外的经验和借鉴

发达国家从资产阶级革命以来,大致经历了三个发展阶段。第一个是自由资本主义阶段,政府只管国防、外交、治安和自身运作,对社会经济基本不管。按亚当·斯密的古典自由主义,政府越小越好,经济社会是老百姓自己的事。第二个阶段从 19 世纪末开始,应对社会基本矛盾激化和生产力迅速发展引起的社会化进程,政府开始全面介入社会经济生活,譬如加强劳动保护和社会保障、推行福利制度,大量设立国有企业,对经济和贸易进行各种规制,等等。在这种情况下,官僚主义盛行,扯皮拖拉,人浮于事,浪费和效率低下等,损害了社会经济的活力。第三个阶段,就是 20 世纪 70 年代末以来,从撒切尔夫人开始,英美等发达国家进行了大规模的政府改革,或者叫公共管理改革,或者叫政府再造、重塑的改革。改革的要义是把社会能够自治、市场本身能够调节的事,从政府职能中分出去;政府的行政本身也尽可能服从社会需求和市场机制,立足于服务,提高效率。

从世界上看,当今发达国家的行政和经济法治存在两个相向不悖的趋势,看似矛盾又不矛盾。一是地方自治不断加强;二是中央、联邦集中管理的事务越来越多,权力也在加强。具体来说,联邦制国家越来越集权,美国出现了这样的情况,就是所谓"联邦在地方的办公大楼越来越大"。在单一制国家,则地方的权力越来越大。这两个方面,哪一方面的积极性都不能少,这是一种非常辩证的关系。

那么,发达国家进行大规模的政府及其法治改革,到底干了些什么?主要有三个方面:

第一,最主要的是民营化和放松规制。所谓的民营化与"私有化"是同一个词,但不能简单地理解为私有制。准确地讲是实行股份制、市场化,就是对原来作为政府机关附属物的国有企业划分股份,尽可能在市场上出售,政府增加财政收入,并把企业推向市场,政府在多数情况下还是控股股东或者第一大股东,或者持有具有一票否决权的“黄金股”。放松规制比较好理解,过去对社会经济事务的各种政府规制,现在要么取消、要么放松。比方说公用事业引进竞争机制,电信开放,航空开放,公路交通开放,电力开放,甚至铁路也开放。当然不是越开放越好。英国铁路开放以后,现在又在反思,铁路开放究竟好不好?

第二,就是政府保留下来的职责也尽量利用市场机制,在遵循市场机制的基础上来履行,采取承包、租赁、公私合作、使用者付费、凭证制度等。承包特别容易理解,美国最极端了,它把关押犯人都承包出去,让私人承包监狱,你帮我关一个犯人,我给你多少钱,比政府自己关押省钱多了,有很多人就靠代政府关押犯人发了财。公私合作我们现在也在办,BOT、特许经营等,就是在政府承担责任、提供保障的情况下,让私人来投资经营管理,政府当然要加以监督。使用者付费呢?就是政府提供公共服务,能够收费的尽量收费,垃圾处理、博物馆、公立大学等,尽量收费。但是有的时候也推行不下去。德国政府一直想实行大学收费,但是它的传统是不收费,一讲收费,老师、学生就上街,直到现在还没能收起来。能收则收,这也是维护公平,因为公共产品和准公共产品并不是每个人都能平等、平均享用的,让享用的人付一点费,多享用的人多付一点费,岂不是更公平。另外这也是一种对市场机制的模拟。西方国家普遍实行的凭证制度(有的翻译成凭单制度),我们也是很拿手的,按照现在通俗的话来说,就是要明补不要暗补,对弱势群体,可以补助他坐车、上学、吃饭,但不是补助公交公司、学校、商店,而是印出有价证券发给有需要的老百姓,让他拿着当钱用,拿有价证券和他自己的钱一起在市场上用手“投票”。这样既扶助了弱者,又不至于扭曲或破坏市场机制。

第三,就是调整政府结构,围绕集权和分权,优化各级政府之间的权力分配。一是中央和地方减少层次,把职能相近的部门归并,所谓的大部制,一个部把相关的事集中在一起,有利于精简和统筹协调。美国联邦现在只有 15 个部,法国 17 个,德国 18 个,日本 12 个。二是在同一个政府部门内部,也尽量减少层级,归并相关职能。这就是行政管理扁平化的趋势。

在经济和法治方面,概括起来说,这一波改革主要导致了四个方面的变化:

一是反垄断法的作用和地位提升。过去,政府和国有企业是不适用反垄断法的。最典型的例子就是日本,它的反垄断法就叫禁止私人垄断的法,也就是说不反政府或公家的垄断。但是从 20 世纪 80 年代开始,情况开始变了,政府和国有企业也跟老百姓一样,也不能违反反垄断法了。为什么会出现这样的趋势呢? 主要是因为"私有化"改革后,政府既是国有企业的股东,同时又让国有企业(及国有控股企业)在市场上与私人企业竞争,这样的话,政府做"老板",同时拥有权力,就很可能利用权力来帮助政府控制的企业在市场上进行竞争,这对市场经济是非常有害的。所以,反垄断法也适用于政府了,西方国家出现了很多这方面的案例,这也是强化市场机制的一种必然结果吧。

二是西方国家原先在经济调控中使用比较多的计划和产业政策,现在基本不用了。法国有过五年计划,日本有各种各样的专项计划,现在都被市场主体的自主竞争、货币政策、税收、政府公开市场操作、竞争(政策)法等取代。产业政策曾对日本经济起飞贡献良多,如今也不吃香了。日本的经济法原来就是经济政策法和反垄断法,现在呢,改革的变化也反映到学术当中,讲经济法主要就是反垄断法,不提经济政策法、产业政策法了。

三是强化、优化市场监管。直接的政府规制没有了、放松了,但是该管的还是要管。例如,药品、食品、矿山安全、证券、银行等监管,还是政府义不容辞的责任。这种监管要达到既不直接干预市场主体的行为,不影响其积极性,又能保持有效的监管这样一种境界。

四是在政府与市场、与企业的关系越来越密切的情况下,反腐败尤其是反商业腐败和强化官员问责制受到了发达国家的普遍重视。主要表现就是美国有个反海外腐败法,查处美国企业在美国境外的腐败行为。1997年,OECD(经济合作与发展组织)制定了《反国际商业活动中贿赂境外官员公约》,表明了发达国家对这个问题的普遍重视。强化官员问责制,主要是强化官员的勤勉和忠实义务。西方国家在这一波改革中,把对CEO、董事的专业要求和勤勉、忠实义务加到政府官员头上了。CEO、董事在经营企业的时候,要是决策不当造成损失,那股东可以起诉你,要求你承担赔偿等法律责任;但是如果你能够证明,你的某项决策在当时的环境下是合理的,甚至非常地高明、英明,那你对自己的决策或行为给公司或股东造成的损失就可以不承担责任。对于官员也一样。你当省长、部长,有人要追究你的决策失误,就分析你在既定的经济、社会环境下作出该决策合理不合理,如果合理就没有超出正常的专业判断,你就不承担责任,超出的话就要承担责任。忠实义务更不在话下,就是涉及利益冲突、内幕交易、徇私舞弊等。对此施加包括体制内外的各种监督。体制内的监督,包括上下级监督、行政监察、审计、检察、议会监督等;体制外的监督,有媒体、舆论监督等。承担责任的方式包括引咎辞职、向公众赔礼道歉、退赔、坐牢等。在这方面,日本是很有意思的。该国经常发生这样的现象,就是老百姓在地方法院告首相或者大臣(部长)决策失误,法院也判决首相或部长决策失误,记者就在各种场合追着问:“喂,某部长(首相)啊,某某地方法院(就相当于我们的基层法院或市、省一级的法院)判决你决策失误了,到底怎么回事啊?”“哎哟,我还没看到判决书呢,我一会儿看看判决书,明天再说吧!”晚上回家看了判决书,第二天就到电视上一把鼻涕一把泪,鞠躬谢罪。这种事情正是这一波改革强化官员问责制的结果。

三、如何完善行政和经济法治

首先,最重要的是要转变政府职能。近三十年来,中外政府暨经济改革的背景和路径不尽相同,但其蕴含的逻辑和道理是相通的,就是要把政府职能定位于社会自治和市场调节不能处理的事情或者无法解决的问题。社会能够自治的,市场能够调节的,就放给社会自治和市场调节,发生纠纷让它起诉到法院,政府就不要管了。反之,政府就要管起来,而且应当管得住、管得好!机械、纺织行业没什么大问题,行业协会、企业自己管管就行了;消费者保护有问题,食品、药品安全有问题,煤矿安全有问题,垄断行业有价格和滥权问题,政府就该管,而且要切实管好。

在政府与市场的关系上,政府的职能主要表现为搞好经济的调控、监管,维护良好的市场秩序,保证监管的公正有效,打破部门保护、地区封锁和行业垄断,建设统一、开放、竞争有序的市场体系。

在政府与企业的关系上,分成两个方面:一是政府跟非国有企业,关系很简单,就是运动员跟裁判员的关系。按照法律、政策既定的规则,政府当好裁判员就行。二是政府跟国有企业、国有控股企业的关系,复杂一点。政府既要不介入企业的生产经营,又要当好“老板”,控制好企业的大政方针。讲到这里,我们要消除一个误区。大家经常讲,政府不能既做运动员又做裁判员,这话对不对呢?这是不对的。为什么呢?因为政府不是一个主体。政府是一个体系,一个由千千万万个国家机关组成的体系。一个具体的政府机关,不能让它既做运动员又做裁判员,它不能自己采购,又监督自己采购,采购机关要由别的机关来监督。也就是说,政府是可以既做运动员又做裁判员的,但是不能由一个机关既做运动员又做裁判员,否则就有利益冲突了。所以,在处理政府跟国有企业的关系上,承担国有财产“总老板”职能的机关要监督好拿着国有财产去投资的出资人、股东和拿着国有财产在那儿经营的企业、董事、经理等,管好用好国有财产。"总老板"跟具体"老板"不要有利益冲突,这两种职责不应由一个机关来担任。

在政府与事业单位的关系上,要还原事业单位的本来面目。事业单位是承担政府职责的非政府机构或非政府序列的机构,日本称为"独立行政法人"。我国在事业单位改革中,应将实际履行政府职能的事业单位名正言顺地归为行政机关,或者让它成为法定机关,立一部法,直接规定这个机关的组成、体制、地位、职责、有关人事和财会监督等。其他事业单位则转为企业和非营利机构。转为企业好办,对非营利机构我们现在还没有多少概念,办法不多。什么叫非营利机构?政府对非营利机构应该怎么样管理?这里我只提出问题,供各位领导参考,时间有限,今天就不能展开谈了。

政府的社会管理和公共服务要尽可能依托社会和市场。社会和市场能做的事,就放给社会和市场去做。政府有义务承担的职能,也要尽量引进社会力量和市场机制,在政府承担责任的情况下,让社会力量和市场来提供符合要求的产品或者服务。政府要将精力和财力主要集中于维护社会秩序、调节收入分配、促进就业、建设社会保障体系、应对公共危机、改善生活和投资环境等,以及直接提供必要的基础设施、医疗、教育、科技、文化等产品。这里说到教育、文化、医疗等,它们是不是产业?原来说是,现在又有声音说不是。但是千万不能偏颇,正确的答案为:既是,也不是。这些产品中有的公共性不是特别强,公家可以提供,私人也可以提供。那么政府就要在发挥社会积极性的基础上,自己直接提供一部分作为示范,作为最基本的保障,以及起引导作用。日本的大学,政府就办了少数那么几所,但是政府办的都是一流的、优秀的大学,给社会做一个榜样、示范。其余的大学,由政府定标准,达到标准就进来,达不到标准的就出去,随它自生自灭。美国的教育则是政府兜底,精英教育放给私人、社会去办,政府承担起大众教育的责任。医疗和文化产品也是这样,基础设施和科研也是这样。事关国家安全,事关国家整体利益,事关今后发展的重要基础设施和科技,可以由政府来办。所以,这些既是公共产品,又不是公共产品;既是产业,又不是产业。政府要承担最基本的保障职能,有一小部分要由政府直接来提供。

其次,要设置规模适度、权责明确、结构优化的行政机构。政府职能的界定,决定了其范围和内容,也决定了政府规模的大小和结构体系。在这里,我想跟大家一起反思一下"小政府,大社会"这个提法。(20 世纪)80 年代中期,某些学者提出这个命题。但它到底能不能成立?结果怎么样?最近,国家行政学院的几个人去美国考察,回来后给中央打了一个报告,主旨就是说"小政府,大社会"是有问题的,而且我们的政府相对于社会化市场经济,与发达国家的情况相比较来说差别并不大。西方国家即使经过了 70 年代末以来的民营化和放松规制的改革,它们现在都不是小政府。怎么讲呢?世界上公认是小政府的美国、日本,它们的公共开支(也就是政府开支)在 GDP 中的比重比中国高得多,美国占到 GDP 的 33%,日本占到 36%,瑞典、比利时超过 50%。从人数上来讲,美国现在有多少公务员呢?972.2 万人,其中联邦公务员 187.1 万人,公务员跟人口的比例是 1∶29。他们的一些情况,对在座的来说是不可思议的,美国在"9·11"事件以后设了一个国土安全部,15.2 万人,而我们中央在京公务员总共才不到 3 万人。按照刚刚生效的《公务员法》的规定,把党群都算上,中国公务员与人口的比例是 1∶197.7。所以,应当认识到,中国国家大,人口多,社会经济发展不平衡,经济改革、社会转型要政府主导,而且市场不成熟,公有制的经济基础还要求企业在"老板"层面上与行政体系相衔接,改革和发展的任务非常重,加入 WTO 和全球化又对政府管理对外经济关系、保护本国企业和民族利益提出了更高的要求,加上中国历史上长期基于宗法血缘关系的统治,导致社会自治能力弱、水平低,许多在西方发达国家可以由社会自治或市场调节的事,在中国仍需由政府承担,政府的职能和作用与西方国家相比必然要偏大。何况我们现在还偏小。所以,片面追求“小政府,大社会”是有害的,它的后果就是在需要政府发挥作用的领域和关键时刻捉襟见肘。正确的提法应该是,按照社会主义市场经济的要求界定政府职能,政府该多大就多大。当然,我并不是主张大政府,大政府的说法也是不确切的,关键是建立一个规模适度、有力高效的政府。在机构设置上,一方面,我们可以考虑借鉴国外大部制的经验,将职能相近、职权交叉的重叠的机构重新整合、精简。另一方面,也要借鉴西方国家扁平化的做法来优化政府部门内部结构,按照决策、执行和监督分工、协调的原则,调整机构内部分工,也包含对政府机关及其工作人员加强监督的要求。

再次,要理顺中央和地方的关系。迄今中央和地方的关系还没有完全理顺,最主要是事权划分笼统,财权划分不清。

在机构设置和划分上,我们从中央到乡镇是五级。现在的趋势是扁平化,有人提出要减少政府层级,提出了很多改革建议。但是我个人的看法是,从五级一下子变到四级、三级,不现实,不能“一刀切”。可以在维持五级的现状下,加强中央、省、县三级的政府建设,这样既可以提高中央和省级政府的施政力度,又能增强县级政府统筹本地事务和区域经济的能力,降低行政成本。这里要讨论两个话题。一个话题是:市管县要不要维持,还是把它取消?现在有两种对立的意见,但我觉得关键是法治化,而不在于这件事本身。从现实来看,在比较富裕的地方、市的统筹能力比较强的地方,市管县是好的;在比较穷的地方,市的统筹能力很差的地方,市管县后,市里可能比原来好一点,光鲜一些,但是县里可能更差了。关键是市管县的情况下,市要统筹哪些事情?应当说,这与中央跟地方的关系是一样的,地方自主和上级、中央统筹应当是并行不悖的。地方人民最了解地方的事务,宁波人最了解宁波的事情,温州人最了解温州的事情,地方自主是不可或缺的。凡法律上没有规定由中央和上级管辖的事情,就应由地方来管;凡法律上明确由中央和上级来管的,就应明确它要管哪些事,怎么管。一句话,法治化。法治化以后,我觉得市管县还是好的,多一级统筹总比少一级统筹好。

还有一个话题,有人说我们要设一百个省,要扁平化,把省划小一点。我反对这个意见。为什么呢?因为省多数是历史上形成的,省的治理是以本省人民的地域认同为基础的。另外省起着一种强有力的统筹作用,贸然地把省划小,会给国家社会经济发展带来长期的负面影响。大家想一想,如果把珠三角设成一个省,那广东其他地方不是更穷了吗?道理就是这么简单。另外,中国人口多,一个省往往比其他一个国家的人还多,省级政府是地方最高行政机关,除涉及国家主权和中央银行、证券监管等极少数需要中央一贯到底的事情外,多数需要政府集中统一管理的事情,由省一级统筹就可以了。所以省非常重要。中央与地方的关系,首先是中央与省的关系,这个关系理顺了,其他层级的关系就比较容易理顺。可以把处理好中央与省的关系作为进一步深化行政体制改革和建立法治政府的切入点之一。

从中国自身的情况和发达国家的经验来看,政府改革还要求解决好府际争议问题,就是要处理好中央与地方之间、不同的地方之间、同一级政府的不同部门之间的纠纷,它们就事权、土地、财政等发生任何纠纷,建立制度化的纠纷解决暨救济机制。否则受害的不是政府自己,而是老百姓。

复次,要改革行政方式。我们对于审批、发文件,做决定、下命令、直接的指挥等,非常得心应手,而不善于或者疏于在日常工作中专业性地处理事务,实行动态监管,对于社会主义市场经济的要求还不太适应。现在要重视《行政许可法》实施以后把行政管理的重心从事前审批向专业事务、过程监管和事后责任追究方向转移,要学会按照既定的规则,通过设定标准、税收和其他的利益引导、订立合同的方式来行使政府职能,又要强化、优化政府对市场和相关社会活动的调控、监管。要按照权责一致的要求设定行政机关的职能及其编制和经费,逐渐向实务化政府的方向发展。还要注重变刚性管理为柔性管理,树立沟通和服务的理念,减少因为决策和执法方式不当而给社会带来负面影响。

要建设法治政府的话,就要重视程序,包括行政规章制定程序、行政裁决听证程序、行政行为的司法审查程序以及信息公开、公众参与、政府绩效评价的方式方法等。当然也要注意,不要从一个极端走到另一个极端,在程序法治建设当中,要重视公众的参与和监督、责任追究,避免纠缠于立法和形式本身,既影响行政效率,条文如果脱离民主和法治,也会成为一纸空文。程序正义决不是“死抠”条文,关键是政府自由裁量的正当性和公平正义,归根结底它是由人民通过体制内外的各种途径来决定的。我下面还会讲到它跟“三个代表”也是有联系的。

又次,就是政府法治。政府法治的一个重要环节是完善行政执法,要理顺体制,明确行政执法的权责,落实收支两条线,保证执法经费,完善政府绩效评价制度,把政府执法的能力和效果、群众对其满意度等纳入政府绩效考评体制,建立行政执法责任追究制和官员问责制,形成有效的激励和约束。加强政府法治,还要求公正的司法。由政府体系外部的独立第三者来对行政行为进行评价和解决行政行为引起的纠纷,要比行政机关自身解决机制来得更有效。所以要强调法院的作用,《行政诉讼法》颁布以后,对政府的影响要比《行政复议法》强得多。为什么?由行政体系外部的一个独立公正的第三者来审理,效果、作用无疑要大很多。政府法治还要求政府在参与市场活动的时候,比方说参与公共建设、投融资、土地使用权出让、订立股东协议、政府采购等这样一些关系的时候,要跟公民、法人一样平等地适用公司法、合同法、反不正当竞争法、招标投标法、政府采购法等,该承担什么责任,就承担什么责任,包括赔偿责任,最重要的是赔偿责任。这个时候,政府跟公民、法人是平等的,不享有任何特权。

加强政府法治,也对法治理念的培育和法治机制的形成提出了更高的要求。改革开放以来,我们经济建设、制度建设的主要关注点是硬件,当然这也是一个必经的阶段。但是现在已经到了转折关头,非重视法治理念的培育和法治机制的形成不可了。政府水平、法治水平高,并不是其纸面上的法条和制度设计有多高,而在于其法治精神的普及。

回到我开头讲的反腐败问题,就涉及法治精神。什么叫法治精神呢?我总结就是这样一些东西,比如守规矩、讲诚信,又如角色不得错位,利益不得冲突,人人可被问责。每一人都要对自己的决策和行为负责,对于政府及其工作人员更应该这样。还有政府适用法律的任何行为都可交由独立的第三者审查、裁判,这就是诉讼。法条和政府的任何规定、行为都要接受体制内外(包括公众自发)的正当性评判,在这个层面上法和道德相接轨了。凡不符合法治精神的,就是违法的。任何法治国家都不可能把它具体地规定下来,也规定不完,挂一漏万。社会生活太丰富多彩、太复杂了,你要都规定下来,什么是合法的,什么是不法的,那是不可能的。法治精神属于道德范畴,但它又是法治的要素,同时属于法的范畴。这就印证了中央2001年在《公民道德建设实施纲要》中提出的把法治建设与道德建设、依法治国与以德治国紧密结合起来的正确性和重要性。

法和道德虽然是两类不同的行为规范,但两者又是相互依托、互动的。其一,法要以道德为基础,没有多数人道德支撑的法只是一纸空文。其二,在长期的历史发展过程中,有些社会行为规范如"不得杀人",既是法的规范又是道德规范。其三,更重要的是,法所追求的公平正义需以道德作为其正当性评判的标准。这种评判在最高层次上是人民通过制度内外自觉或不自觉形成的共同意志对整个法律体系、行政体制、某一项法律或者制度、重大个案等的正当性评判。在这个层面上,法跟"三个代表"衔接起来。所以法跟"三个代表"的关系,不仅仅是把"三个代表"写到宪法里面,还有这个深层次的关系在里面。

最后,要按照法治政府的要求完善经济法治。在市场主体方面,要着重处理好政府与国有或国有控股企业的关系。政府在行使所有权或者出资人的职能时,要将不同财政主体管辖的财产真正作为法律上的财产权来对待,否则,社会主义市场经济就难以进一步向前发展了。浙江省是一个财政主体,杭州市也是一个财政主体,当然中央也是一个财政主体。要承认每一级政权及相应的财政所管辖的财产也是作为物权的产权!在这个基础上,社会主义市场经济才能进一步发展。

政府的财税、金融、土地和资源等调控监管,必须引入更多的民主法治机制,坚持贯彻公开、公平、公正的原则。按照发达国家的经验,宏观调控机关、职能监管机关,相对于其他政府机关要有相对独立性,管理目标要相对集中单一,以免受到其他政策目标的干扰,妨碍其职能的承担。否则,就会造成决策偏差或者多头决策,无人负责,久拖不决,淡化了决策责任。中央银行的货币政策是典型的,它需要相对的独立性,原则上不能考虑财政的要求、社会保障等,考虑多了,货币政策本身也处理不好,其他的政策也协调不好。

还有跟国际经验相通的一点是,在市场经济条件下,政府参与投资、采购、融资的规模日益增加,政府的公共管理要尽可能利用特许经营、有偿服务和交易等市场手段,这样特别容易产生贿赂、舞弊、利益冲突等弊端,因此需要完善相关法律制度的协调、配合,以期标本兼治,从根本上解决腐败的问题。另外就是理念,反腐败中缺乏利益冲突、角色错位、舞弊就是犯法这样的理念,也使反腐败工作往往事倍功半。

四、若干对策和建议

第一,整体谋划进一步的改革。行政和经济法治发展到今天,已经超越了精简人员、机构和立法这样浅层次的方面,而触及中央和地方的关系、社会利益格局的调整、法治的精神、法治机制等深层次的问题。所以非常重要的一点，就是要超越行政体系，不能由行政体系自己来改自己，当然法院系统也不该自己改自己、检察系统也不应自己改自己。根据中国国情，应该在党的领导下，由党的系统来承担这个职责，统筹谋划，各方面合力推进下一步的改革。

第二，加强法治政府建设。目的是确保科学的决策、公正的执法和最终建立官员问责制。当然也不能忽视科学、民主的立法。建设法治政府，要强调行政体系外部的监督和制约，内部监督、制约不能说不重要，但是更重要的应该是外部的监督、制约。

第三，积极推进社会自治，形成政府和群众在行政和经济法治进步中的良性互动。只有法治，才能保证国家长治久安，人民的自治和参与是法治的基础和保证。如果老百姓社会自治能力差，不能放任他差，要培养他的自治能力，让他的自治能力越来越强。这样，才能形成一种良性互动。

第四，加强行政和经济法治的理论研究。理论上要有说法，心中要有数，逐渐形成一种中国特色社会主义的主流意识形态。这样，法治也就有了坚实的基础。一个法治国家，是不可能建立在连大是大非问题都充满争议、缺乏共识和主流价值之上的。当然，理论不是纯粹的，理论是灰色的，生活之树常青。要深入调查研究，掌握省情、国情，借鉴国际上的经验，形成我们自己的一套东西。

第五，重视行政和经济法治机制建设。机制是不能移植的，要培养、培育。怎么培育呢？法院是整天跟纠纷打交道、跟社会公平打交道的，可能已经率先体会到法治机制的重要性了。比如最高人民法院制定了法官行为规范，（要求）法官不能跟当事人吃饭等，实际上就是法治机制、法治精神、理念的要求。西方国家也有这种东西，我收集了一些资料，他们的议员违反议员道德操守、公务员违反公务员道德操守，也是可以被处罚的，虽然操守、守则不是法律，但其运作确实是法治的机制。时不我待，要从我们每一个机关、每一个国家工作人员做起,立即做起来。政府从总体上也应该有一些计划来推进这方面的建设。在这个机制建设当中,我想最后强调一下政府的四个角色定位,在认识上把它们分清楚,角色不能冲突、不能错位,如果有错位有冲突,就是违法,相关机关和当事人就要承担责任。要确立这样的观念和机制。

第一个角色是社会经济公共管理者的角色。某一个机关、某一个首长作为社会经济的公共管理者,应该对它(他)管辖范围内的各个主体、社会成员一视同仁,不能有所偏颇或者厚爱。

第二个角色是国有财产"总老板"的角色。这也是一种公共管理职能,在我国,坚持社会主义,国有财产的比重比较大,国有企业多,在竞争性领域也存在,所以要把这个角色突出地强调一下。国家所有权、国有财产要有人作为"总老板"来代表,这个代表是干什么的呢?它要贯彻法律法规,制定政策法规,对任何掌管着一定国有财产的主体(包括机关、学校、企事业等)实行监管,让它们当好股东、做好出资人、经营好企业、管好事业性的财产等,不要浪费、贪污,不要决策失误。

第三个角色是国有财产的具体"老板"和具体占有者的角色。他们的职责和任务,就是在承担"总老板"职能和承担公共管理者职能的机关的管理监督下,用好、管好具体国有资产,包括实物资产和股份、债权债务等。

第四个角色是行政和经济活动主体的角色。每一个机关及其工作人员,都要从事一定的行政活动、经济活动等,除了日常行政工作,投融资、跟外商订立股东协议、出让土地使用权、订立政府采购合同等,这些活动也越来越普遍。承担这一角色的机关和个人在承担"总老板"角色的机关、承担具体"老板"角色的机关、承担社会经济公共管理者角色的机关的监管下,从事活动。

这些角色一定要分清楚,不分清楚,你就没有利益冲突的概念,法治就无法落实。那么有了这四种不同角色的概念,事情就好办了，承担某一个角色的机关和个人不能既做运动员、又做裁判员，就清楚了。加上问责制和救济机制，法治国家、法治政府、法治社会就可望建立起来了。

我今天的报告就到这里。

谢谢大家！

负面清单：市场准入与进入前、进入后控制*

实行负面清单制度，在放得开的同时，对禁止和限制事项也要管得住。对于准入前准入后，进入后包括不法进入后，须做好事前、事中、事后监管。还要防止任何政府部门及其首长或工作人员“恪守”清单“依法不作为”。

尊敬的各位来宾、各位老师、各位同学：

大家上午好！

青年博士论坛已经举办至第11届了，我很高兴也感到荣幸，本届研讨会能在我校召开，由中国人民大学经济法学研究中心、破产法研究中心等一起主办。

本届的主题是市场准入和退出。准入与进入不是一回事，进入是自由进入或者准入后进入了，以及应当准入但未经准入的不法进入，准入是以禁止和限制为手段的控制。《国务院关于实行市场准入负面清单制度的意见》也是这么界定的。我一直以来认为，准入是限制和禁止，自由进入或者必须让他进入就不是准入，所以自己的观点得到认同，也是很开心的事。

市场准入和退出是市场经济法治的一大课题，迄今仍存在很多问题，亟须从道理上、操作上加以厘清。我想到三个例子或者现象：

一是小餐馆、小商店要不要登记？基层工商局人员长期呼吁小餐馆、小商店不要登记了，学者不明就里，只认营业就要登记、企业

---

* 2015年10月31日在第11届中国青年经济法博士论坛暨“经济法视野中的市场准入与退出制度”研讨会上的主旨讲演。

就要登记的理,认为不登记就是违法的。现在好了,淘宝一出现,把这个想法冲击得七零八落,每一秒钟都有店家入驻淘宝,是否一定要由工商局在第一时间登记后,才让它进入,还是让淘宝审核,向工商局备案就可以了?工商局其实没有这个精力,要是管不过来,就会影响交易开展和发展。现在经济下行压力大,鼓励大众创业、万众创新,固有的条条框框就更不合逻辑了。

二是出租车管理问题。出租车无疑要准入管理,因为涉及对消费者童叟无欺,以及公共交通、公共利益、社会安全的问题。但是出租车的数量到底应该是多少,价格多少合适,政府能取代市场将其处理得恰当、妥当吗?

三是市场退出问题。对此,学者的脑筋和现实也是矛盾冲突的。一个企业不能清偿到期债务,原因是五花八门的,有的老板诚信经营,口碑非常好,只是遭遇他人欺诈、陷害,或者资金一时周转不过来,企业陷入困境。他一个企业几百人,维系着上千甚至数千人的生计,因为一件他无法控制、没有责任的事给弄破产了怎么办?按照学者的想法,当然最好破产算了,充其量来个破产重整。但是当地老百姓和政府不是这样想的,哪怕重整也不公平,要想方设法,书记出面,带着主管副市长,把方方面面找来,试图解决问题,比如谁欺诈、陷害的,谁该承担责任,就让他用自己的财产和人情去借一笔钱,把他给企业造成的损失弥补上,把他欺诈、陷害行为的责任转嫁到他自己头上。简直太完美、太公正了,但若不是书记、政府出面,以破产法来处理是不可能达到这种绝佳效果的。我说的是真实的案例,若干陷入同样困境的企业,经过协调处理,几千人照常上班,企业正常运转,债务一点点都赖不掉,党和政府帮助解决了问题,老百姓没有反对的。既然如此,我们是不是还一定要坚持用破产法和破产法的原理来处理这种事?

所以,面对现实,如果理论和研究跟不上、对不上,反而想让丰富多彩的实践去契合专家学者的一些莫名其妙的想法,**削足适履,**

就不是真正的学问。这是一些都还没有解决的问题,所以我想本次论坛的选题非常好。希望在座的各位集思广益,贡献自己的思想观点,通过交流碰撞,相信每位与会者都能够受益匪浅。

《国务院关于实行市场准入负面清单制度的意见》的落款日期是(2015 年)10 月 2 日,实际上是这几天才发的,负面清单制度因此就要在全国范围进入实操阶段,意义重大。通过负面清单制度,政府对市场主体禁止或者限制进入某市场得以公开透明、规范化,政府要按照这个清单、按照这个制度来。所以它是很有针对性的,针对的是我国的实际情况。这是有中国特色的一项制度,背后的理念就是各位从大本一年级开始,老师就反复灌输强调的:对于私人来说,法无禁止即自由;对于公主体、对政府来说,法无明文即禁止。这个说法对不对呢?时至今日,在现在的条件下,至少已不全对。我在 2014 年山西开经济法年会提交了一篇论文,文中讲,政府该做什么不该做什么,是宪法和民主法治之下,由形势、环境动态地决定的,不可能用法律条文具体地明文规定。不能说:政府只能做法律具体规定或具体授权让它做的事,此外都不能做,不要去做。显然不能这样。

这里,我顺便先评价一下权力清单,即与负面清单相对的正面清单。负面清单对应于法不禁止即自由,正面清单则对应于法无明文即禁止。给政府每一个部门列一个清单,只允许它做清单上列的事,其他的不能做,这听上去似乎很好,却是错误的、不可能的,也是不应该的。充其量只是办事清单,可是在窗口办事之外,要处理的事、要解决的问题,多得去了。在现代民主法治条件下,老百姓有什么问题,政府就应当呼应,政府要听老百姓的。怎么听呢?民主法治。日籍美国学者福山认为良好的治理就是强势政府加民主问责,西方的民主制度已经不能满足这个要求,既不能造就强势的政府,也没有真正的民主,一旦选上总统、州长等,就我行我素,你拿他没什么办法,只能干等着下次把他选掉,能不能选掉还不一定。政府可以干什么,不可以干什么,是在民主的问责中随时随地确定的,没问题就放任市场和社会自治,出了任何市场和社会自身无能为力的事情或问题,政府就应当出面解决。

现在讲负面清单。

负面清单说说容易,实际上做起来很难,比较复杂。首先,负面清单以内的事情,你能不能禁得了、限得住。最惨痛的教训就是稀土,《外商投资产业指导目录》一直禁止外商勘探开采稀土,2015 年版也没放开,将来肯定还是要禁。但是改革开放以来,事实上没有禁得住,外商想方设法参与稀土勘探开采。是不是有了负面清单,就禁得住了？肯定不是,原本的禁止就是一种“负面清单”啊！后来采取措施,仿照煤炭重组,由指定的国企整合稀土业,才初见成效。但是需要禁、需要限的,远远不只稀土一项。其次,自由进入或者准入之后,是不是政府就不要管了,让它自生自灭,能存续的存续,干不下去的自己关门或者倒闭、破产退出就可以了？自由进入以后怎么管,谁来管,怎么管？比如白银交易,现在白银自由交易,无数的白银交易平台出现了,引诱你去开户,把钱打进去,你赚了钱想把钱转出来的时候,网络就故障了,或者找各种借口,总之不让你转出钱来。进入以后,不论怎么进入的,是不法进入的,还是合法地自由进入的,或者经审批准入的,进入以后怎么管？有了负面清单以后,就是要对不需审批的,经合法审批的,该审批而没有通过审批或者违法规避的,都要管起来,而且要管好。大家想想这个有多难。证监会成立了一个打击非法交易和非法交易场所办公室,也是出于这个原因,大量问题出在非正规、不法的领域,黑色或灰色地带。P2P 也是这样。

因此说,负面清单只是解决市场准入之限制、禁止的审批不公开不透明,寻租、吃拿卡要等问题,仅仅是解决这个问题。对于准入前、进入前控制,不属于准入范围,或者根本不需要准入的事,怎么样控制的问题,负面清单解决不了。负面清单怎么控制呢？列一个清单,在这个清单里面的,或者禁止,或者限制,限制的话怎么限制,主体限制、股权限制等,其实这个很好办,在办公室案头就可以做,很简单,不需要干更多的事情。除了该禁限的禁限得住,更重要的是事中、事后的监管,就此我讲三点。

第一点,就是禁什么限什么,怎么禁怎么限,要科学合理,现在国务院提出建立负面清单制度,但是这个问题没有完全解决。还有,要设全国统一的负面清单,这个恐怕也不行。新疆和广东的负面清单能不能统一?甚至同质化的地方,上海北京能不能统一,江苏浙江是否可以统一?经济发展差距比较大的地方之间是否可以统一?是全国一张负面清单,还是各个省各个市经过中央批准也可以有不同的清单?我觉得不能搞大一统,任何事情都是这样,具体到本地,本市本省应该禁哪些限哪些,怎么禁怎么限,必须由地方人民充分参与发表意见,利害关系人充分表达诉求,专家充分论证,然后负有职责的部门和首长有一份担当,敢为敢当地拍板定下来,报中央备案当然不是问题。还要仿照外商投资产业目录和关税税目表,每年或每几年或根据形势需要进行修订。

我顺便给交通运输部那两个关于深化出租车改革、推进网络预约车的办法征求公众意见作个评论。先亮明观点:这个做法是符合民主法治要求的。那交通运输部有没有权力管这个事,能否对过去没有的事设定许可?应该说管好出租车、专车、顺风车是它的法定职责,凡职责范围内的事都应该管好,不知怎么管、有困惑,于是征求大家的意见,很好。至于管的具体内容可以商量,可以变,甚至一年一变都可以。比方说,车辆运营 8 年报废,显然不合理,以前私家车 15 年报废不合理,可能 15 年就搁在地库,没有开,可以不按年限报废,于是就废了这个规定。可以用里程确定报废,运营车辆也是这样,不能用 8 年来限制,8 年内有的车开了 60 万公里,有的车开了 100 万公里,差很大,怎么能"一刀切"呢。这是清单的具体内容,好商量。

第二点,就是该禁的要禁得住,该限的要限得住,这个就难了,在一个部门、一个机关、一级政府管辖的范围内,不论是合法合规的,还是不法的,游离于制度和规定外的,政府都要随时掌握情况,出现问题第一时间把它管起来。所以对负面清单制度,不要仅看负面清单本身,更要看负面清单以外,政府的治理能力和水平今后要如何提高,能提到多高,要从这个角度去看。

第三点,进入或准入之后,事中、事后监管要跟上。国务院这么长一个意见,方方面面讲得很多,关键就是六个字:放得开,管得住。放得开容易,但不是说自由地进入,或者说经过审批准入后,就不要管了。怎样做到进入准入后包括不法进入后能够管得住,责任清单就要发挥作用了。要通过责任清单,把经济社会各种事宜,毫无漏洞地、不留空白地纳入各级政府的职权范围内,在你的管辖范围内,不论是合法不法的,合规的不合规的,白色黑色灰色的,你都要管得住,都是你的责任。可见责任清单非常重要。但是回到我开头说的,进一步评价责任清单,它仍只是法治的三分之一。规定了职责,是否就一定能履行好职责了?答案是否定的,因为规定只是纸面上的规则,对其置若罔闻、暗藏私心输送利益、滥用职权胡作非为等都是可能的,怎样让任何机关、任何一级政府,积极自由裁量能动地履行好法律法规授予它的职责呢?这个需要福山讲的问责,责任清单只是一个正确的前提,所谓问责,就是通过体制内外的各种机制对掌管着一定职责的机关及其工作人员施加激励和约束,让其接受评判和监督,包括相关机关、监督机构、利害关系人和舆论在内,任何人都可以对掌管着一定职责的公共管理主体提出疑问和批评建议,被质疑者必须真诚、认真地作出回应,进行解释,解释不清楚就改,你认为解释清楚了,那就好汉做事好汉当,出了问题甘愿担责,如此互动博弈,让政府积极有效不腐败地作为,把市场真正管好,这是另外三分之一。

最后的三分之一,如果职责履行发生缺位、错位、越位、利益冲突贪污腐败,或者经不起问责,就依法承担法律上的不利后果,不仅仅是引咎辞职、责令辞职、赔礼道歉，还包括行政处分和处罚，也可以是刑事责任。这样，才能将经市场准入和以任何方式进入市场后的主体及其行为控制好，政府监管对市场全覆盖，不留空白，当然更多时候更多情况下是引而不发，情势和信息尽在掌控中，一旦出问题则即刻跟进解决，毫不拖延，不留尾巴。

综上，负面清单只是办事清单，是法治的基础性措施和要求，远非市场准入和市场监管及其法治的全部。在公权力法无明文不可为的观念深入人心的当下，在推行落实负面清单的同时，很重要很关键的是要防止任何政府部门、机关及其首长或工作人员“恪守”清单“依法不作为”。

这就是我对负面清单的一个观察和议论，供大家参考，请不吝批评指正。谢谢！

财产权、资本和企业

修宪与财产权变革*

财产权,就是保障基于财产的一系列法律关系得以最大程度地实现的法治。要把财产权所派生的支配权、请求权、成员权或社员权、参与权、决策权、管理权、人身权、知情权、监督权等都归结为财产权,并予以有效法律保障。

各位同学:

大家上午好!

今天跟大家漫话修宪与财产权变革问题,大家可以随时打断我的话,进行交流。

为什么谈这个话题?因为修宪了。《宪法》中有一款改为“公民的合法的私有财产不受侵犯”。非常好,这是一个天大的进步!中国过去几千年,从夏商到民国,财产都和宗法血缘、政权结合起来,不存在什么抽象的财产或者权利。近代以来,晚清及之前就不说了,国民政府算是进步的吧,但是翻开历史看看,即使是最昌盛的20世纪30年代中期,当时凡成功的企业都是企业主能不择手段与政府搞好关系的企业,凡失败的企业都是企业主由于种种原因与政府搞不好关系的企业。这次修宪的进步意义,应该说怎么评价都不过分。它表明我们这个社会开始认识到财产权是社会的基础,真理来得再晚也不迟。有了财产权,才会有正常的交易、企业、经济和我们的日常生活,否则一切都无从谈起。再用马克思的一句话来借喻,他说一个社会如果不劳动了,这个社会就一个礼拜都存在不下去;

* 2004年5月20日中国人民大学法学院博士生“法学前沿”讲座。

我说一个现代的社会如果没有财产权,那它就一天都不能正常运转。

我推荐大家看一本书,叫《资本的秘密》,是发展中国家里为数不多的一个世界级经济学家写的,他叫赫南多·德·索托(Hernando de Soto),是秘鲁人。他这本书洋洋20万言,说的其实就是一句话:发展中国家之所以是发展中国家,发达国家之所以是发达国家,原因在于发达国家保护财产权,发展中国家不那么保护财产权。他举了一个简单的例子,发展中国家的绝大多数房屋没有房屋所有权证,或者不需要房屋所有权证,有了意义也不大。他说的是埃及、巴西、秘鲁等国家。在发达国家,你有了证就有了切实的财产权,可以将房屋抵押出去借钱,银行拿了这有抵押权的债权以后,可以打包,用其债权的价值发行债券,先变现,你有散钱不妨又买一些由你自己的房屋作保的资产证券,以获取比银行存款利息更高的收益。如此等等,凡此种种,发达国家的财产权关系实际上比这还要不知复杂多少倍。财产权,其实就是可以保障基于财产的一系列法律关系在现实生活中得以最大程度地实现的法治。

更重要的是财产权与现代企业制度的关联。如今,一个社会、国家的富强、昌明,关键在于这个社会、国家的企业发展得好不好,水平高不高。现代企业的最根本的一点,就是所有权人或者他物权人把财产"信托"出去,让他人管理经营,为你谋利益,而不是为他自己谋利益。这看上去很简单,却包含了极其深刻的含义。

修宪的意义这么大,那么是否修宪了,问题就解决了?我今天就是要说,《宪法》里改一句话尚不解决问题,这句话充其量让中国社会的理念进步一些,不要去侵犯人家的财产,起个宣示性的作用。宣示作用当然也很重要。但是要把这个宣示化为社会的行动,不仅仅是老百姓、律师、法官、政府工作人员的观念转变、提高的问题,里面也有一些法学问题是值得探讨的。这些问题不把它们挖掘出来解决了,修宪就仍然只是宣示。我想,至少还有下面四个法学上的问题需要解决。

第一个问题：企业是财产吗？ 福布斯杂志年年公布富豪排行榜，比尔·盖茨今年（2004年）以430亿美元又名列榜首。他的这430亿美元是什么？他有430亿美元的银行存款和不动产吗？要是按照中国的统计，他就不值那么多钱了。这430亿美元主要是他作为微软的第一大股东所享有的微软企业的一个份额。微软值多少钱，股市有一个客观的评价。这是比尔·盖茨财产的大头。如果我在一个有限公司里有股份，或者是我一个人开的工厂、饭店，叫某某厂、某某餐厅，法律上有没有把它算作我的财产？没有，法官也认为不是。有好多这样的案子。A和B开个公司，被A把持了，B要求查账分红，不得要领；后来A连公司的大门都不让B进了。B于是诉到法院，法院说这没法处理，这是公司内部的事情，我们不管，因此不受理；B到公安局报案，公安局说这是民事纠纷，我们不插手。B只好眼睁睁地看着自己投资了100万元，却连公司大门都进不了。企业到底是不是财产？如果是，按照修宪的精神如何保护？如果不是，怎样理解我作为股东的出资？怎么理解福布斯多年把比尔·盖茨列为首富？

说到这里，我要先亮出一个观点：企业不仅仅是法律上的主体，迄今为止我们只是把企业作为法律上的主体，作为一个不同于自然人的法人，或者是相对独立的民事主体——合伙等；但是要确立和保护财产权，更需要把企业作为法律上的客体，表现在企业是一个概括的财产（assets），是营业（business），是财产权的客体，是所有权、他物权支配的对象，可以从中衍生出无数的法律关系来。权利人能够尽可能发挥自己的想象力，通过财产来实现自己的利益。

企业还是事业、任务、追求，就是“undertaking”“enterprise”，我有一项追求，就可以通过办一个企业来实现这一追求。一个社会有能够鼓励和促进人们的追求，这个社会才是有前途的。在一个商品货币社会中,干什么都要钱,要拿得出资本,别说是炼钢铁,就是办一个民营研究所,没有几十万元也下不来。事业、任务和追求的基础是财产权。要保护这个社会的追求和积极性,就要保护社会成员的财产。不要把企业法人神圣化,给它披上一个光环,让它成为一些人掠夺另一些人的工具。就把它作为老百姓实现自身追求的一种手段,一种投资或做事的工具,作为法律的客体,是财产和财产权的延伸,就可以了。无论由此衍生、变化出何种财产关系甚或社员权、人身权关系来,都要对其适用财产权神圣的理念和制度,不容任何含糊。

这里又派生出一个观点,那就是价值也是财产。我们现在法律上讲财产,房屋、土地、货币(钞票)、股票、债券等,都把它跟某种形体(包括管线中的气、电等)结合起来,一定要是看得见摸得着的东西。可是在现代社会,财产要表现为价值才有意义。刚才说了,比尔·盖茨的财产主要就是抽象的价值,而不是有形的东西,我在有限公司和合伙企业中的份额也不表现为有价证券。把价值作为财产在法律上早已有了,那就是概括财产,一个人、一个企业的概括财产,包括他(她、它)的一切有形物和无形物、债权和债务。我再推荐大家去看一篇文章,《法学家》杂志 2004 年第 2 期里登的纪念拿破仑法典 200 周年的一篇文章,谈财产和人格的关系。在现代社会中,价值是财产。但是一个主体不限于只拥有一个价值。我可以将我的财产分为三份,一份投资 A 公司,一份投资 B 公司,一份留给自己生活之用,我就有了三份概括的财产,分别依附于三个不同的人格。在法律上分为三个财产,分别有不同的法律关系。而且,一个概括的财产也可以包括几个概括财产。微软的资产负债表反映了微软的概括财产,但是这个概括的财产还可以再分成若干份概括的财产,其中,比尔·盖茨就有一份——他在微软的全部权益,微软每个股东享有的份额都是该股东的概括财产。实践早就跑到法学的前头了。

第二个问题:支配等于物上的有形支配吗? 大陆法系传统上将所有权概括为一种法律保障的抽象支配力。到了苏俄民法,1922 年的民法典,将其概括为对所有物的占有、使用、处分的权利,后来我们又进一步概括为占有、使用、收益、处分的权利。对某一有形物的占有、使用、收益、处分的权利,都分离出去了,那还是不是所有权?我把我的财产投资到企业当中,这个企业是法人,和我在法律上是平等的、另外的主体。比如我投资了 100 万元,这个法人就对它获得了"占有、使用、收益、处分"的权利或权能,那我还有没有所有权?上面我举的那个 A 不让 B 进公司大门的例子,法院说是有民法理论支持的,所有权投资以后就转化为股权,就不再是所有权、物权了。这个理论和修宪符不符合?怎么来解释这个现象?对此我们应该持什么样的观点?有一个观点我一直以来都在强调:股权是所有权人或他物权人投资于企业或投资经营时其所有权或他物权的表现形式。股权不是所有权或他物权,但是所有者或他物权人投资以后,其所有权或他物权就表现为股权。经济学上说股票是所有权凭证,比法学正确、高明,不能说有了股权和股票,所有权就没有了。否则保护财产权的目的何在,作用如何,意义在哪里?我今天要说的观点是,保护财产权,就是要使财产所有人或他物权人能够基于其财产权,控制由其财产权衍生出来的各种各样的财产法律关系和组织法律关系。保护财产权的目的,不是要你把金项链攥在手里、把钱藏在瓮里,这等于没有保护财产权。这就是我提到的那个秘鲁经济学家讲的,没有财产权,才需要去紧紧地看着、守着你的财产;有了财产权,就要去交易、去做企业,要发挥财产的价值,去促进经济发展和社会进步。那么当你把财产投资于企业时,你还是有所有权或他物权,表现在你要选择经营者等。如果你投资的是软件行业,你自己不是太懂,你要选择专业人士来为你做经理、打工。李嘉诚投资了成千上万的企业,但是他从来不到任何他投资的企业去上班,他的所有权表现在哪里?就是选人,做重大决策。我投资了我还要有知情权,我要知道我的钱干什么去了,感觉不对劲就把它撤回来或者赶紧卖掉。现在世界上掀起了保护小股东的浪潮,就是要保护小股东的财产权,包括知情权。我的钱拿给你以后,连它如何运作你都不让我知道,那这个社会还有什么财产权?德国有个案例,反映了这个问题上的趋势或潮流。德国海德堡大学有位文格尔教授,他买了很多股票,其中有奔驰公司的股票。有一年,奔驰公司的期末实际分红比期中预期的利润低了很多,文格尔很生气,就问奔驰公司是怎么回事,奔驰公司说:对不起,我不能告诉你,这是有法律依据的,就是德国《股份法》第 131 条中有一项,公司可以泄露商业秘密为由而拒绝答复股东的询问。文格尔起诉到法院,说奔驰公司侵犯了他的财产权。法院顺应保护小股东的历史潮流,判决奔驰公司必须向文格尔做出解释。这位教授乘胜追击,又将《股份法》第 131 条中的那项规定起诉到宪法法院,要求确认其违宪,结果大获全胜,德国宪法法院顺应保护小股东暨财产权的大潮,判决《股份法》第 131 条的那一项违宪而予以废除。

我们可以得出结论说,发展中国家与发达国家、法治国家与非法治国家的差别之一,就是基于财产权的各种法律关系扩展延伸的大小、广阔程度不同。法治越发达,财产权越是根深蒂固,基于财产权派生出来的法律关系也就越多、越广泛。所谓多、所谓广泛,就是承认财产权派生出来的组织权利、人身权、知情权、开会权等,把它们都归结为财产权,侵犯这些权利就是侵犯财产权,不保护这些权利就是没有财产权。归根结底一句话,就是——财产权神圣!我们现在做学问,做律师,做法官,财产权稍有变化,就不认得它、看不懂它了。企业、法人神圣?错,本末倒置了。

第三个问题:你对你的存款享有的是所有权还是债权?关于这个问题,法学界和经济学界的观念泾渭分明。经济学界认为你仍然有所有权;法学界普遍认为你的所有权丧失了,你享有的是债权。

到底是所有权还是债权？按照传统法学理论，如果是所有权，你就对你的存款还有支配权、支配力，否则你只能请求银行偿还，他不还你，你也没有办法，只好请法院去让他偿还。这就涉及绝对权和相对权的区分。在这里，我要说：你对你的存款享有的是所有权。

你在银行存款 1 万元，你的所有权的对象是 1 万元钱的价值，而不是这 1 万元钱钞票。过去我们把钱简单化理解为有形的钞票、铸币了。钱的价值是你的，你就还有支配权。表现在两个方面：一方面，现代社会保护弱者的权利、消费者权益，维护金融的稳定，不让银行轻易倒闭，你要取钱它必须给你取，你到取款机上去取，机器坏了你还可以让它赶紧修，拖得稍久它就不得不向你和广大公众赔礼道歉，总之你要取就必须取出来。另一方面，即使银行倒闭了，现代社会中政府也对老百姓的存款提供法定的担保，你是有保障的。因此存款不是一个你可能拿得回、也可能拿不回来的有形物，而是从未脱离你的支配力的一个价值、一份财产，所以是你的所有权的客体。

这个问题的意义在于绝对权和相对权、所有权和债权、支配权和请求权不能截然划分，它们之间是可以从量变到质变的，达到一个临界点就转化了。日本、德国普遍是以主银行为核心控制一大群企业，可以是股权控制，也可以是债权控制。它借给你 1000 万元，你还不了，它就要控制你，就要来开会。为什么？因为你拿了它 1000 万元财产。所以，从财产权保护的角度，要区分物权性的债权和只能表现为请求权、纯属请求权的债权。这样才有利于财产权的实现和保护。我借给你 100 万元，你不还，我依法可以控制你。不然社会就没有信用，就无法运转了。当然，不能说所有的债权都是物权性的，比如说交货的义务或债务，货可能还没生产出来或还在第三人手里，履行不了还可以用市场上的其他货品替代。但是从财产权保护的角度来说，要尽可能将债权物权化，使债权人必要时可以直接支配财产或控制债务人。存款就是这个道理，我可以牢牢地控制着它的价值。当然，这种状况在现实生活中已经有了，你（企业）欠了我的钱不还，我可以债转股，对你行使所有权来控制你，还可以请求宣布你破产，尽可能从你那儿把财产拿回来，不许你（自然人）买房子等高消费。这个说起来简单，但是要落实为现实生活中的法律制度实在是太难了。

要做起来，首先要在法学上明确，绝对权和相对权、支配权和请求权、物权和债权的区分是相对的，它们可以相互转化，更存在物权性的债权。其次要在法律上、司法上，从财产权保护出发，保证在任何必要、适当的情况下，使任何表现为请求权的相对的债权得随时转为对财产、价值等的直接支配权，不要把债权和物权的区别绝对化。

第四个问题：财产和人格能够绝对分离吗？现代法尤其在法学家的头脑中，是将财产和人格相分离的，财产是财产，人格是人格。首先我们肯定这是个历史性的进步，法律上承认任何人都可以有法律上的人格，都可以拥有财产。但是不能把这种分离绝对化，财产和人格既可分又不可分。

不可分之一：一个人如果没有财产，他的人格也是不健全的；他的人格不健全，财产也保护不了，不能通过财产权为他增进利益。胡适在（20 世纪）30 年代就说，一个人连基本的财产都没有，穷得裤子都没得穿，法律上规定财产权有什么用？他需要的是起码的尊严，有工做，有饭吃，不受他人随意欺压、侮辱，而不是财产权。不需要人格的人能有什么财产权？怎么保护他的财产权？从基本人权的角度来说，从每一个体基本的社会经济文化权利地位来说，人格和财产是不可分的，没有健全的人格，财产是没有办法保护的。

不可分之二：有些财产权是跟特定的人格联系在一起的。这种特定的人格决定了它是一种特定的财产权。最典型的就是国家所有权。我们要建立现代企业制度，就是国有企业要做到产权清晰、权责明确、政企分开、管理科学。国家所有权能够产权清晰吗？什么叫产权清晰？大家想想，产权清晰无非就是让每一个自然人拥有明确、清晰、特定的所有权或者他物权。国家所有权能够做到这样吗？国家是什么？国家是千千万万个国家机关及其工作人员组成的一个金字塔形的体系。这是个体系，由这个体系拥有一个所有权，这个体系中的任何一个机关及其工作人员包括全国人民代表大会、国务院、法院、检察院都不是所有权的主体，怎么能做到产权清晰呢？派你到某某国有公司做董事长，你有什么产权呢？所有权还是他物权？如果是他物权，是什么他物权？都不是，没有也不应该有。有人认为人格和财产是可以分离的，任何不同的主体都可以享有任何一种同样的财产。但是国家的财产不是这样的。国家作为财产权的主体，在法律上、内国法上根本不是一个主体。在国家这个体系内，存在无数的法人和职务角色。国家主席是一个法人，国务院是一个法人，最高人民法院是一个法人，北京市第一中级人民法院是一个法人，海淀区人民政府也是一个法人，总之不是一个主体。其次，国家所有权在行使过程中没有任何天然的利益主体。李嘉诚投资成千上万的企业，他有一个天然的主体身份，那就是所有者，他当股东、董事时天然是老板。那拿国家财产去投资，谁是天然的老板、谁是天然的打工者呢？派你作为股东去参加股东会也好、去当董事也好、经理也好，都是组织考察任免的，你既不是天然的老板，也不天然是打工仔，都是吃国家饭的。因此，国有财产实现过程的各个环节、各个主体都是法律模拟出来的。这对法治的要求特别高，比私有制对法治的要求高得多，因此公有制比私有制难实施。集体所有权也是这样，财产和人格也是有特定联系的、不可分的。

财产与人格又是可分的。我们可以把各种可以享有权利的主体抽象为法律上的主体，把任何财产权抽象为财产权，任何财产权都是神圣的，都要求法律保护它不受侵犯。所以大家注意到，我一直没有说过“私有财产神圣不可侵犯”这样的话。因为财产和人格是可以分离的,任何财产都是神圣不可侵犯的,任何主体享有的财产权也都是神圣不可侵犯的。现代社会是社会化的社会,公共财产比比皆是,在法律上就是国家所有、集体所有,即使在私有制主导的发达国家也是这样。私有财产神圣不可侵犯,如果公有财产不那么神圣,会是怎样一种情况?天安门广场、莫斯科红场、华盛顿国家广场等,作为公共财产、国有财产都是不可侵犯的。我做过考察,从近代资产阶级革命开始,包括拿破仑法典,并没有说私有财产神圣不可侵犯,都是说财产(权)不可侵犯或者财产权神圣。在现代社会,如果公共财产不那么受保护、侵犯一下也没什么大不了的话,这个社会是没法存续的。

大家可以仔细地研究一下《法学家》上的那篇文章,历史的发展就是否定之否定的。特别是学民法的同学,不要把人格和财产对立起来,它们在很多情况下是不可分的。

今天就讲到这儿,谢谢大家!

投资者权益与物权*

证券市场投资者保护不仅仅是《公司法》《证券法》问题，也与《物权法》①和物权观念有着密切联系。须在财产权神圣的基础上，确认股权是所有权的表现形式，保护由股东投资派生的一切财产关系、人身关系和组织关系。

各位同仁：

大家好！

谢谢（王）保树教授和（沈）四宝教授的主持，我讲的题目是“将投资者权益纳入物权保护体系”。

从物权的角度来说，投资者权益似乎就是一个证券作为动产的问题，其实不然，投资者权益保护与我们的物权观念和物权法有着深层次的、密切的联系。对这个问题，我一直有一些想法，（刘）俊海教授一个月前让我来参加这个会并做主旨发言，我就欣然答应了，借此机会一吐为快。大家认为有不妥的，请不吝批评指正。

我的发言从秘鲁著名经济学家索托在《资本的秘密》中讲的一个非常重要的观点谈起。他说，一个国家发达不发达，就是看它的物权保护水平高不高，第三世界国家之所以落后是因为它们的物权保护水平差，发达国家之所以发达则是因为其物权保护得好，物权保护水平高。他做了大量的实证研究。比如说，你在埃及、印度、巴西或者秘鲁拥有一所房屋，你在法律上对这个房屋有没有权利、有

* 2008年1月9日在“2008《物权法》与证券市场投资者保护高层论坛”上的主旨发言。标题有改动。

① 现已废止。

没有房产证并不重要,重要的是你住在这个房子里,或者邻居看见你造了这个房子。反过来说,如果你没有住在这个房子里,邻居没有看到你造这个房子,你的"房产权"就岌岌可危了。而在发达国家,你是不是住在自己的房子里不要紧,闲置或出租自不在话下,你就是将它用作投资、信托、抵押出去、变成证券化的资产等,这个房子还是你的,法律还是基于资本主义最基本的原则——财产权神圣,对你加以保护。你这个房子派生出一百个权利、权利变形一百次、一百年以后还是可以得到法律的保护。我想,这个观点对于投资者权益保护也是适用的。

美国有一个案例,2007 年 5 月 1 日,道琼斯公司宣布它被新闻集团提出收购的要约,5 月 8 日美国证监会就对中国香港的梁家安夫妇提起内幕交易诉讼,因为在 5 月 1 日前几天新闻集团的股价有不正常的异动。其监管行动之神速,令我感到震撼。为什么会这样?这与美国非常明确地把股东视为所有者,以股东为本,以财产权神圣这样一种强有力的基本理念对所有权、物权派生的一切财产关系和组织关系严加保护是分不开的。我们的股市迄今还是投机市而不是投资市,也与不承认股东是所有者或所有者权益承担者,不能把投资者权益、股权纳入物权保护体系有很大的、密切的内在联系。我讲三个问题。

一、平面、静态、孤立的物权观:投资者权益保护的异己、负面因素

毋庸讳言,中国的《物权法》对投资者是不那么友好的。为什么?因为它是以法人为本,不是以股东为本的。《物权法》规定,企业法人对其财产享有占有、使用、收益、处分的权利,希望由此从法律上造就一个人格和财产完全独立于其股东的所谓法人。这个出发点可能是好的,想以此造就市场主体,认为这样一来,我们的市场经济就万事大吉了。但事实上,企业法人不是市场主体,比如你开了一家公司,市场主体是你而不是公司,你决不会允许你开的公司

把你撂在一边去做市场主体,法律也应当支持你这样做。但在以公司和企业法人为本的观念下,股东的所有者或者所有者权益承担者的地位就丧失了,其一旦投资以后就变成了一个请求者。请求谁呢?要请求大股东,甚至大股东也要请求内部人,拥有剩余索取权、承担剩余风险的所有者居然丧失了对其财产的支配权。说老实话,国内大多数学者并不认为这有什么不妥,这样的案例在司法实践中更是比比皆是。

二、投资于公司条件下的立体状物权结构

所有者拿着财产——实物、货币价值等去投资,决不能丧失所有者地位。咱俩投资设了一个公司,咱俩不能丧失对该公司的所有者地位。在公司转投资或者国有财产投资的情况下,投资者不是所有者,但必须是所有者权益的承担者,否则就乱套了,企业就无主了。不能说一旦投资经营,就取得股权,同时丧失所有权;而必须认为,股权是所有权的表现形式。你投资以后,你的所有权就通过股权来行使,在这个意义上,股权也是物权,包括控制公司的社员权、获取并拥有法定孳息的收益权等。《物权法》把收益权归了公司、企业法人,企业法人有什么收益权?企业法人的利益就是股东的共同利益,你把投资的孳息归了公司,它当然就可以名正言顺、理直气壮地不给股东分红了。因此,股权是一种支配权,通过法人治理来支配公司的一种权利,而不是请求权。当然收益权也应当归股东,因为投资的孳息应当而且法定地属于所有者权益。

那么,接下来就是法人财产权。由股东投资形成的法人财产权,不是所有权,而是作为所有权人或者他物权人的股东拿着财产投资经营派生出来的一种他物权,由公司或企业法人日常行使。如果是所有权的话,股东的所有权或所有者权益就被褫夺了。法人财产权只能对抗个别股东的意志和财产权,不能对抗股东合法的集体意志和在集体意志的基础上行使其共同财产权。

所以，每个人包括在座的各位，拿了自己有所有权或他物权的财产去投资经营，就形成了立体的物权结构：通过股权的形式来行使所有权，同时派生出企业法人财产权这样一种他物权。理解这个简单的道理并不难，关键是要牢牢树立财产权神圣、所有权和股东为本的理念，把握内部意志外部化、外部意志内部化的公司辩证法，以及由此所凸显的公司人格拟制性。

三、财产权神圣：物权观变革是证券市场投资者保护的必要条件

财产权神圣就是物权神圣，就是所有权神圣、绝对权神圣。这不能有任何含糊。在投资经营形成的立体物权结构下，我们要承认股东对于非股东具有排他性的支配权。同时，董事、高管、其他股东等损害股东权益的，股东可以直接起诉，这可以理解为股东作为初始物权人也享有物上追及权。

在以上观点的基础上，把物权体系与《公司法》《证券法》等很好地结合起来，保护由股东投资派生出来的一切财产关系和组织关系，投资者权益才能普遍得以实现。否则，就没了建立在财产权神圣基础上的市场经济及其法治。当然，我这里讲的物权和物权体系，超出了《物权法》，也就是说，对物权的理解不能局限于《物权法》及其规定。否则，《物权法》在投资经营领域里应当发挥的作用，就荡然无存了。如果在物权和物权框架下对投资经营关系进行法律调整，达到财产权神圣的境界，我们的证券市场投资者权益保护、股东权益的普遍实现、企业法人的有效治理、建立现代企业制度，也就顺理成章、水到渠成了。

谢谢大家！

也谈“竞争中立”*

“竞争中立”原本是中性的，却被美国接手用作遏制中国的一个论述或手段。“竞争中立”意为国企天然具有不正当竞争优势，是一套针对中国的莫须有说辞，有违我国宪法和基本政经体制、经济法治及法治的规律和要求，因而必须予以否定。

各位同事、各位同学，各位来宾：

大家中午好！很高兴有这个机会，再次跟大家进行交流。

“竞争中立”也称“竞争中性”，英文都是“competition neutrality”，没区别。这个话题不是很新。2009年开始，经济合作与发展组织（OECD）在美国主导下推动“竞争中立”规则的建立，2011年发布了一个报告——《竞争中立：维持国有企业与私人企业公平竞争的环境》。从题目可知，它是说国有企业天然具有不正当竞争优势，因为国企有国家、政府做后台并予支持，所以要“中立”，要把国企的优势“打掉”。实际上这是针对中国的，因为OECD中，国有经济占国民经济的比重相当或不亚于中国的国家并非个例，比如法国、挪威，但从未见以“竞争中立”对这些国家说三道四或指责的。此次经贸摩擦中，美国给中国扣了顶“强制技术转让”的帽子，搞得我们有口难辩；“竞争中立”也是这样，硬是给中国的国企和政府与企业、政府与市场的关系安了个“原罪”。2011年以来，国人对“竞争中立”的关注和研究越来越多，包括人大法学院硕士论文就有好

* 2019年6月5日中国人民大学法学院第102届教授沙龙主题演讲，韩立余教授主持。

几篇，遗憾的是，都无保留地接受了这个概念，对照它来找中国的不足和差距。

为什么会这样子？一是因为“竞争中立”有它的迷惑性，外表很美丽；二是希望接受这个莫须有标准，“与国际接轨”，有则改之、无则加勉，就能让人家别再以“竞争中立”指责我们，不就消停了嘛。可是从“强制技术转让”来看，这是一厢情愿。经贸摩擦开始，人民日报当即反驳：“强制技术转让说”站不住脚。可是没多久，《外商投资法》中载明“不得利用行政手段强制技术转让”条款，而在之后的经贸磋商中，美方仍喋喋不休称中国“强制技术转让”，以至在第十一轮磋商结束后，中方通过《关于中美经贸磋商的中方立场》白皮书、人民日报文章等重申“强制技术转让”是伪命题，没有实际案例，所谓“强制技术转让”都是商业行为。如果铁路局引进高铁技术，对方不转让技术就不跟其合作，这是行政强制还是商业条件？何况技术是不可能强制转让的。桌上这个茶杯是可以强制转让的，我夺过来再强塞几块钱给你即可；可是技术是无形的，他不把技术说出来、教给你，你也拿不到。总之，即使把“欲加之罪”写进法律，美国也不会善罢甘休，霸凌是不需要讲道理的，想以此息事宁人，没戏。

所以，今天的讲座就是要剥掉“竞争中立”的漂亮外衣，加以否定。我讲四个大问题。

一、“竞争中立”的由来及其含义

“竞争中立”本来是中性的，跟中国也没啥关系，它是澳大利亚针对其自身问题推出的一个概念或政策。大家知道，20 世纪 70 年代末 80 年代初，里根和撒切尔发起了新自由主义改革，包括两个方面：一是 privatization，即国有企业的公司制（股份化）、市场化，为什么不直接翻译成私有化？因为它的意思不是私有化。澳大利亚邮政 privatization 后，到现在还是政府百分百持股；德国铁路（Deutsche Bahn，DB）privatization 后，成为政府是第一大股东的一家国有公司；

等等。二是 de-regulation，即去规制或缓和规制，这跟今天的议题没有关系。澳大利亚落后一点，80 年代末 90 年代初“privatization 运动”才波及那里，澳大利亚教授到中国人民大学说，我们从偏远地方来到了繁华的世界中心，确实他们的国企改革比中国还晚，中国的国企改革是 1979 年开始的，澳大利亚 1989 年才开始。国有企业原来是政府附属物，邮政、电信、铁路等，把它们都改成公司；另外把它们推向市场，到市场当中去竞争，跟私人企业一样优胜劣汰，搞不好就倒闭、被私人收购，等等，政府不直接过问它们的经营了。但是国有企业承担着一定的公共性、公益性、公用性、政策性职能，比方说邮政、电信的普遍服务，是需要补贴的，在偏远地方经营邮政、电信要跟在繁华都市的价格和质量相同，但成本可能高十倍都不止，不补贴没法干，所以 privatization 后对国企还是要补贴。为了防止国企把政府给的政策倾斜和补贴用于竞争性业务，澳大利亚在 1992 年提出要“竞争中立”，以区分国企的政策性亏损与经营性亏损、政策性业务与竞争性业务，不许交叉补贴，仅此而已。

澳大利亚的“竞争中立”既没有一般地对国有企业作负面评价，也不否定政府与企业正常发生关系——资本关系和管理监督关系等；而且还提出一点，只有在实行“竞争中立”的收益超过其成本时，才适用“竞争中立”，否则竞争可以不“中立”。这没问题，挺好的，但跟中国也没有关系。中国的情况正好相反，中国从来没有发生过澳大利亚那种国企因政府补贴或优惠政策而与其他所有制的企业不公平竞争的情况，反而我们的邮政、电信、电力等普遍服务的成本要用企业自己的利润去填补。现在的国铁集团也是如此，要用商业运营的利润投入铁路建设，还要自己贷款、发债券去修铁路。中国不存在澳大利亚的情形，它的“竞争中立”我们并不反对，对它没有意见。

问题是美国在 2009 年接手了两个小“case”——澳大利亚的“竞争中立”和新西兰、新加坡、智利、文莱发起的 TPP（跨太平洋伙伴关系协定),借题发挥,将矛头直指中国。所谓“竞争中立”,简而言之就是国企不能拥有不正当竞争优势,私企不能具有不正当的竞争劣势,暗含着国有企业在市场中天然具有竞争优势之义,所以说它是针对国有企业的。OECD 跟着美国的指挥棒搞了一个“竞争中立”报告,对国有企业提出八项要求,称为“八大基石”,包括四个方面。第一是国企应尽可能实行公司制改造,这对中国来说完全不是问题。第二是分别核算国企的公共服务或公用服务、政策性业务和竞争性业务的成本,防止交叉补贴,这个问题在中国不存在,而且如我刚才所说,情况刚好相反。第三是减少政府对国企的隐性或显性的补贴,最近有关部门也抗辩说,中国不存在针对所有制的补贴;可是说了没用,因为你都接受“竞争中立”的概念了,就像我们承认中国存在侵犯知识产权的行为,它就说中国是靠“盗窃”知识产权发展起来的,不跟你讲道理。第四是确保政府采购的竞争性和非歧视,这也不存在问题,我国 2005 年政府采购第一案就是一家美国公司提起的,它还胜诉了,它质疑的中标企业也不是国有企业。美国要把“竞争中立”上升为国际规则,实际上按市场经济的标准和要求,它仍是国内法范畴,不符合 OECD 标准的国有企业,能不让它在国际市场中活动吗？任何主体包括政府都可以作为市场主体,参与市场的交易和公平竞争;交易都是具体的,谁觉得与国企的某项交易(包括投资)不划算,不跟它成交就是了,不同国家、民族的企业之间的交易最平等,国企不可能强买强卖,也不应对国企强不买、强不卖。更重要的是,OECD 并不向法国、北欧诸国等国有企业比重高的国家推销“八大基石”之类,只配合美国拿中国说事儿。中国国有企业的比重在国民经济当中约占 25% ,私企加外企约占 75% ,我告诉你们,法国的这个比重是 28% ,最夸张的是,法国国有企业资产占全国各类企业总资产的 70% ,中国哪有这么高啊。挪威国有企业占比 72% 、芬兰 56% ,挪威主权财富基金在世界上火着呢,“竞争中立”肯定不是针对它们的,就是针对中国的。

最近微信里传黄奇帆在复旦的一个讲座，他讲了非常重要的一点，是说国际贸易中制成品贸易的比重已经从原来的70%降到了30%，中间品贸易从过去的30%上升到了70%。什么意思呢？买卖一台电脑是制成品买卖，那么电脑的CPU、内存、屏幕、键盘、外壳等的买卖是中间品买卖。中间品贸易要求“三零”——零关税、零壁垒、零补贴。为什么？道理很简单：你对一台电脑、一件制成品收5%的关税，问题不大；但是在经济全球化分工、产业链全球布局的条件下，你对电脑各个配件的交易都收5%的税，电脑的生产和贸易就没办法进行了。如今世界上，很难找得出某产品的产业链是在一国境内的了。所以国际上近年掀起FTA（自由贸易协定）热潮，就是“三零”的客观要求，美国有些政客试图把中国排除在他们拟搞的“三零”之外，“竞争中立”就是为此生造的由头之一。

二、“竞争中立”与我国的基本政经体制

上面是从美国的主观方面讲的，那么第二个大问题讲讲“竞争中立”与我国体制的关系。第一点是宪法。《宪法》明确规定我国实行社会主义市场经济。什么叫社会主义市场经济，它与资本主义市场经济有何不同？我觉得就是两条：一是公有制；二是政府不讳言要通过积极的作为来组织管理、统筹、平衡协调国民经济。西方国家也这么做，但是它不说或不承认。社会主义的最低要求是全部生产资料归社会所有，这是马克思主义基本原理。但是要做到这一点谈何容易，要有一个过渡时期，将生产资料逐步收回国有，还要通过合作制来组织、改造小农，使农业实现社会化、现代化大生产。这个过渡时期很长，中国摸着石头过河，走出了一条符合国情民情的社会主义之路，也就是《宪法》规定的社会主义市场经济，以公有制为主体，国有经济为主导，多种所有制经济共同发展。实践中，在国有制和合作制中引进资本关系，不同所有制的资本和企业在市场中平等、公平竞争。《宪法》第15条还规定，国家加强经济立法，完善宏

观调控。国家通过规划和计划、宏观调控及授权的国家机构对市场和经济进行管理监督,维护经济的平衡协调和稳定有序发展。从《宪法》的规定来说,竞争是不中立的。除了公有制是主体、国有经济为主导外,还有公有财产神圣不可侵犯,这些都是《宪法》的规定。另外从理论上说,市场是交易关系的总和,交易关系是主体之间的关系、对主体而言是外部关系。人民大学去买东西,交易关系对人民大学而言是一个外部关系,跟人民大学的组织管理没有任何关系。公有制属于主体的性质和组织关系,与交易关系没有必然联系,实行公有制也可搞市场经济,两者并不矛盾。

第二点是政府与市场之间正常、正当的关系不容扭曲和否定。澳大利亚版的"竞争中立"没有这个问题。美国接手"竞争中立"后,表面上是关注国有企业与私人企业之间的公平竞争,背后隐含的法理则是政府与市场的关系,是政府之于市场应该扮演哪些积极的角色和作用这样一个问题。政府与市场的关系、与企业的关系具有普遍性,无论在中国还是美国,其情形、逻辑和道理是一样的,美国也有国有企业、产业政策,美国政府要求电子产品留有后门,其军工民用融合度比中国高得多,等等,却以此对中国进行指责。

首先,政府是社会的代表,也是市场的代表,政府和市场都是社会的组成部分。政府为民有、民治、民享,要听人民的,按照人民的利益和意志来服务社会、市场和企业。这里面的一个基本原则就是:凡是社会不能自治、市场不能调节,或者社会不能有效自治、市场不能有效调节的,政府就要积极作为,采取各种措施,去应对、解决社会和市场自身不能解决的任何问题,这也是马克思主义基本观点。政府、国家就是为了解决社会自身不能解决的矛盾冲突,防止其在矛盾冲突中毁于一旦而产生的。没有社会、市场自身解决不了的矛盾冲突,就不需要国家和政府,否则就需要;而矛盾冲突是绝对的,所以国家、政府对社会和市场的管理、调节是必需的。北京大学的文一教授有个进一步的观点,是说政府还要创造市场,重商主义时代西欧国家的政府为商人开拓世界市场，中国政府今天也在到处修高速公路、铁路，开发西部、振兴老工业基地等等，创造、拓展新的市场和机会，让老百姓去赚钱。所以，一国政府的治理能力和影响力，还决定着该国市场的范围和深度，政府可以通过拓展开发疆土、良好的治理、人口、教育、外交、通商等政策创造市场，反之则可能损害、缩小或浅化市场。借用一个概念——市场或经济"浅碟化"，政府不作为或不当作为，就可能把市场搞浅了。其次，政府负有维护市场秩序和市场机制的义务，这个不用展开讲。古代的度量衡和市场管理，现在的质量技术监督管理、反垄断、反不当竞争，都属于这个范畴。再次，市场优胜劣汰的副作用和市场力所不能及、人民又有需要的产品和服务，政府也义不容辞要承担起提供的义务，包括社会保障、教育、医疗、军工、航天等。最后，政府也是市场的深度参与者，通过发行货币、制定度量衡和质量等标准、投资办企业、采购和发包、特许经营等，成为市场的重要主体之一。这与上面三点是交织在一起的。

美国是有国有企业和产业政策的。美国联邦铁路客运公司就是一个国企，NASA(美国国家航空航天局)也可以算一个。2009 年美国政府拯救通用汽车公司，联邦给它注资 494 亿美元，持有其 60.8% 的股份，把它变成国有企业，然后 2013 年又亏钱 105 亿美元把股份卖掉。这件事，既涉及国有企业，又是产业政策问题。美国还有著名的农业产业政策、互联网产业政策。美国刚独立时，其第一任财政部长汉密尔顿就提出要用产业政策来保护和培育幼稚产业；近期美国更是连续推出产业政策，比如重振先进制造业的 2012 年《先进制造业国家战略计划》、2018 年《美国先进制造业领导战略》等"再工业化"政策。最近的一次经济暨金融危机，通过 2009 年《美国复兴与再投资法》推出著名的 7870 亿美元"救市"计划，也是地地道道的产业政策。

刚才讲了，政府和市场、和企业的关系对任何国家都是适用的，中国一贯实事求是、光明磊落,不需要掩饰什么,就应该这么看、这样干。崇尚自由主义的国家、信奉自由市场的学者可以无视事实,或者只做不说,但是你说中国人这么干了就不对,以此指责中国,就没有什么道理。更糟糕的是,这次经贸摩擦,美国用国家、政府的力量破坏市场,打压企业,侵犯企业的权利和财产,非常不应该、太不道德,当然也是不合法的。今晨看到人民日报发的一篇文章:《"留下玫瑰,授人荆棘"——看清美国某些政客"合则用、不合则弃"的真面目》,早该这么说了,息事宁人不管用。

第三点,我想说的是,中国的国有企业天然不具有不正当竞争优势。由美国掌握着话语权的"竞争中立"是说,只要是国有企业,就当然具有不正当竞争优势,然而事实正好相反。首先,相对于私人企业,中国的国有企业的信用水平一般而言更高,在纳税、社会保障缴费、环保和清洁生产、守约还贷等方面做得更好,因而负担着更高的经营和制度成本,这反而是竞争劣势。其次,国有企业如果竞争不利就倒闭、破产,不存在针对所有制的扶持或补贴,这是国资委领导针对贸易摩擦刚讲的。再次,国有企业多为大中型企业,非国有企业多是中小微企业,需要扶持和优惠的是小微企业,而不是大中型企业。按照国际惯例通行的做法,有所谓的中小企业政策、中小企业法,我国也不例外。换言之,从各种税收和金融优惠包括财政补贴中获益的大多是非国有企业。又次,国有企业比私人企业承担着更大、更多的社会责任,因为国有企业天然承担社会责任。什么叫社会责任?它是一种道义责任,在遵纪守法的基础上满足社会、社区的更高期待和要求。跟法律不同,道义责任是通过舆论褒贬和良心谴责来实现的,由于我们每一个人都是全民或者国家所有权主体的一分子,所以即便国有企业遵纪守法了,人们还是可以对它指手画脚、说三道四,要求它这样那样。而私人企业只要遵纪守法,我们就没有权利要求它这样那样了,所以私人企业天然不承担社会责任。承担社会责任也是一种负担。最后,国有企业如果以其规模效应、技术、管理和较高的信用获得市场竞争力，这是完全合法的，但不是天然的。上个世纪 90 年代国有企业曾经大规模、大面积倒闭，一夜之间一个县（市）里一家（地方）国有企业都没了，只剩下邮政、银行在那儿硬撑着，也就是说国有企业的竞争力不是与生俱来的。它不好好经营管理，或者市场形势发生变化，它无法在市场中生存，就要与私人企业一样依法退市，这没什么可说的。

三、“竞争中立”与竞争法治

竞争法的专家学者和老师可能更崇尚“竞争中立”，然而竞争法和竞争政策体系的宗旨或基本原则是公平竞争，还要追求效率、消费者福祉、社会公共利益和国家安全，“竞争中立”就不可能公平竞争。比方说对于扭曲和损害市场机制的主体及其行为，就不能中立，必须加以矫正；为了防止私人资本过度壮大可能造成的实质不公平，也不能中立。

我国《宪法》规定公有制为主体、国有经济为主导，所以《反垄断法》第 7 条明确规定，国有经济占控制地位的关系国民经济命脉和国家安全的行业以及依法实行专营专卖的行业，其组织和经营的垄断是合法的。① 这也是孙中山三民主义的民生主义所要求的，即节制资本，就是说垄断行业一定要由国家、政府来经营，以免私人舒舒服服靠垄断赚大钱，导致贫富差距失控、私人资本控制国家政权。一个行业是否垄断与所有制没有关系，比方说电信，政府经营是垄断的，私人经营也是垄断的，墨西哥电信大亨卡洛斯就曾多年荣登福布斯富豪榜第一名。

公平竞争要求政府的非中立规制是绝对的，中立是相对的。《反垄断法》第 15 条②规定了可以豁免的垄断协议，第 56 条③规定农

① 2022 年《反垄断法》修改后变更为第 8 条。

② 2022 年《反垄断法》修改后变更为第 20 条。

③ 2022 年《反垄断法》修改后变更为第 69 条。

民搞横向卡特尔不适用反垄断法；国家安全审查制度和公平竞争审查制度涉及国家安全、文化安全、国防建设、扶贫开发、节约资源能源、生态环境保护以及救灾救助等时，都不中立，也不能中立；扶持、保护中小企业的法和政策，就竞争而言也是不中立的。其实澳大利亚也好、欧盟也好、美国也好，它们自己的规制就是不中立的，比方说政府采购法的本国产品条款、扶助中小企业和弱势群体的条款等，却对中国推销“竞争中立”。

此外，竞争法和竞争政策规则体系是目的导向的，判断一个行为合法或不法，不能仅依据行为外观和法条，更要考虑行为主体的市场影响力、相关市场结构、社会经济运行的整体状况等因素，以结果是否合理，而不是行为和组织导向，作为合法性判断标准。“竞争中立”则是所有制性质、行为和组织导向的，比如 OECD 的“竞争中立”，似乎只要满足“八大基石”的要求就行了，无需作合理性分析，也不必考虑结果，这样肯定是无法达到竞争法和竞争政策所追求的公平竞争和社会公共利益目标的。国有企业和民营企业的公平竞争其实不是竞争法问题，而是要从国家体制层面、企业的性质和特点、运行机制等各方面进行权衡，而不是靠先入为主的负面价值判断和条件拼凑所能实现的。比方说腐败，会影响企业的不正当竞争优势或劣势，但是国有企业和私人企业二者腐败的机制和表现形式是不一样的：私人企业的腐败主要是行贿，会形成竞争优势；国有企业的腐败主要是损公肥私，则导致竞争劣势。简单地说国有企业和私人企业哪个更腐败是没有意义的，需要的是切合实际的、并非中立的、针对性的措施和治理。

我们把“竞争中立”拿过来，核心是“所有制中立”，并扩张解释为对各种所有制、内外资和大中小微企业等各类市场主体“一视同仁”，这也是一种有待厘清的说法，其意义不限于所有制方面，还涉及法治的规律性层面。

就政策和法律而言，不同情形不同对待、相同情形不同对待是必需的，规定本身就不是中立的，前面举了宪法的例子；此外，对大中小企业肯定不能相同对待，内外资市场准入则需要不同的负面清单。在很多场合，也需要相同情形相同对待、不同情形相同对待，比如信用面前人人平等，不能说人穷、企业实力差就可以不诚信，或者获得与其信用不相称的贷款。《反垄断法》和公平竞争审查制度所要求的公平竞争，则要确保“不同情形不同对待”“相同情形相同对待”“相同情形不同对待”“不同情形相同对待”是公平、公正的，这是在认可政府规制、参与市场具有正当、合法性，政府可以“不中立”的基础上，优化政府的规制和市场行为。

在末端适用层面，法律面前人人平等是基本原则，但无例外不规则，例如在经济下行的压力下给小微企业、民营企业以法外关照，其标准是公平正义，也不是什么一视同仁、“竞争中立”。

四、“竞争中立”与国际交往基本准则

对于国际规则体系，中国不应被动地接受，而需通过积极参与和努力，使之有利于中国的利益，且具有足够的正当性。若以美国为主导，要把“竞争中立”纳入国际规则体系，否定我国的社会主义制度、市场经济地位、国有企业以及中国式“政商关系”，反而是不中立的，具有明显的“制度非中性”。我这里例举几个原则，都是国家公开倡导的。

每个国家都应遵循国际交往、国际关系的基本准则，根据国际法承担国际义务和责任，但是每个国家都有自身的国情、体制，发展阶段和发展水平各不相同，我们的国际承诺、国际义务要跟国情相匹配，在国际交往中维护自身的体制和利益，不受打压，不接受强压。

自由开放是全球经济一体化的客观要求。刚才我讲了国际经贸合作新形势，客观上要求“三零”，但这要建立在以规则为基础的国际秩序之上，而不是用强权推行单边主义，肆意破坏世贸组织及

其基本规则。公平非歧视是国际经贸合作的基本准则、可持续发展的基本前提。中国要积极主动地倡导自由开放、公平非歧视,也要坚决、坚定地反对任何违反、破坏这一规律和原则的行为。

平等、对等是国家主权和尊严的基本要求。美国的种种单方面、无理、霸凌的要求,是对中国的冒犯,中国当然不能接受。

最后简短总结一下:对中国来说,"竞争中立"是一个伪命题。中国的国有企业从不存在将政府的政策倾斜和补贴用于竞争性业务的问题,不存在天然的不正当竞争优势,反而因为政策和社会责任以及私企的守法和信用状况,而具有竞争劣势。更重要的是,"竞争中立"有违我国宪法和基本政经体制、经济法治及法治的基本规律和要求,与竞争法和竞争政策所追求的公平竞争和效率、安全等也不兼容。反而只有必要的不中立,才能够实现公平正义和效率、社会公共利益、国家安全等。

就国际规则而言,"竞争中立"是试图遏制中国的产物,是针对中国的莫须有的标准和无理指责,如果接受的话,我们的国企以及国家、政府与企业间的正当关系就成了中国的"原罪",成为美国可用来随时敲打、打压中国的一个由头。

所以我们要理直气壮地反对和否定"竞争中立"。

谢谢各位,我就讲到这里。

“节制资本”与反垄断*

社会主义必须节制私人资本，以缓解其扩大贫富差距、引发经济危机等弊端。节制方式包括公有制暨国有资本、政府规制和事业约束。反垄断不针对私人资本，只有经营者集中审查可以在节制资本方面发挥些许作用；反垄断不能强化，而应当谦抑。

各位同学：

大家下午好！

很高兴新学期又跟各位见面，今天我们讨论下“‘节制资本’与反垄断”的问题。

为什么要说这个话题？也是赶时髦。你们知道，2020 年中央经济工作会议提出，要强化反垄断和防止资本无序扩张；刚刚过去的 2021 年 12 月的中央经济工作会议，在“防止资本无序扩张”的基础上，进一步提出要为资本设置“红绿灯”。防止资本无序扩张，给它设个“红绿灯”，它扩张太猛时就亮“红灯”，阻止一下。这不就是“节制资本”吗？反垄断能节制资本吗？要节制的是私人资本，还是也包括公有、国有的资本？

我今天就是想和大家对这些问题作一梳理，也是对最近两次中央经济工作会议新提法的一个思考。

一、什么是资本？

资本是跟利润和剩余价值联系在一起的。你到银行存款，银行

---

* 2022 年 2 月 21 日中国人民大学法学院博士研究生“经济法学专题文献研讨”主题发言。

给你利息,那不叫资本,大家知道那是债。资本是物,资本是以投资为标志和手段,用来获取利润或剩余价值的一种财产、一种物,表现为股本、出资、股权等。

但是,凡事都有两面性,资本与市场相结合极大地促进了生产力发展,这是它的正面效应。从负面来讲,资本至少有三大弊端。

一是贫富差距。资本主义从它萌芽到今天,有没有缩小贫富差距?一点都没有,反而扩大了。英国搞资本主义之初,“羊吃人”,把农民从土地上赶走去做雇佣劳动者,他至少还可以打工挣一份钱;看看现在美国的流浪汉,冬天没地方睡,露天将就,寒流一来每个晚上都要冻死人,我看得很难受。你到美国去,可以看到流浪汉们要尽量寻觅有蒸汽冒出来的下水道,冬天在旁睡觉,可以稍微暖和点;能在夜班地铁和公交上赖着不下车,就更“幸福”了。

二是一波波的经济危机。资本在创造生产力的同时也在不断破坏生产力,什么原因?很简单,你们在中学就学了,由生产社会化和个别生产的独立自主无序这两者的矛盾造成的。现在美国那么重视产业链,还要破坏中国的产业链,过去没有产业链这一说的。产业链就是生产的社会化,任何一个很小的产品都有产业链,比如制作一个小小的打火机,不是一个企业、一个主体独立完成的。可是生产的决策没有社会化,还是个别人或企业,充其量是一个企业集团来决策,千千万万个主体分别独立地决策,必然不能流畅地满足生产社会化的要求,两者产生矛盾就引发经济危机。具体怎么讲?简单地说,市场的信号促使社会成员觉得哪个地方赚钱就要把钱投到那里去,然而市场风向或政经形势一变,对受影响的企业来说,原先投入的资本多多少少有一些沉积,不可能百分百立即转移到其他领域去,这种沉淀普遍并大到一定程度,经济危机就产生了。危机一来,把经济彻底破坏掉,再重新洗牌,人们根据市场的信号重新投资,直至形成的积淀太大,出现问题无法退出,又来一次经济危机,如此循环往复。

三是资本发展到一定程度，就顺理成章地要控制国家政权。比如全世界公认，美国的国家政权被军工复合体和华尔街控制了，当今资本主义最发达的就是美国，欧洲的社会主义因素比它大得多。美国枪击事件每年死几万人，为什么不禁枪？因为来福枪协会的势力很大，有人在国家政权里为其代言，制订或者维持有利于枪商的政策，所以禁不了。

二、资本与社会主义及其国有资本

资本主义的弊端，随着资本主义的发展不断地暴露出来，至少在1848年马克思、恩格斯写《共产党宣言》时就看清楚了。后来马克思在《资本论》中揭露资本的秘密——剩余价值；揭露资本的弊端，引用论者的名言说，资本有300%的利润就敢犯任何罪行，甚至甘冒绞首的危险。在揭露和批判资本主义的基础上，产生出社会主义的观念和理想，当然马克思、恩格斯并非这方面的第一人，马克思主义三大来源中就有英法的空想社会主义、英国的古典政治经济学。英国人欧文到美国路易斯安那州买地开展共产主义实验，建立公社，他们虽然能认识到资本主义的弊端，但相应的对策却是空想的、不科学的，比方说消灭货币、建立劳动交换所，就是做不到的。在揭批资本主义的基础上形成种种社会主义思想，其中的一颗明星正是马克思、恩格斯的科学社会主义。

科学社会主义指明了改造资本主义的方向，首先消灭资本和雇佣劳动，把所有的生产资料先收归国有，然后国家逐渐消亡，国有变成社会所有，成为真正的公有。从此劳动者当家作主，不再是听命于资本家的雇佣劳动者，按劳分配，劳动者按自己的能力和贡献多劳多得，少劳少得，不劳不得。在这个基础上，生产不再是各别社会成员决策的无序状态，但怎样才能做到统一决策、经济社会有序运行，马克思、恩格斯没有讲，他们只是对未来社会作了展望，即自由人的联合劳动，各尽所能、各取所需，每个人的自由充分发展也是整个社会自由充分发展的充分必要条件。从资本主义到社会主义到共产主义,大致就是这样。

共产党执政后的第一个重大社会实验是计划经济,可是计划经济存在一系列弊端。

怎么解决?中国的方案就是社会主义市场经济,我认为这个创造挺好的。什么叫社会主义市场经济?扬弃计划经济,以公有制为主体的多种所有制共同发展,按劳分配和按资分配等其他多种分配方式并存。更重要的一点是,国有、集体的生产资料也可采取资本的形式,在民法上与私人资本平等,在市场中与私人资本开展平等竞争。这样,公有制企业的"老板"到位了,国资委、财政部、地方政府、村集体、持股的员工等成为实际控制人,就解决了"大锅饭"问题。在外部,公有资本在市场的基础上与私人竞争利润和生存,没有利润就不能生存,以致倒闭破产。公有制内部的约束有了,市场的外部约束有了,公有暨国有资本也呼唤出了惊人的生产力。中国今日琳琅满目的商品,完善的基础设施和公用事业,你们用的网络比美国的好得多也便宜得多,经济社会展现出了强大的能力,社会主义市场经济的实践迄今是成功的。

国有资本的价值有四个方面:

第一,资本的利润用于社会目的,而不是像私人资本那样用于私人的消费和投资。除扩大再生产、创造就业外,还有一部分上缴公共财政,用于修桥铺路和社会保障,仅此一点就把贫富差距压缩了不知多少倍,大家的感性认识不一定能获知,要提高理论素养方能理解。

第二,善待劳动者。国有资本不像私人资本对劳动者那么苛刻。私人资本的所有者多拿一分钱;劳动者就少拿一分钱,劳动者多拿一分钱,资本所有者就少拿一分钱。国有资本在这方面就不敏感,所以女同学们就业的第一选择是找国有企事业单位,这些单位稳定的原因就是国有资本对劳动者比较宽容,不像私人资本那么严苛。

第三，国有资本有利于平衡协调不同的利益，比如东西部的利益、城乡差别、老工业基地和新兴产业蓬勃发展地方的利益、公共利益和私人利益等。任由私人资本发展，这些利益是无法得到协调的，有国有资本就可以协调，比如开发中西部、发展混合所有制等。

第四，也是至关重要的一点，防止私人资本控制国家政权。国家政权一旦被私人资本控制，广大老百姓就没好日子过了，这里我就不展开讲，你们尽情地发挥想象吧。

综上所述，国有资本的本质就是节制资本加市场经济。用国有资本节制私人资本，国有资本也在市场的基础上运作，而不是按照行政的规律、以行政的方式，像计划经济时那样运作。

当然国有资本也有其固有的弊端，一切都来源于国有资本的一个显著且重大的特点，就是国有资本没有天然的利益主体。咱俩开一个公司，咱俩天然是所有者，咱俩雇的经理和打工仔（妹）天然是打工人。国有企业、国有资本是国家的，国家是由千千万万个国家机关组成的一个体系，国有资本归这个体系所有，国有资本运作中的各种角色——投资者或股东、经营者、劳动者、监督管理者等，不容有一丁点错位，所以国有资本和国有企业对法治的要求远远高于私人资本和私人企业。法治在国有资本运行的各个角色塑造及其担当中，起着至关重要的作用。

所以国有资本、国有企业很好，它的规模和数量越大越好，但是它也有边界，这个边界不是法律给定的，而是由政府的治理能力和治理水平决定的。也就是说，国有资本、国有企业的规模和数量不得超越政府治理能力和治理水平的范围，在这个范围内则越大越好、越多越好。让国有资本退出竞争性领域是个伪命题，在政府能力范围内的话，哪怕竞争性领域也是多多益善，因为它好，好东西为什么不能多一点呢，当然超出它的边界就不好了。国有资本要运转得好，需要政府的能力和廉洁，廉洁程度是影响能力大小的重要因素：廉能到位，则国有资本、国有企业一定是很好的、多多益善的；廉能不行的话则不妨少一些为妙，按照轻重缓急抓大放小，把能力范围内的那一点给办好，等能力大了、水平高了以后再慢慢扩大。

那么大家会问，我国现在国有资本、国有企业的规模到底合不合适呢？我觉得很合适，因为如今的规模、领域、数量是多年来经由市场检验确定的。现在剩下的都是经过市场洗礼存续下来的，当然具体到个别的企业，如果经营不好，或者适应不了市场形势，则该倒闭还得倒闭，该破产还得破产。但从整体上讲，现在国有资本的规模是合适的，原因是经过市场的淘汰优选，剩下来的是能够适应市场竞争、适合社会主义市场经济发展要求的那些资本和企业。

三、节制资本：如何为资本设置"红绿灯"、防止资本"无序扩张"？

如上所述，今日中国生产资料没有全部归社会所有，加上国有资本的能力所限，在相当长的历史时期内，必须承认私人资本的合理性，允许其存在和发展。那么国有资本和私人资本占比多少才合适呢？现在的实际情况，在国民经济中，私人资本的比例超70%，国有资本不到30%，刚才我已经讲了，由市场决定就可以了。可是，私人资本有它固有的弊端，所以在承认私人资本合理性的同时，又不能放任私人资本固有的弊端泛滥，要通过国有资本、规制和事业约束，将私人资本限定在社会公正所能容忍的贫富差距、阶级差别的范围之内，也就是将私人资本的弊端限制在社会和民众所能容忍的范围之内，这就是节制资本。下面就跟大家谈谈具体怎么样来节制资本。

第一点是发展国有资本，这也是孙中山先生的思想和理念。孙中山先生说民生主义就是两条：平均地权、节制资本。平均地权不是今天的话题，但是我也简单讲一下。什么叫平均地权，平均地权就是在土地公有的基础上，将土地的增益收归公有，涨价归公，当然也可以通过税收的方式来实现，但是涨价归公的基础是土地公有。

大家知道,原中华民国宪法把三民主义基本上原封不动地转换成了条文,其中第143条就讲:土地属于国民全体。孙中山先生的观点是,土地的增值是全社会的功劳,因为建了工厂、商店、住宅、公园等,有很多人来生产生活、吃喝玩乐,土地才会增值,这个功劳不是土地所有者的,所以要把涨价收归公有,由人民共享。我一直举双手赞成土地使用权出让,反对搞房产税,因为国有土地以市场价出让使用权,将市场预期的增值通过出让金的方式在出让的时候就收归公有,挺好的,否则涨价就归了开发商和个别老百姓,有违民生主义的要求。何况房产税要直接掏民众的腰包,作为财产税,民众没有收入也得交,与民众作对,对民众来说有极强的税痛感,不利于社会和谐安定。孙中山先生说,民生主义者,社会主义也,就是怕国人和外国人不懂什么叫民生主义,自己亲自解释民生主义就是社会主义。

民生主义除了“平均地权”,还有四个字就是节制资本。孙中山先生说,节制私人资本须“制造国家资本”,也就是用国有资本取代私人资本,但节制的不是私人小资本,而是私人大资本,实行民生主义是为了解决中国人的吃饭问题,不是要立即推翻资本主义,仍要维持资本制度,但是要用国有资本取代私人大资本去搞铁路、电气、水利等,也就是凡垄断行业,须主要由国有资本来经营,原则上不能让私人资本进入,而应让私人资本回归竞争,别到垄断行业里舒舒服服赚大钱。如果垄断行业让私人资本经营,那私人资本就很容易做大做强到控制国家政权的地步,中国今天的手机费不会这么便宜,手机信号不会这么好,贫富差距会因此而扩大很多。举两个例子,都是进福布斯富豪榜的,一个是印度的穆克什·安巴尼家族,2021年的福布斯排行榜,他们的家产达到了845亿美元,可是印度贫民窟的百姓还是那么凄惨,这个国家贫富差距可谓超乎想象。还有一个是墨西哥电信大亨卡洛斯,2011年福布斯排行榜第一名,当时身家是740亿美元,超过第二名的比尔·盖茨和第三名的巴菲特,相比墨西哥广大民众,凸显该国的贫富差距有多大。垄断行业如果由国有资本经营或者控制,无形中会约束私人资本与市场经济相结合所必然导致的贫富差距扩大的速度、规模和范围。

第二点是规制(regulation)。2021年国家发改委发布《市场准入负面清单(2021年版)》向社会征求意见,里面就讲到非公有资本不得从事新闻采编播发业务,不得投资和经营新闻机构,不得经营新闻机构的版面、频率、频道、栏目、公众账号等,不得从事涉及政治、经济、军事、外交等关系重大政治方向、舆论导向和价值取向等的活动,不得引进境外主体发布的新闻,非公资本不得举办新闻舆论领域的论坛、峰会、评奖、评选等活动。这就是规制,不让私人资本进入新闻传媒行业。对此不评论是非,就是举个例子说明怎么样通过规制节制资本——可以归结为市场准入控制。

规制与国资是可以互易的,政府如果希望某个行业更多地服从政策和公益的要求,可由国资设立一个龙头或若干个骨干企事业予以引领、示范。这样规制的压力和鲁莽就自然会小很多。

第三点是用事业来约束资本。就此我想到两个实践中的现象,一是非营利机构的出现和发展。非营利机构对资本是一种很大的约束,因为举办者、出资者不能分配利润,法律要求其不忘“初心”,关注机构本身所从事的事业——教育、医疗、文化、体育、科技等。二是市场自发形成的双层股权结构。双层股权结构的本质就是由企业的创办人、事业的追求者来限制、约束资本所有者。

四、反垄断:狭义与广义

反垄断跟节制资本有什么关系?答曰:基本没啥关系。什么叫反垄断?反垄断不仅仅是《反垄断法》的反垄断,《反垄断法》的反垄断是形式的、狭义的反垄断,就是反垄断的三大制度——反垄断协议、反滥用市场支配地位和经营者集中审查。

但是广义的、实质的反垄断不限于此,它包括促进自由公平竞争的各种法律法规、制度、措施和做法。除了《反垄断法》及其相关行政法规、规章，比如《国务院关于经营者集中申报标准的规定》，市监总局《禁止滥用市场支配地位行为暂行规定》《经营者集中审查暂行规定》等，还包括在垄断行业、规制产业中引进及规范竞争的政策法规。你们读过英文的法学文献就知道，其中有个“regulated industries”的概念——规制产业，比如说电信、电力；纺织、服装就不是规制产业。规制产业往往是垄断行业，但不限于垄断行业，非垄断行业也可能是规制产业，比如金融。在规制产业和垄断行业中引进竞争，也是反垄断，但是这跟《反垄断法》无关，跟产业政策、市场准入有关。比如原来我国的电信只有一家，叫中国邮电；1994 年中国联通成立，打破了中国邮电一家垄断的局面，大大提高了效率，提升了消费者福祉，这就是广义的反垄断。你们有没有收到过“192”开头的手机电话？“192”是广电，广电被授予电信经营牌照，以此加剧电信业竞争，也是一种反垄断。总之，以规制方式引进或强化竞争也是反垄断。

广义的、实质的反垄断还包括公平竞争审查制度。在这方面，中国是最认真的、走在世界前列的，2016 年国务院出台了《关于在市场体系建设中建立公平竞争审查制度的意见》，政府自我革命，对自己制定的规章、规范性文件等进行审查，不允许其扭曲、破坏市场机制。

五、《反垄断法》与“节制资本”

这是最后一个大问题，还是先亮明观点和结论：《反垄断法》与节制资本基本无关，为什么？因为有一个大前提，节制资本是指节制私人资本，《反垄断法》不能只反私人资本的垄断，不反国有资本的垄断，从这个意义上讲，《反垄断法》跟节制资本无关。具体来讲稍微有一点关系，反垄断协议、滥用市场支配地位与节制资本是无关的，但是经营者集中审查有一定的节制作用，在审查过程中可以防止大资本、大企业兼并竞争者。借助资本的实力,上下左右扩张,跨界扩张,对这些行为经营者集中审查是有些节制作用的,但是作用不大。20 世纪 90 年代《反垄断法》还没有出台的时候,我就讲了一个观点,即在《反垄断法》的三大制度中,经营者集中审查的作用和制裁力度是最小的,因为在社会化、全球化条件下,通过并购损害竞争的可能性越来越小。我经常举一个例子,全中国的内资汽车制造企业全部合并起来,都不会损害竞争,因为国际上还有奔驰、宝马、奥迪、大众、通用、福特等,竞争还是非常激烈的,所以经营者集中审查的案件几乎百分百能通过,少数是附条件通过,完全不通过的基本上没有。由此看来,经营者集中审查对于节制资本有一定的作用,但是这个作用非常小,而且经营者集中审查在《反垄断法》的三大制度中本来就是最不重要的一种。

结论就是,社会主义必须节制资本,在公有资本和私人资本并存的情况下,可以通过公有制、政府规制和事业约束这三种方式来节制私人资本。反垄断并不针对也不应该只针对私人资本、私人企业,只有经营者集中审查可以在节制资本方面发挥些许作用。

"市场决定资源配置,更好发挥政府作用",反垄断是政府行为,由政府对市场行为是否合理进行判断,从而难免出现简单片面、主观武断的情形,所以反垄断不能强化,相反应当谦抑,不能因为反垄断给企业人为地增加负担和困扰。

互动环节

问:我国目前对于节制资本的主要说法是防范资本无序扩张,但我理解,资本的流动自有其逻辑,"序"肯定是以市场经济、市场竞争为导向的,那么到底如何来分析判断资本的有序或无序,判断标准是什么?

国家可能更多地基于当前宏观政策来判断它是有序还是无序,但就像反垄断一样,宏观政策是有多个价值目标的,有时是市场自由竞争,有时是金融安全,还有国家安全,如何按这些不同的价值目标来判断轻重缓急和当前的重要性呢?

然后引申出的一个问题,是我最近一直比较困惑的,就是在经济法的研究当中,如何处理经济法和国家治理之间的关系和界限?因为对国家治理的研究在很多时候更偏向于政治学和社会学,这样,如何让经济法学研究参与到国家治理当中,参与的程度又该是怎样的呢?

答:我上面讲了私人资本的三个弊端,没有讲它无序。其实它造成经济危机就是一种无序的表现,如果有序的话就不会一窝蜂按照市场的信号往某一个方向去。然而,市场调节就是无序的,在一团自发、无序中实现资源优化配置。计划经济"有序",但已被证明是行不通的。在市场调节不灵的时候,对于市场无法调节或无法有效调节的领域或方面,则需要更好发挥政府作用,无形之手和有形之手并用,可在此框架下考虑有序或无序。更好发挥政府作用主要是通过各种政策的方式,我在其他讲座上提出了一个观点:国家安全暨国家安全政策是第一位的,其次是除竞争政策以外的主导性经济政策,比如财政政策、产业政策等,规划和产业政策高于竞争政策,是主导性的。竞争政策是基础,它是维护自由公平竞争的,民法维护自由自发的竞争,二者共同保障市场机制正常发挥作用,但竞争政策无法纠正市场失灵、市场不能的问题,更不能解决市场优胜劣汰的副作用——发展不平衡和贫富差距的问题。所以,价值判断大概是这样一种优先顺序:国家安全→各种主导性的经济政策→竞争政策,反过来看则是从基础到顶层的顺序。

关于经济法与国家治理的关系,毫无疑问,经济法和经济法治是国家治理的重要方面。国家治理不仅仅是政权的运作,也包括经济的治理、社会的治理,治理是方方面面的,任何一方面缺一不可,任何一方面都可能牵一发而动全身。有的看上去不大的事,是治理的一个很小的方面,也只是经济法的极小部分内容,却也可能乱了大局,影响整个经济社会的运作,还涉及政治。所以经济法是国家治理的一个重要方面,经济法学和经济法学人应当从国家治理的高度,以经世济民、法治天下的胸怀和格局开展研究,为社会主义市场经济建设和改革开放发展作出自己应有的贡献。

问:想请问一下,现在政府部门跳过《反垄断法》,运用偏规制的方式来调控监管经济。您如何看待《反垄断法》缺位,政府采取这种规制手段的利弊?

另外,我觉得老师您说得对,《反垄断法》和节制资本的关系很小,但政府的确是把强化反垄断和防止资本无序扩张放在一起说的,这样的话,您觉得《反垄断法》该如何应对?

答:首先需要明确的是,反垄断、竞争政策是规制的重要方面,本身就属于规制,产业政策也是规制,市场准入也是规制,都属于规制。政府在宪法法律的概括授权之下,自由裁量,相机抉择,对某个领域或某种事物进行调控、监督、管理,也包括宏观调控,这就是规制。这我之前讲过,就不展开讲了。

刚才讲竞争政策它是基础,国家安全是统率,其他经济政策是主导,所以在规制方面,反垄断确实应该退居次要位置,不能以它主导,否则就乱套了。关键是在各种政策制订执行过程中,各部委应该在党中央国务院的领导下既追求各自的目标,必要时又能服从统筹协调,能这样就可以了。

关于反垄断和节制资本,我刚才讲不要夸大反垄断在节制资本中的作用。只要按照反垄断本身的要求,对反垄断持一种谦抑的态度,该反就反,看不清楚的暂时不要反,让市场多多发挥作用,看清楚了再决定要不要反,而不要把反垄断作为节制资本的手段。反垄断在节制资本当中的作用是非常小的,而且针对私人资本反垄断的社会观感也不好,节制资本变成反垄断,将反垄断针对私人资本是不合适的。

问:您怎么看待非营利企业与企业社会责任之间的关系?如果认为营利性跟社会责任是矛盾的,那么如果把《公司法》第 5 条看作一个倡导性规范的话,这个条文就失去了它的规范意义,加上《公司法》不仅适用于国有企业,所以《公司法》第 5 条规定的社会责任是包括国有企业跟私营企业的,这样理解对吗?

答:企业社会责任的主体肯定既包括国有企业,也包括私营企业。企业社会责任是一种道德责任、道义责任,不是法律义务、法律责任,所以它必须是倡导性的。但是国有企业天然承担社会责任,因为国有企业、国有资本的所有者是国家,是全体人民,国有企业的管理层和员工是全民的一部分,所以国有企业即使遵纪守法了,民众还可以对它指手画脚,指责它怎么这个事没干、那个事没干,要求它承担更多的道义责任、道德义务。在这种约束下,国企自然而然会更多地承担社会责任。

私人资本、私人企业天然不承担社会责任,只要遵纪守法了,其他任何人没有权利再对它说三道四,要求它这样那样。那么按照普遍人性、大多数人的想法来讲,是不愿意在遵纪守法的基础上承担更多道义责任的,所以私企天然不承担社会责任,我们也没有权利对它指手画脚。所以不要过分地强调和夸大《公司法》第 5 条社会责任条款的作用,没有这一条,国企也天然承担社会责任,私企也天然不承担社会责任。当然这是从原则上说的,不排除国企应当承担而没有承担社会责任，私企却乐于承担社会责任的情形存在。

问：我的第一个问题是关于混合所有制。混合所有制其实是将私人资本、国有资本纳入一个体系中，希望能够吸取两种资本各自的优势，但是它们结合在一起的时候，必然会产生一些冲突和矛盾，因为它们有各自的治理逻辑，在某些情况下可能是不一样的。在这个过程当中，去真正让混合所有制的两个资本结合起来，更大地发挥它的优势，可能存在困难，怎么破解这个难题？与此同时，整个公司治理中的风险，您是怎么看待的？对于混合所有制的公司，它的利益和价值取向又是怎么样的？

第二个问题是国有资本参与风险投资的问题。首先它的好处是，对被投资的企业来讲是一种真正的信用背书，让企业能够更方便地去银行融资或者吸取其他更多的资金；另外可能还会带来一些资源方面的利益。但是风险投资本身是一个不确定的事情，可以看到成功的可能，但是失败的概率也是非常大的，国有资本本身并不像私人资本那样，由个人来承担风险，它的风险最终是归结到公众的。在这过程当中，我们应该怎么样看待它的风险承担？是不是对它应该有比私人资本更严格的监管？想了解您在这方面的想法。还有风险投资可能会存在地区性偏向，比如国有资本可能更加偏好于长三角区域，这样会不会造成各地之间的竞争差异，这样的竞争是否可以允许？

答：一是混合所有制的问题，混合所有制非常好，我到现在看不出它有什么缺点或弊端。中央提出混合所有制改革的意思，是让国有资本主导带动私人资本，是做大做强做优国有企业、国有经济的一个重要举措。混合所有制恰恰很不容易推进，如果办得好，那是非常好的，为什么不容易推进？在中央刚刚提出要鼓励混合所有制的时候，学校安排我到神木煤矿去做法治讲座，在讲座上，陕西最大的地方国有企业、省属陕西煤化集团的总经理就说，上级和中央要求我们推进混合所有制，但是我们不敢贸然行事，因为看不清楚哪个私人老板比较正派，随便找个老板“混合”的话，可能不知不觉就被他（她）拖下水了，国有资产也跟着遭殃。你们明白了吧，混合所有制容易造成国有资本跟私人资本勾连，损害国有经济，损害国家的利益，想找一个靠谱的私企来混合很难。上市则没什么问题，上市也是混合，老百姓买股票也算混合，但老百姓不参与经营管理，是纯粹的财务投资者，不至于对国资产生什么负面影响。而国有企业要找能参与经营管理的私人资本就很难，也容易导致腐败。混合所有制真正办起来的话，对国有资本能够提供巨大的正面激励和约束。我当独董的国资控股公司，一到年会召开前夕，机构投资者就打电话给董事长、总经理，你今年分红一定要怎么分，一种不容置疑的口吻，这对国企的经营者是一种极大的正面约束和激励，不是负面或反面的。所以，混合所有制不存在什么治理风险，只有好处，本来国资委派的董事只有上级约束，现在给他(她)增加一个市场约束、私人资本的约束，这是多好的事呀。

二是风险投资的问题，这也一点问题都没有，因为现在风险投资都是企业化运作的，即使国有资本或国有企业参与也是企业化、市场化的，一个国有投资基金——几家国企加上某某地方政府设一个风投，就按照风投的章程来做，它本身就是风投，失败了也是没有问题的。地方之间的竞争也很好，而且必须让它们竞争，没有地方之间竞争的话，比如再生能源、新能源汽车、芯片等，都是办不起来的。张五常就说，中国改革开放取得这么大成就，很大原因就在于县域竞争。比如曾经有一段时间，上海各区县之间的竞争、上海的区县和毗邻的苏州区县之间的竞争非常激烈，正是这种政府相互竞争打造优良的商业环境和人居环境，极大地推动了中国经济社会的发展进步。

问：我有个问题想请教一下。国有资本跟私企的问题，我个人感觉，相对于实践，理论问题比较容易解决。我国地域广大，各地发展不平衡，人的素质参差不齐，人才不足，产生各种问题，容易顾此失彼。比如能不能通过一种自然而然的方式，发展出比较有社会担当的私企文化来？现在法律上对私企的规制，主要是限制性的、反面的，就是只要不踩底线就可以了。这样一种规制方式，能不能在我国的语境下去引导私企建立起社会责任文化？国有资本作为标杆，能在多大程度上起到引导作用？

答：我同意你的说法，我们国家的问题理论上容易解决，操作上往往顾此失彼。社会主义市场经济说了多少年，但操作起来也是一会儿出这个问题，一会儿出那个问题。这可能也是理论和实践关系的本来面目，因为实践要面对内外部各种各样复杂的环境，理论可以在屋子里思考确定，多数人认同了就定型了。

西方国家的企业社会责任要么不做，要做的话也是跟营利密切联系在一起。承担社会责任是为了营利，不是单纯的道义承担，单纯的道义承担没有可持续性，也没有现实可能性。现在国际上有一个口号，就是更多的社会责任，更多的盈利，你承担社会责任，你的供应商信任你，员工信任你，消费者信任你，你就赚更多的钱，就是这样一种引导，没有你想象的那么高大上。

那么对中国的私企来讲,我觉得大中型私企承担社会责任没有什么问题。

对于广大的中小微企业来讲,最大的社会责任就是遵纪守法。遵纪守法本身就是社会责任,当然遵纪守法具体来讲是法律义务,抽象地来讲它也是一种道义责任。包括善待劳动者,不弄虚作假,不搞假冒伪劣,不搞不正当竞争,广大中小微企业做到这些就可以了。在关键的时候,不但不能要求它额外承担道义责任,相反政府还要给它补贴或政策倾斜。所以对广大中小微企业来说,在遵纪守法的基础上额外承担道义责任很难,可能也不必要。对大中型的私企来说,能够生存下来的,社会责任基本上都做得不错。大中型企业在社会责任方面疏忽的话很容易倒闭,很容易被社会骂垮了,中小微企业不怕你骂,骂也没用。

政府和国资可以作为榜样和示范,将营利和社会性很好地结合起来。比如网上赞誉合肥市政府是世上"最牛"的风投机构,它花了几十亿元引进了京东方和蔚来汽车,增加了就业和财政收入,提升了本市及其产业的档次。市委书记在电视上讲,在这个过程中,通过资本运作还狠狠赚了一笔。主持人刁钻地问:政府怎么能赚钱?政府营利对吗?市委书记不慌不忙地说,现在财政千头万绪很紧张,我赚了钱让财政更宽裕,为人民办更多的事有什么不对?主持人哑口无言。西方国家的政府从来都可以直接参与市场,做市场主体,从古罗马到拿破仑到今天的美欧都是这样,我们的观念中好像政府不能办营利的事,这是不对的。蔚来汽车的总经理也在电视上讲,合肥市政府简直太厉害了,多方面调查我、了解我,给我施加各种各样的压力,这就说明政府做风投也是可以的,设立企业化市场化的基金就更没问题。

问:老师,我家就是合肥的,我发现政府和国资参与市场也必须讲利益,合肥市政府就是在总结了经验教训的基础上把风投做起来的。合肥从2006年就开始建企业孵化器了,当时他们是把中科院的科研成果拿去做产业化,但是要求研究人员不能分红,市政府也只能起孵化器作用,不得在后续的营运中获得好处,所以产业孵化就一直做不成功。后续在实践中认识到,参与的政府和科研人员一定要分红,不分红都没有积极性,然后合肥才把风投做成功的。

答:你说得非常对,理论和实践印证了的,现在好多地方要向他们学习,比方说济南专门派员去学习。

问:还有一个问题,资本是要素之一,但是我看到2020年中共中央、国务院发布《关于构建更加完善的要素市场化配置体制机制的意见》,以及今年年初国务院印发配套的《要素市场化配置综合改革试点总体方案》,里面都没有明确讲国有资本要像私人资本一样市场化,这方面是不是应该更加明确一些?明确讲一下是不是更好?

答:资本作为要素、资本要素的市场化配置包括国有资本,这是毫无疑问的,所以不需要专门讲。国有资本的形成,是把计划经济的、跟市场不结合的生产资料变成民法上与其他资本平等、在市场中平等竞争的资本,在要素市场化配置这一点上,它跟私人资本是一模一样的,只不过属于国家所有而已。另外,国有资本分属中央和各地方管辖,地方政府竞争、国有风投基金的竞争、国有资本之间的竞争都是很激烈的。武汉市供电局介绍经验说,不同的国有资本混合与公私资本混合的混合所有制在效果上是一样的,我很受启发,比方说武汉市、湖北省跟长沙市三家合资,虽然都是国资,但是长沙、武汉、湖北三者的利益是不同的,其各自所属的财政也是不一样的,它们之间本来有竞争,混合到一起,起到的激励和约束作用跟"私私合资""公私混合"是一样的。强调国有资本也要市场化配置,好像它在资本属性上跟私人资本不同,反而给人一种国有资本不是资本的错觉。

公司资本制度和国企混合所有制改革*

公司资本制度改革，摒弃形式主义，注册资本实缴改认缴、取消一般公司的注册资本最低限额等，符合资本和市场的内在规律，也有利于更好发挥政府作用。国企混合所有制改革的目的是公私互补互惠，使公有资本有效运作，私人资本健康稳定发展。

各位同仁：

大家上午好！

很高兴有这个机会来跟大家交流，我今天讲的题目是“公司资本制度和国企混合所有制改革”。

现在谈这个话题热度稍稍低了一点，三四月热度最高吧。去年(2013 年)12 月《公司法》修改，接着今年(2014 年)2 月国务院制定了一个注册资本登记制度改革方案，那会儿是关注度最高的时候。但是我想还是值得一谈。

2012 年 11 月，党的十八大开完后的第三天，政府就在顺德、珠海试点工商登记制度改革，宽进严出。有学者困惑：基本民商制度按宪法规定要由法律来规定，怎么《公司法》还没改就干起来了？这涉及更深层次的问题：国家这么大，情况这么复杂，干任何事情可不可以先试点，包括税收，要改的话能不能先试试？我个人觉得是可以的、必需的。党的十八大说要加强市场在资源配置当中的基础性作用；2013 年 11 月，党的十八届三中全会又提出一个新命题，要让

---

* 2014 年 7 月 12 日北京市律师协会讲座，北京市律师协会并购与重组法律专业委员会主任姜山赫律师主持。

市场在资源配置中起决定性作用,还提出要积极发展混合所有制经济。什么叫混合所有制?就是国有经济、集体经济、非公有制经济等交叉持股,相互融合,在企业当中形成一种混合所有的状态。一方面强调市场,另一方面又给公有制一锤定音:要巩固和发展公有制经济,不断增强国有经济的活力、控制力、影响力。我相信,这就是实行混合所有制的目的,以此增强企业的活力、韧性和"情怀",使经济能够稳定健康可持续发展。资本制度改革和"混合所有制"都涉及企业资本的问题,所以把它们放在一起来谈,二者是有内在联系的,也是有相当意义的。下面我就分两大部分来讲。

第一部分 公司制度改革:原因、内容和可预期之效果

讲公司制度改革,不得不理清楚公司与资本这一对基本范畴,两者是密切联系在一起的。

什么是公司? 我用三句话来说明公司究竟是什么。第一句话:**公司是理性经济人的自由结社**。大家都想赚钱,追求利益最大化,但是眼下要干的事太大太复杂,一个人干不了,要合作起来干,或者说彼此有起码基本信任的人结合在一起,来追求某一项事业,小到一个餐馆、小超市,大到一个几万人的公司、跨国公司,都是这种力量推动的。闹翻了,不干了,清算;干得好的话继续在一起干;或者你不干了换个别人来干,有愿意的,有信任我的,我跟他来干。

第二句话:**公司是投资者的一道"防火墙"**。投资者投资以后,就用公司这个法律上的面具把自己掩盖起来,自己变成了公司的股东、董事或者 CEO,或者我就是一个纯粹的外部观望者,我信任他,投资他的事业,他赚了钱我也可分。通过法人这样一个面具,就把投资者的风险做了法律上的分割。我有 1000 万元,投资 10 家公司,每个公司 100 万元,把风险分割开来,在我和这 10 家公司之间、这 10 家公司相互之间,就形成了"防火墙"。同时,在投资者和公司的交易相对人之间也形成一道"防火墙"。

前面两句话归根结底一个目的、一个作用,就是第三句话:**公司是投资的工具。**人们普遍用它来投资经营,追求和实现某种事业。作为投资工具,公司就跟资本密切地联系到了一起。

我们在座的个人拥有的财产,不投资不是资本,一旦投资就变成资本了。什么叫资本呢?资本就是会下蛋的鸡,为了蛋而养鸡就是投资。具体来说,投资者要从自己财产投资的资本当中获取利润,有利润我要拿,这叫营利,也才是资本。有利润我确定不拿怎么样?那就不是资本了,你用自己财产举办的就是非营利事业。我有100万元,我为了获取利润拿它去投资,就是资本;有利润我承诺不要,哪怕让这个利润在营利事业或非营利事业当中滚动,也不是营利性的企业或者资本。各国都对营利事业、营利性公司的盈利征税,即所得税。什么叫营利的事业、公司呢?美国国税局网站用负面排除法进行认定:第一,任何举办者、投资者、股东及其亲属,不得从公司获取利润或者变相地分取公司的资产;第二,分取的利润或者资产用于私人的目的。什么叫私人目的?就是私人消费、私人投资。用于公益的目的什么样?我投资的企业拼命地赚钱,利润我照样拿过来,但我自己不用它来消费、投资,而将它用于公益目的,比如去建养老院、残疾人康复机构等,就不是私人目的,因此也不是营利。20世纪90年代以来大家可能听说过一种"社会企业",它跟一般的商事企业一样想方设法赚钱,但是所赚的钱拿来后不是私用,而是用于公益的目的,也可说这是非营利企业。

资本是与典型的公司即营利性的公司或企业联系在一起的。盈利法定地归投资者,而且投资者把利润拿回去私用,就是这样的典型,那么是不是还有一些非典型的企业公司?有,个体户和业主自己也干活,像你们律师事务所,合伙人同时也是雇员,这叫业主制企业。业主制企业不是典型的资本企业,业主用自己的劳动跟自己的财产相结合来谋生,本质上不是资本。还有合作社,你到美国国税局的网站上去看,说合作社是互益性、非营利性的公司。为什么?

因为它是合作成员为了增进各自的和共同的福利出资经营，不是根据资本获取利润，投资 10 万元是一票表决权，投资 100 万元也是一票表决权，而且根据贡献进行分配。现在有 110 万元的利润，不是说你出资 10 万元就拿 10 万元，他出资 100 万元就拿 100 万元，而是根据贡献分配。比如供销合作社，你今年卖给合作社多少东西，在合作社买了多少东西，交易的总额就是贡献，所以合作社是非营利性公司，跟资本没有太大关系。

当然还有非营利机构，由捐赠或者财政拨款，也可能靠自己赚钱来从事某种公益事业。我到台湾地区去参观，挺震撼，他们的非营利机构做得非常大，比如佛光会、慈济、法鼓山，这几家著名的非营利机构还办了大学和很多的企业，世界上哪个地方出现灾难，他们的志愿者第一时间就去了。虽是非营利机构，但是赚很多钱，必须赚钱，不赚钱它怎么做公益，只不过举办者、出资者不取利润，赚的钱滚动地做它的章程规定的公益事业。

关于非典型的资本企业或者公司，最后大家想到的可能就是国有企业了。国有企业的利润不是私用的，干什么用？扩大再生产，创造就业，用于公共财政修桥铺路、社会保障等。那么，国有企业岂不是非营利机构？没错，国有企业本质上就是非营利机构，但是，公有的财产作为生产资料创造财富，也要采取资本的模样、形式，表面上必须跟在座你我的私人资本一样，在民商法上是平等的，用竞争来证明它存在的合理性。采取资本的形式，就是追求利润，并由出资者来决定利润分不分、分多少，跟私人企业一样，在市场当中运作。这就是国有资本、国有企业，形式上是资本暨资本企业，本质上却是非营利的、公有的。

这是公司与资本这对范畴，我给它做这样一个阐释，然后再说下资本与市场的关系。市场决定资源配置是市场经济的必然要求。**什么叫市场经济？**就是每个人根据自己利益最大化的判断来作出投资、交易或退出市场的决定的经济。比如现在人们都爱吃新鲜面包,我觉得这个不错,我身上还有点钱,或者我们几个志同道合,觉得开一个法式面包店很好,每天做新鲜面包,肯定赚钱。结果一干起来,发现好多人都有这个想法,我们雇的人对企业还不忠诚,我们自己的经营能力也不行,那就赶紧撤,赶紧把机器卖掉,现在卖还能把本收回来,再晚点卖恐怕连本都收不回来了。这就叫根据自身利益最大化来判断。我把钱撤回来以后,拿这个钱干什么去?现在民营医院和医疗价格放开了,我们办医院去吧,估计能赚钱。是否真的赚钱两说,这样资本就在无数人追求利益最大化中得到了优化配置。就是由每个人自由判断,根据自身利益最大化来判断把自己的财物投到哪里去更合适,由此决定资源的流动和配置,表现为资本的配置和流动。这种社会生产的机制和激励、约束是任何其他的力量和组织所不可取代的。我国香港有一个说法叫“打工皇帝”:我收入不低,一个月十万八万的,甚至一年500万、800万的,香港最高的有36,000万,那是最舒服的,因为我下班以后可以百事不问,想干什么干什么,吃喝玩乐,简直像“皇帝”一样。你要是去做老板那就“悲催”了,哪怕只投资10万块钱,从此以后你没了周六周日,没了节假日,春节也没有了,你要琢磨你投资经营的那点事,要琢磨你雇用的那些人,这就把你的所有精力都牵扯进去,政府能不能取代(市场)这种机制?还有没有什么其他的力量可以取代这种机制?不能,都取代不了,不然的话我们也不会改革开放短短三十年,生活就发生如此大的变化,如此多彩,产品和服务如此地丰富。这就是市场和资本给我们带来的好处。

自由的市场和资本有没有坏处?也有坏处,但是不能用消灭市场和自由资本的方式来消除其坏处,只能扬长避短,在充分发挥市场和自由资本好处的基础上,来修补它的弊端。市场有什么弊端?从根本上说就是五个字:信息不对称。经营股东和非经营股东之间信息不对称,你身上有点钱,你相信他就给他投资了,但是他企业里头的情况怎么样,交易和收益怎么样,他可以“蒙”你;生产和消费之间信息不对称,我生产食品,食品里到底搁了什么,消费者可能不知道。信息不对称就会出现道德风险。我故意利用这个信息不对称,坑蒙拐骗小股东、消费者或者其他经营者。信息不对称还造成利益冲突:我给他投资了,我相信他,可是他老跟他爹妈开的公司做生意,我也搞不清楚,他把公司的利益都输送到他爹妈的公司里去了。信息不对称还会引起经济周期,说得不好听点就是不时出现经济危机,说得好听点儿就是经济在景气和不景气之间循环。这能不能避免?不可避免,只能缓解。除非你不想享受市场经济的好处,去扼杀生产者的自主权和积极性,否则你就只好让它波动,对没什么稳定职业的老百姓来说影响会很大。为了解决信息不对称造成的这些问题,从2002年制定、2006年正式实施的《萨班斯-奥克斯利法案》开始,全世界的趋势是两个看起来矛盾但是并行不悖的解决市场经济弊端的做法:一是进一步自由化,进一步让市场来决定,加强反垄断,不要让企业联合起来做决定,不要让大企业损害他人的选择权、决策权。之前从里根、撒切尔开始还推行私有化,准确来说是股份制、市场化,也是自由化,作为政府机构附属物的国有企业原来是没有资本的,现在把它的资产资本化,变成股本、股份,能卖就尽量卖,政府增加收入,同时将其彻底推到市场中去,财政不给它补贴,也不给其他优惠政策,它办不好就破产算了。二是优化强化监管。大家知道,《萨班斯-奥克斯利法案》主要就是两点内容:第一,大企业建立合规及内控体系,从那以后我们的大企业也把这一套建立起来了;第二,严格的责任,CEO、CFO、注册会计师他们出具不实的财务会计报告,最高可处以20年有期徒刑。2008年金融危机以后,以美国为首的西方发达国家又出台了一系列优化监管的政策法律和措施。一句话:自由市场、自由资本不能变,但是要采取措施。除监管外,在我国还可以采取公有制的手段,来弥补、纠正它的弊端,唯有不能用计划的方式、行政的方式、消灭市场和自由资本的方式来解决市场和自由资本的问题。

那么,《公司法》中原来的资本制度到底有什么问题呢?存在什么弊端,现在怎么改?弊端就是形式主义。刚才我举的例子,我俩开一个法式面包店,将来买机器、雇人、启动大概要1000万元,但不是一成立公司我们就要干事了,这1000万元可能是一年以后、两年以后的事,让我俩现在拿,一时也拿不出来,怎么办?这就催生了一大批帮人办公司的公司,专门帮人弄假的注册资本,钱打到公司账户再设法拿走,那岂不是抽逃注册资本?当然是,但是制度上有不合理之处。更重要的是对公司资本和出资的本质存在理解偏差,导致责任错位。咱俩做一件事,投资经营一个事业,需要1000万元,咱俩各持股50%,各应当出资500万元,现在我们要买机器,订了合同,要付钱了,那就你出500万元,我出500万元,我不出你追究我的责任,你不出我追究你的责任。1993~1994年,我在我国香港地区的一家英国律师事务所里工作了一年,发现他们有一个非常根深蒂固的法律原则,就是对等入资。我们注册资本1000万元,我们各出资50%,但是现在实际需要2000万元,现在要这个钱了怎么办?我俩赶紧把每人应该出资的500万元出上,另外我们每个人再去负责借500万元,为什么?因为咱俩的持股比例是各占50%,现在用钱太急了,我们约定一个礼拜就必须出资到位,再把不足的1000万元借来。到了一个礼拜,我500万元出了,500万元也借来了,你500万元出不起,只出了250万元,也没借到钱,怎么办?很简单,按照实际的入资,不仅仅是出资,还包括借的钱,来调整持股比例。这招太有效了,都不用到法院打官司,非常简单,没有出资没有借到钱的人他理亏,他也不会理直气壮地继续要那50%的股权。我说这些是什么意思?出资是股东相互之间的义务和责任,《公司法》原来把它弄成股东对工商局的义务和责任,错位了,我只要"糊弄"工商局就行了,工商局看我有没有出资就看验资报告,有验资报告就认为我出资了,没有验资报告就(认为我)没有出资。如此就变成了投资者、出资人对工商局的责任,可是工商局才几个人,它辖下5万、10万家公司哪管得过来。扭曲了出资义务和责任的本来面目，顺带导致了年检的问题。年检检什么？年检就是检企业和资本经营的状况，就是这一年企业营收多少利润多少等。这个经营状况是给谁看的？是给任何交易相对人及潜在的交易相对人看的，不是给工商局看的。改革的方向就是要让任何交易相对人和潜在的交易相对人能够方便地看到任何一家企业这一年的真实经营状况。企业自己呈报并予公开查询，你看到的是假的则自己倒霉，你如果发现有假又不甘心，则可举报造假的企业，让工商局去处罚它。政府对这种呈报和查询起监督管理的作用，而不是企业向工商局报告它这一年如何。

改革的最重要的一点，就是把注册资本实缴制改成认缴制，类似于英美法系国家或地区的发行资本概念。新加坡、英国、美国等，它们的注册资本概念跟我们是不一样的，不是股东承担责任的最高数额，因此注册资本是没有意义的资本，为什么？我以前也是百思不得其解，后来请教了它们的很多律师、学者、官员，还有公司的人，他们告诉我，我的判断大概也是对的，就是把注册资本尽量搞大一点，这样，我随时发行资本，就不用到公司注册处去变更注册登记了，就这点小小的作用。公司的发行资本只有 2 元钱，你认缴 1 元，我认缴 1 元，但我们把注册资本搞成 10 亿元，现在想发行 5 亿元股本，就不用去变更登记了，我们还可以再发行 499,999,998 元，也无需变更登记，很方便，就是起这个莫名其妙的作用。

所谓发行资本就是股东认缴的，须对公司承担的，也是公司对债权人承担的，实际上由股东承担的财产责任。我俩现在各认缴 100 万元，也就是公司发行了 200 万元股本，但是现在债权人来催债，公司没钱，我俩还没缴清认缴的股款，对不起，赶紧缴，缴不起那就清盘，对债权人偿债。所以认缴资本是英美法系发明的，但是我们把认缴资本和注册资本结合在一起，这是和英美法系国家不同的地方。股东认缴的资本总和就是在工商局注册的资本，那就意味着注册资本仍然是股东对公司以及间接地对债权人承担的最大限度的财产责任。验资也不要了,认缴以后就可以登记了,现在我们的注册资本是100万元,我们俩各认缴50万元,认足了就可以登记,如果一个人认缴50万元,一个人认缴25万元,那不行,除非你把注册资本改成75万元,要不然的话你就不能登记。实收资本在工商登记里取消了,这个资本我认为不一定要取消,实收资本可以让交易相对人了解你实际缴付了多少资本,因而可以不必取消的。另外取消了最低资本限额,除了法律规定的比如商业银行、保险公司等,法律一般情况下对公司注册资本的数量不做任何要求。当然我相信至少还得要1元钱,为什么?因为你需要用它来确认投资者的持股比例,不能是零,但1元钱就足矣。我九毛你一毛呗,反映我持股90%,你持股10%,以此确认持股比例。

另外把年检制改成年度报告制,由工商局负责建一个网络,它管辖的企业每年都到网络上去公示年度报告,当然,我刚才说的,应当方便任何人查询,否则起不到它应有的作用。工商局从中起监管作用。如果企业被举报,或者被查实报告的信息弄虚作假,就可以对其进行处罚;或者企业不报告,甚至长期不报告,我发现了也可以对企业处罚,甚至吊销该企业。这样的话,大家想想,工商局的任务就轻了几百倍、几千倍、几万倍,它只要做一个客观中立的第三人,做好监督就行了。不是企业对工商局的义务了,企业直接依据法律给它规定的义务上网去呈报它的报告,挺好的。这样做大家可能会有一些疑问:注册资本太低了会不会影响交易安全?应该不会,为什么?太低了他自己都不好意思跟人家做生意,注册资本1元别人也不会跟你做生意,到工商局网站上去查一查,还要查一查你有没有被列入黑名单。那么,会不会公司举办者为了虚的信用,虚报过大的注册资本,实际上他永远缴不了,比如我俩认缴10亿元,但是我俩永远也缴不齐10亿元,用这种做法骗取社会的信用,可不可以呢?也不太可能。为什么?因为我刚才讲了,认缴的资本是必须要缴的,认缴的资本是出资者对公司以及间接地对债权人承担的财产责任,不是不要缴,你不缴、没有缴,债权人追上门来时就要缴。

这么一来,虚假出资罪、出逃出资罪还有没有意义?还是有意义的。为什么有?因为注册资本没有取消,认缴的资本必须要缴,有可能出现弄虚作假出资的问题。现在咱俩到了各缴1000万元的时候,可是我弄虚作假,实际上没有缴,这种情况可不可能发生?完全可能发生。我伪造一个银行的入账单,骗取非经营股东的信任,可不可能?完全可能。可不可能抽逃出资?也完全可能。缴了以后不是用于公司的目的和用途,就把这个钱抽走了,这些在会计上都是确定可查的。如果造成的后果很严重的话,这两个罪为什么不能成立呢?所以公司资本制度改革跟这两个罪的存废没有关系。

第二部分 发展混合所有制:公私优势互补

刚才讲到,公有制在市场经济条件下不得不采取与私人资本同样的形式,那么公有制采取资本的形式主要是国有资本。当然还有集体资本,华西村股份有限公司在控股股东内部实行合作制,也即集体所有制,这不是我们今天探讨的话题。

此处涉及的一个问题是:国有资本与民争利吗,国有资本是不是跟老百姓争利?反对以至要取消国有制、国有经济的一个理由就是它与民争利,因此必须先弄清楚这个问题。我的回答是国有资本不与民争利,为什么?因为给国有资本打工与给私人资本打工是一样的,工资薪酬都由市场岗位定价,你在国有企业里扫地,假如说月薪3000元的话,你在私企里也是3000元,资本是什么性质跟这没有任何关系。你一个基金经理,能创造什么样的业绩,全国排名多少,该拿多少钱就拿多少钱,岗位市场定价,跟你受雇的证券公司或基金公司是国有还是私有无关,跟老板赚了多少钱也没有关系,老板没有赚钱,他想干这个事,也得给你这个钱,即这个岗位这个水平的薪酬。个中道理应该很清楚,就是国有资本不跟广大的雇员、雇佣劳动者争利，甚至于国有资本天然地没有私人资本那么苛刻，它给的薪酬可能还高一点，福利还略微好一点。那么，国有资本跟不跟小资本争利呢？也不，为什么？因为争不过。国有资本的规模不可能太小，它的机制不那么灵活，你跟街头店面的小资本、跟农产品批发市场的小资本等进行竞争，想竞争也竞争不过，所以最好是别干，不要去掺和那个竞争。

国有资本争利的对象是大资本。比方说去年（2013 年）的世界首富是卡洛斯（今年他变成第二了），他是墨西哥的电信大亨，墨西哥的电信事业是他控制的；我们的三大电信公司，由国有资本控制，它们的利润就归政府、归人民了，不是归了像卡洛斯这样的私人、去造就富豪。小布什他们家控制了美国的石油行业，2006 年 11 月份我在美国，当时所有加油站的汽油都降了一点儿价，老百姓会心地一笑，不是高兴地一笑，而是明白因为要中期选举了，小布什他们家控制的石油就降价笼络人心，等到选举完，结果一确定，汽油立马又恢复原价。我们的中石油、中石化、中海油“三桶油”，一年几千亿元的利润，去年是 2300 亿元，国有的话这几千亿元的利润就不归私人，而归公家、归人民了。所以国有资本是与大资本争利的。那这种争利该不该、好不好呢？应当说，国有资本跟大资本争利是好事，多多益善。

国有资本的合理性之一表现在节制资本上面，什么意思呢？就是国有大资本节制私人大资本，防止私人大资本造就超级富豪，进而控制国家政权，而且事关国计民生的事业由国有资本来做，防止私人资本损害国计民生。公用事业和垄断事业要由国有资本取代私人大资本来做，要把这个利润收归国有，人民所有。这样就可以起到防止拉大贫富差距的作用。美国为什么发生占领华尔街运动？一个原因就是国有资本太少、贫富差距太大了。除此之外，国有资本还有其他一些作用，比如替代调控监管。采矿、炼焦、发电、铁路等需要监管的事业，让国企去做的话，相比让私企去做，政府的监管负担不知要减轻多少倍。金融危机一来,沿海成千上万的外向型企业倒闭或减员,几千万农民工回家,一直蔓延到上游,整个经济都失去信心了,很好的交易都不敢做了。这个时候也需要国企发挥应有的作用。一汽的一个全资子公司的总经理告诉我说,史教授,现在企业没有事情做我们也不解雇员工、不关门,干嘛呢?天天让员工来学习。一方面是政府要求的,另一方面经济一有好转我可以比私人企业更快地恢复生产。私人企业把员工遣散回去了,经济好了以后它再重新招工,还要培训,很麻烦;而我的企业不用重新招人,还是用这帮人,干得也顺。大家想想是不是这个理。另外,国企提供公共产品和准公共产品,如高铁、保障房等。

另外,国企天然地承担社会责任,信用也相对好很多。私人企业只要遵纪守法,人们就不能再对其指手画脚、说三道四了,因为它天然不承担社会责任。什么是社会责任?它是一种道义责任,道义责任跟法律责任有什么区别?道义责任要通过内心的信念和舆论的褒奖谴责来实现。私人企业遵纪守法了,你还凭什么要求它这样那样?没有道理。而国企天然承担社会责任,为什么?因为国企的基础是国有资本,国有资本是全体人民所有的,由国家代表人民作为法律上的所有权人,而我们在座的每一个人,哪怕不是这个企业的员工,也是全民的一分子。所以国企即使遵纪守法了,我们也可以对它提出更高的道义要求。比方说金融危机的时候你别关门,你得撑着。

可是国有资本有国有资本的弊端,什么弊端?人浮于事,扯皮拖拉,效率低下,管理不善,浪费,凡此种种。这弊端怎么解决?靠行政行不行?靠委任英明能干的经营者、经理人行不行?非常遗憾地告诉大家,都不行。唯一的办法就是市场的激励和约束。那么,什么样的一种市场激励和约束可以使国有资本跟私人资本一样灵活有效呢?在此我又要佩服领导了,唯一的办法就是混合所有制。

中国建材集团某负责人很有本事,担任两个央企集团的董事长，两个集团都办火了。他到电视上讲，我们就是实行混合所有制，混合了几轮而已：改成公司时混合了一轮，到我国香港上市混合了一轮，从香港再回到内地来投资又混合了一轮。市场的激励和约束是最有效的，在混合所有制中就表现为私人资本的激励和约束。公司制的好处就是不同利益主体相互合作、制约，私人资本通过公司和市场创造了巨大的财富，国有资本需要借助同样的机制。

混合所有制不是新鲜事物，改革开放以来一直都在发展着，比如从最初的中外合资、合作，联营，到后来的股份制及公司制，现在要进一步发展混合所有制，怎么发展？我想再说两点：一是国有资本、国有企业在竞争性领域能待得下去的就让它待下去，由竞争来决定国有资本、国有企业的范围、数量和规模，这是最好的。别听一些专家忽悠，说什么国有资本、国企应当全部退出竞争性领域。大家知道德国大众汽车也是国有企业，他们的福利比私营企业好，休息时间也比私营企业多，赚了很多钱，你凭什么让它退出市场，怎么退出，有什么意义？如果它没竞争力了，像通用一样，车卖不出去了，非倒闭不可了那就倒闭呗。我们国家也是这样。没有必要人为"一刀切"地让国企国资退出竞争性领域。刚才我举的例子，两个央企由一个人当董事长，他干得很好，都是竞争性行业，但照样创造就业、创造税收；而且它还跟私人企业不同，它的利润是归公的，不是归私的，不是去造就富豪。

二是垄断性行业，对私人资本还是要让它慎入、严格准入，为什么？你让它进来，就要让它舒舒服服赚钱，因为垄断行业是垄断的，那老百姓的利益就受损了。比方说铁路、电网，现在是企业执行政策、承担了社会责任在造福消费者，你要让私人进来，就不得不涨价，随行就市，消费者的利益就没了，你让它按照现在的价格进来它赚不了钱，让它进它也不进。所以，我的意思是，混合所有制也不要变成一个"紧箍咒"，办不了的就别办。公私融合的基本原则应该是互补互惠，双方扬长避短，各自都得利。公有制的利就是公有资本有效运作,跟市场有效融合;私有资本的利就是给它更多的出路,可以更稳定地获取利润,让它少折腾。

我要讲的就是这么多,下面进行讨论,什么问题和观点都可以说,大家畅所欲言。

互动环节

问:资本制度改革方便了公司设立,注重了资本效率,在这种注重资本效率的情况下,怎么样在法律上或者政策上维护资本和债权人的安全,现在有哪些制度设计?做好准备没有?谢谢。

答:资本制度改革并没有降低安全性,它是把市场主体跟政府的博弈更多地变成市场主体相互之间的一种博弈。我想,这样一来,你们律师就更有饭吃了,可以赚更多的钱,法院应该也会更忙。这符合市场经济法治的一般状态,挺好的。安全性没有问题,没有降低,反而更高了,因为原来普遍弄虚作假,无从究责,现在分清并落实了义务和责任。

问:您好,我有一个问题,据说按照混合所有制改革的方案,私营企业、私人资本只能占30%以内的份额。在这种情况下,按照公司法,重大的决策它们可能就无法否决了。这样,私人资本对企业经营方向的左右和影响,我觉得是比较有限的,不知道您对这持什么看法?谢谢。

答:不是所有的国企,中央和地方的国企,私人资本的进入一定都不能超过30%,我相信这是不可能的,也是做不到的,事实上在地方,国有资本只参股而由私人控股的情形是很多的。你说的可能是垄断行业,刚才我说了,在垄断性行业中,私人资本进去少一点也罢,没什么问题。另外,30%的约束已经不小了,四大银行引进的战略投资者只持股10%,你看对它经营的改观,对它合规和内控的建立,就能起到很大的作用。按照国际惯例,持股10%就可进董事会,30%就非常多了,完全可以起到私人资本应有的市场激励和约束作用。

问:史教授,感谢您真诚的演讲。我有一个问题,咱们新的《公司法》实施以后,新的资本认缴制泛化,以后如果认缴的资本真的不能实缴而引发纠纷,有没有具体的法律法规进行调整,实际又是怎样的?谢谢史教授。

答:我国的公司注册资本改成认缴制以后,认缴资本其实和英美法的发行资本是一样的,认缴的资本都是必须要缴的,这是股东的基本义务,当然从责任承担的量来说也是其最大限度的责任。现在的一个问题是,他把认缴期限设成99年可不可以?法律上也没有禁止,他如果不想做事,这个公司就是炒作,是皮包公司、空壳公司,那99年也无妨,但是一旦欠了债,债权人找上门来,公司财产不够的时候,股东就有义务在他没有实际缴付的认缴资本范围内填补财产,对债权人偿债,最终企业当然也可能破产。在我国香港,债权人还可以申请清盘,清盘的话没有缴的发行资本就要缴了。这是《公司法》的基本制度,不一定要有具体的条文。相信将来最高人民法院也会出一些具体的司法解释。

问:史老师,从去年年底开始,财政部推进PPP模式,实际上就是混合所有制,您刚才讲到,在公共事业和垄断性行业要让私有资本慎入,但是现在就是在公用事业领域推进PPP模式,这种混合所有制到底怎么推进,想听听史老师的想法。谢谢。

答:第一,PPP有很多模式,这些模式原则上不形成混合所有制,它不是公有资本和私有资本放在一块来做事,它实际上是一种特许的公私合作,有非常严格的特许条款,让私人来做,让他赚足以后就归公了,这还不是党的十八届三中全会讲的混合所有制。第二,任何PPP模式都是政府作为最终的责任承担者,私人事情没干好也是由政府承担责任。要修一条路,让私人去修,但路修得不好要政府承担责任。所以政府在PPP模式中承担着重大的义务和责任,同时也要保证私人能赚钱。第三,正因为如此,将来发展起来可能弊端很大,我国台湾地区就是前车之鉴,PPP模式成了官商勾结,掏空公有财产、掏空财政的一个无底洞。比方说我国台湾地区的高铁,它的修建模式就没有我们这边好,是PPP模式,PPP模式后私人不断追加预算,搞砸了也不得不由政府承担责任,这个过程当中很腐败。所以PPP模式也不是神,要谨慎小心地对待它,利用它。

问:史老师,我问您一个有关公司独立董事的问题。记得也是在大教室里,北京大学有一位老师说,公司重组没有做得好的,80%都做得不好,特别是中关村的小微企业,包括大公司,并购重组,或者是在之前经营过程中问题有很多,突出表现在公司治理体系不完善、内部控制没做好。公司治理的一个重要方面是独立董事,美国一般的公司董事会中一半是独立董事,但是我们推行起来有很多问题,您觉得这个问题怎么解决比较好一点?

答:公司并购重组中最关键的问题并不是公司治理的问题,最关键的是公司价值评估的问题,公司的价值跟它的资本没有关系。比方说它的资本是10亿元,它的价值可能是0;它的资本是100万元,它的价值可能是10亿元。这个价值是什么呢?价值就是公司未来的营收和营利的能力,它的产品的前景,这个价值怎么定呢?根据我做仲裁员的经验,并购纠纷绝大部分是因为某一方对公司价值评估出问题导致的,这里面既有坑蒙拐骗的问题,比如出让一方故意夸大企业价值,吹得天花乱坠,另一方被其所惑,就签了合同,最后出了问题。你靠并购方和被并购方任何一方公司治理的完善来解决这个问题,都是解决不了的,而要靠中介机构包括我们律师服务的完善来解决这个问题。它这个企业整体应该卖多少钱,或者它要卖股份,50%的股份到底应该卖多少钱,跟我们律师和注册会计师的服务有密切关系,我们服务得好这个价值判断就准确,我们服务得不好价值判断可能就不准确。所以独立董事跟这个没有什么关系,但是我也顺便说一下独立董事问题。

美国所谓的独立董事跟我们所说的独立董事不是一回事,美国的独立董事是外部大股东,非经营股东,但是他的持股比例比较大,所以他要做董事,来做人事提名、薪酬决定、监管这样的事,确保他的投资不打水漂,不受坑蒙拐骗。新加坡和我们国家的独立董事不是靠资本的激励来监督企业的经营,而是靠独立董事个人的信誉、威望来对企业的决策和经营、不损害中小股东的利益、关联交易等进行监督约束。所以这样的独立董事应该是名流,如果他本人没什么信用,就没办法当好独立董事,因为他的信用不值钱,没有“担保”价值。我的观点是,越有名的人当独立董事越好,这样才能起到独立董事应有的约束作用,从而保护中小股东暨外部股东的利益。

问:史教授您好,我想问一个关于国有资产认定的问题。现在在国有企业改革当中可能牵涉国有资产退出和参股的一些问题,我的问题是,比如说国有企业参股了一家企业,这家企业的子公司孙公司的资产是否可以被认定为国有资产?

答:这取决于资本原则、资本观念、资本关系是否牢牢地深入人心,深入人心就不存在任何问题了。它参股50%,那么它对该企业拥有50%的权益,该企业再出资形成子子孙孙的企业,那就按每一次转投资的出资比例一层层算下去,相应的权益就都是国有资产。就像咱俩开一个公司,各占股50%,咱俩的公司又开了子子孙孙的全资公司,比如10个,咱俩还是要对它们各占50%的权益。按照《公司法》,每一级出资人根据持股比例去参与子子孙孙公司的决策或经营管理就行了。

税法和价格法

税收授权立法辨正

——兼论财税法的性质和地位[*]

税收是政府调控的主要手段，不同程度的税收授权立法甚至概括授权是必需的、正当的。调控是税收的主要及主导的功能，税收取得财政收入不言而喻，而控制政府权力已是现代国家和法治的起码要求。所以，财税法属于经济法，性质上不支持其从经济法中分离、独立出去。

各位同学：

大家晚上好！

感谢徐阳光老师张罗这次讲座，我先把观点亮出来，希望能讲清楚，然后跟大家交流互动。

一、从中美贸易争端和环境保护"费改税"谈起

我今天讲这个题目，实际上是反思"税收法定"。你们知道，《立法法》在2015年修改了。从2013年启动修改到2015年通过，其间"税收法定"的呼声不断高涨，被奉为"帝王"原则，像"罪刑法定"和"物权法定"一样被披上神圣的光环。一些人对税收授权立法很气愤，尤其是税法学者怒气冲冲：税收要"法定"，要由全国人大及其常委会立法决定！居然大多数税收法规都是国务院的条例，而且是暂行的，太要不得，税收立法不能授权！授权的依据是1984年《全国人民代表大会常务委员会关于授权国务院改革工商

---

* 2018年4月24日中国人民大学经济法学研究中心、北京市经济法学会"经济法前沿系列讲座"第61期，徐阳光教授主持。

税制发布有关税收条例草案试行的决定》,赶紧废了它!税收怎能由行政决定、行政立法呢,必须禁止向行政机关授权收税,尤其不能概括地授权、一般地授权。这样一个想法,成为一种观念乃至思潮,反映到立法草案里面,就是2004年12月《立法法》修订草案二审稿,其规定"税种、纳税人、征税对象、计税依据、税率和税收征收管理等税收基本制度"只能由法律规定,不能授权,不能由国务院决定。"税收法定"被抬得这么高,有没有道理?改革开放的精髓之一是"实践是检验真理的唯一标准",否则中国不可能取得今天这么大的成就,所以我们要问:"税收法定"实事求是吗?"税收法定"等于税收法治吗?"税收法定"是法治的必要条件或要素吗?之所以给大家讲这个,是因为从2013年《立法法》启动修改以来,我就对"税收法定"很反感,但是一直懒得吭声,直到最近发生了两件事情,让我感到不得不出来讲一讲了:一是中美贸易争端;二是环境保护"费改税"。

今年(2018年)3月1日,特朗普政府根据美国商务部的"232"调查,认定美国进口的钢和铝损害了国家安全,所以要对进口到美国的钢和铝加征关税,钢加到25%,铝加到10%。中国财政部4月1日发布通告称,"232"措施违反了世贸组织相关规则,不符合"安全例外"规定,实际上构成保障措施,对我国利益造成严重损害,经国务院批准,国务院关税税则委员会决定,自4月2日起实施,对原产于美国的7类128项进口商品中止关税减让义务,在现行适用关税税率基础上加征关税,对水果及制品等120项进口商品加征关税税率为15%,对猪肉及制品等8项进口商品加征关税税率为25%。宣称的理由是平衡利益。

4月4日,美国又根据"301"调查,认定中国侵犯了它的知识产权利益,对原产于中国的1300多种商品加征25%的关税,涉及中国对美国出口的金额约500亿美元。我们经国务院批准,国务院关税税则委员会决定,对原产于美国的大豆、汽车、化工等14类

106 项商品加征 25% 的关税，涉及中国自美国进口的金额也是约 500 亿美元。

这就是最近的贸易争端。大家有没有注意到，中美贸易争端中使用的都是税收手段，双方都没有“税收法定”。美国“232”调查是根据 1962 年《贸易扩展法》的授权；“301”调查则是根据 1974 年《贸易法》的授权。中国采取税收措施则是根据《对外贸易法》第 7 条的授权，即任何国家或者地区在贸易方面对中华人民共和国采取歧视性的禁止、限制或者其他类似措施的，中华人民共和国可以根据实际情况对该国家或者该地区采取相应的措施。

那么就请各位思考，贸易争端中用的关税手段不授权行不行、能不能“税收法定”？

第二件事就是从今年 1 月 1 日起，我国把对企业征收的排污费改为环境保护税，也是基于“税收法定”的理由，将费改税。这项改革大致有以下几点：首先，税负平移，企业原来交多少排污费，现在就交多少环境保护税；其次，环境保护税由地方税务局征收，税务局不懂环保和排污，要先学习、调研，还要请环保局和社会上的专家来给税务人员上课、培训，搞清楚状况才能征税；再次，地税部门增加了新的工作，人手不够，要新增环境保护税征管人员；最后，要由环保部门向地税部门移交相关数据和资料，一年更新一次。这有什么问题呢，“税收法定”不是挺好吗？但实事求是来看就是不好。一是把内行的工作交给外行去做、让不专业的人做专业的事；二是僵化低效，排污是动态、变化的，环保部门天天都要监测，发生重大变化就要立马采取措施，包括增减排污费，一年才移送一次数据资料，无疑降低了对企业减少排污的激励和约束；三是增加了成本，降低了效率，如果说环保部门收费不如税务部门征税那么刚性，则这是对环保部门职责担当的要求和考核问题，收费的力度并非天然比征税要低，二者都是国家的征收。

这两件事，希望也能引起大家的思考：“税收法定”究竟是什么，到底好不好?

二、财政税收是政府调控监管的重要手段

言归正传,这个问题首先关乎税法的作用到底是为了控制政府或“国王”随便收钱,还是主要承担着经济社会调控的功能,从而涉及经济法的基本原理。经济法的重要特征之一是行政主导,行政是政府职能,也就是政府主导。为什么?根本原因就是经济社会的高度社会化、全球化,人与人之间高度依赖,牵一发而动全身。

正是因为人与人、国与国之间的这种密切联系,使经济社会复杂多变、瞬息万变,必须由国家、政府代表社会承担起统筹协调、调控监管的公共职能,才能有效维持基本的秩序和国民、国家的基本利益。于是从19世纪中期开始到现在,公共管理逐渐渗透进了经济社会的方方面面和各个层面,不再有不需要公共管理的地方和领域。从宏观的国民经济到行业、地方,到企业、个体户、农民,所有主体都要在公共管理之下从事活动,公共管理主要就是行政管理。谁能代表公共呢?只有政府。原来以为行业协会也能代表,后来发现行业协会充其量只是若干社会成员小范围之私。你可以不喜欢一个政府,但是只要它存在,它就代表着公共利益和公共秩序,以各种方式换一个政府,还是这样。我在一篇文章里讲了,在社会化和经济法时代,政府与经济、社会、市场的界限是无法用具体法律条文界分的,而只能概括地划界:凡社会能够自治、市场能够调节的政府就不必直接过问;反之,凡社会不能自治或有效自治、市场不能调节或不能有效调节的,政府就要当仁不让地调控监管,甚至自己做市场的主体,如开公司、建高铁和高速公路、政府采购等,不一而足。现在还形成一个共识,就是在不同地方、不同领域,政府与市场的边界也是不一样的。比方说东南沿海地区、通用机械和纺织等领域,政府一般只要维持好秩序即可;可是在中西部地区,农业等弱势产业、战略性高技术如航天和超级计算机等,政府就要积极作为,或扶持,

或补贴,或让国有资本、国有企业去做,推动其发展。村民自治和小区物业管理也是典型的例子。宪法规定了村民自治,商品住宅小区也应由业主自我管理,政府只需在必要时加以指导。但在极端情况下,如果村和小区自治出现僵局,如宗族矛盾严重,选不出村委会主任、书记,或某些人霸占业委会以权谋私,其他业主不团结、会都开不起来,等等,此时就需要乡镇政府、党委或者街道、居委会、住建部门出面解决问题。凡此种种,事无巨细的法律规定、机械严格的执法是行不通的,必须在法律的概括授权之下,让政府充当经济社会的"CEO",随时随地作出判断和决策。如同一个企业,董事会的决议是简单、抽象、概括的,在复杂的市场环境下,总经理不可能事事向董事会请示汇报,而必须授权其日常应付市场变化、企业内部管理问题,及时采取行动或措施。这种情况,是从 19 世纪中期萌芽的,当时社会化、全球化催生了经济危机,之后七八年、十几年就会来一次。法制和法治如果不能很好地应对社会的变化,法律就是一堆废纸。到 19 世纪末尤其是 20 世纪六七十年代,以行政立法和政府政策为标志的政府规制呈现爆发式增长,即在法律的概括授权之下,政府积极地制定和执行规则,在我国当下体现为行政法规、规章、指南和其他规范性文件,广义上还包括司法解释、地方性法规等,以此来执行和实施宪法法律,迎来了规制和行政立法、政策当道的时代。

1990 年,美国学者桑斯坦提出了规制国的概念,为规制的正当性辩护,使得行政立法与行政国家相通、政府规制与规制国家联系到一起。规制优于自治,这是他的代表作《权利革命之后:重塑规制国》中阐述的基本观点。不妨这样理解:一方面,社会不能仅靠自治,更要依赖规制;另一方面,自治与规制发生冲突时,要服从规制。英国的奥格斯也在 1994 年出版了规制法著作《规制——法律形式与经济学理论》,探讨如何应对规制国家与市场的关系变化带来的挑战,以达成有效规制。政府在规制国家之下承担起空前的经济职能，除了经济调控和监管外，还要提供公共产品和准公共产品，除高铁、高速公路外，还有卫星导航、市政公共交通、自来水、天然气、电力等，并通过公开市场操作，来影响和主导经济、社会与市场。有一个惊人的数字，现在发达国家，公共开支大抵占到了社会总开支的一半。也就是说，社会每花 100 块钱，就有约 50 块是政府花的，这足以改变经济、社会和法律调整的性质了。

在这种情况下，税收成为政府最直接、最有效的调控手段。另一调控手段——货币政策的引导性、指向性不足，财税手段是最为精准、直接的，而且相对于货币政策具有主导性特点。特朗普政府将美国企业所得税由 35% 降至 21%，目的肯定无关财政收入和控制政府权力，而是为了提高企业的活力，鼓励美国的资本和企业从海外回流美国。我们的营改增从 2012 年到 2017 年，5 年多时间给企业减税 2 万亿元，最近李克强总理又宣布将增值税的基本税率降低一个百分点，从 17% 降到 16%。相比之下，竞争政策是一种基础性政策，旨在维护市场优胜劣汰的正常机制，起不到平衡和调节经济的作用；规划与产业政策则具有蓝图性、指引性，没有直接的调控作用。在这个意义上，正如我之前写文章所说，**财税法是经济法的“龙头法”**，因为财税的主要功能是调控，它最直接、最有效。规划是蓝图，产业政策是指引，货币政策和竞争政策是基础。简而言之，强调“税收法定”，就是强调税收的控权功能，控权属于宪法和法治一般的范畴，所以，对“税收法定”和控权的盲目崇拜，也给一些税法学者把财税法从经济法中分离出去增添了理据和底气。然而，时至今日，控制政府权力、不允许其胡乱收钱损害人民利益成为宪法和法治的起码要求，税收的最主要的、主导的功能已然是调控，因此财税法是经济法不可或缺的组成部分。而且“税收法定”不等于税收法治，不是税收法治的必要条件，在高度社会化条件下更是行不通了。

三、“税收法定”与法治——透过现象看本质

那么,“税收法定”究竟是什么意思、怎么回事呢？宪法、法制史、政治学等课程的老师都会讲到,这个概念和做法源于英格兰1215年的大宪章。大宪章被认为是宪法和宪治的开端,它是当时英国国王与25个贵族代表签订的协议,目的是约束国王,防止国王随意向贵族征税。所以大宪章起初并不代表普通民众的利益。大宪章在当时意义很有限,历史上也多次被废止,但后世从大宪章中引申出了两条原则:一是税收应由议会或立法机关立法决定;二是“无代表不纳税”,即议会里无人代表我的利益,我就不纳税。“税收法定”的英文是“statutory taxation”,更精确地讲是“taxed accurately according to the letter of statutes”,即严格按照法律条文的字面含义收税,不得违背法条收税,或者说不得随意解释法律进行收税。

清楚了这个概念之后,就可以肯定地下定论:“税收法定”不等于税收法治,“税收法定”不是一个法治概念。为什么？因为法治是“rule of law”,与人治相对,是法的统治,不是人的统治,不是“rule of man”或者“rule by man”。同时,英文中的“law”不等于“statute(s)”,“law”是指代表着公平正义、反映了客观规律的法,法治是(接受)公平正义和客观规律的统治和治理,而非人治,也不是被立法者们定的“statute(s)”所统治——不是立法和立法者统治。更具体地说,“law”不等于“act(s)”“statute(s)”“legislation”“code(s)”。而且,良法能否被遵循也是一个问题。最典型的就是行人红绿灯交通规则,这条法律好不好呢？好。对不对呢？对。但是在人们还没有形成自觉意识之前,要耐心地说服、教育、示范、处罚,长此以往,大多数人逐渐形成红灯停、绿灯行的行为习惯,少数人不守规矩方得严格依法处理。还有法律虽好但是人们坚决不服从的情形,比如违法建筑理应强拆,但当事人可能以命抗法,执法人员不敢去拆。法律还可能是错的。法国要缓和劳动法过分保护劳动者的规定,民众就

不停地闹,这两天又在示威游行;尼加拉瓜这两天要改革养老金制度,老百姓大规模上街,就改革不了。所以,立法机关及其立法有可能是错的,怎么能让它来统治呢? 又怎能允许某些人利用"statutes"和"law"来统治呢?

在发给各位的参考资料里,我对法治讲了五句半的话,其中一句是:法治是新形势下的民主集中制。也就是说,政府的调控、监管,公共管理,规制和政策制订、执行中的任何事,大到制度设计,中到政策出台,小到个案处理,都要让利害关系人乃至公众充分发表意见、表达诉求,不能暗箱操作,不能对民众的意见和质疑拒不回应,不能文过饰非、糊弄差事,如此,在充分商讨、博弈的基础上形成基本共识,然后由掌握某种权力、承担某种职责的主体作出决断。党的十八届四中全会讲了,职权职责的主体要对自己的决策终身负责。我觉得很好,40 岁拍的板,80 岁退休了,发现有重大问题仍要追究责任。用这种方法,使正确的、良好的法获得执行力,使错误的法得以纠正或予搁置,使法律的漏洞、矛盾和滞后得以弥补。原来大家异口同声说严格依法办事,现在老师在讲台上却随时随地把"法律漏洞"挂在嘴边,既然会有漏洞怎么能严格执行呢? 要按照我这里讲的民主集中制来执行。在"规制国"下,在发达国家,授权行政立法包括税收立法授权乃至概括的授权,都不是问题,关键是监督,包括体制内的,也包括体制外的。体制内的监督有合宪性审查,还有监察、行政机关上下级间的监督,比如国务院对税务总局的监督、国务院和税务总局对省的监督、省对市县的监督,当然最重要的是老百姓的监督。改革开放以来的实践证明了这一点,不让老百姓监督,不听群众的呼声和意见,监督就没有用。西方国家也是如此。西方民主制主要就是总统制和内阁制。在总统制下,总统由民众选举产生,不是参议院和众议院选的,不对议会负责,而是对选民负责,总统和议会只是行政与立法的分工不同,议会约束、监督总统,反之总统也约束、监督议会;内阁制国家是由在议会选举中获胜的多数党组阁,议员可以担任内阁成员,政府主导议会,首相有权解散议会掌控大选,内阁制下议会对政府的约束和监督还不如总统制,更不好说政府与议会谁更具代表性。由无代表不纳税反推“税收法定”,税收一定要议会立法,这与民主法治的理论及实际均不再相符。在我国,相较于人大,国务院更愿意、更容易倾听老百姓的心声,因为它与社会、与人民贴得更近。它出台一个政策,反对的声音大了,就不得不停下来听取意见,然后“有则改之,无则加勉”。你们有师兄师姐在证监会工作,他们多次跟我说“我们一个脑袋,对市场中的一百万个脑袋”,每出台一个规章、办法或措施,都要不断试探,反对意见基本平息后才能推出实施。

立法机关的代表性不一定高于行政机关,关键在于监督、问责。问责制在 20 世纪末 21 世纪初悄然兴起,与法治不谋而合,其本质就是动态的法治机制或法治的动态运作。什么叫问责制呢?就是每个公私主体被概括赋予一定的权利或职责,在动态的博弈和监督制约中行使权利、履行职责,并对自己的行为承担相应的法律后果。这次党政机关改革、国务院机构改革,就是问责制所要求的“responsibility”,将政府各机关及其职责对应本级政府管辖的经济社会政治方方面面,无缝覆盖,出了任何事情都要有人管,避免扯皮和推诿卸责。在这个基础上,让每个享有权利、承担职责的主体发挥主观能动性,追求个人利益最大化或追求职责所设定的目标、宗旨的实现。原则上,引而不发,让社会、经济、市场尽可能自由,但是一旦出现问题,要在第一时间发现并加以解决。我经常举白银交易的例子。白银现在不是贵金属了,放开交易了,你去市场监督管理局登记一个公司,做一个网站交易白银,是完全合法的,但是你不能搞庞氏骗局等欺诈、不能非法集资、不能“跑路”,你这个老板、实际控制人或者你的企业,什么时候会出什么问题,法律和监管者能提前预测到吗?不能。必须在企业的实际运作中,通过职责承担者积极能动的事中、事后监管,确保市场的公平公正,使不法行为人依法担责，受损害的权利得以救济。在这个过程中，任何人都可以对企业或监管者质疑与问责，在座的我们每个人都有权发表意见，被问责主体必须及时作出说明、回应，不能拒绝回应、暗箱操作，否则要追究行为人在法律上的不利后果。如果授权下的行为对人民有利，比如将增值税税率降低一个百分点，企业开心、民众得利，学者就不应该指责政府违背“税收法定”了。

因此，从“税收法定”谈到法治，我们发现，当代法治已经不是亚里士多德时代的模式。亚里士多德时代的法治模式是“良法善治”——制定得良好的法被良好地遵守和执行。而在现代社会中，经济社会市场高度复杂动态地运行，良好的法律即使制定出来也未必能得到很好的遵守和执行。当然我们在课堂上只是学术探讨。那么，当下应然的、必需的法治模式是：法律概括授权 + 民事主体的自由行为和公共主体的自由裁量 + 人人可(被)问责。这才是法治，在这样的法治模式下，税收授权立法一点问题也没有，政府的代表性和所受的制约，完全不亚于议会或立法机关。

我们常常讲法治思维、法治精神、法治方式，到底是什么意思？法治精神就是由公私主体在权利和职责范围内主观能动地行事，通过相互博弈或竞争合作，在动态中形成良序善治。所谓法治思维、法治方式，就是由利害关系人乃至公众真实、充分地表达意思，基于规则交流、谈判、妥协，在达成基本共识的基础上，权利主体或职责承担者采取行动或承担责任这样一种思维和治理方式。在法治的运作和过程中，如果“严格”依法、缺乏利害关系人和公众的表达，公与私、公与公、私与私的互动无从开展，则良法无以落实，法律的缺陷、漏洞和不足得不到纠正，必然越“税收法定”，执法越“严格”，越不公，“税收法定”就真正退变为无益、无效的“议会人治”了。

最后得出结论：税收是现代社会中政府调控的主要手段，为此不同程度的税收授权立法乃至概括授权是必需的、正当的，否则政府面对经济社会复杂、变动的形势将无所适从。这是税收的主要及主导的功能,取得财政收入只是税收不言而喻的基本功能,当代税收的直接目的是调控,而控制“国王”和政府不乱收钱花钱是现代国家和法治的最起码要求,如果这都做不到,则“税收法定”从何谈起?这个起码的要求在中国已经不是问题了。所以,财税法属于经济法,是经济法的重要组成部分,从性质上说不应该从经济法中分离、独立出去。

下面请各位提出问题和意见,我和大家交流。

互动环节

问:史老师提到财税法属于经济法,那如何看待税收债权关系说?如果将财税法看作经济法领域的,则用民法思维来解释税收是否不妥?

答:我完全赞成税收是一种债的观点。首先要明确什么是债。债就是对特定人的请求权,不论请求权的法律依据是什么。税务机关根据税法对纳税主体享有税收请求权,当然是一种债,但这不是民法,而是公的债权债务关系,是一种税务机关与纳税人之间具有平等性的请求权关系。税务机关的公共管理主体性质、行政的性质,税收的政府规制性质、政府调控的性质,凡此种种,决定了这种债与民商法之债具有不同的性质,这恰恰体现了经济法融合公与私的特征。

问:史老师的观点一以贯之。现在经济社会日益社会化、全球化,史老师的观点和理念都是基于这个现实,而传统部门法很多时候难以跟上形势。由此我得到启示,法学理论应适应社会现实发展。回到今天的讲座,史老师也从历史与现实的对比中谈论应然的“税收法定”,即税收可以授权立法,在此我想分享一点自己的想法。关于大宪章,我认为是属于对税收契约的确认,根本上是对财产权的保护,之后慢慢形成了“税收法定”的信条。现代社会已经发生巨大的变化,需要发挥税收的政府调控功能。税收是一种重要的调控手段,“税收法定”保护财产权的功能也仍然重要,这两种属性会造成紧张关系。对此,是否可以根据税种的不同区别对待?比如对与财政收入关联性大、稳定性高的税种实行较高的“税收法定”要求,而对关税等调控功能突出、稳定性较低的税种实行较低的“税收法定”要求?

答:我认为税收取得财政收入和经济社会调控的功能之间没有矛盾。

我上面举的例子,都是从调控角度减少了税收,并没有剥夺人民的财产从而增加财政收入,那么能不能为调控而增加税收呢?关键是人民同意。积极听取并认真而有担当地吸收老百姓的意见,就没有问题。另外,税种的稳定性是相对的,如所得税是相对稳定的,但无论是个人所得税还是企业所得税,将其用于调控的时候也是需要不断变动的,增值税也是一样。这次中美贸易争端期间,加征关税、提高税率都是由关税税则委员会决定、国务院批准,这个程序非常严格,不一定比立法机关的立法缺乏严肃性、科学性与民主性。在现代法治运行中,具体来说是在问责制的框架下,税收的取得收入与调控这两项功能并不矛盾。

问:第一个问题:侵权责任法中有公平责任、过失责任,它们与问责制是什么关系?第二个问题:在用人单位与劳动者之间是一种替代责任,2003年的人身损害赔偿司法解释中,雇佣人承担雇佣责任,是一项重大过失的连带责任,因此我想请教劳动法中的劳动关系与雇佣关系,二者的联系是什么?是否会被取代?

答:第一个问题,过失责任、公平责任与问责制是不同层次的问题,二者都是问责制三段式最后的责任环节涉及的问题,而问责制是动态的、立体的,一并适用于公私主体的一种“权利和职责定位+权利行使和职责履行+互动博弈+责任承担”的模式。第二个问题,你提到的司法解释区分了雇佣关系和劳动关系,劳动关系是组织内部的关系,是雇员受雇于企业或其他机构,根据合同和章程提供劳动、领取报酬的关系,劳动者因工伤事故遭受人身损害,劳动者或者其近亲属请求用人单位承担民事赔偿责任的,按《工伤保险条例》处理,这属于劳动法范畴。我国理论上和实践中区分雇佣关系与劳动关系,雇佣关系是平等主体之间的民事合同关系,比如家政服务,受雇者在受雇工作中致他人损害的,应由雇用人承担责任,当然可以事后向有故意或重大过失的受雇者追偿。这就是你说的那个司法解释的意思。

随着劳动法和劳动关系的发展,雇佣关系并不会消失,但是随着平台经济等用工关系的多样化,包括知识分子、文员、专业人士等在内的劳动者普遍化(不再是本初意义上的劳工或体力劳动者),越来越多的人基于兴趣、事业追求和抱负而工作,市场经济和科技创新要求灵活工作,重体力劳动愈益被轻体力劳动和脑力劳动取代,职工持股甚至控股等劳动者参与不断发展,等等,这些都要求法律更尊重劳雇双方基于真实表示的自由约定,将各种劳动和劳动者纳入劳动法,而不再将其分为三六九等,劳动关系与雇佣关系的区分应当以是否具有经营性为标准。这是一个很大的话题,就简单说这些,不展开讲了。

问:关于“税收法定”,在税收程序层面,税务行政机关是否涉及“既当运动员又当裁判员”的问题?将税收征收规则制定交予人大,听取更广泛的意见,是否更加公平?

答:确实,税收征管制度要由法律来规定,这已经在《立法法》中得到确认,但这不等于就不需要授权立法了。纳税登记、纳税担保、税收保全、偷漏税责任、发票管理等方面都需要行政部门和税收部门发挥主观能动性,进行自由裁量。道理是一样的,税收征管机关只要为职责所约束并接受体制内外的各种监督,对其作必要的授权,就是利大于弊。在观念上,不要厌恶授权,要实事求是地决定授权的内容和程度,否则就消灭了政府及税务部门的积极性、能动性,国家机器就无法运转了。

法治需要以基本共识为前提,没有共识就不可能有法治。有些法律规定就是共识,适用或执行中人们没有太大意见,权利人自由行动或职责承担者径行决定就是了。但在很多情况下,是需要博弈的,博弈的过程就是发表意见、相互质疑、协商妥协,最后由权利主体或者职责承担主体来决断。这个过程目前还不尽如人意,不够到位。

税法的多重目标和非税制约因素*

税法的一个重要功能及目的是培育公民意识、养成合格公民，所以个税纳税人不是越少越好；税制在可能的情况下越简单越好，征税和缴税的主观随意性越小越好，重在打造简单稳定的税收预期；直接税和直接税的直接征收副作用大，间接税和直接税的间接或隐性征收多多益善。

各位老师、各位同学、各位嘉宾：

大家中午好！

最近有两件比较重要的事：一是《个人所得税法》修订通过，将于明年(2019年)1月1日起施行，税务机关提前三个月就开始实施新的个人非经营综合所得起征点和新的税率表；二是民营企业因中美贸易摩擦陷入不利状况，政府想方设法通过降低税费等为其减负。

我今天就是想对以上两件比较重要的事，从理论和实践上谈点自己的看法。

一、税法的公民培养功能：一个被忽略了的大道理

税法的功能，就是它的作用，这是从客观上说的，从主观上来说，就是税法的目的。我为了准备这个讲座，在知网上搜了一下：税法的功能、作用、目的，居然没有一篇文章讲税法的公民培养功能，可能一些书或者知网上没有的文章中讲了，反正我在知网上没查

---

* 2018年12月19日中国人民大学法学院第99届教授沙龙主题演讲，刘俊海教授主持。

到。老生常谈的税法功能,有取得财政收入、分配调节、经济和市场调控、控制公权力保护私权利、增加公共财产增进公共福利、对征税主体和纳税人的激励约束等,就是忽视税法的公民培养功能。

现代国家的公民,法律面前人人平等,纳税人是公民的骨干群体,支撑着社会主流价值。现代民族国家的一个特点,就是作为公民,不分宗教信仰、政治立场,对国家要有认同。公民要有爱国心、公德心,要有对国家的权利义务意识,关心、参与公共生活,对国家和社会有担当、有责任感。公民普遍纳税是现代国家公民与国家关系的一个重要的、主要的特征,它是伴随现代民族国家和工业化产生的一种现象,工业化之前没有,现代民族国家产生以前也没有。

大家知道,中国古代的税赋就是徭役和赋税,徭役无非是指不给工钱的农民工,孟姜女哭长城,她丈夫就是服徭役。赋税主要是对田里的收成征收,苛政猛于虎、苛捐杂税导致上一个王朝灭亡,所以一个新的王朝建立的时候,总是说要轻徭薄赋,让百姓休养生息,但过不了几个皇帝就忘了,又拼命地征收,最终财政崩溃,王朝灭亡,又来一个新的王朝,如此循环往复,这个情况一直到 1949 年之前。我的导师佟柔先生不止一次和我讲过,抗战时他们家从东北逃到重庆,他在重庆上学,耳闻目睹陪都的税收都是靠地痞流氓,当时政府没有能力收,陪都都这样,其他地方可想而知。所以中国当时根本不存在公民意义上的纳税人和纳税人意义上的公民。

外国的情况,言必称古希腊、古罗马。雅典是现代西方民主的开端,雅典的公民被要求效忠国家,勇敢、智慧、体格健壮能打仗,但是不交税,一分钱税都不交。这好像高中历史课本上就讲过,那他不交税,国家的财政靠什么?靠相当于我们今天所称"北漂"的"雅典漂",因为雅典比较发达,雅典周边稍微有点能耐、想过好日子的人都到那去漂着,这部分人口大大多于雅典公民。不同的时期,雅典的公民大概是 2 万到 16 万人,没有超过 16 万人的,但是外来人口从 3 万多到几百万,政府就对这帮人征税。恩格斯在《家庭、私有制和国家的起源》里，把这个情况描述得特别清楚，外来人口没有权利，只有义务，社会就难以和谐了，从而要建立一个超越于社会各阶层之上的公共机构，按照地域来管理，这就是雅典国家的起源和形成。雅典还有很多奴隶，最少的时候十几万人，最多的时候有几十万人，公民最少的时候只有2万人，你想想，奴隶无偿劳动创造价值，是不需要给工钱的。所以古希腊公民不纳税，古罗马也大体如此。古罗马的公民很多，212年赋予罗马帝国范围内所有的自由民以公民权，马克思、恩格斯对此赞不绝口，但是历史书都会告诉大家，古罗马的一个最大特点是税收不规范，非常随意，想收就收、不想收就不收。成为公民可获得参与公共生活和市场交易的平等权，与纳税关系不大，罗马法上有包税团体，政府把征税的任务包给黑社会性质的团体，让他们去收，收多少是多少，他们敲诈老百姓也随他去。在罗马共和国、罗马帝国强盛的时候还好，大规模的奴隶劳动，罗马军团一出征，把被征服民族的青壮年都押到意大利来，无偿地干活。后来不行了，日耳曼人虎视眈眈，边疆守不住了，战争越来越频繁，就开始胡乱征税，不规范的税收愈演愈烈，导致社会的混乱、公民对国家的叛逆。所以马克思讲，古罗马不是被日耳曼人征服的，是它自己腐烂了。

欧洲中世纪根本就没有税收，国王也是一个封建领主，自己领地上的劳动成果自己拿，别人领地上的劳动成果则不能拿。那别的领地上的产出怎么分成，领主们靠什么来效忠国家呢？到需要打仗的时候，全副武装，到国王那儿去报到就行了，就是教科书上讲的“骑士自理装备，国王自理生计”。但后来也是仗越打越多，侵略、被侵略、反侵略，军事负担导致不收税不行，国王与贵族们协商征税，1215年的大宪章就是这样一个典型的协议，实际上就是国王跟其他封建领地的领主商量着收点税。所以西欧封建社会到后来需要收税的时候，需要国王跟贵族、教士、商人们协商。商人最有钱，通过给国王交税，走上政治舞台，他们作为第三等级是原始的纳税人意义上的公民,即君主议会制国家的公民。大家注意谁是公民?商人是公民,工人农民不是公民。他们没有权利,不用缴税,也没钱缴税。到了 19 世纪,现代民族国家在西欧国家纷纷产生,伴随着工业化,工薪阶层也逐步形成、壮大。从这个时候开始,越来越多的公民要承担纳税的义务,因纳税而成为社会中坚力量,从纳税当中获得公民的自豪感和身份认同。所以说,纳税人意识是公民意识的基础和重要组成部分。纳税人意识薄弱,意味着公民意识的普遍缺乏,纳税人义务、纳税人意识是通过直接缴税尤其是个人所得税才得以形成的。

我国老百姓的纳税人意识还不足,我想主要有五个原因。第一个原因,民族国家出现太晚了。1949 年以前,没有产生民族国家,人民一盘散沙,对国家没有认同,地方与国家、地方与地方貌合神离。第二个原因,《个人所得税法》第一次修正之前,中国老百姓都不缴纳个税,单位可能要纳税,可是个人跟单位纳税之间有什么关系,老百姓不清楚、没意识。第三个原因,纳税与公共服务之间的对价不清晰。第四个原因,对逃税的处罚不到位,偷逃税的成本低,对纳税产生了负面示范效应。第五个原因,个税基本上是工薪税,单位代扣代缴,老百姓基本无感,其纳税意识、税负感、纳税感不强。

怎么解决这个问题?我觉得理论上要纠偏,税法、经济法的研究要纠偏,纠正长期以来不把培育纳税人意识暨培养现代公民作为税法的功能和目的的偏差,理直气壮地强调税法尤其是个人所得税法的公民培养功能,将其作为税法的一项重要的目的。发达国家缴纳个税的人口比例高,这是形成普遍的纳税人意识的基础,中国因为个税起征点高,缴纳个税的人口数量和比例太小了。应当让有收入者——工人、农民、知识分子普遍缴纳个税,培养其纳税人暨公民意识、国家主人翁精神、对国家的认同感和自豪感。只要有收入的,就让他缴一点税,收一块钱不是也行吗,收十块钱当然更好,再制作一个精美的纳税证书给他,每年给他一个,他拿到立马感受到自己是纳税人,很光彩,很自豪。

二、简单、稳定的纳税预期:打造小微企业优良法治营商环境

关于小微企业的负担问题,根据我这段时间的观察,关键是要给小微企业打造一个简单稳定的纳税预期。小微企业的经营和财务不规范,原本就不缴什么税,现在出台规定给它们“减负”,一条、两条、三条精细得很,可是哪怕稍微认真一点落实,小微企业的负担也更重了,让它们直呼受不了。

那小微企业负担重到底怎么办,究竟应如何给小微企业打造优良的法治营商环境呢?我在此下一个结论和判断:就是对小微企业的税法规定和税制越简单越好,执行越严越好,以让它长期生存在一种可预期的低税负之下,它就可以安心地搞它的生产经营了。规定越多、越复杂、越精细,越不容易执行,越容易出现普遍的违法、抗法,税务机关选择性执法的空间越大,纳税义务人越容易用人情和贿赂换取不法的利益。税制必须简化,以方便理解和掌握,使操作简便、可靠,征税方法则应采用尽可能避免主观任意和人为干扰的技术手段。一位从第十届至第十二届担任了三届全国人大代表的企业家,三全食品的创始人陈泽民,他提了个建议,相信税法学者没有一个能接受的,但是我能接受!他说,应将所有的税简化为一种税——交易税,在任何交易当中,由买方负担10%的税收,再用技术手段把这个10%确定地收上来,不给税务机关变通和裁量的空间,不允许它主观随意地征税。杨东教授不是研究区块链和监管技术吗,就是用类似技术手段、刚性的方法把税给征上来。你我都想想,是不是这么回事,哪怕一个富豪,钱再多总是要花的吧,花的时候就收你10%的税,不花就不收,挺好嘛!买房、买资源也都是这样,我觉得他这个想法没有漏洞,非常好。这个理念就是税法、税制越简单越好,征收越刚性越好,大的决策由人做,规则既定的小事就让技术自动处理,人可以设置程序和监督,但不许个别人由着性子来。

三、直接税和间接税:究竟孰优孰劣?

推行以家庭为单位的个人所得税综合申报,个税越来越复杂,未来可能还要对居民住宅征收房产税,等等,都是遵循了税制和税法改革的一个重要思路:就是尽可能增加直接税、减少间接税。这也是一个根本性的问题,就是直接税和间接税到底哪个更好、哪个多多益善?增加直接税、减少间接税俨然已成为财政学界、税法学界、经济学界和实务部门的共识了,其理由:一是外国就是这样的。说是我国的直接税"过低",个人所得税占GDP(国内生产总值)的比重是1.4%,低于发达国家的7%或者8%;个税占税收的比重为7.7%,不到美国的五分之一;个人所得税占人均可支配收入的比重,中国是2.9%,远低于主要发达国家10%的平均水平。二是企业税负过重,间接税高了,企业交的税多,个人交的税少,增加直接税,让个人交更多的税,企业减少缴税,其负担不就减轻了吗?我国以增值税、消费税为代表的间接税占税收的60%以上,发达国家一般在50%以下,所以税制改革就要朝这个方向走。这两个说法对不对呢?我的回答是都错了。

因为税制是否优良,取决于整体税负高低是否适当、纳税人税负是否公平,税收预期是否稳定以及征收是否简便且刚性,而与直接税和间接税的比重并无关联。一些人将流转税占税收总收入的比重说成是占商品价格的比重,误导舆论,其实中国的物价水平是合理的,价格主要受市场及其供求的影响,企业少交流转税也未必能降低物价、提高竞争力,企业承受一定的价格压力,也有利于提质增效,避免企业一味打价格战,以致经济在低水平上运转。鉴于直接税固有的对抗性,反而应当尽可能减少直接税和直接税的直接征收,同时尽可能增加间接税和直接税的间接征收。

直接税对纳税人来说,要掏已经到了自己腰包里的钱去交税,当然不开心,相应对纳税的抗拒心理也强。相反,间接税的感知度弱，甚至无感，纳税人无痛，有利于社会和谐。那大家要问了，你这个说法有什么理论根据啊？根据多得很，古今中外都有，现在又出了个新的理论："tax salience"，我把它译为"税收显著性"，是把心理学知识运用到税收上，形成了这样一个概念。就是说，税收的显著程度越高，纳税人的感受程度也越高，"税痛感"也越强，从而会影响人们的心理，作出不同的行为选择。比方说对住宅收房产税，这个痛感太大了，一套房一年要交几千甚至几万块钱，有几套房的人家怎么办？或者赶快卖房，或者你收我就是不给，或者自住的房屋免税那就假离婚、分立门户。间接税的"痛感"和影响很小，征收的效率也就更高，比方说我国的消费税，我觉得就挺好，比外国的价外消费税好。理想的税收，正是对纳税的人影响程度最小，对其心理和行为选择干扰最少的税种或征收方式。

税法上还有一个理论，税法课堂上和教科书中好像都没讲：税收是对社会财富的增量征收还是对存量征收呢？对增量征税的痛感比较小一点，比如个人所得税，作为收益税，是在社会分配过程中对新增国民收入征税，纳税人收入多则多征、收入少则少征或不征，无收入者不纳税。财产税则是对社会财富的存量征收，比如房产税，要从已分配给某社会成员的财产中去收缴一个份额，对他(她)已分得的"蛋糕"硬要去切一块，而且财产税是对符合税法规定条件的财产征税，其征收并不考虑纳税人有无收入来源，"量财"征收而非"量能"征收，财产所有权人即使没有收入也必须纳税，因此房产税对人的心理和行为的影响就非常大，容易引起前面所说的纳税人的那些非理性反应。

另外，直接税的间接或隐性的征收也是多多益善。在座的人大老师缴个税，财务处就代扣代缴了，现在综合申报又预扣预缴，不用你亲自跑税务局，非常好，基本上达到跟间接税一样的效果。直接税的直接征收，方法复杂、征收阻力大，容易发生逃税漏税的问题，对个人的法律强制、行政强制又不为社会普遍认可，所以纳税人痛感特别强,容易造成社会矛盾。直接税隐性征收的税收显著度低,因而比直接税的直接强制征收更有效。早在 20 世纪 70 年代,就有学者指出,直接税无论是房产税还是个人所得税,如果采取直接手段强制收入再分配,都会对经济产生负面影响,只会使整个社会变得更糟。间接隐藏的税收使得纳税人对税的感知度降低,既可以防止强征出现适得其反的效果,也可在潜移默化“无痛”的状态下影响他们的税收偏好和行为,从而使政府在获得收入的同时不扭曲经济,可以在降低无谓损失的同时提高税收收入。中国民众对纳税尤其是直接税和直接征税的“痛感”触发点低,同等税负下其“税痛感”更高,所以间接税以及直接税的源泉代扣缴是最理想的。

实际上,中国的古人早就想到这个了,统治者不是说要轻徭薄赋吗,实际上还是横征暴敛,怎么办?管子就反对强征,主张用间接的货币、价格、贸易等来获取非税经济收入,以此取代租税;桑弘羊也主张将财政的重点放在盐、铁、酒等专卖上,寓税收于价格之中。唐代的刘宴说“因民所急而税之则国用足”“取人不怨”,就是对老百姓日常所需的商品征税,税源充足、稳定可靠,广收薄敛,并让百姓在“柴米油盐酱醋茶”的日常生活中不知不觉地纳税,这样国家的开支就足够了,老百姓就没什么“税痛”了。当然统治者不听他们的,但是这些理念、理论至今也没有过时,大家想想是不是这么回事?

亚当·斯密在其《国富论》中也提出,税制应当遵循便利、节约原则,不能太烦琐、扰民,别劳民伤财。17 世纪法国重商主义的治税思想则是“财政上应寻求收入最多而国民怨言最少”的征收方式。所以我的看法是,直接税不是越多越好,应该是间接税越多越好,直接税越少越好,必要的直接税也是代扣代缴,源泉扣缴越多越好,直接让老百姓掏腰包缴得越少越好。

最后我对上面讲的做三点结论:第一点,税法的一项重要的功能和目的是培育公民意识、养成合格公民。这个理论上和实践中的漏洞、缺陷、洼地需要填补。第二点,税制在可能的情况下越简单越好,征税和缴税的人为主观随意性越低越好。的确要帮扶小微企业,但不是不对它征税,而是要给它打造一个简单稳定轻薄的税收预期。第三点,间接税和直接税的间接或隐性征收在我国多多益善。

谢谢大家!

价格法与政府价格规制中的统筹协调问题*

《价格法》存在不足，比如不必规定市场调节价和价格的竞争法规制，价格规制统筹协调的主体及其职责和手段需要进一步明确和充实。当然更重要的是国家、政府治理能力和治理水平的提高，以适应政府价格规制统筹协调的要求及这一难题的解决。

各位同学和老师：

大家晚上好！

价格法是经济法的一项重要内容，也是有中国特色的一项法律制度，但是一直以来没有受到各界的充分关注。今年（2021 年）3 月，暨南大学法学院召开了一次价格法专题研讨会，我也参加了，今晚讲的内容即为我在会上表达的想法和观点，当然也对当时的发言作了整理和补充。

我们从在座的印象比较深的事谈起。2019 年猪肉价格暴涨，最多涨了 100% 以上，好一点的猪肉涨到四五十元一斤，甚至五十多元一斤。网民于是惊呼失去“猪肉自由”，吃不起猪肉了。

猪肉价格失控从表面上看是价格问题，但它既不是政府定价的问题，也不是竞争法问题。那是什么问题呢？其中涉及方方面面，包括“环保”“猪瘟”等。解决猪肉价格问题的种种途径和措施都不是价格本身的问题，而涉及错综复杂的因素，需要方方面面统筹协调。

前几年还出现过诸如“蒜你狠”“豆你玩”，即大蒜和绿豆价格高

---

* 2021 年 10 月 28 日安徽大学法学院讲座，华国庆教授主持。

涨等情形。还有商品房价格，大家十分关心也非常了解，很多城市的房价节节攀升，所以要实行限购限贷政策，与此同时一些三四线城市的房价又不断下跌，买了房的老百姓也不希望房价下跌。凡此种种，都需要通过非直接针对价格的统筹协调措施，把相关价格稳定到一个合理的区间内。而这正是我国价格法或政府价格规制中最为薄弱的一块。

一、《价格法》性质重温及其应然调整范围

社会主义市场经济要求市场决定资源配置、更好发挥政府作用。就价格而言，市场决定资源配置就是市场主体自主定价，当事人意思自治的市场调节加民商法调整，无涉经济法。所以《价格法》虽然也规定了市场调节价，但只具有宣示效果。

广义的价格法包含四大块的内容：第一大块是价格秩序管理，价格主管部门、市场监督管理部门等要求商家明码标价，不得囤积居奇、哄抬物价等，这也是古已有之的一种制度或做法；第二大块是政府定价，也就是政府指导价和政府直接定价；第三大块是竞争法对价格的规制或者说价格的竞争法规制，即原来发改委作为竞争执法机构的职责，现已划归市监总局；第四大块就是围绕或涉及价格和供求的统筹协调。

竞争法调整虽然涉及价格，但其逻辑是维护自由公平有效的竞争，并非价格规制，所以狭义的价格法不应包括价格的竞争法规制。竞争法涉及价格的内容主要反映在《反垄断法》中，在此可以简单地回顾一下，当然这并非我们今天的主题。《反垄断法》的调整对象包括垄断协议、滥用市场支配地位和经营者集中审查，前两大块都涉及价格问题。垄断协议里面有横向垄断协议和纵向垄断协议，横向垄断协议涉及固定价格或者变更价格的协议，纵向垄断协议包括限定向第三人转售价格的协议，不许下游企业搞价格竞争。《反垄断法》规定的涉价滥用行为有三种情况：一是以不公平的高价销售商

品或者以不公平的低价购买商品；二是低于成本价销售商品；三是价格歧视。我在这里要提及一下，低于成本价销售既可能是滥用市场支配地位，因为如果你没有市场支配地位，没有充足的底气就以低于成本价的价格销售，很容易把自己搞垮，而对他人没啥损害；同时又可能是一种不正当竞争行为，即经营者没有市场支配地位，但低于成本价销售扰乱了市场秩序。还有一种《反垄断法》没有规定，但我这几年一直在讲，就是利用补贴开展竞争，它与低于成本价销售是同样的道理。凭什么能以补贴作为竞争手段呢？因为经营者拥有市场支配地位。这同时又是不正当竞争行为，为什么？因为你不是用更低的价格、更好的质量、更高的性价比来开展竞争，而是用补贴的方式进行竞争，扰乱了市场秩序。滴滴和快的的例子我讲过很多次，这两家企业运用补贴的方式开展竞争，总计挤垮了三十个左右的网约车平台，很可怕的。《反垄断法》第 5 章"滥用行政权力排除、限制竞争"，其中也涉及价格，第 33 条[①]第 1 项讲了三种情况：政府或有管理公共事务职能的组织对外地商品设定歧视性收费项目，实行歧视性收费标准，或者直接规定歧视性的价格。

因此《价格法》应当回归政府价格规制，就是前两大块内容，再加第四大块——价格规制的统筹协调，《价格法》对此给了三个条文。接下来就进入正题，重温价格法的性质，阐述其应然调整范围。

《价格法》是规定政府价格规制的法，什么叫规制呢？我讲过多次了，规制就是政府在宪法法律的概括授权之下，对某领域或者某事物自由裁量、相机抉择进行调控监管。《价格法》现在无所不包，把市场定价和价格的竞争法规制也规定进去了。价格的市场调节是不需要《价格法》规定的，一个商家、一个企业，提供某种产品或者服务，只要卖得出去，价格定得多高、多低都没有问题，只要有人买，没人买它自然降价，买的人多了自然涨价，这就是市场调节。前面

---

① 2022 年《反垄断法》修改后变更为第 41 条。

讲了,市场调节和市场调节价是由民商法配合实现的,经济法和政府都可无为而治。价格法作为经济法,应当规定价格规制,推动政府更好地发挥作用。市场调节会失灵,比如供求失衡、价格疯涨,政府不管老百姓就不答应;市场如果无法很好调节,政府也要管,比如石油、电力等。总之,凡民众有意见、社会不满的,政府就应当积极发挥作用,勇于担当积极解决问题,把事情办好。

所以,《价格法》只要规定三大块内容,实践中将其实施好,就可以了:第一大块是价格秩序规制,比较简单,自古积累了丰富的经验。第二大块是政府定价和政府指导价,这是一种典型的价格规则,法律上只需对主管的部门授权即可,虽然实际操作可能比较复杂,但法律规定就这么简单。第三大块就是针对价格和供求的统筹协调,这一块比较复杂,难度也大,怎么讲呢?以我开头举的例子看,它涉及方方面面的统筹协调,需要方方面面的考虑,考虑好了决策,决策后要实施,又很难事先考虑得周全,就算考虑得周全、正确,实施起来也可能手忙脚乱,顾此失彼,更不一定能够达到理想的效果,要不断地试错,政府还要持之以恒、坚持不懈,不能懒政不作为。在这三大块里,最为薄弱的环节就是价格规制的统筹协调。

二、《价格法》相关规定和不足

除了我们开头举的例子,实践中围绕价格的统筹协调不尽如人意,而法律的规定也有欠缺。怎么个欠缺法呢?主体不明。规制的主体不明,也就意味着被授权的主体不明,授权不明又如何规制或有效规制呢?《价格法》里关于价格规制的统筹协调有三条规定,区分了三种主体:“国家”、“政府”和“政府价格主管部门”,第三种主体稍微清楚些,前两种主体在实践中是不明确、难以操作和落实的。《价格法》第 26 条是把“国家”作为主体,将稳定市场价格总水平作为国家宏观经济政策的重要目标,要求国家根据国民经济发展的需要和社会承受力,确定市场价格总水平调控目标,列入国民经济和社会发展规划，并综合运用货币、财政、投资、进出口等方面的政策和措施予以实现。有这一条，也无法确知具体由哪个主体担责或担当主责，而且，价格规制的统筹协调也不一定是价格总水平问题，比如我们例举的猪肉，就只是具体商品的价格在多种因素影响下发生较大波动，须从诸多非价格方面协同出手；追求供求平衡，而且并不仅仅是价格问题。以“政府”为主体的是第27条，规定政府可以设立重要商品储备制度、设立价格调节基金，以调控价格稳定市场。但是，具体是政府哪个部门、哪级政府承担职责呢？而且和第26条一样，调节价格不仅仅是商品储备和价格调节基金的问题，还涉及紧急调运、紧急进口、交通部门和海关给予配合等。第28条的主体是价格主管部门，规定价格主管部门应当建立价格监测制度，对重要商品、服务价格的变动进行监测。现在这个工作是由发改委承担，但如果监测到价格异常，需要动用国家政权的整体力量来协同解决的时候，就不是发改委一家的事了，要上升到国务院甚至中央政治局的层面来做决策，然后贯彻落实。

我当时开会发言的时候，提出要扩张这三条的内容，使之符合规制的基本要求。例如，主体和授权要明确，对规制方法或手段应作方向性、原则性规定，多主体统筹协调也要有一家牵头主导。这应当是狭义价格法的重要内容，原先的规定太薄弱了，没有可操作性，须充实完善。

三、按主要行业或产品类别对规制主体及其规制手段暨主要职责作原则性规定

那么在狭义的价格法里面，要怎么样来扩充其内容，做实价格规制的统筹协调呢？这便是我要讲的第三个大问题——按主要行业或产品类别，对规制主体及其规制手段和主要职责作出原则性规定。这样，规制才得以有效进行，通过具体的行政法规、规章和日常的行政等加以落实。相关规制主要包括以下方面。

首先是油气,也就是石油和天然气,这太重要了,令人欣慰的是这方面的规制目前做得比较好。老百姓经常议论“三桶油”,比如怎么国际油价涨你立马跟涨,国际油价跌你就不跌?其实这种质疑是非理性的,因为并不是“三桶油”的问题,而是政府规制的要求。其规制主体是发改委,由发改委担当主责,这不需要改变。发改委有一个石油价格管理办法,我觉得其设计的价格机制非常好,好在什么地方呢?就是跟国际油价挂钩。如果不跟国际油价挂钩,国家纵有三头六臂也是管不好油的:国内油价低,国际油价高,不法分子就要千方百计把油往外偷运;相反,国际油价低,国内油价高,那就拼命要把国外的油走私进来。曾经有一段时间就是这样的,国际油价低,国内油价高,外国的红油都进来了,红油是供农业用的,有税收等优惠,油品质量是一样的,只是往里加了点颜色。石油价格与国际油价挂钩后,这种现象就杜绝了,而且能使国内的石油开采、消费以及价格都稳定在一个合理的水平。根据国家发改委的石油价格管理办法,汽柴油的零售价格都以国际市场原油价格为基础,然后加上国内平均加工成本、税款、合理的流通环节费用和利润,这四块加到国际原油的价格上,就是国内的汽柴油零售价,10 个工作日即两个星期调整一次,24 点调整。另外还设了“地板价”和“天花板价”:“地板价”是 40 美元,国际市场的油价低于 40 美元的,就按 40 美元计,再加上正常加工的利润率;“天花板价”是 130 美元,超过 130 美元就不加了,汽柴油价都按 130 美元计,企业的超额利润通过税收等转入财政,不让企业独占。中间有一个 80 美元,国际原油价格在每桶 40 美元以上 80 美元以下的时候,按正常的加工利润率计算,国际油价高于 80 美元就开始扣减加工利润率,直至加工利润率为 0;高于 130 美元时不但不加任何成本费用、利润、税金,还要将企业的额外收益适当收归财政。发改委二零零几年进行石油价格管理尝试,2016 年加以完善,补充了“地板价”和“天花板价”,挺好的。

天然气价格的市场化程度更高。根据天然气依赖管道输送的特点，主要对其管道运输进行规制，实行政府定价。定价方法是“准许成本”加合理收益，即通过核定准许成本、监管准许收益确定准许收入，核定管道运价率。前端对国内开采和进口的天然气实行最高限价管理，供需双方协商定价；末端对工商业用气实行协议价，居民用气实行政府指导价。

通过近20年的运作，石油天然气是政府价格规制最成功的一个领域，在我们这样一个人口数量巨大却贫油少气的国家，石油天然气供求居然基本稳定，没出过大乱子，其规制理念和机制对其他领域的规制及其统筹协调都有参考价值。

电价和煤电联动的规制也都由发改委担当主责。电价适当随行就市，贵了，用电企业的生产成本会上升，会自动减少产量。煤炭价格市场化、电价也应灵活调整。令人高兴的是，(2021年)10月11日发改委发布了《关于进一步深化燃煤发电上网电价市场化改革的通知》，提出燃煤发电的电价要尽量市场化，把工商业目录销售电价取消了，按照类似于石油定价的方法，即以基准价加浮动价的方法，通过市场交易形成上网电价。工商业终端电价原先上浮不超过10%，下浮原则上不超过15%，现在改到上下浮动原则上都不超过20%；同时，高耗能的企业不受上浮20%的限制，该涨多少涨多少。还提出要让工商业用户全部进入电力市场购电，让发电端和用电端尽量市场化，以避免特殊情况下电力供给过于被动。不过中国还是比较保守的，对老百姓十分照顾，也就是考虑民生，居民用电的规定不变，早已经实行阶梯电价了，这一次没有变化。

煤炭、有色金属、稀土等价格已经市场化，但也是有问题的。企业只听市场的，当然只考虑自身利益，根据自己的赚钱或者亏损来决定自己的行为，未必顾及大局，相关法律、政策对其没有直接约束力，所以很可能滥采滥挖，或者在国家、社会有紧急需要的时候“掉链子”。所以煤炭、有色金属、稀土这些矿产品一定要由国有企业主导，只有这样，遇到突发情况，国家才可能更好地安排部署。这次疫情中,我们国家口罩从未短缺,很重要的原因就是中石化是国有企业,听从国家的指示和建议,短时间内让生产口罩的熔喷布原料供给提升,带动了大量私企加入口罩生产。还有一个成功经验就是山西煤炭重组,山西原来有成千上万的小煤窑,煤炭质量差,煤矿安全、技术和管理都不行,资源浪费严重,然后山西把省里所有的小煤窑统统重组到七大煤炭集团,效果立竿见影,煤炭企业管理、技术、安全、质量都上了一个台阶。稀土也是这样,原来国内的稀土开采非常混乱,跟山西曾经的小煤窑一样,破坏了环境和资源,把珍贵的矿产卖出"白菜价"。对此,高层还是想到国企重组的方式,把全国的稀土矿全部由两个集团重组,减少出口,不是禁运,也不是配额,效果也很好。大家要看清楚这一点,国有企业就是要做大做强做优,不断扩大国有经济和国有资本的控制力、影响力,这样好处多多,是广大老百姓的福祉所在。由上,可以得出一条宝贵的经验:对于一些重要的行业和产品,尽管其价格实行市场调节,但是因为涉及国计民生,因而须由国有经济或国有企业主导,在此基础上,在国务院或发改委、地方政府的层面上统筹协调,间接规制其供求和价格,从而弥补直接规制之欠缺。

另外就是交通运输。公路运输、水运的价格都已市场化,铁路货运价格也基本市场化了,只有铁路客运还是政府指导价和政府定价,当然这是非常必要的。民生还是要考虑的,所以铁路客运票价跟居民用电的电价一样,需要政府定价和政府指导价。

邮政和电信有一个普遍服务的问题。经济法课堂上大家也听老师讲了,普遍服务就是你在北京、上海是一个价格,在西藏、新疆等偏远地区也要用这个价,不能因为成本高就提价,要用同样质量、同样的价格,让全国的老百姓获得一样的服务。那么普遍服务的成本也属于价格规制问题,须由政府来解决。现在国家推出了普遍服务成本补偿管理办法,由中央财政设立专项基金,对普遍服务的成本给予补贴,原来纯粹靠国企听话,现在指定企业提供普遍服务。

全世界的普遍服务只有邮政和电信,且国外做得并不好,比如偏远地方没信号、地铁里不能上网。这些我们都有,还要加上一个电力普遍服务,这是电力部门自己提出来的,我觉得也是企业社会责任的表现。不知道电力普遍服务仅靠国企能不能维持下去,不行的话就应由财政补偿其普遍服务的成本。普遍服务的规制主体涉及相关行业主管部门和财政部门。

然后就是粮食、蔬菜、肉、蛋、奶等,这些都由市场调节,政府不直接规制价格,但是须通过调整供求来间接规制其价格。

商品房的价格规制也值得一提。《价格法》规定只调整一般商品和服务的价格,无关商品房,但是房价调控也属于价格规制,而且是价格规制及其统筹协调的重要方面。价格法规定不调整利率、汇率、股票、债券等金融产品的价格,房地产不同于建筑业,也具有金融性质,但它又是制造业,同时也是实体经济,房价极大地关乎民生,所以政府要采取各种手段调控房价,将其限制在合理的价格区间,这是非常必要的。

四、地方政府的价格规制主体责任

最后一个大问题讲讲地方,地方政府的价格规制主要涉及两块:第一块是地方公用事业。我当北京市人大代表的时候,知道对于公交车、地铁、出租车的价格怎么定、定多少,高一点好还是低一点好,政府都是绞尽脑汁的,往往需要政府、人大代表、人大常委会、经营者和从业者、民众等多方讨论,反反复复才能定下来。这是地方政府的责任。第二块是区域性、快消性的商品。蔬菜、水果、肉、蛋、奶、水产品、豆制品等与民生息息相关,中央对其价格规制鞭长莫及,因为它是地方性事务,理应由地方政府承担主体责任。

地方政府有义务确保本地区域性快消性市场的供应及其价格稳定,承担这方面的职责。刚刚有人发视频,说菠菜吃不起了,15 元一斤了,跟肉一样贵了,我觉得这是小事情,因为蔬菜的相关市场很大,青菜、萝卜等都包括在内,所以问题不大,任由市场调节即可。类似这样的情况,只能由地方政府通过调节供求加以解决,赶紧让农民种起来、组织货源从外地运进来、赶快安排商家行动,等等。如果一个市县自己解决不了,也可以通过省里统筹协调;省里也统筹协调不了的,再通过中央来统筹协调。比方一开始说的猪肉价格问题,一个地方根本解决不了,省里也捉襟见肘,就要靠中央来统筹,在全国范围内协调。

最后总结一下。政府价格规制的统筹协调,集中体现了政府的治理能力和治理水平,关系国计民生重大,也是价格法的一个短板,需要按照责权利一致的原则,形成较为完备的政府价格规制统筹协调机制和制度。从立法上来说,主要就是充实《价格法》在这方面的规定,作相应的修改和优化。把竞争法规制的内容去掉,市场调节也不必写了,写三大块:价格秩序规制、政府定价和政府指导价这两块,现行规定足矣;价格规制统筹协调这一块,则须尽量充实,实践中也要抓紧加大、优化实施的力度,尽快让政府治理能力和治理水平适应政府价格规制统筹协调这个要求及难题的解决。

我就讲到这儿,谢谢大家!

互动环节

问:请问在现今大数据时代,针对反垄断法的完善,可以从哪些方面进行思考?

答:这个问题提得很好,虽然不是价格法问题。我个人的看法是,反垄断法对于数据时代的反垄断不需要更多的规定,只需把宗旨条款、原则条款、概括条款、兜底条款用足用好就够了。数据时代、互联网时代、工业时代或者大工业时代,美国反垄断一直在用《谢尔曼法》和《克莱顿法》,这两部法为什么不过时呢?因为维护公平竞争、提高经济效率、维护消费者福祉等搁在那儿,与反垄断共始终,不会过时。比如不得滥用市场支配地位,滥用的具体形式是变来变去的,但是市场支配地位及其滥用本身是不受经济数字化影响的,这就是基本的道理。

再举两个例子,我之前讲座都讲过。一是通过补贴开展竞争,能够这样做的是不是必然有市场支配地位?不通过质量和价格竞争,用资本压人直至把他人压垮公平吗?二是苹果手机对其App内的支付要抽成30%,能收得到这30%的钱,就说明苹果公司有市场支配地位,无数的开发者黏着在iOS系统上研发App,还有无数消费者只认iOS操作系统,更说明它有市场支配地位;那么为什么是滥用呢?道理太简单了,我上个讲座讲过,这种做法就相当于高速公路对卡车收了过路费,还要对运输公司的运费提成;房屋业主把房子出租给人开餐厅收了租金,还要从餐厅的营业收入里提成,那不是强盗吗?《反垄断法》能规定得这么细吗?即便能,也无法跟着实践的变化随时随地修订。这就要靠宗旨条款、原则条款、概括条款、兜底条款的运用,否则增加更多的条款也没用,因为理念跟不上,理念不足以支撑你恰当地运用这些条款,生搬硬套具体条款更是违背政府规制及治理的客观规律和要求。

问:史老师,您说节制资本不靠反垄断法,请问反垄断法为什么不能节制资本?

答:这个问题问得很好。因为反垄断法基本管不了市场准入、不调整市场结构,《反垄断法》或者说狭义的反垄断法只有三种制度——反垄断协议、反滥用市场支配地位、经营者集中审查。这三项制度对于市场结构的调整基本上没有用,就是我上个讲座讲的,可以消极被动地对节制资本有些许(准入)作用的就是经营者集中审查,但是经营者集中审查在这三种制度里面又是最不重要的一种,因为在社会化全球化之下,独占几乎不可能,寡占则是一种有效竞争,经营者集中审查案99.9%都是通过的。而且经营者集中审查与反垄断协议、反滥用市场支配地位一样,不能只针对私人资本和私人企业。所以,节制资本主要须靠国有资本和市场准入规制,还有事业约束。

问:请问政府对价格的一系列规制,会否影响市场经济条件下的交易自由呢?

答:刚才我讲了,市场调节价不需要立法规定,经营者想卖多贵就卖多贵、想卖多便宜就卖多便宜,不需要政府直接规制,政府只需在供求极端失衡的情况下采取措施稳定物价,或者对构成垄断或不正当竞争行为的出手维护公平竞争。你的问题主要涉及政府定价和政府指导价,在很多年以前,也就是20世纪90年代,我们已经确立了一个原则,就是政府定价和政府指导价一定要规定在价格目录中,让民众和社会周知;不在价格目录内的价格,政府一律不得直接去管。非常好的是,政府多年来已经把这一点化为自己的理念和行为,目录外的价格你让它管它都不管。比如景区餐饮"宰客",只要餐厅明码标价,消费者再怎么嚷嚷,政府也管不着、不能管;当然如果没有明码标价,就属于市场价格秩序规制的范畴,政府就该管了,但这不是直接的价格规制。所以今非昔比了,同学提出这个问题,感觉你的思维方式还停留在二三十年以前,现在政府的理念已经非常前卫,价格规制不会影响交易自由和营业自由。反而是民众出于个人利益,总是希望政府多管,即使不在景区,往往也有人到工商局(现在叫市场监督管理局)去投诉,说某餐馆的某道菜太贵了,市场监督管理局说这是市场调节价,只要是明码标价就没有问题,你自己愿意吃的嘛。好多这样的新闻报道。

问:请问政府为保持某一民生商品的价格稳定,能否通过税收优惠政策或者政府补贴的方式进行?

答:可以,当然是可以的。但这不能是主要方法,因为它不那么符合市场经济的要求,也就是说不那么市场化。我们今天谈的肉、蛋、奶、蔬菜、水果等,就是市场调节价,随行就市,只是在极端情况下政府可以在平衡供求方面有所作为,以平准物价。这种市场化方法是比较好的。这些农产品的税收负担对消费者而言可以忽略不计,所以税收优惠的作用不大。补贴一般不要实行,没什么必要,容易干扰市场供求的信号,对经营者和消费者产生误导。所以这不是好办法,尽量不要用。

问:请教史老师一个问题,《价格法》是1997年颁布的,这么多年过去了,而且《价格法》的问题很多,国家在价格方面又有很多改革,那么《价格法》的修改能够提上全国人大的立法日程吗?

答:现在还没有。《价格法》的主要问题就是包括政府统筹协调在内的政府价格规制。我刚才也讲了,政府定价和政府指导价这部分问题不大,有了法律授权,相关部门努力把事情办好就可以了。价格秩序的规制自古就有,比较容易,也没有太多的理论问题。然后把竞争法的内容从《价格法》里剔除,这个同样不是很重要,早点剔除或晚点剔除无伤大雅,何况这部分法条的内容也较少。市场调节价的规定虽然多余,却也无大碍,只是不太符合理论而已。

所以,短板就是政府价格规制的统筹协调问题,但要解决这个问题,规定也不是关键和主要的,关键和主要的方面在于国家、政府治理能力和治理水平的大幅度提高。当然如果能够通过修法把统筹协调的职责规定得更清楚,使主体更明确,方法的指引性、科学性更强,那是好事。但需要清楚,仅靠修法或规定本身并不解决问题。

竞争政策和消费者法

竞争政策与产业政策:究竟孰优孰劣?*

竞争政策配合市场机制发挥作用,是基础;产业政策引领、谋划产业发展,是主导。既定的产业政策高于竞争政策,但二者尤其在我国是相互衔接和兼容的。垄断和竞争都是市场配置资源的方式,寡占的市场结构是最高效的。产业政策和竞争政策都应当合乎相关产业的特点和要求。

同学们:

晚上好!

今天的话题是竞争政策和产业政策。为什么谈这个话题呢?是回应最近关于产业政策的争议。两位"大咖"在网上交火:一位说国家不要产业政策不行;另一位说产业政策就是补贴和骗补,所以要不得,竞争政策、反垄断也不要,政府的任何政策和维护公平竞争行为都是对市场的扭曲和破坏,让亚当·斯密说的"看不见的手"调节就好了。我对后一位"大咖"的说法是很气愤的,因为对事实的起码尊重都没了。

我想从三件事引出今晚要和大家交流的观点和内容。

第一件事发生在今年(2016年)5月,因为德国经济部部长批准了一项超市并购案,德国反垄断委员会主席Zimmer(茨曼)愤而辞职。德国卡特尔局是反垄断执行机构,隶属于经济部,反垄断委员会是反垄断咨询机构。反垄断委员会认为该项并购的反竞争效果大于公共利益,卡特尔局遂予以禁止。既然被卡特尔局禁止了,经济部部长为什么又附条件批准呢?就是因为经济部掌管包括产业

* 2016年11月19日武汉大学法学院讲座。

政策、竞争政策在内的所有经济政策,由于经济形势不好,面临着经济下行的压力,经济部部长这么做,为的是维持德国实体零售业的竞争力,避免因为放任市场自由竞争,导致一个超市垮掉乃至发生连锁效应,引起众多超市倒闭、员工下岗的局面,这样对社会的损害太大。换言之,维持零售业竞争力的产业政策,优于让零售业自由竞争优胜劣汰、再由市场重新配置资源的竞争政策,也就是产业政策高于反垄断暨竞争政策。从中还反映了一点:卡特尔局是经济部的下属机构,由卡特尔局独立决定一个行为是否构成垄断、有没有违法,经济部一般不予过问,但必要时,经济部部长不仅在行政级别上高于卡特尔局的局长和反垄断委员会的主席,经济部部长所代表的价值和利益也高于卡特尔局和反垄断委员会所代表的价值和利益。

第二件事是2014年克里米亚宣布“脱乌入俄”,西方因此对俄罗斯实施制裁。制裁之一是将俄罗斯央行和三家最大的商业银行列入黑名单,使美国两大银行卡清算组织MasterCard(万事达)和VISA(维萨)停止为俄罗斯服务,导致俄罗斯民众无法使用银行卡支付。什么原因造成这种情况呢,俄罗斯没有自己的信用卡暨银行卡吗?没错,就是没有。由于俄罗斯没有相关产业政策,任凭银行卡清算产业自由竞争,而银行卡清算是垄断行业,相关市场是全世界,在寡头垄断业已形成的条件下,一国如果没有银行卡清算产业政策就不会有银行卡清算企业,如果有也一定会在竞争中失利而倒闭,或者被MasterCard和VISA并购,到关键时刻就会影响民生甚至国家安全。比如澳大利亚原本是有银行卡清算组织的,但都在竞争中被MasterCard和VISA等国际巨头打垮了。这件事反衬出我国让“银联”一家独占,等它具备相当实力之后再有控制地引进外资的银行卡清算产业政策是正确的。

第三件事有关我国银联。1994年,央行开展金卡工程,那时同一家银行的银行卡在不同的ATM(自动取款机)上都不通用,更别说工农中建交等不同银行发的卡互联互通了,当然它们的湖北分行发的卡到外省更是无法使用的。工程启动后,2002 年成立银联,民众暨消费者顿时享受到巨大的福利,银行卡互联互通不在话下了。银联作为银行卡清算组织,拥有自己品牌的银行卡,采取独立的技术和标准体系,在国内具有垄断地位。这样,如果美国要在这方面制裁我国或者国际巨头想用市场手段消灭它,也无法实现了。对此,产业政策发挥了很好的作用。近年很多人呼吁反银联垄断,义愤填膺地说要解构它。果真如此的话,中国的银行卡支付结算系统很快就会崩溃,中国没了自己的银行卡清算组织而受制于人,民众利益和国家安全就随时可能遭受致命的伤害。

从这三件事,可以很好地看出竞争政策和产业政策的关系,隐隐约约可以得出一些结论,但是从理论上怎么分析和认识呢?

一、既定的产业政策高于竞争政策

我从三个方面来说明这个问题。

首先,产业政策对于经济发展具有主导性和全局性。

竞争政策是调控竞争力度和竞争秩序的政策。狭义的竞争政策在国外就是指反垄断法,通过反卡特尔、反滥用优势地位以及经营者集中审查这三大制度以维护自由公平的竞争,在我国还包括反不正当竞争法。除此之外,广义的竞争政策还包括 de-regulation(放松规制)和在垄断行业引入竞争机制。前者是放开竞争,放宽市场准入或允许自由进入;后者比如设立联通打破中国邮电一家垄断,随后又将邮政和电信分立。电网能不能引入竞争机制呢?不能,因为它是自然垄断;前端的发电可以放开竞争,后端的配电、售电也可适当开放竞争。竞争政策也可能限制竞争,比如《反垄断法》规定的标准卡特尔、不景气卡特尔、进出口卡特尔等。

什么叫产业政策呢?它是诱导产业的形成和发展,对相关产业进行扶持、鼓励、限制、禁止的经济政策。产业政策不仅扶持、促进产业的发展,也限制、禁止某些产业发展。比如,不允许外商进入我国的稀土勘探开采市场,禁止产量在多少万吨以下的平板玻璃厂和钢铁厂等,都属于产业政策。

希望大家牢牢记住,产业政策和竞争政策都属于更好发挥政府作用的范畴,是政府调节经济或市场的政策。并不是说,竞争政策就是市场调节、自由竞争,产业政策就是政府限制自由竞争,竞争政策也是由政府去规制市场,促进或限制竞争。刚才说了,《反垄断法》里也有限制竞争的规定,而不仅是促进竞争。竞争政策关注的是微观的经济目标和竞争环境的塑造,宏观上对市场结构的形成和调节的作用非常有限,甚至完全没有办法调节。比如美国政府原本不希望微软公司做大,想直接分割微软,分作一个 Office 公司和一个 Windows 公司,但后来因为不合适而“流产”了。

竞争政策的作用是什么?狭义的竞争政策只能管市场机制的扭曲,就是缺乏竞争或竞争太乱——垄断和不正当竞争。可是市场规制的不仅仅是市场机制扭曲,还有比如市场信息不对称的问题,就是市场调节所无能为力的。举个简单的例子,为什么要设食品药品和电梯等特种设备的监管部门?生病后这个药能不能吃,医生能不能开这个药?我们不可能自己成为专家,或者都请专家评估后再请医生开药;坐电梯也是一样,不可能在把电梯的结构和质量搞清楚后,或者请专家评估安全之后再坐电梯。因此只好把弥补信息不对称的工作托付或授权给政府,让政府对食药、电梯等进行监管,这样我们就可以放心大胆地吃药、购买加工食品或者坐电梯了。这就属于产业政策了。

产业政策的另一重要作用是弥补市场不能。市场不能是指市场从来就无能为力,比如高铁,因为投资太大、征收和拆迁等社会成本太高、利润回报周期太长,所以高铁市场是由政府产业政策创造出来的。美国的科技和经济那么发达,为什么没有高铁呢?就是因为市场不能提供,以及政府不作为,没有去提供。高速公路网的建设也属于市场不能范畴,需要政府去做。2008 年的时候,世界经济一落到底,海洋运输根本没有货物可运,如果没有政府的要求、指导和支持,中远公司就没了,经济一旦恢复,这么大一个船公司,能马上办起来吗?韩国最大的海运公司韩进宣告破产就是因为政府不作为,没有去弥补市场不能。

还有更重要的一点:市场优胜劣汰存在市场本身所不可避免、不能克服的副作用。一方面,市场竞争的优越性就在于优胜劣汰,市场经济激励每个人根据市场供求的信号决定自己的投资和交易,充分调动每个人的积极性,追求自身利益的最大化。但另一方面,优胜劣汰是常态,任何时候任何地方总有一些人被淘汰,谁被淘汰呢?对个人而言,被淘汰意味着没有收入,市场经济不是自给自足的自然经济,没有收入怎么活呢?大家到美国可以发现许多流浪汉,光纽约就有好多万,公共场所到处都是,公共厕所也被他们占领了,在里面洗脸、刷牙、化妆。最好的方法是创造市场、创造条件不让他们被淘汰,让尽可能少的人被淘汰,被淘汰下来的人也要让他能体面地生活。这就要靠规划和产业政策、社会保障等积极发挥作用。

从竞争政策和产业政策的关系来说,竞争政策只管一个市场机制的扭曲,市场信息不对称、市场不能、解决优胜劣汰的副作用都要由产业政策和其他政策来管。

此外,从产业政策和竞争政策所维护的价值和保障的利益来看,产业政策更具有全局性和宏观性。比方说经济危机,在市场诱导下,资本和资源被吸引到某些领域,而这些领域的市场或者形势一旦发生变化,资源无法重新配置,经济危机就爆发了。我国目前的产能过剩本质上也属于经济危机,不过范围和程度较轻而已,但我国没有发生系统性、全局性的经济危机,为什么呢?就是因为有规划和产业政策。我国近 40 年来实行市场经济,如果只有竞争政策,经济危机、金融危机起码会出现两三次。西方国家从 19 世纪 50

年代以来每七八年就会爆发一次经济危机,其原因就是听任市场调节,没有产业政策或产业政策不到位。

产业政策还体现在统筹协调上。比如振兴东北老工业基地、推动中西部开发、振兴乡村,如果不运用产业政策统筹协调,就无法实现这些目标。现在实行的供给侧结构性改革,其中很重要的一个任务是化解过剩产能。化解过剩产能为什么不能通过市场竞争让多余的企业退出市场,清算或破产,通过工商局①进行注销?因为不是那么简单,我将它形容为“市场僵局”。如果市场发生僵局,好企业和坏企业分不清楚,坏企业可能腐蚀官员、低质低价风生水起,好企业守规矩、优质优价反而坐以待毙。而且在实践中,企业往往没法破产,因为容易出现员工闹事和群体性纠纷。只有靠政府协助市场去甄别好企业和坏企业,坏的就让它倒闭、破产,好的企业要维持下来,等到经济形势转好再恢复生机。也就是通过产业政策,帮助那些该破产的企业破产,帮助那些不该破产的企业渡过难关。

如果产业政策不妥,产业政策错了怎么办呢?政府官员寻租、企业骗补怎么办?不仅产业政策会失灵,竞争政策也会失灵。

竞争政策和产业政策失灵都是政府失灵。现在经济法上有一句老生常谈的话:经济法是因为市场失灵和政府失灵而产生的。这前半句话充其量只对了四分之一,后面半句则是完全错误的。政府失灵经济法管得了吗?假使证监会的工作人员内外勾结,损害股民的利益,公安直接进证监会抓人,这不是证券法的问题。政府失灵不是经济法本身的问题。该反的垄断不反,不该反的垄断去反,这不是反垄断法的问题。P2P 网贷平台老板“跑路”,公安如果不抓人,也不是金融法的问题。

政府失灵怎么办呢?我在 2014 年写了一篇《政府与市场关系的法治思考》,发表在《中共中央党校学报》上,提出政府失灵要靠宪

---

① 现为市场监督管理局。——编者注

法行政法和民主法治一般加以解决,而和经济法没有关系,经济法不是因为政府失灵而产生的。市场失灵也即市场机制扭曲只是市场缺陷的四分之一,还有四分之三要靠产业政策解决。所以前面半句话只对了四分之一。希望大家不要人云亦云,要有自己独立的思考,别以为权威人士讲的话就是对的。

其次,从分散到集中是产业发展的客观规律,产业政策可以规避或者减少从自由竞争到合理竞争结构的不必要代价,缩短它的过程。

竞争政策不是要维护自由公平竞争、让市场自由充分竞争吗?没错,但是市场充分自由竞争的结果一定是形成寡占或独占的市场。大家有机会去美国的话,立马就能体会到连零售业和农业都是大企业当道,网络产业更不待言。我国央行发放的第三方支付牌照将近 300 个,可是人们现在熟知的只有支付宝和微信,那剩下的 200 多个去哪儿了呢?它们已经在很短的时间内、在自由竞争中被打败,胜出的支付宝风生水起,微信在后奋起直追,自由竞争的趋势就是垄断。

问题是这样好不好呢?完全的自由竞争和寡头垄断到底哪个好?从效率来讲,在分散和低集中度的市场上,无数中小企业自生自灭、朝不保夕、利润微薄,只能搞价格战。只有形成寡占或者独占的市场,广大的中小企业才能跟在大企业后面形成产业链,日本就是这样的。寡头竞争是集价格、质量、服务、品牌、标准、管理、创新和国际竞争于一体的综合性竞争,而且并没有消灭竞争,寡头企业相互之间、寡头企业和非寡头企业之间仍然存在高效率的、激烈的竞争。

有效的竞争结构有两种形成的方法或途径。一种是市场自由竞争,美国的 MasterCard 和 VISA 就是自由竞争的产物,微软、英格兰银行、法兰西银行也是自由竞争产生的。可是很多情况下,自由竞争形成不了有效竞争。大家学习金融法都知道,美国的公司法是州法,通过自由竞争永远形成不了中央银行,而经济社会发展到一定阶段又不能没有中央银行,所以 1913 年设立了美联储。这就是第二种途径,人为地通过产业政策达到一种有效竞争的局面。这两种办法该使用哪一种没有定论,要根据客观现实和经济社会的实际状况而定,若美国在 20 世纪初仍没有中央银行,老百姓和资本家都不会答应。英国则不需要人为成立,英格兰银行的央行性质是自然而然形成的。银行卡清算产业也是通过自由竞争形成 MasterCard 和 VISA,不需要政府去管,但是,MasterCard 和 VISA 在 20 世纪六七十年代就成为寡头了,该产业的相关市场是全世界,后来者要形成能和它们竞争的格局,不能不靠产业政策。没有中国政府的产业政策支持,就没有银联,中国人就只能使用外国品牌的银行卡,但这样的话,金融安全、国家安全就没了保障。

所以,有一个社会科学的基本原理:社会决定法律,不是法律决定社会;经济基础决定上层建筑,不是上层建筑决定经济基础。实事求是,怎么做对本国人民最有利,就怎么做。纯粹的竞争政策维护市场竞争,使市场机制能够正常发挥作用;产业政策则是发挥引领、布局、调控经济社会的主观能动性,起着主导作用。什么情况下哪方面发挥作用多一点,什么情况下哪方面发挥作用少一点,取决于实际的需要。

正常情况下,政府只要按照既定的产业政策和竞争政策,日常执行就可以。而在特殊情况下,经济社会剧烈波动,出现系统性风险或者国家经济安全、民族利益受到损害时,竞争政策就要让位于产业政策。二者的界限在哪呢?正如党的十八届三中全会所指出的,让市场在资源配置中起决定性作用,同时更好发挥政府作用。政府与市场各自的边界没有也不可能由具体的法律条文作明确规定。凡社会能够自治、市场能够调节的,政府就不要管;凡社会不能自治或有效自治、市场不能调节或者不能有效调节的,就需要政府积极作为、勇于担当以解决问题。最典型的例子就是村民自治和住宅小区业主自治,这是宪法和法律规定的,村委会业委会换届、土地承包或出租、房屋维修、车库分配等均可以通过自治解决。但在发生僵局的情况下,乡镇党委政府、街道或住建委就要管。法律无法预定自治什么时候、什么情况下失灵,政府什么情况下能管、什么情况下不能管。竞争政策和产业政策的关系也是这样的,主要取决于市场调节的实际状况、经济社会运行和发展的需要,以及国内国际的形势。

最后,从产业政策和竞争政策的动态关系来看,事实上二者在实践中不是对立的。竞争政策通常自洽于产业政策,主动和产业政策衔接。竞争政策比较谦卑,产业政策比较强势,竞争政策可以配合产业政策。最典型的就是波音公司和麦道公司合并,这是基于美国在21世纪要继续做民用飞机龙头老大的产业政策,所以竞争政策让位于产业政策。欧洲也是这样,欧洲最高的产业政策是建立欧洲统一大市场,所以竞争法要为产业政策让路,具体来说就是在竞争法中确定一个建立欧洲统一大市场的目标。这二者并不是吻合的,服从建立欧洲大市场的要求往往是损害竞争的,在这种情况下,损害就损害了。也就是说,竞争法、竞争政策确立了越来越多的不同层次的多元价值——公共利益、国家安全、经济发展甚至特定的产业发展,从而主动与产业政策和其他政策衔接。

竞争法、竞争政策自洽于产业政策的集中表现则是反垄断法的适用除外和豁免制度。我国《反垄断法》明确规定,知识产权原则上不适用本法,农民和农村经济组织的农产品经营行为也是除外适用的;《反垄断法》还规定了垄断协议豁免,主要是标准化卡特尔、中小企业卡特尔、进出口卡特尔、不景气卡特尔等。这些都是竞争法、竞争政策主动对接产业政策的体现。竞争政策和产业政策不矛盾更好,如果有矛盾,竞争政策让位于产业政策。

二、产业政策与竞争政策相互兼容,产业政策并不必然扭曲、否定市场机制

产业政策与竞争政策可能产生矛盾,但这不等于它们之间相互

对立、你死我活,更多的时候它们是兼容的。产业政策从一开始就是与指令性计划相对的,它是建立在市场的基础上、通过利益诱导来实现的政策。产业政策不是指令,原则上不是强制性的,因此不可能像指令性计划那样直接强制实施,产业政策和竞争政策都要在法治条件下制订和执行。

那么什么叫法治条件?利害关系人乃至公众以规则为基础互动形成最大程度的共识,从而使法律获得执行力,就是法治。没有社会的普遍认同,法律是没有执行力的,而只是纸面上的规则,产业政策和竞争政策都是如此。最常见的达成共识的方法就是征求公众意见,比如《民法总则》就以征求意见稿的形式向社会征求意见。在各方充分表达的基础上,负有职责的机构或者国家工作人员就要敢为敢当,及时作出决策或付诸表决,如果该决策经不起包括媒体和舆论在内的民主问责、体制内包括行政和纪检监察的问责等,就要承担法律上的不利后果。产业政策和竞争政策都要在如此这般动态的法治条件下运行。我国的竞争政策运行得不错,《反垄断法》自 2008 年 8 月 1 日实施,在出现国际金融危机、各国反垄断法执行力度削弱的背景下,我国的反垄断执行力度反而增强了。比如近日,工商总局就对利乐滥用市场支配地位的行为处以 6.67 亿元的罚款。

还有一个非常重要的情况,你们可能没有注意或者没有理解:除非有紧急情况,我国任何一个法规规章的制订都要相关部门一起讨论,不达成一致意见不能出台。我国的竞争政策和产业政策在渊源上是一模一样的,主要是法律、行政法规、规章和其他规范性文件,其制订和执行机制相同。因此,在我国,产业政策与竞争政策是否合适,两者是否相容,更多的是理念问题。老师在课上会跟你们提及央行的独立性、反垄断执法机构的独立性等,我可以告诉你们,这就是理念问题,而不是法律上规定的组织架构和职权的问题。产业政策和竞争政策的“矛盾”,无非就是产业政策别扭曲市场机制、不要违反公平竞争的要求,只要有了这样的理念,二者就不存在冲突的问题。

国务院(2016 年)6 月 1 日召开会议讨论《关于在市场体系建设中建立公平竞争审查制度的意见》,提到了自我审查,有从事反垄断法的老师听闻后很生气,认为不能自我审查,应该由独立的反垄断执法机构来审查。不客气地说,这是不了解中国实际的想法。如果没有公平竞争的理念,即使设立一个独立的审查机构,也完全没有用。而且刚才说了,我国的规章和规范性文件都是各方一致的产物,所以不会存在从事竞争法的学者所担忧的情况。市场竞争、市场经济的理念要靠从事竞争法的老师、法学院的同学来弘扬,但是弘扬不能过度,要恰到好处,过度的话就成谬误了。

而且,产业政策、竞争政策都必须符合国家利益,产业政策也不过是针对一个或几个产业、某一时期或某一地域市场导向的政策,相较于国家利益,相较于更高层次、更高价值的政策,无论是产业政策还是竞争政策,都要让位,而国家利益主要体现在国家安全政策、经济发展政策之中。充分就业和社会稳定也是国家利益,德国反垄断委员会主席 Zimmer 为什么愤而辞职?因为他认为应该倒闭的超市雇用了大量员工,这些人被一下子推向社会,就是给社会添乱,所以经济部长把他否了。高于产业政策、竞争政策的还有国际竞争力、消费者福利等。进出口卡特尔为什么可以豁免适用反垄断法?因为不豁免的话会鼓励“窝里斗”、外人渔翁得利,法律就不要鼓励这种行为了。

三、垄断和竞争都是市场配置资源的方式

竞争的结果是垄断,在垄断的基础上再竞争,然后追求新的垄断,这是市场经济、市场竞争的一种规律。既然崇拜市场竞争,那么就应服从、遵守这条规律。正如我刚才所说,垄断是一件好事,这里所说的垄断,不是《反垄断法》规定的三种垄断,而是指垄断的市场

结构,或者说寡头竞争的市场结构,这是一种最好的竞争方式。同时,竞争的格局不是一成不变的,比如由于电脑市场衰落,Windows系统已今非昔比,如今人们都用手机,手机操作系统占据大量市场份额,很多平板电脑的系统也用了安卓。所以当市场发生变化时,原先的寡头可能不再是寡头,新的寡头出现了,而新的寡头又面临着巨大的竞争。这是一种比完全自由竞争更好的资源配置方式。

政策和法律的作用是对市场有一个科学的引导,而不是让有益垄断的经济现实去削足适履。现在人们盲目地崇拜竞争,刻板地适用某种法律、某种信条,人为地损害有效的竞争秩序,一味地反对独占和寡占,是因为把垄断等同于无效率、把竞争等同于有效率了。但是这样的想法是不成立的,原因如下:

第一,竞争也可能造成社会资源的浪费。因为诸如信息完全对称、零交易费用、产品无差别、竞争的失利者从市场退出时可以把资源毫发无损地转移给其他竞争者,这些假设不仅在逻辑上不成立,事实上也不存在。市场退出的时候总有沉淀成本,最典型的就是钢铁,退出时产生的沉淀成本特别大,这就是任凭自由竞争、产业政策缺位的结果。

第二,分散的市场结构无法成就有效率的市场经济。如刚才所说,在分散的市场结构中,小企业自生自灭、打价格战,最终导致市场无法化解生产的过剩。重庆市市长黄奇帆很懂经济,他认为,在任何一个行业中,市场优胜劣汰的最佳状态是市场过剩10%至15%,一旦过剩达到40%至50%,市场优胜劣汰的机制就失效了。中小企业充分自由、无序竞争的结果,就是产能过剩到市场优胜劣汰机制无法发挥作用。所以,现在全世界的反垄断法都不反对寡占了,包括美国也是如此。在美国主要是经济学家从事反垄断法研究,他们用经济学分析的方法得出了寡占或独占的市场结构最有效率的结论。

四、产业政策和竞争政策都要合乎相关产业的特点

我列举几个产业说说。

高铁的市场是政府创造出来的,它的相关地域市场是国际市场,现在中国和日本争夺高铁最激烈的目标是马来西亚,新加坡已经确定要买日本的高铁,因此大家把目标瞄准了马来西亚,中国请马来西亚总统坐高铁,日本请他参观工厂,等等。所以,对南车北车合并这件事大家不要有意见,因为它的相关市场是国际市场;如果南车北车还是"窝里斗",对提高效率没有帮助,反而会使它们在国际上的竞争力更弱。

煤钢产业属于高投入、高沉淀的产业,资源一旦投入进去,就没办法配置到其他地方。而且煤钢的中小企业技术不过关、质量不过关、能耗大、污染严重,煤矿一旦停业了就很难再开,再开需要付出大量的资金。当油价跌到 45 美元以下的时候,发改委规定了 40 美元的"地板价",其中一个很重要的原因就是油田不能停产,一旦停产就会出现重大问题,因此煤钢企业必须是大企业。

农业的进入门槛极低,谁想种菜去卖都可以。现在是商品经济,不是自然经济,农业生产者的竞争力弱,放任自由竞争的话,农民随时都会倒闭,中国粮食市场就可能被美国、加拿大、阿根廷、澳大利亚等的农产品占领,所以农业产业的关键是扶持,还要尽量配合大农业发展。20 世纪六七十年代我在安徽的时候,小麦亩产二三百斤已经算是高产,现在河南等中原地区都亩产千斤了,但即使亩产千斤,纯利润也只有三四十元,而每个农民只有几亩地。所以《反垄断法》要允许农民和农产品经营实行垄断,产业政策更要鼓励这样做,目标是让农民有序地进入城镇,农业产业政策要让中国一户农民也能种上几百亩、几千亩甚至上万亩地,与此同时土地还不能被资本控制,不能使农民沦为打工者,要使耕者有其田。

最后是银行卡清算制度,你们学金融都知道,清算天然是垄断

的,这里就不展开讲了,银行卡产业更需要寡头竞争。从去年(2015年)6月1日开始,我国遵守加入WTO的承诺,准许外资进入银行卡清算市场,这意味着,MasterCard和VISA等将进入中国市场。因此,民族资本、民族品牌的银行卡清算企业千万不能再成立第二家,更不能分拆现有的银联,否则必然会给国家、民族、社会、消费者等带来灾难。所以,银行卡清算产业的政策是扶持内资,让它有足够的能力跟MasterCard和VISA等竞争,在国际和国内都形成有效的寡头竞争格局,或者说垄断的市场结构,这样对消费者权益、金融安全、国家利益都最为有利。

我今天准备的就是这些内容,谢谢大家!

互动环节

问:刚才老师提到,产业政策如果错误的话,要靠民主和法治一般进行救济,具体来说,产业政策错误给企业造成损失,国家是否要赔偿或者补偿?赔偿的主体是谁?如果确定要赔偿或是补偿,范围是实际的损失还是包括预期利益的损失?

答:原则上不赔偿,因为产业政策原则上不针对特定的当事人、特定的企业。这和警察没有抓到小偷或杀人犯而不必赔偿受害人的道理是一样的,老百姓可以要求警察更多地破案、抓住小偷和杀人犯,现代民主法治赋予了民众这样的权利,但是某一个小偷或杀人犯没有抓到,这个损失不能由警察承担。不过,产业政策有时要求牺牲特定当事人的利益,这时可以要求补偿。举一个简单的例子,禽流感来了要扑杀鸡,那是否要补偿养鸡户呢?过去是不补偿的,现在杀一只鸡补偿15元,这是一个很大的进步。也就是说,某项政策要求特定企业或个人做出牺牲的,该企业和个人有权要求补偿。

问:我想问某市在医药改革中的产业政策问题,该市响应国务院和卫计委(现为卫健委——编者注)的要求,落实产业政策,要求当地药商对某一药品降价20%出售,而一些企业经过核算,降价20%要亏本,最终只有一家企业愿意亏本销售,其他企业因不愿意而退出市场,导致大量职工失业。与此同时,药品降价行为的确能使消费者获益。想请问您对这个案例的看法?

答:该市市政府的这一行为完全错误。增进消费者福利的方法不是行政强制降价,药是商品,要让药品的生产和流通建立在市场的基础上,这样方可避免廉价药和昂贵的特殊药无人生产的现象。要减轻消费者药品负担,需要通过医疗保险、社会保障制度来解决。个别的药物产量少、适用患者少,政府可以通过市场准入的方式来解决,指定一家企业垄断生产,这样该企业就有利可图了。这是更好发挥政府作用。而其他药品,如果产量足够大,自然不会太贵。当然药品审批、生产、销售领域的腐败也是坚决要反的,而且要常抓不懈。因此该市政府的该做法,按照社会主义市场经济的理念和现在的公平审查制度来看,没有可取之处。

问:我想问关于国家赔偿中的直接损失问题,各级政府在贯彻落实医改政策时,有可能滥用行政权力压低药价,从而构成行政垄断,比如指定交易,那么很多药品生产企业因此产生的损失就是未来可预期的损失,对于这些损失难道都不能用国家赔偿来弥补吗?

答:抽象和普遍的政策是没有办法补偿的。药品生产销售是非市场思维当道的一个领域,或者是市场思维加腐败,教育领域也差不多。教、科、文、卫、体中,现在体育的市场化已经被普遍接受;科技也是,企业研发成了R&D(研发)的大头;文化市场现在也形成了。只有医药领域还是非市场化思维占主流。怎么改变?既要在医药行业弘扬贯彻公平竞争理念,又要顶层适当关注,纠正动辄以行政方式干扰医药产业的正常运转的现象,也不能只有卫计委全权负责而没有其他机构促进和制约。所以我们要多呼吁,让领导班子意识到问题的严重性,来促进药品研发和生产销售领域形成市场调节暨公平竞争的意识。

反垄断法、竞争政策及相关政策之法治分析*

竞争政策是政府行为，对市场须保持谦抑，其他经济社会政策对于竞争政策具有主导性、优先性，也要尊重市场，从而与竞争政策协同，更好发挥政府作用，让市场在资源配置中能够真正发挥决定作用。控制政府行为有赖宪法和民主法治一般，不属于经济法的任务，经济法解决的是市场失灵问题。

各位同学：

大家上午好！

今天这个题目比较难，考验大家的思考能力，所以你们在听的时候开动脑筋，希望讲完后我们有一个互动，进行交流讨论。

为什么比较难？因为对什么是"竞争政策"，谁都说不清楚，但也都稀里糊涂在那儿用。比方说，中共中央、国务院发布不久的《关于新时代加快完善社会主义市场经济体制的意见》中提出要"强化竞争政策基础地位"，上海自贸试验区临港新片区、海南自贸试验区即闻风而动，强化竞争政策试点，怎么强化？很简单，就是强化《反垄断法》的执行。强化竞争政策怎么就是强化《反垄断法》呢？《反垄断法》是全国人大常委会制定的法律，法律怎么能是政策呢，政策怎么就是法律呢？不是说强化竞争政策实施么，竞争政策是啥呀，不知道，反正就要强化《反垄断法》的实施。这次疫情期间，因为线下活动受限，国家市场监管总局从(2020年)5月开始举办"反垄断视频课程100讲"，其中有两讲，一是反垄断法与竞争政策的关系，

---

* 2020年11月29日广东财经大学"特邀法学名家讲座"。

二是竞争政策与其他经济社会政策的关系，指定让我讲。那么，这次颜运秋教授说史老师来给我们学生讲点什么吧，讲什么呢，我就把这两个讲座合起来跟同学们讲讲，形成了这样一个题目。

讲这个题目，首先涉及反垄断法与竞争政策的关系，要说清这个问题，还要先弄明白法和政策的关系。

一、法与政策的关系

什么是法，什么是政策，两者是什么关系？按照法学界的通说、课堂上老师给大家说的，法在性质上是由国家政权推动和保障实现的行为规范，与道德规范、自治规范、政教分离条件下的宗教规范相对。

道德规范是靠人们内心的信念和舆论的压力来推动和保障实现的行为规范。比如，现在有一个“带节奏”的说法是“道德绑架”，因为美国打压华为这家民营公司，导致你的爱国之心油然而生，恰好要换手机，就买了华为；或者觉得苹果好看、系统稳定，想换苹果，但周围的同学都反感美国发起贸易争端、科技争端，讨厌苹果，指责你不爱国，使得你还是买了华为。这就是道德，道德就是靠这样的机制运行和实现的行为规范，“道德绑架”是一种贬义的说法，其实大可不必，以免造成对道德本身的负面评价。

自治规范，三点水的“治”。一定范围的社会成员自己制定规则、自我管理，那么相应的规范就是自治规范。比如，“天猫”的规范，“京东”的规范，我们广东财经大学的规范，都不是法律规范，也不是道德规范，但它们把几乎百分百的网购关系、教务和师生关系都搞定了，这就是自治规范。

宗教规范即教义。宗教不得干政，不得干预政权运行，不得干扰、妨碍国家和政府施政，要让它成为社会中的私事。

但是法与这三种规范又不是非此即彼的，区别并非很清晰。老师在课堂上可能也跟你们说了，不得盗窃、不得杀人，这些既是道德规范也是法律规范。自治规范在现代社会里则成了法治的基础。广东财经大学的章程和规章制度虽然不是法律,但却是法治的基础,大家想想是不是?如果没有学校的自治、自我管理,一切都要法律、政府来管,学校管理成为政府行政,班级、课堂的秩序要政府来管,这个社会还能运行吗?发生纠纷的时候也要以自治规范为依据来处理。比如学校把你开除了,你诉到法院去,法院首先要审查你有没有违反学校的规章制度,然后再审学校的规章制度是否合理合法。宗教规范跟法律规范也难分难解,宗教千百年形成的某些习惯,法律往往不得不给予尊重。所以,法律规范跟道德规范、自治规范、宗教规范的关系非常深奥,够写几本书的。

在座的往往还下意识地认为,法就是议会或者我国的权力机关制定的法律。全国人民代表大会和地方各级人民代表大会不是外国议会那样的立法机关,因为政府、法院、检察院是由它产生的,对它负责,它还承担着监督宪法和法律的实施、监督"一府(一委)两院"工作的职责。你们是不是认为法就是全国人大或其常委会制定的法律,比如《反垄断法》、"罪刑法定"和"税收法定"中的"法"?我相信是的。

政策是什么呢?政策是执政党和国家、政府一定时期的行动方针、计划、措施、做法,性质上也是国家推行和保障实现的行为规范。这里所说的政策不包括企事业单位、社会团体的政策,比如不包括我们广东财经大学的政策,不包括中石油、共青团、妇联等的政策,虽然在日常话语中也称这些为政策。

通常认为,法是议会或者权力机关制定的行为规范,具有普遍性、规范性、稳定性;政策是党和政府制定的不那么具体的规范,具有引领性、指导性、阶段性、概括性、灵活性。这是课堂上的一般说法,也是你们下意识的想法。但是,竞争政策之所以说不清楚,就是这种浅尝辄止的认识造成的。我这样说,你们应该也隐约觉得哪儿出了点问题。问题就在于,在现代法治条件下,没有任何一个领域或任何一种事务可直接依照具体的法律规定运行,政策和法趋同了。什么条件呢?就是高度社会化及全球化导致的极其复杂多变的形势催生出规制时代及其法治条件。规制是政府在宪法、法律概括授权下对一定的领域或者事物自由裁量、相机抉择地进行调控监管。比方说证券监管、银行保险业的监管、对国有资本和国有企业的监管,等等。它表现为政府的行政立法和行政执法。因为政府自由裁量不能暗箱操作、胡乱裁量,须由它自己先把规则制定出来、公布出去,然后照着规则办。国家市场监督管理总局颁布的《经营者集中审查暂行规定》,就是一个行政立法。为什么要行政立法、行政执法?因为一方面,在错综复杂、瞬息万变的形势下,法律不可能对社会生活作出事无巨细的规定,对个人、组织和政府都要留有相机抉择的空间;另一方面,法治要求政府不能主观武断、随心所欲作为,其行为要有规则约束,受包括公众和舆论在内的体制内外的监督。行政立法、行政执法正是政策的一种典型表现形式。

所以,在规制时代和现代法治条件下,法的含义和范围越来越宽了。宽到什么程度?你们都知道《立法法》,不知道的应当赶快去了解,按照该法的规定,法包括宪法、法律、行政法规、地方性法规和自治条例、规章,学者们认为还要加上其他规范性文件。党的十八届四中全会和党的十九届四中全会要求所有规范性文件都纳入备案审查范围,对其进行合法性、合宪性审查,什么意思呢?就是《立法法》规定的五种渊源和规范性文件都纳入法的范畴,都是法。

同时,政策摆脱了人治的色彩。法的一个重要特点就是公布出去让老百姓知晓,行为规范搁在这儿,请大家遵守。偷偷摸摸制定一些规则不给民众看,或者根本就没有规则,然后随意对老百姓说:你违法了!这是人治。因此,通过行政立法和其他规范性文件把需要老百姓遵守的政策向社会公开,也就是法了。随着法治深入人心,人治遭到唾弃,政策越来越规范化,表现为制定成规范性文件公布出去。过去通常还认为,政策比较抽象、弹性比较大,但今非昔比了,政策往往是法律的具体化,成为政府日常工作的依据。比如关税税则,每年或两年公布一次,可细了;还有反垄断的各种规定、指南,比如我刚才例举了国家市场监督管理总局的一个暂行规定,再说一个《禁止滥用市场支配地位暂行规定》。从表现形式上来说,政策跟《立法法》规定的法的形式和其他规范性文件,完全一致。因此,党中央说规范性文件都要纳入法的备案审查,也就意味着所有的政策要纳入法的备案审查,这样,法和政策在形式上就一致了。而且它们都要受问责制和法治的约束,法和政策的制定者、执行者不能随便拍脑袋,不能主观武断任意地作为、不作为,政策也不能这样,否则上级要纠正、纪检监察要监督、利害关系人要举报,老百姓也会到网上去批评,那就赶紧从善如流,当改则改、该追责就追责。

所以第一个大问题的结论就是,法和政策的性质相同,它们都是国家推行和保障的行为规范;形式上趋同,都表现为宪法、法律、行政法规、地方性法规和自治条例、规章以及其他规范性文件。"law"和"policy"不可分了,"law"包括"policy","policy"也包括"law",所以在外文文献中,"law"和"policy"往往放在一起(即 law and policy),也是同样的道理。

二、反垄断法与竞争法

反垄断法是竞争法的组成部分,竞争法还包括反不正当竞争法,这很简单,问题是反垄断法及竞争法都有形式的、狭义的和实质的、广义的之分。

形式意义上的反垄断法就是《反垄断法》,打书名号的;狭义的反垄断法就是反垄断协议、反滥用市场支配地位、反损害竞争的经营者集中这三大制度,也就是《反垄断法》的调整范围。

实质的反垄断法,也即广义的反垄断法,是指促进自由、公平竞争的各种法律法规和制度,包括《反垄断法》及相关的行政法规、规章。比如我上面提到市场监管总局的两个暂行规定,这是规章;还有国务院《关于经营者集中申报标准的规定》是一个行政法规。形式上不限于法律,实质上还包括在垄断行业、规制产业引进及规范竞争的各种政策法规,以及公平竞争审查制度。

垄断行业就是产业的性质决定了它必然垄断的行业。什么性质呢? 规模经济、范围经济、网络经济。比如电力、电信,是网络经济,必然垄断;石油行业,沉淀的资本非常大,属于规模经济,也必然是垄断;电脑和手机操作系统、社交平台软件等,则具有范围经济性质,其功能和使用者越多,投入产出比越大,在竞争中总会形成寡头垄断甚至一家独大的局面。垄断不垄断,跟所有制没有关系,凡具有规模经济、范围经济、网络经济性质的行业,让私人经营,它也是垄断的。你们知道外国很多国家的电信都是私人经营的,比如墨西哥、印度,但仍然是垄断行业。

垄断行业都是规制产业(regulated industries),然而规制产业不一定是垄断行业。比如你可以印钞票,印钞机并不很贵,但是国家不让你印;开银行也不难,设个公司办理存贷款业务而已,但这是规制产业,要由政府给你发牌照,没有银行牌照开展银行业务就违法了;我国的军工也是这样,它天生不垄断,但不让随便参与。

垄断行业、规制产业的竞争不足,要尽量引进竞争,以避免经营僵化、价格畸高、官商作风、效率低下等弊端。最典型的就是 1994 年国务院决定成立中国联通,打破中国邮电的独家垄断,一下子就把电信行业搞活了;然后邮电分家,2000 年又成立中国移动,形成电信行业三足鼎立的局面;去年(2019 年)国家又给广电发了 5G 牌照,有人给我打电话是“192”开头,就是广电的移动手机号码。在垄断行业引进竞争,也属反垄断法,但不属于打书名号的《反垄断法》的调整范围,所以是广义的反垄断法。还有 2016 年,我国建立了公平竞争审查制度,也是广义的、实质的反垄断法。国务院发布规范性文件《关于在市场体系建设中建立公平竞争审查制度的意见》,要求政府对自己出台的任何涉及市场活动的规范性文件进行审查,不允许其限制、扭曲、损害竞争机制,破坏市场竞争秩序。总之,广义和实质意义上的反垄断法,不只是打书名号的《反垄断法》意义上的反垄断法,而包括所有促进自由、公平竞争的各种法律法规和政策、制度。

竞争法还包括反不正当竞争法。反不正当竞争法就是反违反诚实信用的商业道德的竞争行为的法。违反诚实信用的胡乱竞争,不讲道德的竞争,就是不正当竞争。反垄断法是竞争法的组成部分之一,另一个部分就是反不正当竞争法。

竞争法也有形式的、实质的,狭义的、广义的。形式的竞争法就是打书名号的《反垄断法》和《反不正当竞争法》,狭义的竞争法就是这两部法调整范围的制度、规则等。广义的竞争法,也包括该两部法律以外促进自由公平竞争以及限制、排除竞争的各种政策法规。竞争法、反垄断法,不是要维护自由公平竞争吗,怎么还要排除、限制竞争?要啊,比方说煤炭行业,曾经有成千上万的小煤窑,技术水平、管理水平很差,国家就采取了煤炭行业重组的政策,山西省是典范,让七大煤炭集团重组所有的小煤窑,实行垄断,不允许煤炭行业自由竞争,重组完成后,安全事故立马就减少了。最近山西采取大动作,为解决同质化竞争、市场内部化问题,要把七大煤炭集团改成两大煤炭集团,进一步限制竞争,好不好呢?挺好的。稀土也是这样,滥采滥挖把国土挖得千疮百孔,把珍贵的稀土挖成“白菜价”,卖给西方国家,他们做成高技术的产品再来赚中国人的钱。这样不行,稀土也要重组,其过程比煤炭重组慢,但是效果也是很不错的。你硬性规定稀土出口配额,西方国家拿你说事儿——违反自由贸易规则;你把它垄断起来,不影响市场定价,却可让他们无话可说。

三、反垄断法与竞争政策

竞争政策就是上面说的广义的竞争法,两者是一回事,也就是有关促进和维护自由公平有效的竞争以及限制、排除竞争的政策,形式上包括法律法规和各种规范性文件。

首先是维护自由公平竞争。党的十八届三中全会提出了一个重要命题:市场决定资源配置,更好发挥政府作用。什么叫市场决定资源配置?就是自由竞争决定资源配置,让每个人都可根据市场的信号——价格、供求——来决定自己口袋里的钱做什么用。今天这个赚钱我干这个,明天那个赚钱我干那个,做生意、开公司、投资股票等,亏了就不干了,挣够了也不干了,不干之后,再把钱财转移到自己认为可以赚钱或者保值的其他地方去,这就叫市场决定资源配置。在这个过程中,总有人想走捷径,通过限制竞争和过度竞争来赚钱,也就是垄断和不正当竞争。维护自由竞争就是反垄断,反垄断和反不正当竞争则是维护公平竞争,有些国家的立法将反垄断和反不正当竞争合在一起,就称为公平竞争法或公平交易法。政府的规划和产业政策、财政政策等也要自觉地立足于市场机制,顺应、利用市场机制,不得扭曲市场机制;还有刚才讲到的公平竞争审查制度,属于政府“自我革命”,主动审查自己出台的文件、政策有没有违反自由公平竞争的要求,如有则事先就纠正了,这在世界上是最前卫的,没有哪个国家比中国做得更到位。这些都是竞争政策或广义的竞争法。

其次要维护有效的竞争。什么叫有效竞争呢?这个问题的理论性很强,你们想深入了解的话要去看书,这儿我简单跟大家说,有效竞争就是较高集中度的、以创新为驱动的寡头竞争,或者说垄断竞争。几个大企业引领,广大中小企业围绕其形成产业链,中小企业的生命力也变强了。我们要建立有效的市场竞争结构,这主要须靠广义的反垄断法,狭义的反垄断法对此不管用。通过形成以创新为基础为引领的有效的寡头垄断竞争结构、市场结构,摆脱农贸市场式的、浅碟式的市场竞争结构,我们才可能跳出中等收入陷阱。

在竞争无法开展或者竞争弊大于利的领域或者场合,比如自然垄断的领域和环节、农产品经营、对外经济贸易合作等,还要以法限制、排除竞争。这是《反垄断法》第 7 条、第 55、56 条和第 15 条的规定。[①] 第 7 条是说不反合法的垄断行业的合法的垄断组织，以及垄断组织的合法的垄断行为，具体来说，就是国家电网、四大电信、“三桶油”等。知识产权也是一种垄断，你拥有一项技术专利，就拥有这项技术的独占权，第 55 条是说《反垄断法》不反合法行使知识产权的垄断行为。第 56 条是说《反垄断法》不反农产品经营的垄断，不但不反，还要鼓励它垄断，为什么？因为农产品几乎是完全的竞争、没有门槛的竞争，如果不搞垄断，农民丰收了，谷贱伤农，歉收了，连饭都吃不饱，所以要鼓励农产品经营的垄断，垄断的方式大抵就是合作社和现代物流。靠农产品致富太难了，农民通过垄断能多挣点钱，就让他挣吧。对外经济贸易合作也不该反垄断，这是第 15 条的规定之一，进口商出口商可以实行垄断协议，一致对外。比如澳大利亚的铁矿石，我们成百上千的矿商、钢铁厂竞相抬价抢购，它反而渔翁得利了。

所以，竞争政策就是实质的、广义的竞争法，包括《反垄断法》《反不正当竞争法》，相关的法律法规、政策、制度，以及在垄断行业和规制产业引进竞争、在特定领域特定条件下排除或限制竞争的相关政策法规，加上公平竞争审查制度。其表现形式，在第一个大问题里面讲了，首先是宪法法律。需要指出的是，党和国家规范性文件的作用堪比法律，比如开头提到的《关于新时代加快完善社会主义市场经济体制的意见》。其次是行政法规，比如国务院《关于经营者集中申报标准的规定》。再次是规章，比如国家市场监督管理总局《经营者集中审查暂行规定》。最后要加上其他规范性文件。大家可以看出，这就是政策与法的融合在竞争政策、竞争法领域的表现。反垄断法是竞争政策的重要组成部分，是竞争政策实现的重要途径和方式之一。

---

① 2022 年《反垄断法》修改后分别变更为第 8 条、第 68、69 条和第 20 条。

对上面三个大问题的理解,关键是一个基础的法学知识,就是法有形式的、狭义的和实质的、广义的之分。抓住这一点,好多想不通的、似是而非的问题就迎刃而解了。

四、什么是基础性政策,竞争政策为什么是基础性的政策?

党中央已明确、理论上也无争议的一个判断是:竞争政策在我国的政策体系中是基础性的政策,具有基础地位。为什么?这与党的十八届三中全会提出的"市场决定资源配置、更好发挥政府作用"的命题密切相关。市场决定资源配置中的"市场"是什么意思,可能大家说不清楚。市场有两个概念,一是交易场所,比如农贸市场、超市等。市场经济的"市场"不是这个意思,那就涉及市场的另一个概念,即交易关系的总和。社会主义市场经济、市场决定资源配置,等等,其中的"市场"就是指交易关系的总和,亿万人自发追求形成一种自发的秩序。市场决定资源配置就是让社会成员包括企业和个人根据市场的信号去追求自身利益最大化,政府也可以公开参与市场,它追求的利益不一定是经济利益,也可能是社会利益、政治利益等。当然,政府作为市场主体时,和企业、个人一样只是自发秩序的参与者,市场及其客观规律对它们是一视同仁的。交易就是竞争,马克思说,竞争无时无地不在,买方和买方竞争,卖方和卖方竞争,买方和卖方竞争。这样一种自发的交易关系总和、自发竞争形成的交易秩序,能够比政府更聪明、更有效地配置资源。在这里说个题外话,政府拿钱去投资经营,一定没有成千上万不特定的人拿着钱独自决定投资经营这样的资源配置更有效,因为政府不是它拿着的那笔钱财的天然利益主体。怎么讲?在座的把钱拿出去干任何事情,你是它的天然利益主体,它是你的,多了、赚了是你的,少了、亏了也是你的。政府呢,它拿着一笔钱,但并不是这笔钱的天然利益主体,因为政府是由许许多多国家机关及其工作人员组成的体系,这个体系对这笔钱没有切肤之痛、不存在固有的直接的利益驱动和约束，所以市场永远比政府更聪明。要让“市场决定资源配置”，政府的作用则是让市场正常地运作，为什么中央同时也说要“更好发挥政府作用”？政府应该发挥的作用，就是让市场正常发挥作用，刚才说了，政府是可以参与市场、直接配置资源的，但与“市场决定资源配置”相对的“更好发挥政府作用”不是这个意思。什么意思呢？就是反垄断、反不正当竞争，在垄断行业和规制产业引进竞争，在不宜竞争的领域、竞争弊大于利的领域排除或限制竞争，还要引领、调控好市场。

竞争政策的作用是弘扬和维护市场机制，防止市场机制被扭曲、被削弱，让市场配置资源能够正常地进行，所以竞争政策是基础性政策，因为它是配合市场机制在资源配置中发挥决定性作用。在这个意义上，其实，民商法在市场决定资源配置中也发挥着基础性作用，但由于民商法只是配合市场机制自发地起作用，无法修复市场机制，所以要由竞争政策来弥补市场机制和民商法二者共同之不足。

道理说起来很简单，但是里面还有一个难点，就是竞争政策要配合市场机制发挥作用，但它不是市场本身，竞争法学者和实务工作者下意识地将竞争政策当作市场本身，并以市场及其竞争的化身自居，这就大错特错了。竞争政策不是市场调节，不是看不见的手，而是看得见的手，属于更好发挥政府作用的范畴。也就是说，竞争政策是政府行为，既然是政府行为，就和其他任何政府行为一样，可能发生主观武断、乱作为、贪赃枉法、贪污腐败、不作为等情形，政府的一切毛病、任何毛病也都可能发生在竞争政策上。所以你们可能听说了，北大有位著名的自由派教授说：反垄断法就是一个错误，不要反垄断，你反垄断干什么，人家就是一个交易，你说人家垄断你就去反，扭曲市场，市场本来可以调节的你去管它干吗，既然是政府的主观判断，就很可能违背市场的规律和要求，反而给市场和市场竞争添乱。这正是某些经济学家否定反垄断法、鼓吹不该反垄断的原因和合理的一面，那个教授确实说对了一半，就是竞争政策是政府行为，政府不要随意干扰市场。但是，现代任何国家的政府都要竭尽全力去维护市场，维护本国人民的利益，提升本国经济的竞争力，每个国家的政府都要这么干。市场本身出问题的时候，政府当然要管。所以，否定反垄断和竞争政策确有一半是对的，政府管市场可能管得不对，那怎么办啊？这就涉及经济法学界最近一些年达成的一个共识，就是反垄断和竞争政策要谦抑：政府要谦虚谨慎，对市场保持一份敬畏，不要大大咧咧贸然随便行动。因为政府对市场不一定看得明白、看得清楚。怎么谦抑呢？政府对市场看不清楚的，别出手；市场能够自由自我调节的，不要出手；市场一时一地看上去好像是垄断了，但市场机制可在动态中修复的，也不必出手。总之不要随便去管它。微软不是垄断了吗，但是后来并没有分割它，它的垄断地位却越来越弱了，为什么？就是因为市场竞争，是市场自我调节的结果，不是政府反垄断的结果。你看那个 Windows 系统手机，它竞争不过苹果和安卓，特别是安卓，中国的手机公司把它优化到无以复加的地步；那个 Office 也不行了，我有一个 1G 多的 Word 文档，用 Word 一打开电脑就死机，而国产的 WPS 轻松秒开 1G 多的 Word 文档，还不死机，流畅多了，所以现在用 WPS 的人越来越多了。所以政府不要急于祭出反垄断和竞争政策，否则后果是好是坏，谁都说不清楚。虽然垄断了，但还没有削弱竞争和市场机制的也不要管，现在一些专家、学者整天叫喊要反大数据垄断、反算法垄断、反人工智能垄断，我就特别生气，新生事物，根本没有损害竞争机制，没有竞争损害的后果，你去管它干什么？要是听了这些专家、学者的话，我们的高科技、数字经济至少会伤了元气。让它先发展，真的出了问题再说吧，不出问题就别管它。

五、竞争政策与产业政策的关系

在竞争政策之外的其他政策中，产业政策与竞争政策的关系是最密切的。因为竞争政策是作用于产业的,可能影响产业结构、产业组织、产业布局、产业技术,直接影响产业竞争。比方说对基础性电信公司到底发几张牌照呢?这既是产业政策,又是竞争政策。电信、移动、联通这三家电信公司在基层的竞争非常激烈,员工压力很大,现在又增加一家,变成四家,这是产业政策跟竞争政策交叉重合的例子。

最近 20 年,经济法学界成天研究产业政策与竞争政策的矛盾,二者发生冲突怎么办?这是从日本传过来的一个伪命题。日本从 20 世纪“广场协议”后,形成了“全面导入美国体制”的政策,公司法、竞争法都要学美国;全世界公认日本的经济起飞、发达是产业政策的结果,现在它自己把产业政策妖魔化,要用竞争政策取代产业政策,经济法就成了竞争法。这股“歪风”也刮到中国来了。但在中国,并不存在竞争政策和产业政策矛盾冲突的问题,有矛盾冲突的话,也只是政策制定者的市场经济理念和国家治理能力问题。因为在中国,共产党领导,产业政策、竞争政策都在党中央、国务院的执掌之下,所以在中共中央、国务院《关于新时代加快完善社会主义市场经济体制的意见》中,是说要加强产业政策和竞争政策的协同,而不是什么解决二者矛盾冲突的问题。

如何协同,或者说产业政策和竞争政策的关系是怎样的呢?我想跟大家说的大致是三个方面:

一是产业政策对经济发展具有主导性和全局性,竞争政策本身要自洽于产业政策。《中国制造 2025》就是一种产业政策,在当前阶段引领着中国的产业和技术向高端发展;如果只有市场机制和竞争政策,经济就只能在低端、低收入状态徘徊,百姓只能受苦受穷。《反垄断法》的适用除外和豁免制度、合理性分析等,则是其自洽于产业政策的规定和制度。

二是产业政策也必须立足于市场,利用市场机制,尽可能兼容竞争政策和竞争机制。这表现为政府的自觉行为,最典型的就是公平竞争审查制度,政府自己主动对涉及市场准入、产业发展、招商引资、招投标、政府采购等法规规章和政府自身投资经营等行为进行审查,事先纠错,被称为政府“自我革命”,实不为过。也就是说,产业政策尽管是主导性的,但产业政策和其他相关政策也不得无理限制、扭曲乃至破坏市场机制。

三是中国特色的政策协调。首先是产业政策部门也不可避免地要在不同程度上掌管相关产业如电信、电力、银行、保险、运输等的竞争政策。比如工信部,它不是反垄断法执法机构,但是通信领域的垄断和竞争问题它当然要管,不得不管。大家都知道 2010 年发生的“3Q 大战”,就是腾讯突然通知每一个电脑用户,凡是装 360 的就不能装 QQ,你要装 QQ 就必须卸载 360,全国网民一片哗然,这件事差一点就把中国初起的方兴未艾的网络经济、新经济给毁了。好在工信部专业且有担当,第一时间约谈了两家公司,严肃指出,你们两家都不对,360 搞不正当竞争,腾讯搞垄断,赶快向全国网民道歉。两家公司也自知理亏,立马纠正了错误。如果按部就班,等到当时的工商行政管理总局明白过来是怎么回事,或者到 2014 年年底最高人民法院的“3Q 大战”终审判决下来,那中国的互联网应用和数字经济至少会被拖累五到十年,造成无可挽回的损失。这说明什么?说明在我国,竞争政策和产业政策都由党领导,都是国务院统筹管理,部门、机构在各自的职责范围内担当,并没有对立的机构及其政策在那儿产生矛盾冲突。

更重要的是,在我国还有一个优良传统,1949 年到现在一直以来的一个好的做法,就是任何一个法规、规章暨规范性文件的出台,都要有相关几个、十几个部门派员参加讨论,反复沟通协商,达成共识后才能出台。比方说广州市市场监督管理局要制定规章,市发改委、工信局、商务局等参与发表意见,不仅仅是讨论,而是必须达成一致才能出台。何况现在还有公平竞争审查制度。这决不是无关紧要的传统或做法,不是学术界说产业政策与竞争政策有矛盾冲突就有矛盾冲突的,在中国不存在这个问题,毋宁说两者协同的关键在于政府及相关部门是否牢固地树立了市场及竞争的理念，而不是老生常谈的两者矛盾冲突问题。中共中央、国务院的意见里为什么讲要“加强产业政策和竞争政策协同”，什么意思啊？说明我们原来就是协同的，现在要加强这种协同；而不是说原来存在矛盾冲突，现在才来协调。所以你们读书的时候，一定要结合中国实际进行思考，不要人云亦云，或者被人说得云里雾里，你就懵了。

六、产业政策以外的其他主导性经济社会政策

这个题目有一个潜在的判断，就是竞争政策是基础性的，其他的政策都是主导性的。主导意味着高于、优先，这不是贬低竞争政策吗？否！基础确实是最低层，但其上不管哪一层、多高一层，都离不开基础，离开就倒了，所以不优先不等于不重要。

首先，规划和产业政策。规划和产业政策是紧密关联的，规划往往表现为产业政策，产业政策相关规范性文件也可能就叫“规划”。规划和产业政策，是经济和市场发展的蓝图，对竞争政策起到引领作用。竞争政策一般而言要服从规划和产业政策，当然规划和产业政策也要尽量建立在市场机制的基础之上，我说的是尽量，不是绝对的，需要排除限制市场竞争、约束市场机制发挥作用的，那该排除还得排除，该限制约束就要限制约束，前面举过很多例子了。

其次，一般来说，规划和产业政策比较原则，和竞争政策不会发生冲突；容易和竞争政策发生冲突的是财政政策。财政政策配合规划和产业政策发挥作用，也具有主导性，但是搞不好会和竞争政策发生冲突。比如补贴，可能促使企业投机取巧争补贴，丧失竞争动力，或者造成不公平竞争。对此，现在国际上总结出一个经验，就是不要直接补贴给企业，要补贴给消费者。比如补贴新能源汽车，你不要按生产数量补贴给企业，否则它就一点创新的动力都没了；你把补贴给消费者，让消费者用补贴跟他口袋里的钞票合在一起，用手投票来选择他买什么车，这样就一点都不会损害竞争，反而会加

剧企业间的竞争。总之,财政政策对于促进科研、帮扶产业是很必要的,但要注意不与竞争政策发生冲突,要小心翼翼地协同。

再次,货币和金融政策。这种政策一般没有具体的产业指向。货币的流向没法控制,所以货币政策主要是一种宏观调控,影响利率和价格等,不涉及竞争问题。如果说涉及的话,则金融政策可能影响银行和保险业的竞争结构,但是现在银保业的竞争结构已经成型,基本不会有影响了。什么意思?自 1984 年工商银行从中国人民银行分出来,中国人民银行专门行使央行职能,商业银行的数量快速增加,现已有数千家银行业金融机构,保险公司也有二百多家,竞争格局已经形成了,不会因为货币政策、金融政策的变化而直接发生变化,除非用产业政策去调整。

还有环境和资源政策,涉及产业标准及其执行,具有鼓励高效竞争、限制低端竞争的作用。土法炼焦、小钢铁、小平板玻璃、小造纸、小制革企业等,一律不许办,这就限制了低端竞争,鼓励了高效的竞争。但这与民生、经济的关系非常密切,"一刀切"也会发生问题。清洁生产是一个渐进的过程,环境和资源政策的标准及其执行,只能在保证老百姓有饭吃的基础上,循序渐进地提高。办法之一就是前面说的煤炭、稀土那样的重组,让大型的、技术和管理水平高的集团兼并重组那些高污染的小企业,不影响老百姓生计,然后尽快、尽可能提高环保标准。

最后,对外贸易政策涉及标准、认证、对外竞争的问题,也需与竞争政策协调,与竞争政策有着密切的关系。还有其他经济社会政策,就不再一一列举比较了。

七、国家安全政策之于竞争政策和其他政策是顶层的、统率性的政策

国家安全就是要让国家的重大利益没有危险、不受威胁,以及国家保障这种没有危险、不受威胁的能力,相关政策就是国家安全

政策。国家安全政策的范围很宽，内容很丰富，包括国民安全、领土安全、主权安全、政治安全、军事安全、经济安全等，经济安全又包括粮食安全、金融安全、能源安全，还有生态安全、信息安全，这次新冠疫情又突出了生物安全、公共卫生安全这样一些国家安全的概念。简单地说，国家安全就相当于生命对于自然人的重要性，所以，国家安全是顶层的、最高的、统率性的政策，其他一切政策包括竞争政策在内，与国家安全政策发展矛盾的时候，都要让位于国家安全政策。否则国不泰民不安，国家不安全，发展和竞争都无从谈起。

产业政策和竞争政策让位、服从于国家安全政策的例证就是《反垄断法》第31条①、《外商投资法》第35条：在外资并购和外商投资中，可能影响国家安全的，要进行国家安全审查。国家安全这个关过不了，那并购、投资都甭谈了。大家记着这两个条文就行了，还有配套的规章，就不细说了。

结 语

我总结一下今天讲的内容。竞争政策不等于反垄断法，而等于广义的竞争法。竞争政策是基础性政策，但不是优先和最优先的政策。竞争政策和其他经济社会政策都要服从国家安全政策的统率。竞争政策属于政府行为，不是市场调节本身，对市场须保持谦抑，其他经济社会政策对于竞争政策具有主导性，但也要尊重市场，尽可能不扭曲、破坏市场机制，从而与竞争政策协同，更好发挥政府作用，让市场在资源配置中能够真正发挥决定作用。

竞争政策和其他经济社会政策都由政府掌管，但如果政府行为不当，掌管得不好，甚至贪赃枉法、贪污腐败，政策本身是无力纠正、弥补的。控制政府行为是宪法和民主法治一般的任务，经济法只管市场失灵，管不了政府失灵，各位自己去思考其中的道理。

---

① 2022年《反垄断法》修改后变更为第38条。

我就讲到这里。离预定的结束时间还有十分钟，现在跟大家交流讨论。

互动环节

问：您提到竞争政策和产业政策，它们之间的矛盾是无法忽视的。我想问一下，从反垄断法的角度，如何提高独立反垄断执法机构的正当性，以及其如何与其他机构协调？

答：刚才我强调了，在我们国家，产业政策与竞争政策没有什么矛盾，在党中央和国务院的统一领导下协同得比较好。我国现在的反垄断执法机构不但是统一、独立的反垄断执法机构，而且是独立的竞争执法机构，把反不当竞争法也包括在内了，由国家市场监督管理总局统管，把原来商务部、发改委的竞争执法职能全部并到了国家市场监督管理总局。所以统一、独立执法的问题已经解决了。但是三家并一家也有不好的地方，就是三家竞争的动力和压力没了，执法中容易发生不作为、乱作为的情形。怎么办呢？就是我刚才说的，纠正和弥补政府失灵是宪法和民主法治一般的问题，不是反垄断法、竞争政策本身的问题，反垄断法、竞争政策对此无能为力。什么叫宪法和民主法治一般？上级监督、国务院监督、检察监督、各级党委监督、纪检和监察监督等，当事人可以提起行政复议、行政诉讼，老百姓也可以议论、批评，大家也都体会到，舆论的作用可大了。

不过，国家市场监督管理总局只是狭义的竞争执法机构，执行的是《反垄断法》和《反不正当竞争法》；执掌广义的竞争法即竞争政策以及其他经济社会政策的部门，几乎涵盖各个部委，发改委、财政部、商务部、工信部、银保监会、交通运输部、生态环境部乃至公安、国安等，所以竞争执法机构在工作中与其他部门协同、协调是必需的。刚才我说了，在我们国家，政府一直以来有政策协调的好传统，主要表现在规章和其他规范性文件的制定方面。这还不够，从反垄断执法和狭义竞争执法的角度，市场监督管理部门在具体执法中也需要更好地与其他相关部门协同协调，还应当不断提高自身的专业水平和能力。这是国家治理体系和治理能力现代化的重要组成部分，是一项长期的任务。

问：关于市场与政府的关系，如何让政府摆正姿态，是否有必要限制政府，如何限制？

答：市场决定资源配置，更好发挥政府作用——这个命题是可以成立的,没错。但是如果深入研究,又不是那么简单。比方说政府可不可以做市场主体,能不能参与市场交易,可否进行市场投资?一涉及这个问题,说来话长。简而言之,不光是中国,也包括美国、欧洲、日本等,政府是融入市场的,它不仅要做市场的监督管理者,也作为市场的主体参与市场的活动。政府作为市场主体参与市场活动的时候,受市场机制的直接约束、调整,没有任何特权。财政是干什么的?除了"吃饭财政"——维持国家机器运转,就是修桥铺路、社会保障等。修桥铺路、社会保障甚至"吃饭财政",现在也越来越多地跟市场相结合,要扶持市场、利用市场,比如支持中小企业、贷款修路、有偿用路、投资经营、国有资本预算等。

政府一方面是公共管理者,对经济和市场进行调控监管;另一方面又是市场主体,从事交易和投资。这是正常的,但这两个角色都要接受约束和限制。前一个角色,主要是受刚才讲的宪法和民主法治一般的约束和限制;后一个角色,还要受市场的约束和限制。违约了,要承担违约责任,还不上钱可能被强制执行;甚至有官员被法院列为"老赖"的。政府公开参与市场是一种高级的调控、治理手段,为什么?因为除了权力的约束控制,还有市场的驱动和约束,民众及舆论监督更不在话下。

问:广义的竞争法对低效无序竞争的约束力不够,广义狭义相结合,更偏重具体的法律法规,会不会对无序价格战的约束力更强一些?

答:无序价格战,法律一般是不管的,是正常的市场竞争。竞争法上有一条:价格不能低于成本。但在全世界范围内找不到这样的案例,为什么?因为生产经营和价格是动态的。仅价格有没有低于成本这一点,就是查不清楚的,因为一个企业可能有十种产品,每种产品的原材料是不同时间用不同价格买来的,那当下卖出去的这种产品的价格有没有低于成本?哪里搞得清楚!但也不用担心,因为市场竞争的自然而然的结果就是集中和垄断,美国就是一个典型,其市场在发展中自然形成了基本上每个行业都是寡头垄断的局面,相应的竞争也比较有效。那么在我们国家,因为市场经济发展的时间短,政府在经济的运行和发展中一直起主导作用,所以需要更好地发挥政府作用来引领、构造这种寡头垄断的有效竞争局面。对此,狭义的竞争法作用不大,主要须靠广义的竞争法即竞争政策以及规划和产业政策等来实现。

反垄断法与我国法治的进步、完善*

反垄断法是合理性与合法性高度统一的一种法，必须通过合理性分析确定合法或不法，分析的依据即市场经济之“理”。其实，不仅反垄断法不允许合理不合法、合法不合理的现象存在，这也是法的各领域的客观应然要求。因此，《反垄断法》的有效实施，可望使我国的法治有一个从量变到质变的提升。

大家好！借这次讲座的机会，我跟大家谈一谈反垄断法与我国法治的进步、完善问题。

为什么要谈这个题目呢？大家知道我国《反垄断法》的草案，已在去年(2006年)经过全国人大常委会一读了，如果顺利，可望于今年出台。这是中国迈向法治道路上的一部具有里程碑意义的法律。因为反垄断法是正当性与合法性高度统一、充分讲理的一种法。《反垄断法》出台以后，如果按照反垄断法的内在要求加以实施，可望加速法治进程，使我国的法治有一个从量变到质变的提升。

中国自改革开放以来，法立了很多，可是法治怎么样呢？社会上下迄今在正当与非正当、合法与不法、正当与合法的关系上，认识还很模糊。法治要进一步发展，需要将法与法治统一起来。法不是法条，法条至上、立法崇拜的时代应当终结了。反垄断法恰恰天然地就是一个不能搞形式主义的法。搞形式主义的话，反垄断法就起不了应有的作用。在反垄断法中，合理的就是合法的，不合理的就是不合法的，没有当然的合法和当然的不合法。我们有学者多年来

* 2007年5月17日中国人民大学“法学前沿”讲座。

在研究,说反垄断法具有不确定性,要消除它的不确定性。这是一个误区或伪命题,只有不了解反垄断法究竟是什么、不了解法治到底是怎么回事的人,才会这样认为。所以,我期待,我们一起期待,《反垄断法》的出台与实施,可以作为我们国家迈向法治的一个契机。

反垄断法的具体内容,反垄断法起草中的一些具体问题,老生常谈了,我就不赘言了。今天晚上想跟大家谈的,就是反垄断法的正当性跟合法性是如何高度统一的,以此作为不久的将来《反垄断法》实施的一个思想准备吧。我讲六个问题。

第一个问题:反垄断法与市场经济理念。

反垄断法源于盎格鲁·萨克逊法统,这不是偶然的。现代市场经济的源头就在亚当·斯密,他充分证明了市场经济的好处、看不见的手的作用,市场经济就是每个人都追求自身利益最大化从而达到社会福祉最大化的一种社会经济模式。16 世纪、17 世纪,英国闹得沸沸扬扬的“专利”风波,最终以出台世界上最早的一部专利法而告终,这部专利法就是反垄断法,名字也叫“垄断法”。反什么垄断?反女王、王室的垄断。女王、王室拿着公权力随随便便授予他人垄断经营权,甚至为王室谋私利,损害百姓的生计,因此要出一部专利法,规定授予专利的条件,符合的就授予,不符合的就不授予。这就是反垄断,反王室的垄断。1890 年的谢尔曼法,则是出自继承了英伦文化、精神的前北美殖民地。美国人讲政治,在各行各业纷纷出现垄断的情况下,其社会主流意识与时俱进,认为垄断不仅损害农民和小业主的利益,而且必然导致专制,摧毁民主制度的基础,所以要反垄断。俄国十月革命以后,社会主义取得了巨大的成就,私有制、资本主义、市场经济一度声名狼藉,不那么吃香了。为了消除、弥补市场经济固有的弊端,西方资本主义国家也曾把规制发展到登峰造极的地步。然而又是盎格鲁·萨克逊法统,谁呀,撒切尔夫人、里根总统，从(20 世纪)70 年代末 80 年代初开始，发起、推动了大规模的民营化、市场化改革，或曰私有化(privatization)运动，在世界范围内把现代市场经济的理念给复兴了，反垄断法也跟着普及、兴盛起来。所以，反垄断法是跟市场经济理念和实践密切联系在一起的。没有市场经济的理念和实践就没有反垄断法，或者有了也没有用。只有纸面上的反垄断法，如果没有市场经济的理念，它也是不起作用的，甚至反而会起不好的作用。

市场经济的理念、逻辑是什么？竞争，信用，法治。市场经济首先要竞争，要允许、鼓励每个人都去追求自身利益最大化。但是胡乱竞争也不行，那样会使每个人都弄得遍体鳞伤、赚不到钱。怎么办？按照现在时髦的说法，就是在竞争的博弈当中形成信用。按照马克思主义的说法就是，千百万人在千百万次的矛盾冲突中形成规则。同时，竞争和信用规则都需要法治保障；完全放任自流的话，两者都长久不了，这样就产生了竞争法，当然合同法更在先产生。

竞争法的理由是市场经济天然地内含着破坏市场经济的倾向。竞争，没日没夜，把自己最大的聪明才智都拿出来，拼命地干，体力、脑力一起上，太辛苦了！谁愿意竞争？谁都不愿意，舒舒服服地赚大钱该多好。所以有两个倾向：一个倾向是我们干脆别竞争，竞争者不竞争了。我们都卖这种茶杯，就都卖十块钱一个，谁卖九块钱，我们就对他不客气；或者想方设法做强做大，把所有竞争对手都排挤掉，然后我想卖多少钱就卖多少钱。这种倾向损害了市场经济的精髓，即每一个主体独立自主地作决定，以追求自己利益的最大化。这个倾向把竞争最本质的东西——竞争者出于自身利害算计的独立决策给毁了，市场经济也就没了。另一个倾向是不择手段地竞争，管他三七二十一，先赚一把再说，一锤子买卖，假冒伪劣、坑蒙拐骗、掺杂使假、缺斤短两，能捞一把是一把。这种倾向破坏了我们刚才讲的市场经济的第二个要素——信用。所以针对不竞争、限制竞争、损害竞争主体独立决策这些现象的法就是反垄断法；针对不择手段地过度竞争、胡乱竞争,破坏信用、不讲商业道德地竞争的法就是反不正当竞争法。

市场经济确有它固有的弊端。这个弊端,18 世纪、19 世纪的空想社会主义者早就把它批得体无完肤了:玻璃匠想着一天到晚下冰雹,把所有的玻璃窗都打碎;建筑师则盼着火灾把整个城市毁掉;等等。于是激发了人类变革社会的探索,包括干预、统制、福利国家和计划经济等实践,希望能够消除市场经济不好的一面。但是经验告诉我们,除了市场经济,人类实在找不到一种比它更好的生产组织方式。这种利益驱动和利益的约束,这样的生产组织方式和机制,是任何力量、任何组织都无可取代的。所以经过一两百年探索得到的结论就是:要消除市场经济的弊端,只能采取弘扬市场机制、发挥其优越性的办法,而不能通过损害、消灭市场机制来医治市场经济的弊病。可以说,中国的改革开放,正表明了整个社会上下对这一点的认同,从世界范围内看也是如此。

反垄断法的复兴、普及,大家不要以为只是中国的事儿。西方国家长期以来,除美国以外,英国稍微好一点,其他国家都是将反垄断法束之高阁。意大利到 20 世纪 90 年代才实行反垄断法,而它是七国集团的发达国家之一。可以说反垄断法的复兴就是市场经济理念的复兴。通过反垄断法来维持一个社会的自由、充分、公平、有效的竞争。不是完全竞争,如果完全竞争,利润就为零了。充分竞争就可以了,充分到什么程度呢?美国有一种主流的理论认为,要充分到产品和服务的价格等于其边际成本,在竞争中达到这样一种状态:价格高一分钱不合适,低一分钱也不合适,高一分钱损害消费者的利益,低一分钱损害经营者的利益。同时呢,不是说不允许垄断,而是要有效的竞争,能够促进社会经济发展的竞争。有效竞争就是鼓励大家通过创新获取垄断利润。一旦有人通过创新获得了垄断利润,成千上万的人就会想方设法跟进,这样利润就摊薄了,于是不断有人从事创新以谋取新的垄断利润,如此动态地循环往复,形成一种有效的竞争。反垄断法就是要维护这样的竞争。要维护这样的竞争,就要有市场经济的理念。反垄断法的三大制度——反联合限制竞争行为、反滥用优势地位和企业结合规制,都要靠市场经济的理念,否则这些都只是空中楼阁,写在纸上也没有用。

刚才讲到,希望大家能把我今天讲的内容作为《反垄断法》出台、实施的一个思想准备。你们注意到了没有,今天社会上已经出现了反市场经济的苗头——平均主义又抬头了。这很危险。世界上哪有人人享有同样且同质的教育、住房等的地方?任何社会也没有能力这样提供产品。还动辄这也要免费,那也要免费。免费也是有人买单的。政府买单就是纳税人买单、人民买单。西方国家改革的趋势之一是公共产品和准公共产品也要尽可能让使用者付费——谁用谁付费,不用不付费,多用多付费。当然也有不可能付费的,比如公共广场就不大可能。有可能的话就尽量让使用者付费,这样才公平,也才有效率。我们现在冒出来的反市场经济的苗头正好与此相拧。如果这样怎么得了!若干年前,我们哪能坐在这么好的教室里体面地学习,哪有这么多人能进大学,这些都是市场经济带给我们的好处啊。我们要倾毕生的精力去维护市场经济及其优越性,谁要破坏、摧毁它,咱就跟他急。有了这样的想法,《反垄断法》才有希望。不然,大家普遍跟市场经济过不去,不认为那些削弱、损害竞争的现象或行为有什么不妥,这个法就是出台也一点用都没有。

第二个问题:反垄断法反什么?

一听说要搞反垄断法,媒体就来劲了,老百姓也高兴得不得了:哎呀,这么一来,看你铁路"铁老大",看你这个电信、移动,电力"电老大",中石油、中石化,你们还有什么好日子过!要把你们的垄断统统反掉。

我要非常遗憾地说:反垄断法不直接管这些垄断,管不了这些组织和经营的垄断或寡头垄断。为什么呢？因为这些垄断是合乎既定产业政策的、合法的垄断。何况里面还有自然垄断。电信基础设施是自然垄断,新疆到上海的输油管道是自然垄断,铁轨也是自然垄断。什么叫自然垄断？就是依其性质最好由一家企业或机构来经营管理的垄断。全国性铁路系统能不能由多个公司来管？不行！如果这样的话,好不容易建立起来的全国统一大市场就没有了。国家铁路只能由一个机构来管,但上面跑的运输可以竞争,可以特许若干家公司在铁轨上跑运输,有限地垄断或竞争。

既然是既定的产业法所允许的合法垄断,所以要反它的话,首先就要调整产业政策和相应的法律法规。怎么调整啊？按照世界上通行的做法,可以尽量引进竞争,但不是完全放开。比方说我们1994年成立"联通",打破中国邮电的垄断。在自然垄断的领域也要尽可能地引进竞争机制,来改善经营效果。比方说用招投标方式来确定某一时期的垄断经营者,中标后定好经营条件,你要是违反,就取消你的特许经营资格。同时要加强监管。垄断也未必不好啊！在英国,自铁路运输开放私营、充分竞争以后,事故频发。现在他们也在讨论铁路客运这样民营化,到底好不好。我们的铁路很安全,英国的铁路最近又死人了。当然,解决这些行业垄断、漠视消费者权益问题的根本办法还是引入竞争,这是没有疑问的。但是,这种引进、促进其竞争的功能主要不是由反垄断法来承担的。那反垄断法从中能否发挥什么作用呢？也能。按照国际惯例就是:组织和垄断结构豁免,行为适用。你在组织上和经营上的垄断是合法的,但是,你不得滥用合法取得的优势地位来损害消费者或其他经营者的利益,如果滥用,照样要适用反垄断法来"整"你。

可以说,反垄断法与产业法是普通法和特别法的关系。去年我去美国,带回来一本书,叫"Regulated Industries",专讲受规制的产业。诸如钢铁业、汽车业、纺织业之类,不受规制,由当事人和市场、社会自治,让民商法调整就行了。但也还是有受规制的产业。这些产业里面的竞争问题，按照普通法和特别法的关系，首先要由产业主管部门来管。比方说在美国，电信及其竞争首先由联邦通信委员会来管，海运的垄断问题首先由联邦海事委员会来管，然后才由反垄断主管机关来管。可是，如果这个产业的垄断问题，产业法和产业主管部门解决不了，反垄断部门当然也可以插手，包括指出并要求解决哪些垄断和竞争问题，与产业主管部门进行合作、协调，等等。所以说，反垄断法首先不是要反那些垄断产业的垄断。这些垄断中的弊端和不合理的地方，要在市场经济理念的指导下，通过产业法的调整，才能釜底抽薪、从根本上解决问题，反垄断法从中起的是一种指导、督促、辅助、兜底的作用。

那么反垄断法究竟要反什么？最主要的是要反竞争者不竞争。竞争者不竞争的最严重的表现是价格通谋，它摧毁了市场经济最宝贵最精髓的东西。其次是反滥用优势地位。这两个方面是反垄断法要管的主要方面。在反垄断法的三大制度里面，对企业集中的控制或者企业结合规制相对而言不重要，对这种垄断行为是现代反垄断法最不关注且处罚最轻的。为什么呢？最主要的原因是经济全球化。在经济全球化中，任何企业想通过并购、结合来达到市场垄断地位，已经基本上不可能了。我这样说，大家可能还不太理解。比如中国960万平方公里土地上的内资汽车制造商合并成一个企业，会不会形成市场垄断呢？在过去，关税和非关税壁垒很严重的情况下，是会形成垄断的；但是现在不会。全世界各大汽车厂商都要到中国来卖车，中国所有的内资汽车制造商联合起来，也不会高到消灭或实质上损害竞争的程度。又如，宝洁在中国境内大规模并购，但是你们到市场上去看看，宝洁在牙膏市场能占多少份额呀？没有多少。你们对汽车可能不太了解，你们到卖轮胎的地方去看看，有哪个品牌是垄断的？所以说对企业结合的控制已经不是很重要。当然也要控制，以防形成不必要的优势地位。当年微软要并购Intuit，意在其Quicken软件，美国司法部就是不批。为什么不批啊？

因为 Quicken 是一种家庭财务软件,在该市场占有多数份额,并购以后,微软就能在家庭财务软件市场中获得绝对垄断地位。微软的如意算盘是,它做的 Money 在家庭财务软件市场中拼死拼活也只占百分之十几的份额,如果把 Intuit 买过来,那它就消停了。不行,美国司法部就不让它舒舒服服赚大钱。另外,现代反垄断法对通过努力和技术进步取得的垄断是宽容的。美国司法部曾有一位副部长说得最为典型:你微软垄断不违法,但是不允许你滥用在 PC 操作系统上的垄断地位来损害他人的利益。联邦地方法院的法官判决将微软一分为二,但是后来不分了。不分的前提是什么?微软和司法部达成一个协议,它保证今后不干这样那样的坏事了,有好多条。保证不干什么事?就是保证不利用操作系统的优势地位来损害他人的合法权益。如果有,当然还是要起诉它、处罚它。

第三个问题:反垄断法与国际政治。

法不就是法吗,怎么和政治扯上边了呢?反垄断法里面有所谓域外适用制度,大家讨论来讨论去,最终把它规定到反垄断法草案中了。就是说非中国的国民在中国境外实施的行为影响到中国境内的竞争的,中国的法律和法院对它有管辖权。这其实是一个政治问题,规定不规定的意义不大。

与域外适用有关的适用无非就是人的适用和空间的适用。本国国民在全世界任何地方,本国都有权管辖,这是人的适用;任何人到中华人民共和国境内,我国都要管他,这是空间的适用。非本国的国民在境外干的事,你怎么管啊?美国就要管。1996 年,克林顿时期,美国通过了两部臭名昭著的法,其中之一是《赫 - 伯法》(《赫尔姆斯 - 伯顿法》),针对古巴的,非美国的公司与古巴做生意,如果该公司与被古巴没收的美国人的财产有关联,该美国人就有权在美国法院对该外国公司提起诉讼。另一部是《达马托法》,针对利比亚和伊朗的。非美国的国民到利比亚、伊朗投资能源,美国也要管。

美国的做法掀起了一场政治斗争。欧盟遂向世贸组织提起申诉,诉这个《赫－伯法》。法国则公然挑战《达马托法》,法国的道达尔石油公司联合马来西亚、俄罗斯的公司非要在伊朗投资20亿美元,而《达马托法》规定的投资上限为2000万美元,超过的话就要制裁。但美国人也没有办法,欧洲人就嘲笑《达马托法》是“纸老虎”。还有波音和麦道合并,欧盟很生气,扬言要对它处以多少多少罚款。可是美国公司在美国自己土地上干的事情,你有什么办法,最后欧盟也只好忍声吞气。所以,我们可以看出,这个所谓的域外适用,规定也好、不规定也好,没什么用。你有本事的话,没有规定也可以域外适用;没那个能耐和胆量,就是有规定也适用不了。所以反垄断法与政治也可能是密切关联的。

第四个问题:行政垄断如何反?

现代社会公私交融,可不是一个简单的国家干预。你看,温总理主持国务院会议决定:我们要上大飞机项目;你看,各个国家的领导人出访,哪个不是带着一大堆企业家。21世纪是公私捆绑一致打拼、共同在世界上竞争的新世纪。公私合作,又不能腐败,这就是现代社会和现代法治。有人一听说政府要直接参与经济就反对,我们要认识到它的危害性。遗憾的是,这种想法在某些法学院也是颇有市场的。

但是,政府参与到经济里面去,又非常容易破坏、削弱、损害、消灭竞争,也就是垄断。比如政府招投标,名义上竞争,实际上可能已经内定好了;一些曾经盛行的政府垄断行为,反不正当竞争法中写了的,现在可能不多见了,但是也还有。不管怎么样,对政府垄断是要反的,反垄断法对此应当有所作为。

有一种说法,认为这种垄断要靠政治体制改革才能解决,反垄断法管不了。错!应当以反垄断法的出台为契机,从根本上解决政府垄断损害竞争的问题。

现在对于反行政垄断存在两个误区:一个误区是说反不了,要靠政治体制改革来反。另一个误区就是在行政垄断概念的基础上,在反垄断法中对行政垄断加以罗列,然后来一个“由上级机关处理”,政府与人民在反垄断法面前不平等,表面上反行政垄断,实际上对政府垄断损害竞争“放它一马”。上级机关怎么处理呢?让上级机关处理,就处理不了。所以提出行政垄断的概念就是放行政垄断一马,反不了它的。

行政垄断这个概念是以讹传讹出来的。有学者说,垄断分为两种:行政垄断和经济垄断。经济垄断是自然形成的垄断,行政垄断是滥用行政权力的垄断。错!历来只有私人垄断和政府垄断之分,没有行政垄断和经济垄断的区别。经济垄断也可能是政府的垄断,铁路客运不是政府的经济垄断吗?军火、航天、烟草、食盐专营等不都是政府的经济垄断吗?行政垄断也可能是合法的、符合产业政策的,或者是经过特许的、法定的垄断。所以说这个概念本身就有问题。

提出这个概念的学者们还说,行政垄断是中国特色,其他发达国家没有,其他发达国家反的只是“经济垄断”。又错啦!你们要是有机会接触到美国的反垄断法案例,就可以得知,其中就有反“行政垄断”——州、县、市镇等政府垄断。其他发达国家的反垄断法,除美国之外,确实曾经只反私人垄断,不反政府和国企的垄断。但是从20世纪80年代开始,反垄断法也反国有企业和政府的垄断了。什么原因呢?两个原因:第一,这些国家的国企在民营化、市场化改革以后,大多变成了由政府控股或者政府作为第一大股东的面向市场从事经营的公司,政府作为控股股东或者第一大股东支持企业参与竞争,如果不反政府垄断,整个市场秩序就无法维持。第二,在全球化条件下,国际竞争越来越激烈,参与国际竞争的企业背后通常都有本国政府的影子,政府无时不在支持、帮助本国的企业,如果不反政府垄断,那就意味着国际经贸秩序大乱,正常的国际贸易和竞争就会毁于一旦。所以现在所有的发达国家都反政府垄断，最典型的是日本。日本的反垄断法就名为"禁止私人垄断法"，但是从(20世纪)80年代开始也反政府垄断，名不副实了。有名的一个案例是民众诉东京都屠宰场不当低价销售。大家知道，"都"是日本的行政级别称谓，都、道、府、县相当于我国的省、自治区、直辖市一级。东京都政府搞垄断，东京都政府说，我是政府啊，不应当对我适用反垄断法。法院判决说：你政府反复从事接受某种经济利益并支付对价的活动，就是"企业"了，如无法律明文规定，不得排除适用反垄断法。所以发达国家现在形成一种惯例，就是除政府的主权行为外，其他行为一律受反垄断法调整。甚至由西班牙政府确定并经过西班牙国王批准的航空和航海价目表，都被欧共体委员会判决违反了《欧共体条约》第12条——禁止歧视条款。为什么？因为按照该价目表，西班牙国内航线的运价要比西班牙与欧盟其他成员国之间航线的价格便宜得多。国王批准的政府定价(垄断)行为，虽然合法，但还是要反，让它变为不法。

所以我们国家要反所谓的政府干预、权力滥用的行政垄断，最好的办法是跟国际接轨，在反垄断法中不提行政垄断，让政府跟老百姓一样，只要不是国防、外交等主权行为，就把它当作"经营者"平等地一体适用反垄断法。比如政府组织企业搞价格联盟。大家想想，要有效地反政府搞价格联盟这样的行为，最好的办法是什么？答案就是把政府视为经营者，认为它在组织并实施价格同盟，不承认这种情况下它的行为是代表国家的主权行为。所以，将来我们在反垄断法出台以后，应当引进一种公私平等、民主司法的理念，非此不可能从根上解决"行政垄断"问题。

第五个问题：有没有当然违法行为？

美国反垄断法里面有一个概念，叫作"per ce illegal"，当然违法，也有译为本身违法的。我要告诉大家的是，对"per ce illegal"不能顾名思义。我们(中国)人民大学和其他学校法学本科毕业的中国学生,到美国去念JD或LLM,刚去的时候急得要哭啊。为什么？因为美国的法学院无论是平时上课、做作业还是考试,都是用归纳法分析案例。中国的学生呢,擅长用演绎法,这个案例应该适用哪个规则,我把规则往案例事实上一套,就给老师交作业或者答卷,对不起,这样都不及格。这也是因为我们对英美法的遵循先例原则存在误解所致。正确做法是怎样的呢？老师给你一个案例,你判断大体应该适用什么样的规则,然后就要追根溯源,去分析这个规则是怎样产生的,当时的背景如何。在形成规则的这个案子审理期间,一审少数法官和多数法官的意见是什么;到了二审,少数法官和多数法官的意见又是什么;及至三审,最高法院的法官是怎么判决的,在判决过程中有何不同意见,如此这般形成了规则。这个案子可能发生在两三百年以前,过了多少年,发生了新的情况,这个规则适用起来不那么公平了,某某法官做了一些修改;又过了多少年,立了一个成文法,把这个规则放到了第几条第几款(有法条也不能直接拿来套用于事实);然后又过了多少年,又发生了什么变化……现在你的这个案子,根据历史上该规则形成、演变的脉络,你应该怎么取舍,公平就适用,不公平就改——这就是遵循先例,课堂学习、课后作业、考试,都必须这样做。所以我们想当然地认为英美法系法官的自由裁量权过大,法制不统一,其实不然,在上述思维框架和逻辑下,法官很难乱来,相反又尽可能把公平正义贯彻到每一个个案中去。如果只根据法条来判案,世界上没有两片同样的树叶,既定的法条与个案的案情不可能完全吻合,而且每个案子至少有若干个法条可以适用,你适用哪个？适用哪一个都对,都是“合法”的、是依“法”判决,即便不公平、不合理,你也挑不出我的毛病,拿我没办法。

反垄断法集中体现了没有当然的违法、也没有当然的合法这个道理。价格卡特尔是反垄断法最不能容忍的,是当然违法的,但是它的适用并不是我们所想象的那样。在美国老师的“Anti-Trust”课堂上,即使是固定价格、“per ce illegal”,老师也要问学生:“Do you have any other stories?”你尽可以开动脑筋,想出各种各样的抗辩理由。比如你可以说:我的行为有利于技术进步、有利于增进消费者福利、有利于财富的不浪费,等等,只要说得确有道理、法官采信就可以。你看那些农民和农产品价格卡特尔不违法、不景气卡特尔不违法、标准卡特尔不违法、环保卡特尔不违法,这个不违法、那个不违法,哪个是法条事先规定的?都不是,而是法官将公平正义适用于个案时总结出的道理,也即法官造出来的规则暨法。

所以大家听到这里也就知道了我的观点:我确实认为英美法比大陆法要好。好在哪儿呢?一是它的法治高度统一,这种统一不是基于立法、法条的统一。立法是可以改的,但是几百年的法统不可能因一时一地某人的意志而改变,法官不得不遵循这个传统中所蕴含的理,因此法治高度统一。同时它又与时俱进,规则当改则改,肯定也有一些法官不好,但是它有这样一种讲理的体制和机制,不好的法官总是极少数。反过来,在反垄断法中,也没有当然合法的事情。知识产权是合法的垄断吧,可是你看,反知识产权垄断现在愈演愈烈,此风无疑是从美国刮起来的,因为它的科技和文化发达,加上这样一套制度支撑,可以不时发现合法当中的不合理,而一旦发现,该不合理也就从合法转变成了不法。

不合理就不合法,所以法治应当是合理与合法的统一。如果有人告诉你合理与合法有时候是不一致的,你千万不要相信,不要认同这种说法。这是不法治的说法、法条主义的说法。这不是法治,法治是“the rule of law”,一种遵循着公平正义的治理。这里的“law”不是“statute”,而是合乎主流意识形态的理及蕴含于其中的规律。所以英语中的“正当”与“合法”是一个词,这不是偶然的,而是主观对客观的一种反映。

第六个问题:反垄断救济应否行政前置?

非常遗憾的是,这个问题到现在还没有解决。未来可能承担反垄断执法职能的部门中的一些人坚持反垄断救济要行政前置,他们在反垄断法起草中有不小的话语权,就是说公民、法人等利益受到侵犯,不能够依反垄断法直接提起诉讼,而只能由反垄断执法机构来查处。利害关系人只能举报、检举、控告,不能直接起诉。

这是一种落后的思维,因为反垄断执法机构无法在第一时间发现并查处、纠正违法行为的,必须由利害关系人基于切身利害发动争议加上司法的审理、裁判,与反垄断行政执法来共同确保反垄断法的实施和实现。行政前置的结果就是,公民、法人等在垄断行为面前受到损害而难以得到救济,反垄断法应有的功效得不到发挥。反垄断法执法机关充其量只能发现、查处极小部分的垄断,而且它的性质和能力也决定了它不可能及时地察觉那些损害竞争的垄断。

最好的办法是,按照我国法治业已取得的成就,允许公民、法人等直接向人民法院起诉,当然也不排除反垄断执法机构可以主动地发现、查处案件,也可以接受举报,查处案件。同时公民、法人等对反垄断执法机构的行为有异议的,对它的查处不服的,也可以诉诸法院。这是民主司法的必然要求。当事人对其自身利害的感受,永远比政府来得更敏锐、更及时,法治的基本要求之一,就是主要依靠利害关系人基于自身利害随时发动争议,使社会矛盾得以通过仲裁、诉讼等加以及时解决。希望到《反垄断法》出台的那一天,这个问题能够得到妥善解决。

另外,配合反垄断法还应该引进民事公诉,这个我国现在还没有。美国的司法部、联邦贸易委员会、证券交易委员会等,都有权直接起诉违法当事人,提起民事诉讼。这有什么好处呢?就是让政府和人民在平等的基础上接受独立、公正、权威的第三者的裁判,政府不强行地查处。我们中国的老祖宗有一句话,叫作“店大欺客,客大欺店”。客人大了,店家也拿他没办法。碰到强势的、大的客户、企业,如果没有民事公诉,查处不下去,没有力量查处,或者监管者被被监管者“俘虏”,怎么查啊?要是有民事公诉的话,诉到法院就可以解决了。我们经常听说美国法院判决政府对当事人罚款多少多少,实质上就是法院判决的行政处罚,美国没有行政诉讼。

光是这个反垄断法所需的救济制度,落实起来就要颠覆我们一直以来的传统。如果我们不按这个走,可以预见,反垄断法很难发挥它应有的作用。

所以我今天晚上讲的,归根结底就是希望通过《反垄断法》的出台和实施,对我们的法治有一个促进、提升,使我们的法治更上一个台阶。

下面还有一点时间,同学们有什么问题、观点或意见,可以提出来,我乐意跟大家讨论、交流,可以递纸条,站起来说更好。

互动环节

问:老师,能不能把当然违法行为说得更详细一点,介绍一下它主要涉及的范围。如果一个行为被判为当然违法行为,会产生哪些法律后果?能不能和欧盟的核心限制作一下比较?谢谢老师。

答:在反垄断法里面,当然违法主要是横向限制竞争行为,也即对竞争危害最大的竞争者不竞争,尤其是价格卡特尔、价格通谋,或者叫固定价格,欧盟的“hard core restriction”也是一样。但即使是固定价格这种对于竞争来说最不能容忍的行为,也仅仅是说,它特别严重,如果没有特殊的理由,你搞这个东西就输定了。但是你可以通过进一步的合理性抗辩,通过法官认定你的抗辩有理、正当,而判决你胜诉。所以当然违法其实是不存在的。就这么简单。

问:如果现在有个法官认为某个法条不是很合理,然后您让他作出与法条的规定相冲突的判决,在我们目前的体制下是否行得通,当事人是否会接受?这种做法有没有可行性?如果可行,它的逐渐实施的步骤是怎样的?

答:其实我们国家的法官也每时每刻都在以他自己个人的立场、观点和方法理解、解释并适用法律。为什么呢？因为现实生活太丰富多彩、太复杂，法条挂一漏万，有缺漏、有冲突、有矛盾等，法条与个案不可能是严丝合缝的，所以必须要这样做。有个教授曾写过一篇文章，根据他的调研，法条平均落后实践十五年。为什么呢？因为当社会上出现了一定的现象，当人们认识到应该立法对它调整的时候，或者当人们认识到原有的法条不行了要进行修改的时候，十年过去了；然后大家坐下来讨论、辩论、修改、通过，平均要五年。可是，法治能不能滞后于实践啊？一分钟一秒钟都不能滞后。怎么办？那就要靠法官解释法条。从操作技术上讲，一个可行的做法就是：具体的法条适用起来不公平了，那就适用稍微高一点的法律原则；高一点的法律原则也不行了，那就适用更高一个层次的法律原则，乃至适用宪法或宪法原则。大家知道现在国际上的法治有一个趋势，就是在越来越多的普通民商事、刑事个案当中，抛弃具体的本应适用的法条，直接适用宪法，如宪法的财产权神圣、营业自由、言论自由、人权等原则。什么原因？因为法治不外乎遵循主流社会的主流意识形态、主流价值、主流意见，通过博弈达成共识，"抠"法条可能并不公平。法律规则是分层次的，最高层次是公平正义，其次是公序良俗、诚实信用等，接下来是各个部门法的具体原则，如经济法和反垄断法的维护公平竞争等。每个具体行为之上总是存在不同层次的法律规则，如果适用某个低层次的具体法条明明不公，你却硬要适用，那结果就会有损社会公正、和谐。

问：您经常说在美国反垄断的一个重要原因是经济的集中会导致政治的集中，经济集中和政治集中之间有一种必然的关系或关联。实际上您看美国对垄断的态度不是这样的，比如美国就批准了波音和麦道的合并。那么是否说这种理论效力减低了，或者是错误的？

答：这个问题实际上我已经讲过了。在经济全球化的情况下，任何企业、财团要形成市场的结构性垄断越来越难。美国人是最讲竞争的，波音和麦道的合并，从美国的角度来讲，对它没有损害，也没有形成市场独占，波音和麦道合并后在美国大型客机市场上的占有率要比微软在 PC 操作系统市场中的占有份额低得多。为什么？很简单，还有一家空客在那里，和它势均力敌地竞争啊。2006 年，空客在美国销售的大飞机已经超过了波音，这说明美国政府还是有一定远见的，要是波音和麦道不合并的话，那就更惨了。所以，不像 19 世纪末 20 世纪初，一个大财团就能控制一个行业。即使是微软，它的 DOS 和 Windows 在技术上都不是最好的，只不过碰巧在竞争中脱颖而出，迄今它在软件行业包括 PC 操作系统中一直面临着竞争对手（不乏强硬的对手)辈出的局面,可以说一直都在拼命竞争,还被逼得不得不向司法部承诺,我保证不做这样、那样的坏事了。问题是在经济全球化的情况下,经济集中客观上变得很难,几乎不可能,所以政府就省事了。每个国家的国民、企业在跨国竞争的情况下,集中损害竞争的可能性很小,政府在这方面的监管就省心多了,只需要在特殊情况下关注一下。所以美国对待经济集中的态度其实没有变。如果有像当年洛克菲勒那样的垄断局面出现,美国从上到下肯定会同仇敌忾、一定是要反的。所以只能说损害竞争的集中不容易发生了,而不能说发达国家放松了对经济集中的关注,实践迄今也并未证伪经济集中会导致政治集权的命题。

反垄断的辩证法*

反垄断蕴含着高度的辩证法：垄断和竞争的辩证法、自由竞争和有效竞争的辩证法、法律规定和合理性分析的辩证法、反垄断与产业政策协调兼容的辩证法，等等。惟对此很好地把握，牢固树立市场经济之“理”，通过充分说理，方可正确、适当地反垄断。

各位同仁、各位同学：

大家中午好！

我今天之所以讲这个题目，是想说说“滴滴”“快的”的一系列操作，不吐不快。2012 年“滴滴”“快的”这两家公司创立，崭新的网约车模式，打车一下子容易了许多，大家都很开心，挺好的。但是，至 2014 年 8 月，“滴滴”花了不下 9 亿美元、“快的”花了不下 8 亿美元，用其中很大部分搞巨额补贴，补贴高峰的 2014 年三四月间，每天能补贴约 1 亿元人民币。研究经济法和竞争法的，对这种不是靠质量、价格，而靠补贴来竞争的做法，应当给予否定评价。其结果，至少挤垮了约 30 个网约车平台，原来有 30 多个。它们在 2014 年 5 月 16 日同时宣布停止补贴，两个 CEO 毫不避讳地说：我们商量好，不补贴了。学了竞争法的同学对此生不生气？赤裸裸的串通和垄断协议啊。再者，2015 年 2 月 14 日，两家宣布合并，放弃竞争，自此“滴滴”再无势均力敌的市场竞争对手。现在大家都很生气，“滴滴”早高峰、晚高峰任意加价，就没有办法，没有市场的力量来约束它了。这

* 2017 年 3 月 15 日中国人民大学法学院第 86 届教授沙龙主题演讲，孟雁北教授主持。

不属于价格规制范围，物价部门也不便去管它。而从 2012 年到它们合并这天为止，三大竞争执法机构（工商局、发改委、商务部）也未作出反应。要知道，合并是商务部管的事，补贴竞争涉及价格是发改委管的事，不正当竞争是工商局管的事。

直到 2016 年 8 月 1 日，“滴滴”宣布与优步合并，收购“优步中国”在中国的全部资产，这时舆论对其涉嫌不法垄断议论纷纷，两大竞争执法机构才出来表态。商务部说，符合申报条件的经营者集中一定要申报；发改委说，合并以后如果发生漫天要价等涉及价格的问题，它一定关注。

由“滴滴”“快的”补贴和合并这件事，我想到了反垄断应当明辨和掌握的三个辩证法。

一、垄断弊利之辩证法

垄断、反垄断都不是严格概念，法律上无法清楚界定，因此人们常常将合法和不法混为一谈。什么叫垄断呢？三大电信、“三桶油”、铁总、电网有垄断，但它们不属于《反垄断法》要反的垄断，而是合法的垄断。经济学上讲垄断，是指辛迪加、卡特尔、康采恩，这些与现代反垄断法也没有太大关系。《反垄断法》反的三大垄断大家都知道：垄断协议；滥用市场力包括滥用行政权力的优势；损害竞争的经营者集中。那么，在垄断行业中引进竞争算不算反垄断呢？那可是比《反垄断法》的反垄断更厉害的，如 1994 年成立联通公司，打破邮电一家独占，一下子把整个经济和老百姓的日常生活都给改变了。当前我国改革的一个方面，就是在垄断行业的可竞争环节、可竞争领域，都要引进竞争，这当然是反垄断，但不是《反垄断法》的反垄断。由于垄断与反垄断都不存在严格概念，难以在法律上径行认定它合法还是不法，所以一定要把垄断的利与弊搞清楚，才可能端正对反垄断的认识，恰当地反垄断。

垄断当然不好，限制、扭曲、消灭竞争，无助于经济提高效率，妨害资源的合理配置。只靠政府或主要靠政府配置资源不行,市场永远比政府更聪明。垄断并不是一无是处。知识产权就是好的,权利人对智慧成果专有专享,就应该垄断。为什么?要鼓励创新啊。在低集中度市场,垄断也是好的,竞争是毁灭性的,比如自古以来中国老百姓都知道一个最简单的道理:谷贱伤农。所以对农民的各种垄断行为不要去反,不仅不要反,还应该去鼓励、扶持它。还有《反垄断法》第15条①的规定,研发创新、标准化、专业化、节能环保、进出口、中小企业等,这些垄断协议是可以允许的,可以豁免反垄断。

更重要的,涉及刚才讲的"滴滴""快的"案,甚至经济法学界研究竞争法的人也不是很明确、不很关注、未敢确信的一点,就是《反垄断法》第1条规定的,《反垄断法》不仅要维护自由公平的竞争,还要促进市场和经济的效率。即使关注了,可能对它的含义也不很清楚,《反垄断法》促进提升效率是什么意思,与维护公平竞争是什么关系呢?

我这两三年不断地讲,寡头垄断是最好的市场结构、最有效率的市场。但在经济法学界、竞争法学界及实务界,这个理念还没有确立起来,还在一味盲目地反垄断,包括反寡头垄断。通过经营者集中形成寡头垄断,不去支持;通过寡头合并,消灭寡头垄断形成独占,又不讨厌、不生气。之所以如此,就是因为缺乏适当的理念。社会厌恶大企业、厌恶市场垄断,稀里糊涂地厌恶,法律人、法学人不自觉地受其影响,陷入了简单、模糊、盲目的反垄断思维,不了解市场经济的"理"比反垄断的法律规定更重要一百倍。

《反垄断法》要促进市场和经济效率的提升,这是什么意思呢?在全世界范围内,各国反垄断法包括我国的《反垄断法》,效率的价值、社会福祉的价值、消费者利益的价值等,都高于竞争和反垄断的价值了。竞争和反垄断遭遇消费者利益、遭遇社会福祉、遭遇效率,

---

① 2022年《反垄断法》修改后变更为第20条。

这个效率是我在经济法总论里讲的社会效率，是整体的效率，不是个别企业、各别主体的效率，它们相遇，不矛盾当然更好，如果矛盾，竞争和反垄断就必须乖乖让位。为什么这样？原因在于，竞争一般而言可以提高效率，也就是说，通过优胜劣汰来合理地配置资源，促使市场主体不断改善经营管理、创新技术和商业模式，提供高性价比的产品和服务。比如“小米”很典型，它提供极高性价比的手机，苹果、三星都“打哆嗦”，这种状态总体而言可以增加社会总财富、消费者总福利。但是也未必，比如在下列情况下，竞争和反垄断就要让位于效率的要求。

第一，竞争可能造成资源浪费。理想的竞争，是信息完全对称、交易费用为零、产品无差别、市场进入和退出没有成本这样一种状态。但是大家想一想，这是不可能的，这种状态是不存在的，只能说其程度、大小、高低不同而已。现实的市场信息不完全对称，所以药品和食品要政府监管；产品千差万别，存在交易费用；市场进入和退出可能成本巨大。成本最大的大概是油田、钢铁，石油价格一落千丈，但是不能把大庆油田关掉，其中的一个理由特简单：只要关掉，油价上涨时就再也开不起来了。钢铁也是这样，投资庞大，固定成本巨大，一旦市场不行了，产能过剩，投入的资源退不出来，就形成巨大的浪费。马克思分析经济危机的原因就是产能过剩，即市场的价格和供求把投资都吸引到某些领域里去，突然市场一变，资源转不出来，无法重新配置，永远浪费在里面，上下游乃至整个经济流动不起来，就形成经济危机了。然后人们根据新的市场信号重新进行投资，那个浪费了的就不要了，重新判断市场、开展市场竞争。再过若干年，沉淀了又不能动了，市场再发生大的变化，引起新的危机，若干年来一次。

第二，市场经济和理想的竞争状态所要求的分散的市场结构，也就是低集中度的市场结构，是没有效率的。无数的小企业自生自灭，经济技术实力差，没法搞创新，只能打价格战，朝不保夕，导致所有的企业都无法从竞争中获得优势地位,不能从竞争中脱颖而出赚钱。李克强总理说,大企业要顶天立地,小企业要铺天盖地,什么意思啊?我想这与我讲的一样,就是小企业要跟着大企业,由大企业寡头竞争,效率就非常高,小企业聚拢在大企业周围形成产业链,这样的经济才是可持续的、有效的。

第三,如果某一个特定行业的企业规模小,市场集中度低,必然会导致该产业的效率低,竞争力弱,在国际竞争中被消灭或者为外国资本所控制。竞争的趋势是集中,要顺应这个趋势,不要害怕集中。我国的高铁为什么成功了?就是只有铁路局一家对外谈引进,内部不许相互竞争,实行了必要的、合理的集中。

所谓"集中",就是市场上出现了寡占和独占,寡占是若干大企业几足鼎立或者几十足鼎立,比如电信业、银行业;独占是一家大企业一枝独秀,没有其他企业或个人可以在市场上与之抗衡,比如滴滴。在高集中度和中高集中度的市场上,竞争不再是简单的价格竞争,而是集创新、质量、服务、品牌、价格和国际竞争为一体的综合竞争,使得竞争在寡头之间、寡头与非寡头之间以及非寡头之间全面展开,竞争非但不会消灭,反而更加激烈、更加高级,不再是简单的你死我活的价格战。这就是最好的寡占市场,除自然垄断、法定垄断、涉及国家安全的垄断外,尽可能不要形成独占,尤其是反垄断执法机构不能放任或人为地促成独占,而应在其职责和能力范围内,防止相关市场出现一家独大。当然,如果一家独大是在市场创新竞争中形成的,那就随它去吧,现在全世界都不依反垄断法分割大企业了。即便在这种情况下,市场也是非常有效的。为什么?因为整个市场都眼巴巴地看着它赚钱,比如曾经的微软,市场主体都想去分它一杯羹,都学着它的样子做,给它带来巨大的市场压力,比如谷歌和安卓崛起后形成新的垄断格局,又形成新的创新和竞争局面。这种高效率的竞争,其优越性是反垄断专家们头脑里追求的那种分散无序的竞争所不可比拟的。

因此，现在各国的反垄断法都以整体的效率、消费者福祉或利益、公共利益、国家利益等为标准，来重新审视市场和市场竞争的状态，都不再去反垄断的市场结构，而是通过经营者集中控制、对卡特尔和滥用优势地位的查处或放任，来促成好的市场结构，优化市场结构，将不那么好的市场结构尽量往好的市场结构上去拉、去改。这是我讲的第一个大问题。

二、反垄断讲理之辩证法

刚才我讲了，市场经济之理，比《反垄断法》的任何规定都更重要、更关键。"《反垄断法》是合理性与合法性高度统一、充分讲理的法。"这句话是我 2007 年写《反垄断法理解与适用》那本书时说的，印在了封底上。《反垄断法》的条文只是为判断一种行为是否合乎市场经济的要求提供一种分析的框架和方法，不能直接适用，更不能盲目套用。所以，《反垄断法》的有效实现，高度依赖于社会暨竞争执法者形成恰当的市场经济理念。要追求寡头垄断的有效的市场结构，可是《反垄断法》并不直接规制市场结构，怎么办，是不是就跟《反垄断法》没有关系啦？"滴滴""快的"的问题就是因为认为没有关系造成的，而事实上有着密切的关系。在经营者集中审查、各种纵向和横向垄断协议的合理性合法性判断、是否构成滥用、相关市场确定等方面，都要掰开揉碎做合理性分析；对任何一种垄断行为，都不能贸然、绝对地置之不理，或者武断地一禁、一罚了之。

就以"滴滴""快的"事件为例，来说明维护有效的垄断市场结构、追求寡头垄断的市场结构与《反垄断法》的关系。我作以下四点分析：

第一，不能"死抠"法条。法律对滥用补贴、交叉补贴确实没有规定，但是谁能补贴、谁可能滥用补贴呢？一定是有市场支配地位的经营者，才能滥用补贴搞不正当竞争。《反垄断法》第 17 条①明确授权反垄断执法机构有权认定该条没有列举的其他滥用市场支配地位的行为。难道拿出几亿美元来补贴，不是滥用市场支配地位？再说经营者集中申报，确实是以金额、以营业额为标准的，可是如果没有达到应申报的营业额，就一定不该去管它吗？“滴滴”“快的”的营业额可能确实不太好计算，但是它俩合并明显地损害竞争、排除竞争，后果很严重，我当时生气之余，就让徐瑞阳写篇文章说说这事，现在发表了，大家有兴趣可以参考。《国务院关于经营者集中申报标准的规定》第 4 条，在金额标准之外还有一个实质标准，即反垄断执法机构应当考虑某项集中是否实质上具有或者可能具有排除、限制竞争的效果，而不是只顾形式上的营业额标准。

第二，要有牢固的公平竞争和市场效率的理念。市场经济之理，什么理呀？好多理。最基本的理，就是经营者要基于自己的产品、服务来开展竞争，不能用产品、服务、质量、价格之外的手段，比如通过补贴进行竞争。年纪大一点的老师还记得，(20 世纪)80 年代时的抽奖销售，曾经买一包瓜子可能奖一部夏利汽车，当时夏利汽车的价格十几万元，民众就奔着轿车去买瓜子，瓜子的质量和价格就无所谓了。这是典型的不正当竞争。这促使《反不正当竞争法》规定有奖销售的最高奖不能超过 5000 元，当时都有不能用产品服务的质量、价格以外的手段去开展竞争的理念了。我这两天到全国人大网站上去看了《反不正当竞争法》修订草案，感觉修订稿简洁、准确，比之前的稿子好多了。有奖销售最高改成不能超过 2 万元了，既然向全民征求意见，我就顺便也提了一条修改意见：除“2 万元”外再加一句“或标的金额的 10%，以两者较高者为准”。比方说买一套房，800 万元，现在一线城市里这个价很正常，奖一个车位可不可以？一个车位起码得 30 万元吧，那最高“2 万元”的规定合适不

① 2022 年《反垄断法》修改后变更为第 22 条。

合适？如果同时有一个比例标准10%，800万元的话可以奖80万元，则奖一个车位就是合情合理合法的，就不算什么了。我说这些，是要说不能“一刀切”、形式主义。如果明白只有通过质量和价格开展竞争，才可能是公平竞争，有了这个市场经济理念，必然会对补贴深恶痛绝，而依法加以处置。

还有我刚才讲的寡头竞争、寡头垄断的市场是最有效市场的理念，两个或三个寡头竞争，程度最激烈，对改善其各自经营，促进创新和消费者福利的作用最大。对于寡头垄断的市场，反垄断不仅不应通过消灭寡头的方式加以拆解，反而必须想方设法进行维护。

所以说，如果缺乏这两个重要的理念，反垄断执法机构就不能按照《反垄断法》设定的框架、国家和法律的授权执行《反垄断法》，甚至导致政府失灵、反垄断失效。

第三，执法机构之间协同配合问题。“滴滴”“快的”巨额的补贴，涉及价格垄断，归发改委管，相应的不正当竞争归工商局管，所以是一个“两不管”领域。某一行为涉及几个竞争执法机构的职责和职权时，它们之间能否很好地沟通配合、统筹协调？所以我这些年一直在讲问责制，问责制最重要的第一步就是科学合理地确定职责（responsibility），避免角色的冲突、缺位、越位等，并建立适当的统筹协调机制。否则，最终出了问题，就打不到任何人的板子，是无人负责、担责的。

第四，相关市场认定问题。这看上去只是反垄断的一个技术性问题，似乎扯不上理念，没那么高大上，但如果这样认为就大错特错了，它跟市场经济的理念、恰当的竞争和反垄断的理念有着密切关系。理念到位，相关市场问题迎刃而解；理念不到位、不正确、不坚定，相关市场就是一个“何患无辞”“公说公有理，婆说婆有理”，没有标准的问题。“3Q大战”，关于即时通信软件QQ的相关市场界定，人们凭常识就能判断腾讯暨当时在PC上用的QQ是有市场支配地位的。欧盟遇到了一个类似问题，就是像携程那样的网约旅馆软件平台，其相关市场有多大？要是把所有旅馆自行经营的预约都囊括进去，那网约旅馆的平台就永远没有市场支配地位，只好让它随心所欲了。欧盟竞争执法机构果断地认定，网约旅馆住宿软件平台就是一个相关市场，于是问题迎刃而解。

在特定的反垄断案件中，并不存在非此即彼的相关市场认定标准，产品和地域的范围究竟多大，全靠执法者对反垄断法目标的正确认识，对损害竞争行为的深恶痛绝以及对公平竞争和市场效率的执着追求，否则相关市场都无法合理地确定甚至无法确定。换言之，在《反垄断法》里，相关市场是最典型的没有明确标准的一个问题，其认定完全取决于理念、立场，理念和立场一确定，相关市场就出来了。

除此之外，反垄断还应确立安全高于竞争的理念。什么安全呢？金融安全、粮食安全、国家安全，甚至交易安全，等等。在安全与竞争的要求发生冲突时，毫无疑问，竞争和反垄断也应该让路。

三、反垄断与产业政策协调兼容之辩证法

反垄断总是在具体的产业中、在相关市场中进行的，所以反垄断执法机构暨《反垄断法》适用，必须考虑不同产业的特点和要求，与相关产业政策相协调。每个产业都有其产业政策，涉及标准、市场准入、特许、价格、进出口、市场结构和竞争状况等。总而言之，竞争法和《反垄断法》与产业政策是密不可分、交织在一起的。我前面举的一些例子，以及《反垄断法》的适用除外和豁免，就是该法与产业政策的协调、配合。对一个产业来讲，最重要、最核心的是标准，事关技术的高低、产业的档次、市场占有率、交易和消费的便利以及国家安全，相关反垄断应当促进创新、保护先进，不保护落后，同时要维护民族利益和国家安全。比如我国自主知识产权的北斗卫星导航标准、高铁标准、移动通信标准、银行卡清算标准（就是银联）等，《反垄断法》应当允许这些标准实施垄断协议。不要说这些标准

本身就是先进的，即使它落后一点点，也不能把它打掉，因为事关安全。就煤钢、建材等产业来说，现在要去产能、淘汰落后产能，保留和鼓励先进产能，落后的产能就是低标准，意味着浪费、低效、污染，《反垄断法》应当禁止相关低标准同盟，容忍排挤、限制这些落后标准、落后产能的垄断行为。

整体而言，中国的产业集中度、市场集中度还没有达到应然的状态和程度，经济学界这方面的分析比较多，低集中度就意味着低效、浪费等。所以，反垄断执法应当配合相关政策，促进中低集中度市场中企业上下游和同业之间的合作，加强企业间的联接，扩大经营规模，对这些领域的并购即经营者集中，尽量放行。

除直接的价格规制外，《反垄断法》也涉及价格调整，就是反价格垄断，这是发改委的职能，对于扭曲市场机制、滥用优势的价格行为应当予以查处。但是对于正常的市场定价，就不要轻易去否定它。供给侧结构性改革的应有之义之一是优质优价，低端也优质，改变民族产业优质薄利、低质低价的局面，而一味的价格竞争与供给侧结构性改革的这个要求是相悖的。所以回到一开始说的，滴滴在早高峰、晚高峰的时候加价怎么办？随它去吧，因反垄断执法机构不作为已将生米做成熟饭，只好在现有格局下由市场调节了。供求不平衡有两个办法解决：一是计划配置，这不可行；二是涨价涨到供求平衡，在新的基础上开展竞争，比如网约车。此外，对中小经营者优质同盟比如“良心油条哥”、创新优质产品或技术的适当垄断高价等，反垄断法都应予正面评价。

就相关市场来说，要注意它可能是地区性的、全国性的，甚至世界性的。如果相关市场是全球性的，则一国的独占可能是国际的寡占，这是好事。国际上的寡头竞争效率更高，对整体经济社会利益和消费者福祉的意义和价值更大。波音和麦道合并的时候，绝大多数人认为它是反竞争的，但是后来的结果证明，美国政府是正确的。如果两家不合并，美国的大飞机就没有办法跟空客竞争，前几年，空客在美国的销量已经超过波音，这足以证明美国政府当时让它俩合并的重要性，即要在21世纪继续保持美国在大飞机市场的地位。从反垄断的道理上说，大飞机市场的相关地域市场是全世界，所以也别琢磨着对我国的大飞机反垄断，如果它有能力去跟波音和空客竞争，那是天大的好事，要鼓励它做大做强，形成在国内独家垄断的地位。还有高铁，要考虑它与新干线和阿尔斯通竞争，所以南车、北车合并跟波音、麦道合并一样的关键、重要、合理，不然它怎么在国际上竞争呢？合并起来不是没有竞争了，而是竞争更有效、更激烈了。北斗卫星导航系统也是，对它涉及的各种横向、纵向垄断协议，都要从它与GPS竞争和国家安全的角度出发，给予豁免甚至鼓励，不要去讨厌它。反垄断的关键是理念，一讨厌就麻烦了，被讨厌的事就做不好了，反垄断执法也不可能公正合理了。

从效率和安全的角度，再以银行卡清算产业为例，我国从2015年6月1日起开放银行卡清算市场，所以，一定要使银联的国内独占地位维持住，这样它才能跟Master、Visa等竞争。以上是结合高铁、煤钢、卫星导航、银行卡清算等产业的一些具体分析。

回到网约车反垄断，还有一个不能简单套用某种理论、某种分析模式或方法的问题。我指的是所谓“双边市场”，这理论很流行。那它对不对呢？也不能说不对，双边市场就是市场的一方具有非常强的正外部性，它的数量越多，对市场另一边参与者的吸引力越强，所以，平台的经营者可以采取转移成本的方法，给平台的一方免费或者低价，对另一方则按照市场定价。百度对消费者免费，但是它在另一边，对广告商按市场定价收费。银联也一样，对持卡消费者减免卡费，而对另一边的商户采取市场定价，是同样的道理。但是双边市场理论并不是万能的，不能盲目信奉，不可到处任意套用，比如套用到网约车就错了。网约车平台也是双边市场，但是它不具有双边市场可以在平台两边转移成本那个特性。什么道理？就是不存在这个客观基础和可能性。它能不能把司机的成本转移给消费者，或者反过来把消费者的成本转移给司机啊？都不行，两边都得按市场定价，网约车平台更多具有中介性质。一边用户越多，可以吸引另一边的用户越多，这一点是符合双边市场共同特点的；但是不能转移成本这一点，是不一样的。

最后还想强调一下，垄断行业是合法的，懂得了反垄断的辩证法，对铁路、石油、电信、电力等就别再气愤了，其垄断本身是无可非议的。要对它们反垄断，也要按《反垄断法》以外的方法反，就是我开始说到的，在垄断行业里可竞争的领域和环节尽可能引进竞争。但这不是《反垄断法》要做的，实际上是产业政策的任务。《反垄断法》对垄断行业就一条，也即第 7 条，[①]在这些企业的组织垄断和经营垄断合法的前提条件下，防止其滥用合法的市场支配地位或任何的优势即可。

我就讲到这里。谢谢大家！

① 2022 年《反垄断法》修改后变更为第 8 条。

公益与消费者保护法制*

公益即公共利益；以非营利和营利的方式从事公益事业或公益活动，也是公益。现代市场经济派生的消费者问题，造就了相应的消费者法。中国的消费者问题和消费者法既有普遍性，又具有中国特色。涉及消费者和公益的诉讼可以概括为公益公诉、公益或私益的他诉、私益兼公益的自诉和私益的公诉。

大家晚上好！

非常高兴能够与大家相会在松阳县，相会在2007中国公益律师培训班。我想首先要感谢陈岳琴律师的精心策划和组织，使这个培训班得以顺利举行，同时也要感谢松阳县政府、丽水市委和在座各位的大力支持。

好几个月前，陈律师就跟我说，你到会上去说说消费者保护，我说好。前几天陈律师又说，因为听众都是做公益的律师，你最好再加点公益的内容，我也欣然同意了。但很遗憾的是，大概20分钟前，我才得知我的提纲没有发给大家，其实我早就将它传给会议主办者了。那正好大家就轻松点，不用看文字了，我跟大家聊聊天，互动交流一下公益与消费者保护法制这个话题吧。

谈到公益和消费者保护，首先要说说市场经济，因为是在市场经济条件下提出消费者保护和公益问题的。什么是市场经济呀？我想就是两条吧。用通俗的话说，第一条，原则上，任何人都可以交

---

* 2007年3月31日在北京陈岳琴律师事务所、美国 Moving Mountains(NGO)、中共丽水市委人才办公室主办，松阳县人民政府承办的“2007中国公益律师培训班”上的演讲，陈岳琴律师主持。

易任何东西(标的物),普通民众也可以经营工商业、买卖生产资料之类的。过去不行,现在可以了。

第二条,市场经济是通过每一个人追求自身利益最大化来实现社会资源配置的经济,通过“人人为我”来实现“我为人人”的一种社会经济运转状态。

然而,市场经济并不能自然而然地达到资源优化配置的效果,为什么呢?因为市场经济有两个天然的倾向,任何国家、任何时代的市场经济都是这样子的。一个倾向就是辛辛苦苦赚钱太累了,管他三七二十一,先赚一把再说,不择手段地竞争,不讲信用地交易、做一锤子买卖,坑蒙拐骗、假冒伪劣、掺杂使假、缺斤短两等。

另一个倾向是什么呢?经营太难了,到头来还可能亏本,赚不到钱。那我们就不竞争吧,联合起来不竞争了,我们在座的每一个人都卖杯子,大家都卖 8 元一个,谁卖 6 元就对谁不客气!或者利用自己的优势不择手段地把竞争对手挤垮,挤垮以后我想卖多少钱就卖多少钱。怎么应对这两种天然的倾向呢?其中之一就是消费者保护法和反不正当竞争法,用它们来对付不择手段的竞争;还有一个是反垄断法,遏制那些不竞争行为——串谋,滥用市场力或以其他任何方式限制竞争、排挤竞争等。所以说消费者保护是和消费者保护法、竞争法尤其是反不正当竞争法联系在一起的,消费合同、产品责任、产品质量技术监督、药品和食品监管、计量法、食品卫生法、价格法等,也都可纳入广义消费者保护法的范畴。

在市场经济国家,消费者保护法通过消费者约束经营者、反不正当竞争法通过经营者制约经营者,来遏制不择手段的过度竞争;反垄断法以维护自由公平的竞争、促进效率和消费者福祉,来规制经营者的行为。反垄断法对消费者的保护一般而言是较为间接、抽象、宏观的,比如通过反垄断形成合理的市场暨竞争结构,维护自由竞争,从而使得市场上的商品极为丰富,由此造福消费者。这样,也就从一个重要的方面对市场经济扬善抑弊、维护了社会公共利益,使市场经济得以正常、健康地运转。

那什么叫公益?它有两个含义:一个含义就是公共利益;另一个含义是指公益事业和公益活动,通常采取非营利性方式。

所谓公共利益,是指一定范围内不特定人的共同利益。我们松阳县范围内不特定人的共同利益,丽水市范围内不特定人的共同利益,再大一点浙江省、中国范围内不特定人的共同利益等,都是公共利益。公共利益怎么样认定呢?这就要靠人民、社会各界包括我们律师了,律师是参与评判公共利益的重要主体之一。公共利益是不可能用法条一一具体列举的,政府为了公共利益实施公共管理,只能对其概括地授权,让它自由裁量、相机抉择来行使公共权力,维护公共利益。为了公共利益可以造高速公路,那么造在哪里、什么时候造、花多少钱才符合公共利益呀?时间、地点、方式等不合适的话,政府修桥铺路也可能不符合公共利益,不是公共利益。举办营利性事业一般而言是为少数人赚钱,可是如果全市、全省甚至全国人民普遍认为它是社会所需、人民利益所系的话,也就是公共利益了。这就要求通过体制内外的各种途径,以主流价值、主流意识为标准来进行评判。体制内的各种途径,包括律师的活动,以及人民代表大会、各种听证会、信访、审计、监察、司法、党的纪检等。体制外则包括媒体监督,老百姓自发的言论和舆论监督等。由此找到一种大多数人的意愿和利益,形成公共利益。

为什么要以主流价值、主流意识为标准呢?因为这是一定时期、一定条件下符合大多数人利益的观念。改革开放初期我们要赶紧发展,发展是硬道理,为了发展那损害一点个人的利益、环境变得差一点,大家都觉得是正当的,这无疑是当时的主流意识,"有水快流"——"有煤快挖"嘛。如今调整政策方向,要考虑不同利益群体、不同财产权主体的合法权利,要维护人权,政府造高速公路也不能任意征地,不能随便"依法"定一个低补偿标准了,而要更多地倾听老百姓的意见和诉求,向受影响的财产权主体、私人合法权益倾斜。

现在我们更多地在往这个方向走,按这样的标准来评判、认定公共利益。

另外就是非营利性,捐助希望小学是非营利性的,免费帮弱势群体打官司也是非营利性的。当然非营利不等于公共利益,非营利是指投资或出资者不求利润回报,专心于所举办的事业,但该事业可能并非公益或并非为了公益。慈善团体、救助组织第一时间出现在灾害现场,当然是做公益;依附于财团的非营利机构,服务于富豪或商界精英,私人俱乐部、高端高价医院等,就不是公益了。为了维护公共利益和非营利做公益事业,两者具备其一,也就是公益了。按正常律师业务收费接公益维权的案子,当然也还是公益。

说到这里,大家可能已经体会到,公和私是相对的。例如,戒严或宵禁时,三个人就不能随便聚在一起,三个人就有公共性了。可是在座的想一想,这三个人的共同利益相对于他们以外的人怎么样?无疑也是私的。譬如行业协会包括我们律协,对于协会的成员来讲它是公益的,有公共性的;可是相对于协会以外的人来讲,它又是私的——是一个特定的利害关系群体,维护的是特定人群的私益。所以说公是相对的,当然私也是相对的。这在亚洲金融风暴时就看得特别清楚。本来人们公认会员制组织是公益性的,而事实上,会员性组织在维护私利的时候,可能要比追求个体利益最大化的营利性组织还可怕。怎么讲呢?因为它不仅可能竭力维护小集团私益,而且可能操纵游戏规则。最典型的就是交易所,过去大家认为公司制交易所不好,因为它是营利性的;会员制交易所好,因为它是非营利性的。可是在亚洲金融风暴当中暴露出来,非营利性的会员制交易所反而不好,因为它们抗拒政府和社会的监督,操纵游戏规则,只顾大券商的利益,不惜损害广大股民和社会的利益。公司制交易所虽然追求个体利益最大化,却天然地不排斥民众和政府的监管,反而比较好,它也没有能力去操控游戏规则。

消费者利益的公与私也有相对性,一些消费者跟另外一些消费者的公益与私利都是相对的。

还有穷人和富人，穷的消费者和富的消费者，他们有没有共同利益？有一些，但是大部分地方没有共同利益。一个消费黄金马桶、几百万美元级轿车、几千万美元级游艇、上亿美元级住宅的人，他跟中等收入群体、跟工薪消费者是没有共同之处的。他不会感受到我们一般所说的消费者利益受损害的情况。比尔·盖茨花十亿美元建一个宅子，把周边的街道都买下来了，他会不会遇到我们日常遇到的烦恼？可能性不大，或者也会有一点点。所以，从法律上说人人都是消费者，事实上我们讲消费者权益保护，指的是工薪消费者和其他弱势消费者，不是指任何消费者。

我国的消费者保护法全称是《中华人民共和国消费者权益保护法》。什么叫权益？实际上就是权利和利益，就是受法律暨权利保障的利益。在座的大部分是学法出身的，所谓权利就是我们教科书上的经典说法，是国家强制力保障的一种可能性。我还要加上一点，那就是权利也包括由习俗、惯例和道德所支持的可能性。消费者买了东西不满意，到商店去退，要求无条件退货，营业员不给退；你把经理叫出来，他给你退了。这就是社会道德习俗支持的权利，不是法律支持的权利。大商场为了面子，愿意这样做，形成了某种惯例。你到小商店去无条件退货，人家就不给你退，你打官司也不成，因为你在法律上不享有这样的权利。社会性权益和法律保护的权益，加在一起就构成消费者权益，形成某种合法的公共利益。对公共利益的评价、认定，要以全国人民的主流价值、主流意识为标准，一时一地的局部公共利益也要用这个标准来衡量。当然在不涉及全局利益或与全局利益不冲突的情况下，也不妨用局部的共同利益和局部的主流意识作标准来衡量局部的公共利益。

以上算是开场白，是应陈律师的要求补充一些有关公益的随想。下面谈谈消费者保护的问题。

第一个问题是消费者问题和消费者的觉醒。

消费者问题是现代市场经济的产物。古时候生产者跟消费者没有分化,就没有消费者利益,如果有的话消费者也是强者,生产经营者是弱者,要保护的是生产经营者而不是消费者。在自给自足的自然的经济下、封建的经济下,只消费不生产的人是谁呢?是皇帝、贵族,还有地方上的"地主老财"、官宦人家、殷实大户等,他们是消费者,但却是强者。生产经营者——农民、工匠、小商小贩等反而是弱者。

在这种情况下,连调整平等主体之间关系的民法都不需要,又谈何消费者权益保护。在商品经济非常发达的情况下,就有民法了,就要对交易主体实行普遍的平等保护。这种事情在古代只发生在古罗马。古罗马的商品经济很发达,为什么?就是我刚才的定义,市场经济就是原则上任何人可以自由交易任何东西的经济,罗马那个时候,很少有什么东西被限制或禁止交易,所以说它那时的交易很发达。而且罗马帝国那么大的范围,行政权力鞭长莫及,帝国的统治又打破了血缘宗法关系对各民族交往的束缚,摆脱了政权和血缘对交易的超经济压迫,在平等的基础上进行商品交换的范围非常大,商品流通的范围也非常之大,所以出现了民法。民法不管交易双方实际上平等不平等,只管他们形式上平等与否,形式上你承诺了,就依你的承诺形成法律关系。所以当事人的协议就是法律,发生问题以后我就照你自己说的办,你自己说的话就是法律,还不行吗?这就是民法。

到自由资本主义时期,从拿破仑法典开始,把古罗马的这一套继承了下来。可以说到那时为止,都不存在消费者保护的问题,因为消费者与生产经营者还未充分分化,形式平等的法律调整足矣。消费者保护是大企业主导和商品跨地域、跨国界广泛流通的产物。小生产者、农民生产一些东西交换交换,老百姓、自然人之间互通有无,当事人的地位形式上平等,实质上也大体平等。可是当生产经营由大企业主导了以后,情况就变了。消费者跟这些大企业无法讨价还价,丧失了讨价还价的能力,只能接受它提出的交易条件。另外在大企业主导的情况下,小企业也不得不普遍地忍气吞声。中小企业在大企业面前忍气吞声的结果怎样呢?结果的承受者其实不是它自己,那是谁呀?是消费者,因为中小企业可以把它在大企业那儿忍气吞声背负的损失转嫁给最终消费者,消费者只能忍着,没什么办法。

另外就是信息不对称。商品广泛地流转了,一百年前,甚至二十年前,松阳县的产品可能就在松阳流转,甚至乡里面的产品就在乡里面流转。我还记得20世纪60年代的时候,公社食品站每天杀三头猪,要起早去排队才可以买到一点肉,买板油、猪肝要去得更早,去得晚就买不到了,这三头猪就是在公社范围内流转,更多的猪是农民自宰自用,不流转。所以猪好不好,宰的水平如何,消费的人都很清楚。而当商品在全省、全国、全世界范围内流通,加上商品的科技含量越来越高的时候,就发生了消费者和生产经营者之间信息严重不对称的情况,比如食品的成分到底是什么,含量多少,消费者不太可能去弄清楚,所以特别容易上当受骗。

再加上工薪消费者就靠那点工薪生存,抗风险的能力差,工薪收入是固定的,消费者抗通货膨胀的能力就特别差。比如18英寸彩电的价格今天1428元,这是标准价格,可是明天就2428元、后天变3428元了,这种事情会不会损害老板的利益?大家琢磨一下,原则上、实际上是不损害老板的利益的,他们的收入是按利润率走的,通货膨胀对其影响不大。所以工薪消费者特别弱,需要特别地保护,这是从各国的一般规律来讲的。

中国的消费者问题还包括消费者的人格权、身体权受到不法侵害。我们《消费者权益保护法》中有一条就是针对这种侵害的,因为恰好在《消费者权益保护法》制定过程中,发生了国贸商场对两位女士搜身的事儿,媒体披露后舆论一片哗然,人大常委会委员们要求在《消费者权益保护法》草案中增加规定消费者享有其人格尊严受尊重的权利。

出现了消费者问题就相应地要有解决的办法，但是这个解决办法不是从天上掉下来的，就像八小时工作制不是天上掉下来的，它是劳动者斗争的产物，消费者权利、消费者保护法制也是消费者斗争的产物。在这方面美国的消费者是先行者，大家可能听说过，早在 1906 年，美国消费者就发起了清洁食品运动。当时有一个作家叫厄普顿·辛克莱，他写了一篇报告文学，题目是“丛林”，揭露肉类加工厂肮脏无比，工作条件恶劣，工人随便在肉池里洗手，内急了就在池子里方便，死老鼠也跟家畜肉一起加工了卖给消费者吃，等等。报告文学一出，马上引起全美国上下的义愤，消费者到处示威游行抗议，就引出了今天世界上公认最早的一个维护消费者的监管机构——联邦食品和药品管理局，以及 1906 年的清洁食品法。

1936 年美国成立了世界上第一个消费者组织，1960 年成立了国际消费者组织联盟。美国有一个家伙很厉害，叫拉尔夫·纳德，他整天跟大公司斗争。他在 1964 年的时候写了一本书，叫“任何速度都不安全”，导致联邦制定了交通和机动车安全法，首创汽车召回制度，产品召回制度就是从汽车召回开始的。这使得通用召回大量有缺陷的汽车，损失巨大。

中国的消费者保护基本上由官方主导，但是它的开头跟老百姓还是有关系的。1983 年河北省新乐县成立了中国第一个消费者协会，就是由几个离退休老干部自发成立的。接着，广州、哈尔滨以及全国都开始设立消费者协会，中国消费者协会是第二年即 1984 年成立的。

通过消费者的觉醒，促使国家、政府采取措施来保护消费者的利益，才形成消费者保护的法制。

第二个问题，我们就来看看消费者保护法制大概是什么样子的。

消费者保护法制最早源于德国，1894 年德国就制定了世界上第一部分期付款买卖法，这样的法我们现在也有了。生产者经营者不能随随便便因为消费者一次没有支付应付的款项，就解除合同、收回标的物,这样消费者辛辛苦苦用自己的劳动所得按揭供的一套房屋、一辆车就岌岌可危了,甚至随时可能成为无家可归者。所以来一部分期付款买卖法,消费者违约达到标的物价值的百分之多少,而且连续多少次没有支付应支付的分期款项,经营者才能解除合同、收回标的物。

接着就是美国侵权行为法的发展,出现了产品责任法,这要归功于美国的法官与时俱进。你在一家商店里买了一辆车,发现问题了,能不能直接找厂家呀?按照传统的法律是不可以的,因为你跟厂家之间没有交易关系和法律关系。但在20世纪初的美国,有位消费者买了一辆别克汽车,在路上飞了一个轮子,他受了重伤,可是那个卖车的人找不着了,怎么办?他就起诉别克,别克说他跟我没有法律关系,我没有卖车给他呀。但是法官判决称,别克作为生产者要对具有潜在危险的产品直接负责,从而把产品责任由合同责任变为侵权责任,当然此时还不是无过错责任,这是1916年。

消费者保护法制发展中还有一部比较有历史意义的法律,就是日本1968年的《保护消费者基本法》。该法把消费者保护作为国家和政府的义务,这是历史上第一回。还有1985年,联合国通过了一个"消费者保护准则",要求各成员国采取适当的政策法律,以保证市场上有丰富的产品和服务供消费者选择,并维护他们的各项权利。

那么中国的情况怎么样呢?大家知不知道中国第一部消费者保护法是哪个,出现在何时?1987年《福建省保护消费者合法权益条例》开了个先河,当时我也参加了他们这个条例的起草。后来在短短的几年内,到《消费者权益保护法》出台之前,31个省区市几乎制定了类似的条例,我记得只有宁夏和西藏等少数几个省区没有出台。可见那时,消费者保护已经成为中国主流价值、主流意识的一部分了,大家认识到要保护了,在这种情况下,顺理成章地就出台了《消费者权益保护法》,这是1993年。

那么,有了这部法之后,相关具有消费者保护意义的法律就都可以纳入消费者法的范畴了,比方说食品卫生法,比方说药品管理法、计量法、广告法、价格法、标准化法、产品质量法,还有我国独创的著名的“三包”制度,再加上相关刑法等。这样就构成了我们今天的消费者保护法制。

第三个问题,什么是消费者保护法?

现在国际上通行的称谓是消费者法。我给消费者法下一个定义:它是指现代市场经济条件下对作为弱者的消费者提供特殊保护的法。消费者法不是从来就有的,它是在大企业主导、产品流通范围空前扩大的情况下产生的。它不是在平等的基础上调整民事关系,而是在法律关系的天平上给生产经营者片面地施压义务,给消费者片面地增加权利,让他们在形式上不平等以达到事实上的平等。也包括通过政府的监管,通过追究行为人的刑事责任等,来加强对消费者的特殊保护。

既然这样,那么消费者就应当是个人、自然人,这也是国际惯例。但是我国法律上对此规定得不明确,《消费者权益保护法》规定消费者是为生活消费需要购买商品或者接受服务的消费者,循环定义。法人、组织算不算消费者呢?不清楚。我个人的看法是,按国际惯例它们就别算了,有两个理由:首先,法人、团体不是弱者,单位买消费品发给大家,出了问题应当由单位出面交涉,单位不是弱者,不像消费者个人为了几块钱、也没有那个时间和精力去维权,单位可以跟商家平等地讨价还价。其次,如果是产品责任,消费者也可以直接起诉生产者,因为产品责任不依赖合同关系,行政监管、刑事责任的追究当然就更不依赖合同关系了。

分歧比较大的是医疗、住宅,医疗关系中的患者是不是消费者?房屋买卖和消费当中的业主是不是消费者?我想在今天就不应该有争议了吧。患者当然是消费者,他(她)购买和使用医疗服务,毋庸置疑是弱者。原来说不动产不适用于产品责任,不适用于消费者法律关系,现在看来也站不住脚:消费者在开发商面前也是弱者,而且他们遭受损害的情况非常地普遍、频繁。问题是要不要双倍赔偿,《消费者权益保护法》第49条规定了双倍赔偿,[①]应当在什么条件、什么范围内双倍赔偿?这也不是问题,可以在具体的法律关系当中,通过律师的工作、法官的审理和裁判来加以确定。医疗和不动产的“特殊性”不是妨碍我们认定医疗服务和住宅买卖、使用是消费法律关系的理由,不应该将此作为理由,就消费者和消费者法的性质而言,它们没有特殊性。

还有就是生产资料消费和精神消费要不要归到消费者保护范畴中去?生产资料消费原则上不是消费者法所说的消费,但是我非常赞成现行法的规定,就是农民购买、使用直接用于农业生产的生产资料适用本法,它的意思是参照本法适用。全世界都说消费者法保护的是消费者,你非要去保护生产者干吗?但是我要说,在中国,保护农民的生产消费权益完全符合消费者法的宗旨,为什么?因为农民比城里的工薪阶层还要弱,更承受不了市场风险,更没有能力、实力和知识来与生产经营者相抗衡,所以他们完全应该适用消费者法。

什么是精神消费?譬如你买了一本杂志,印得挺好、很精美,可是内容差;买了一台电视机,质量没问题,却没有什么好节目看,这些算不算消费者权益?应当不是。杂志印刷装订有问题,电视机飘雪花、辐射太大,算消费者权益受损;内容问题则是文化监管部门的事,你自己也可以不去看它。

最后还有一点时间,我再简单说说第四个问题——消费者权利及其救济。

消费者权利来源于“3·15”。1962年3月15日这天,美国时任总统肯尼迪发表国情咨文,全都是谈消费者保护问题,第一句话就

① 2013年《消费者权益保护法》修改后变更为第55条,并改为三倍赔偿。

说美国的消费者正在遭受前所未有的损害。他提出消费者应有四项权利:

首先是安全保障权,那个时候美国消费者遭遇的安全困扰比我们今天还厉害,买件衣服碰到一个烟头就可能烧起来。还有当时药品监管没有现在这么厉害,由于药品的副作用导致消费者伤残、死亡的情况很严重,美国发明了一种磺胺药的工程师就畏罪自杀了,他研制出的磺胺消炎药吃死了不少人。现在监管严了,问题也不可能完全避免。最近美国食品和药品管理局说,中老年人广泛用来治疗关节炎的一种消炎药不能吃了,会伤害人体。安全是人第一位的需求,含糊不得。

其次是正确信息权,消费者有权获得正确的信息。这包括两个方面:一方面经营者要提供正确的信息,另一方面政府要监督经营者提供正确的信息。经营者提供正确的信息,包括适当的使用说明、正确的标签标识,产品的生产日期是什么时候,厂址在哪,产品的成分是什么、含量多少,药品的副作用怎么样,等等。这要靠政府监管,没有政府监管的话,经营者缺乏自觉性。

再次是自由选择权,消费者要有自由选择商品的权利。这不是简单地要求经营者不强买强卖,消费者权利都是既针对经营者也针对政府的,自由选择权要求任何一个国家都应当实行恰当的政策,使市场上有丰富的产品供消费者选择,这是对政府提出的要求。如我刚才所讲,这也是联合国"保护消费者准则"的要求。

最后是消费意见权,消费者有权对经营者提意见,也有权就消费问题对政府提意见。

从法律上讲,对某一种人概括出若干专门的权利就是从消费者权利开始的。妇女儿童的权利、残疾人的权利等,明确把它概括出来好像都是在这之后,所以"3·15"是开先河的。

从此消费者权利就为世界所公认了,后来国际消费者组织联盟将"3·15"确定为消费者权益日。消费者权利也在不断发展,欧洲理事会规定消费者有五项权利，其中只有一项半是肯尼迪说的，就是知情权（正确信息权）和表达意见权，它又增加了三项半：一是获得保护和援助的权利。二是求偿权，消费者受到损害就有权利获得赔偿，包括能够通过便捷、适当的救济途径来获得赔偿。三是受教育权，消费者有权接受消费教育，即两种教育：一种是接受消费者保护方面的教育，包括法律方面的教育；另一种是消费知识方面的教育。最后半项是获得咨询的权利，与表达意见权合在一起作为第五项权利。

这样一来就成八项权利了，国际消费者组织联盟又提出了七项权利，除了跟这八项权利有重复的外，还有两项新的权利：一是环境权，消费者有安静和谐的环境不受影响的权利；二是要求听取意见的权利，我提意见你不听怎么办，于是在提意见权利的基础上，进一步要求你倾听我的意见。

那么我们现在呢，《消费者权益保护法》中规定了消费者享有九大权利。加上了公平交易权、依法成立维护自身合法权益的社会组织的权利、对经营者的商品和服务及消费者组织和政府的消费者保护工作进行监督的权利，以及具有中国特色的消费者的人格尊严和民族风俗习惯受尊重的权利。民族风俗习惯受尊重很有特色，它反映了中华民族固有的和谐诉求和包容精神。把它跟消费者人格受尊重放在一起，总的来说是九大权利，就不一一罗列了。

对于消费者权益受损来说，最重要的是要有救济的途径。在这方面，我国还缺小额诉讼，就是用最简化的程序、最简便的方法来解决消费纠纷。如果建立这种司法制度，消费者求偿就会方便得多。当然，淘宝等网购平台出现后，它们在经营者和消费者之间起到了一种中介作用，绝大多数小额纠纷可望通过其自治管理加以化解，从而取代小额的诉讼和仲裁，这方面我们有走在世界前列的趋势。这是先进的而不是落后的，毕竟一个社会里的官司太多并不是什么好事情。

我把涉及消费者和公益的诉讼概括成四种:第一种应该是最普遍的,就是公益公诉。国家政权是干什么的?按照社会科学的基本原理,它就是为了公共利益而产生的。消费者权益受到损害,危害性达到一定的程度,检察机关就可以提起诉讼,公益公诉。承担消费者保护职能的政府机关可不可以提起诉讼呢?我觉得也应该可以,但现在还没有。

第二种是公益或私益他诉,没有利害关系的人就公共利益或者他人的利益提起诉讼。从发达国家的情况来看,像环境保护涉及公众利益、政府采购里面有"猫腻"等,个人是可以提起诉讼的。那你代表谁呀?你代表公益提起诉讼。如果你有恶意或者如果从个案的情况来看明显地不公平,那么法官也可能不允许你提起诉讼,由他自由裁量。我们过去总是认为英美法系遵循先例,先例就像一个规则、一个类似大陆法系的法条搁在那儿,人们必须遵守,我去年和今年在美国,发现这是一个误区,不是那么回事。遵循先例是让你分析这个规则是怎么产生的,它的背景如何,当时少数法官和多数法官的意见是什么,在一审、二审当中分别是怎样的,后来这种规则由于某种事情的发生它又发生了多少次什么样的变化,你要把发展变化的背景和理由说清楚,然后你手头的案子是什么样子的,能不能适用既定的规则,适用它公平不公平,如果不公平就修改先例,或者说造出一条新的规则来。这才叫遵循先例,顺着社会发展的脉络、潮流和主流意识而来,规则和法自在其中,哪个法官都不敢乱来,所以法制很统一;但是如果情况发生变化,主流价值、主流意识又要求你适当地变化规则,随时跟进,公正与法便不会滞后于实践。

所以它那样的做法对公益和私益在法律上有一个原则性的界分,同时给法官自由裁量权,让他来确定诉讼中的利害关系及公正与否。

第三种是私益兼公益的自诉。你自己就是"移动"、"联通"、铁路客运的消费者,你就"移动"、"联通"、铁路客运的交易条件提起诉讼，既代表了你个人的利益，也代表了不特定多数消费者的利益，你胜诉了，它们就要改规则。这在法律上是站得住脚的，毋庸置疑应该是允许的，而且我觉得对这种行为应予肯定，利己利他。

第四种是私益的公诉。如消费者上当受骗，损失巨大，通过刑事诉讼把赃款追回来了，返还消费者，等等。

我就作这样一个漫话式的发言，下面还有一点时间，跟大家交流一下。各位有什么问题、观点，可以提出来。

互动环节

问：史老师，我想问一个问题，我感觉目前对于什么是公益，存在一些认定程序上的障碍，您说原告跟本案没有利害关系也可以起诉，对这个问题怎么看？您认为通过诉讼能改变公益保护的现状吗？

答：应当能够通过诉讼来促进公益。很多人提出，包含公益的他诉要允许，刚才我也是表示赞成这样做。当然如果将来法律上有所规定，还是要靠法官自由裁量，因为这种诉讼不是在任何情况下都可以受理。有的时候原告完全出于私利，甚至于损害公益，有这样的可能性。

在现行法还没有修改的情况下，我刚才也说了，可以尽可能利用自益兼公益的自诉。

问：我想跟您探讨一下，您刚才说到有人可能借公益之名恶意地诉讼，我从做案子中发现，要提起公益诉讼，这个人本身得有素质、能力才行，所以就变成了一种精英人群的活动，下面老百姓其实并没有感受到诉讼的作用和影响。我自己的看法呢，公益维权有许多种方式，我自己在工作中为当事人打官司，既提高了收入，也维了权，并引起媒体的共鸣，不也很好吗？

答：我完全同意你的看法，我们应当也可以利用一切现行的手段来维护公共利益，包括律师的日常工作，我刚才讲到也可以用营利性方式追求公益，譬如按市场收费打环境公益官司，这是完全可以的，而且非常好。

另外，我想补充一点，就是公益的私诉或者说私益兼公益的自诉，在发达国家也都是由精英分子比如说律师、教授等提起的，绝大多数并不是由普通民众提出来的。这是客观现实，我们不要苛求什么，对此不必有什么负面的评价，没有必要，社会就是这样慢慢地发展的，很正常。谢谢。

怎样才能阻断外国“长臂管辖”？*

> 美国以出口管制和单边制裁遏制中国发展，“长臂管辖”是其保障手段，我国基于国内涉外法的单边“短臂管辖”无法予以阻断。唯有按国际法上的对等原则，对等反制，让被外国制裁者和不遵守外国制裁者不恐惧，让外国制裁者、服从外国制裁者和被我反制者心生畏惧，方可阻断外国也即美国的“长臂管辖”。

各位同学、各位老师：

晚上好！

我今天给大家讲讲中国人都很关心的一个问题：怎样才能阻断美国的“长臂管辖”。

在座的第一时间的想法，很可能是史老师怎么跨界了，同学们绝大多数不是学国际法的，您不也是研究经济法的吗，怎么讲国际法呢？对吧，差不多是这样想的。但是，我想跟大家说，并不存在跨界的问题。今年（2021 年）6 月，中国人民大学经济法学研究中心在北方民族大学召开第十六届中国经济法治论坛，主题是国内国际双循环与经济法治，可是如果不阻断“长臂管辖”，不把外国的出口管制给反掉，动不动被制裁，老被人卡着脖子，怎么循环？所以在双循环当中，国内经济法跟国际法暨国际经济法是连接在一起的。另外有一个基本的理论问题，我一直以来都在讲的，世界上并不存在独立的法律部门，全国人大常委会讲的七大法律部门加上国际法都不是独立的，任何两个法律部门之间都有交叉。比如民法跟刑法有交

---

* 2021 年 11 月 4 日安徽大学法学院讲座，丁国峰教授主持。

叉,规定了刑事责任的民事实体关系多得很;民法跟行政法也是交叉的,物权、企业、婚姻要登记,都是行政嘛;不只民商法,宪法、行政法、经济法、狭义社会法等的实体关系很多都有刑事责任;国内法与国际法也交叉,比如中国证监会、市场监督管理总局要域外管辖,就要与相关国家或国际法实体的主管机关沟通,征得其同意、配合,这样的话就是国际法,不是国内法暨涉外法了。中华人民共和国的法律体系是一个整体:一方面,各个法律部门相互之间不独立,又相互关联;另一方面,任何一个法律部门都不能独立于公平正义、公序良俗、诚实信用等法治一般。

"长臂管辖"和阻断"长臂管辖"不是什么深奥的学术,就是常识而已。按照罗马法上的说法,就是善良家长都懂的;用我们今天的话讲,就是任何一个受过基本教育、智力健全的普通成年人都懂的道理,所以我在此实际上就是把常识给大家梳理下。如果不是常识而是深奥的学问,我这个不专门研究国际法的人可能也讲不清楚,是吧?

美国对中国进行出口管制、单边制裁,靠的就是"长臂管辖"。如果没有"长臂管辖"这种威慑和强力救济,出口管制、单边制裁算什么?就是纸老虎而已。你出口管制,我向第三国、第三方购买行不行?你制裁,我可以不理你呀,但是因为有"长臂管辖",你就不能不理了。"长臂管辖"对我国的科技和经济社会的威胁及危害极大,必须想方设法反制乃至化解。

一、何为"长臂管辖"?

那么,什么是"长臂管辖"呢?大家注意到,在我的 PPT 上,"长臂管辖"是打引号的。换言之,正常的长臂管辖实际上不是"长臂管辖"。正常的长臂管辖在我国法律上也有规定,还有实际案例,但那是合法的长臂管辖,正常的、合法的长臂管辖不是"长臂管辖"。

外交部发言人说,"长臂管辖"是美国独有的"知识产权",所以我要给它打上引号。怎么讲呢？打引号的“长臂管辖”是违反国际法的不法“长臂管辖”。它是按照一国的国内法，大家注意，不是按照国际法，是按照内国法，对一国主权领域范围外的非本国国民及其行为进行管辖，是单边的国际管辖。

各位都是学法学的，很多部门法包括法理学都讲，就国内法或内国法而言，法的效力范围就是属地管辖（也叫空间管辖）和属人管辖。凡在中华人民共和国境内发生的行为，不管主体是谁，中国人还是外国人，个人抑或法人，中国都有管辖权，这是属地管辖；中国国民在中国境外的行为，中国也有管辖权，这是属人管辖。就这么简单啊，全世界的法律都应该是这样、本来也是这样的，你只能对本国境内的和本国国民的行为进行管辖。中国国民包括个人和法人不管到哪儿，都受中华人民共和国的主权及其法律、司法的管辖。国内法的管辖是单边的，不需要与外国沟通协商，须与外国沟通协商进行管辖的是国际法，国际法不可能是单边的，美国却要用它自己的国内法搞单边的国际管辖——“长臂管辖”。它单边禁止各国的企业、个人等与被它制裁的国家或者企业和个人进行交易；它禁止被它制裁的国家企业、机构或者个人获得和使用含有美国技术的产品和服务，那么，如果违反，它就可以对相关企业、机构、个人或其财产实施逮捕、扣留、扣押、限制、制裁、冻结等，不管其人、其财物在哪。

刚才我提到，中国也有长臂管辖的法条和相应的案例，是真的长臂管辖、合法的长臂管辖，不是单边的“长臂管辖”，而是国际法范畴的长臂管辖，最典型的就是《刑法》第 8 条。该条规定：“外国人在中华人民共和国领域外对中华人民共和国国家或者公民犯罪，而按本法规定的最低刑为三年以上有期徒刑的，可以适用本法，但是按照犯罪地的法律不受处罚的除外。”就是说，外国人在中华人民共和国境外对中国国家或公民犯罪的，也违反了中国法，可对其适用中国刑法，前提条件是该行为在该外国也被视为犯罪；怎么适用《刑法》呢?不是派公安、国安去抓人或直接将行为人绳之以法,而要通过国际条约、双边协定等把行为人引渡到中国来,当然即使你想单边行动,人家外国不同意、不配合的话,你也一点辙都没有。

关于《刑法》第8条有一个真实的案例,当年曾在国内外引起轰动,就是缅甸大毒枭糯康,组织黑帮在“金三角”贩卖毒品,2011年在湄公河的泰国水域杀害了13名中国船员。我们根据国际法与老挝、缅甸、泰国联合执法,在老挝抓捕了糯康和犯罪集团其他成员,这不是中国的单方行动,所以这是真正的长臂管辖。不法“长臂管辖”是美国的“知识产权”,其他国家都没有,到目前为止都没有。糯康及其同伙被引渡回来后,由昆明中院审判,2013年对糯康执行了死刑。

此外我国还有两个长臂管辖法条,但实际上没有用过。一是《反垄断法》第2条的后半句:“中华人民共和国境外的垄断行为,对境内市场竞争产生排除、限制影响的,适用本法。”境外的垄断行为,包不包括外国国民(个人、企业和机构)实施的垄断行为呢?当然包括。境外的垄断行为如果对境内的市场竞争产生了排除、限制的影响,就要适用《反垄断法》。怎么适用?没有办法直接适用。要适用的话,反垄断执法机构必须通过国际法,与行为地的反垄断执法机构进行合作,但是到目前为止没有。有人说,发改委对日本的企业适用过《反垄断法》,但在那个案子里,被处罚的日本企业在中国境内是有分公司、子公司或其他的商业存在的,那就不是长臂管辖,不属于《反垄断法》第2条后半句规定的情形。在中国境内没有分支机构和商业存在的外国企业,在外国从事的行为对中国的市场竞争产生负面影响,中国要对它进行管辖,是不打双引号的合法的长臂管辖,但这样的长臂管辖规定很难实施,要通过国际法暨国际合作,很麻烦,所以迄今尚未见到实例。

二是《证券法》第2条第4款,该款规定:“在中华人民共和国境外的证券发行和交易活动,扰乱中华人民共和国境内市场秩序,损害境内投资者合法权益的,依照本法有关规定处理并追究法律责任。”这与《反垄断法》的第2条后半句是一样的，即域外管辖，但事实上做不到。通过国际法来适用这一款的话，那就复杂了，因为是国与国之间的关系，有没有相关国际条约、国际协定啊，如果有怎么样来动用，没有的话由谁、怎么样去协商合作？这肯定不是中国证监会这样一个国务院直属事业单位[1]能够决定和做得到的。

所以归根结底来讲，不打引号的长臂管辖做起来很难，打引号的我们更不能做。“长臂管辖”说白了是以国内法单边来管国际事务，就这么简单。

二、“长臂管辖”的霸权主义性质

涉及国与国之间双边或多边关系的事务要由国际法来管，国际法是啥？国际法就是国际条约、国际协定（包括双边协定）、国际惯例，等等。“长臂管辖”是美国霸权主义在法律和司法上的反映，将美国的国内法凌驾于国际法，以“实力”为依托，强行霸道地管辖，具有任意性和不可预期性。

“长臂管辖”有各种理由，包括违反美国的制裁规定、反腐败、反逃税避税、反垄断、反洗钱、上市公司合规，等等。违反制裁规定不用说了，大家都知道了。反腐败是很可笑的事情，怎么讲呢？法国阿尔斯通公司的营销总监皮耶鲁奇被美国抓了坐牢，然后阿尔斯通业务受挫，就被美国收购“割韭菜”了。美国的理由是皮耶鲁齐在印尼向印尼的官员行贿，你反腐很好啊，可是人家外国人在外国行贿跟你有啥关系，没有道理可讲，目的就是打垮阿尔斯通。

不仅理由多种多样，还可以任意解释，这个事情、这个人、这个行为与美国有什么关联、有什么影响呢？一点联系都没有也要强行解释，理屈词穷甚至就不讲法律了。

美国的“长臂管辖”呢，冰冻三尺也不是一日之寒。新中国一成

---

① 现为国务院直属机构。

立,美国就制裁中国,对中国实施禁运,只是未动用"长臂管辖"。长臂管辖在美国一直都有,起初用于其国内跨州管辖,后来从国内法扩张到美国境外。美国是联邦制国家,每个州有自己的宪法和最高法院等,联邦又有联邦的宪法和联邦最高法院。"长臂管辖"就是源自美国的州际管辖。一个人在某州犯了事,跑去了另外一个州,应由哪个州对他进行管辖,由此发展出规则,这是它的国内法,跟包括中国在内的其他国家没有关系。但是美国现在把它发展到了对外国行使管辖权及霸权的手段或工具,达到肆无忌惮的地步,其扩张、不讲理、霸道是逐渐加码的。20 世纪 50 年代初到 70 年代是第一个阶段,70 年代末到 90 年代前半期是第二个阶段。在这两个阶段,"长臂管辖"针对其盟友是让步的,没有得逞。50 年代,有一次美国要调查瑞士钟表行业的垄断,瑞士不断抗议,认为美国干涉其内政,就不了了之了;1981 年美国制裁苏联,欧洲、日本、英国都不得与苏联做生意,引起了英国、日本、欧共体的反弹,面对它们的激烈反应,美国也收手了。真正的把"长臂管辖"用起来,越来越霸道,是从 20 世纪 90 年代后半期到 2008 年的第三个阶段;2009 年到现在是第四个阶段。"9・11"事件后,美国打着反全球恐怖主义的名义,对伊朗、朝鲜等国以"威胁美国国家安全或可能具有全球性危害"为由实施制裁,以"长臂管辖"打击与它们进行投资、贸易的第三国实体或者个人。此后在第四个阶段,变本加厉制造了更多的"长臂管辖""法律依据",包括以税收合规为由打击外国的银行。大家知道,瑞士向来是以银行业发达、银行法为客户保密而著称,但在美国的《海外账户税收合规法》出台以后,它也扛不住了,被迫向美国交出在瑞士银行存款的客户名单,以便让美国查税补税,对此你们是不是很惊讶。于是,欧洲国家看到苗头不对,纷纷放弃几百年来为客户保密的优良传统。近年美国已经发展到杜撰莫须有的理由或者完全不讲理地制裁打击中国的高新技术产业,比如指责华为的设备有后门、存在安全问题但又无任何证据,蛮横动用"长臂管辖",比如孟晚舟事件。

那么长臂管辖是不是多少也得有点理论呢？有的，但理论是用来讲理的，如果不讲理，理论是没什么用的。与长臂管辖有关的理论主要有两个：一是礼让原则；二是反域外推定适用原则。

礼让原则建立在民族国家及其主权之上，认为一国法律的效力和司法管辖仅限于该国领土范围；同时，在国与国之间相互尊重和谦让的基础上，可以承认外国法在本国的适用效力，或者将本国法的适用延伸到本国境外的他国领土主权范围之内。也就是说，双方礼让、在相互尊重的基础上相互同意，可以在本国领土范围内适用他国的法律。显然，美国的“长臂管辖”突破了礼让原则，根本不征求他国的意见，不管他国同不同意，都要把自己的法律适用于他国的人和事。反域外推定适用原则是说，除非有相反的意图，否则一国的立法只适用于一国领土的范围。美国联邦最高法院在很长时间内确是遵守这个原则的，现在也把它抛脑后去了。这是两个国际法的原则。

我前面讲到，各国法律都遵循属人原则和属地原则，对此美国均予以霸道地扩大解释，此话怎讲？属人原则的“人”是指本国国民，包括个人、企业和其他组织机构，而美国为了搞“长臂管辖”，把属人原则中的“人”扩大到任何源自或包含着源自美国的商品、技术等的资产，把资产也纳入“人”的范围，比如我刚才讲的，含有美国技术的软件和设备都不得给被列入美国制裁名单的实体供货或者使用，那么这个软件和设备也被视为人，是不是很可笑？它确实就是这么干的。属地原则的“地”本来是指本国领土主权范围，现在它把这个“地”扩大到任何地方，还给起了个名，叫客观属地原则。啥意思？就是说不管在任何地方，只要有人有某种事情、某种行为对美国产生了实质性的影响，美国就对该人、该事、该行为产生了管辖权。

这些都是美国实行“长臂管辖”的歪理，主要就是突破国际法上的礼让原则、反域外推定适用原则，以及属地原则、属人原则，对这些原则都任意扩张解释,来支撑它的“长臂管辖”。

三、从“长臂管辖”看如何反“长臂管辖”

阻断美国“长臂管辖”的关键和要害,是要消除相关主体的恐惧心理,还要让制裁和配合制裁者心生畏惧。怎么才能做到这一点呢?唯一的办法就是长臂管辖,以长臂管辖应对、反制“长臂管辖”。

没有长臂管辖,反制不了外国的制裁和出口管制,原因是“短臂管辖”对“长臂管辖”没有威慑力,也缺乏真想阻断“长臂管辖”的意愿和意志。

那么我们实行合法的长臂管辖,有没有国际法依据?当然有。国际法上有很多原则,相互尊重主权和领土完整的原则、互不侵犯的原则、互不干涉内政的原则、平等互利的原则、和平共处的原则等,但是,国际关系中最基本的准则是对等,所有原则的基础都是对等——对等原则或者说对等的基本准则。什么叫对等?无非是尊重和礼让,在相互同意、承诺的基础上采取行动,而不是单边的行动。如果没有对等原则,刚才我列举的其他原则都不能成立,也一个都维持不下去。对等原则从正面讲是尊重、礼让,从反面讲就是对等报复,以眼还眼,你抠了我一只眼,我也抠掉你一只眼,以牙还牙,你打掉我一颗牙,我也要打掉你一颗牙。西方国家在国际关系中,把对等原则从负面贯彻到极致,甚至你对我有任何不友好行动,我就立马对你采取相应的不友好行动,它们都不具有中国人固有的那种温良恭谦让、适可而止的心理和心态。

所以我们用长臂管辖反制“长臂管辖”是有国际法依据的,而且一定会遵守国际法,不可能像美国那样以国内法对外采取单边行动,也就是我们要通过国际条约、双边协定,或者按照国际惯例,在国际法的基础上实施长臂管辖,就像我们与泰国、缅甸、老挝联合执法缉拿毒贩一样。这样,才能让外国的制裁者和中外配合制裁者产生一种中国一定会以直报怨的预期,从而使其感到害怕、恐惧,《反外国制裁法》的规定才可能实现。

四、超越国内工作层面的国际法和国际政治博弈

国际法有一个特点，也是国际法的局限性，就是没有世界政府、世界行政。国际法是靠承诺和自觉遵守来实现的，无法像国内法、内国法那样强制执行。

外交部谢锋同志最近在一次国际法论坛上讲了，国际社会一直以来强烈反对单边制裁，要求废除各种对他国企业和个人具有域外效力的单方面法律与措施，呼吁各国不要承认、执行此类法律和措施。他在会上说：联合国大会从1989年起，每两年通过一次关于反对以单边措施为手段在政治和经济上对发展中国家进行胁迫的决议；1992年起，每年通过一次决议，敦促美国终止对古巴的经济、商业和金融封锁；1997年起，每年通过决议聚焦单边强制措施的问题。几十个联合国大会决议、联合国人权理事会决议、特别报告员报告等相关文件，反复重申单边制裁的措施和立法有违国际法、国际人道法、《联合国宪章》以及国家间和平关系的规范和原则，而公然“从实力地位出发”在国际上行事的国家却无动于衷。可以看出谢锋副部长讲的时候非常痛心。

他说的这些是不是国际法？当然是，但是美国不遵守，也不存在世界政府、世界行政让它遵守，要靠它自觉认可、同意，自觉地去履行，相关国际法才能实现，才是真实存在的法。所以我们在遵守、践行国际法的基础上，用长臂管辖去反制“长臂管辖”，是合法的长臂管辖，像在老挝把糯康抓起来那样的长臂管辖，不是美国那样的“长臂管辖”，比它的“长臂管辖”更讲道理、更理性、更法治，但是难度也更大。

正因为如此，要阻断外国的“长臂管辖”，就要下决心。因为涉及国与国之间的关系，要下政治决心，才可能去做。每一次外国对我们搞“长臂管辖”，我们对等反制的话，都需要在政治上下决心，从

哪里下手、怎么样下手可以起到敲山震虎、以儆效尤的作用？这是一种国际的博弈。

讲到这里，还要顺便提一下，反外国“长臂管辖”是一种国际博弈，属于国际法，不是涉外法或涉外法治。我读研究生的时候，国内法学界就形成了一个共识：涉外法治是国内法，是国内法中处理或调整具有涉外因素的社会关系的法，不是国际法。涉外法治就是国内法，你要反外国制裁、要由长臂管辖予以保障，也即斩断“长臂管辖”，靠国内法范畴的涉外法治是不行的，要上升到国际法层面、国际政治层面、国内最高政治决策层面，法律和经济、政治等手段一起上，才能解决问题。

结　语

“长臂管辖”和反“长臂管辖”是一种恐惧游戏。就我方而言，要让被外国制裁者和不遵守外国制裁者不恐惧，让外国制裁者、服从外国制裁者和被我方反制者心生畏惧，只有这样，才能阻断外国也即美国的“长臂管辖”。怎么样才能让我方消除恐惧和让对方产生恐惧呢？唯有对等反制，以眼还眼、以牙还牙，别无他法。

我要讲的就是这么多，下面照例跟大家进行讨论。

互动环节

问：“长臂管辖”和保护管辖的区别是什么？

答：保护管辖要在任何情况下任何领域内保护本国国家和国民的利益，包含但不限于域外管辖，保护管辖是原则，域外管辖暨合法的长臂管辖是手段之一。“长臂管辖”是把一国的法律和司法之手伸到外国去，单边的管辖，要依托霸权，是非正义的不法强权，中国将来强了也不能这么做，必要时只能进行合法的长臂管辖。保护管辖顾名思义可采取任何方式在中国境内外保护中国国家和国民的利益，不限于长臂管辖，比如《反外国制裁法》规定的“短臂管辖”也属于保护管辖。

图书在版编目（CIP）数据

经世济民　法治心声：史际春教授讲演录 / 史际春著. -- 北京：法律出版社, 2025. -- ISBN 978-7-5197-9461-3

Ⅰ. D922.290.4-53

中国国家版本馆CIP数据核字第20247DL972号

经世济民　法治心声：史际春教授讲演录

JINGSHI JIMIN　FAZHI XINSHENG: SHIJICHUN JIAOSHOU JIANGYANLU

作　　者：史际春
责任编辑：王　珊
营销编辑：黄梦梦
装帧设计：鲍龙卉
出版发行：法律出版社
编辑统筹：学术·对外出版分社
责任校对：晁明慧
责任印制：胡晓雅　宋万春
经　　销：新华书店
开　　本：A5
印　　张：12.25
字　　数：305千
版　　本：2025年3月第1版
印　　次：2025年3月第1次印刷
印　　刷：北京中科印刷有限公司
书　　号：ISBN 978-7-5197-9461-3
定　　价：78.00元

销售电话：010-83938349　客服电话：010-83938350　咨询电话：010-63939796
地　　址：北京市丰台区莲花池西里7号(100073)
网　　址：www.lawpress.com.cn
投稿邮箱：info@lawpress.com.cn
举报盗版邮箱：jbwq@lawpress.com.cn
凡购买本社图书，如有印装错误，我社负责退换。电话：010-83938349